번암집

한국고전번역원 한국문집번역총서

번암집 6

樊巖集

채제공 지음

蔡濟恭

이상현 옮김

서정문

일러두기

1. 이 책의 번역 대본은 한국고전번역원에서 간행한 한국문집총간 235~236집 소재 《번암집(樊巖集)》으로 하였다. 번역 대본의 원문 텍스트와 원문 이미지는 한국고전종합DB(http://db.itkc.or.kr)에서 확인할 수 있다.
2. 역주는 내용이 간단하면 간주(間註)로, 길면 각주(脚註)로 처리하였다.
3. 한자는 필요한 경우 이해를 돕기 위하여 넣었으며, 운문(韻文)은 원문을 병기하였다.
4. 문장 부호는 '한글 맞춤법'에 규정된 용법을 따랐으며, 그 밖에 새로 만들거나 용법을 달리하여 사용한 부호는 다음과 같다.

「 」: ' ' 안의 재인용을 나타낼 때 사용한다.

『 』: 「 」 안의 재인용을 나타낼 때 사용한다.

《 》: 책명 및 각주의 전거(典據)를 나타낼 때 사용한다.

〈 〉: 편명, 작품명, 논문 제목을 나타낼 때 사용한다.

…… : 번역문에서 원문의 '云云'을 처리할 때, 각주에서 긴 인용문을 처리할 때, 각주의 표제어가 네 어절 이상일 경우 생략되는 말을 처리할 때 사용한다.

- - : 본문에서 소자(小字) 원문 주(註)의 처음과 끝에 사용한다.

차례

번암집 제18권

시 詩

희년록 중 稀年錄中

번암집 제19권

시 詩

희년록 하 稀年錄下

번암집 제20권

번암집 제21권

번암집

제18권

詩 시

상린행
祥麟行

성상께서 즉위하신 지 17년 되는 계축년(1793, 정조17) 겨울에 기린이 관동(關東) 지방의 원주(原州)에 나타나 노닐었는데, 노루의 몸통에 소의 꼬리를 지녔고 뿔의 끝에는 살이 붙어 있었으며 풀을 밟지 않고 벌레를 해치지 않는 등 전기(傳記)에 기재된 내용과 서로 부합하지 않는 것이 하나도 없었다. 촌사람이 처음에는 이상하게 여기다가 친하게 지내고 싶어서 기린을 쳐다보니 문득 몇 칸쯤 옮겨 가서 앉았고 또 그쪽으로 나아가면 또 전처럼 옮겨 가서 앉곤 하였으니, 이는 대개 그 뜻이 사람과 너무 친해지는 것을 싫어하면서도 너무 멀어지는 것 역시 원하지 않기 때문이었다. 그런데 미련하기 그지없는 어떤 사냥꾼이 발포하려 하자 기린이 마침내 달아나서 산속으로 들어갔는데, 방백(方伯)이 이 말을 듣고는 사람을 보내 추적하면서 기린이 다시 나오기를 기다렸다가 포획하려 한다고 하였다. 내가 이 소문을 듣고 애석하게 여겨 마침내 시를 지어 기록하였다.

기린은 본래 인애하고 선량하여　　麟兮本仁善

사람 대하기를 자기 대하듯 하는지라　　待人如待己
잠깐 산림에서 나와 노닐면서　　薄言出山林
마을 가까이에서 소요하였다네　　優哉近閭里
몸통은 노루인데 뿔이 하나라서　　麕身與一角
촌사람이 크게 놀라 바라다보니　　村人大駭視
푸른 풀은 우회하여 피해 나가고　　青草曲爲避
산 벌레는 조심해서 밟지 않았다네　　生蟲迤不履
본디 성인을 위해 출현하나니[1]　　本爲聖人出
누군들 기린을 경애하지 않으리오　　疇不敬愛此
사람이 자기를 안 해칠 줄 알았나니　　謂人莫己害
이는 똑같이 천리를 얻었기 때문이라　　以有同得理
사냥꾼이 너무도 무지막지해서　　獵夫太無良
남몰래 방아쇠를 당기려 하자　　手砲暗相擬
기린이 낌새를 채고 질주하여　　麟兮色斯走
깊은 산 속으로 달아나 버렸다네　　走入深山裏
올빼미가 봉황새를 쪼아 대고　　鴟鴞啄鳳凰
걸견이 요사를 짖어 대는 세상이여[2]　　桀犬吠姚姒

1 본디……출현하나니 : 기린은 성인의 치세에만 출현한다고 한다. 노 애공(魯哀公) 14년에 기린이 붙잡혀 죽었는데, 이 때문에 공자가 슬퍼하며 눈물을 닦고《춘추(春秋)》를 짓다가 이 대목에서 붓을 멈추었다고 한다.《春秋左氏傳 序文, 哀公14年》《春秋公羊傳 哀公14年》

2 걸견(桀犬)이……세상이여 : 악인이 선인을 능멸하는 세태를 비유한 것이다. 걸견은 걸왕(桀王)의 개를, 요사(姚姒)는 요성(姚姓)의 순(舜)과 사성(姒姓)의 우(禹), 즉 우순(虞舜)과 하우(夏禹)를 가리킨다. 한(漢)나라 추양(鄒陽)의 옥중 상소문에 "폭

예로부터 이미 이와 같아서	古來已如此
공자님이 눈물을 흘렸나니	泫然吾夫子
아, 슬프다 기린이여	吁嗟乎麟兮
너를 아는 자 드물도다	知爾者鮮矣

군 걸왕의 개로 하여금 요 임금에게 짖어 대게 할 수도 있고, 도척(盜跖)의 식객으로 하여금 허유(許由)를 찌르게 할 수도 있다.〔桀之犬可使吠堯, 跖之客可使刺由.〕"라는 내용이 들어 있다.《漢書 鄒陽傳》

삼일포는 신령한 진기(眞氣)가 깃들어 있는 곳이다. 그래서 선배가 논평하며 십주[3]의 가처라고 단안을 내렸으니, 대개 그곳은 관동팔경 중에서도 으뜸으로 치는 곳이었다. 그런데 최근에 간특한 백성이 무뢰한 자제들과 결탁하여 그 호수를 훼손하고 이를 규획하여 밭으로 만들 심산으로 그 일에 바야흐로 착수하였다. 내가 이 소식을 듣고는 상에게 아뢰어, 관찰사에게 신칙하여 그 주동자를 처벌하고 그 호수를 원상복구하게 하였다. 선가도 액운을 면치 못해서 이렇게 된 것인가. 이에 내가 개탄하며 시를 짓다

三日浦靈眞攸宅先輩論評斷以十洲佳處蓋甲於關東八景者也近有奸氓結無賴子弟毁其湖欲規以爲田方始其事余聞之白於上飭觀察使刑其首事者復其湖仙家亦不免厄運而然耶爲之慨歎

봉황의 수레 타고 날아온 네 명의 신선[4]이	鸞驂飛度四神仙
인간 세상 굽어보며 웃고 어깨를 토닥이며[5]	俯視人間笑拍肩

3 십주(十洲) : 신선이 거주한다고 도교(道敎)에서 칭하는 바닷속 열 곳의 명산을 말하는데, 보통 선경(仙境)을 비유하는 말로 쓰인다. 《해내십주기(海內十洲記)》에 그 열 개의 산 이름이 나와 있다.

4 네 명의 신선 : 신라의 영랑(永郎), 술랑(述郎), 남석랑(南石郎), 안상랑(安祥郎)을 말한다. 이들이 그곳의 경관에 심취하여 사흘 동안 노닐어서 삼일포(三日浦)라는 이름이 생겼다고 하는데, 1326년(충숙왕13) 존무사(存撫使) 박숙정(朴淑正)이 이를 기념하기 위해 삼일포 단서벽(丹書壁) 위에 사선정(四仙亭)을 세웠다고 전한다. 《林下筆記 卷37 蓬萊秘書》

5 어깨를 토닥이며 : 허물없이 지내며 친근한 감정을 표현할 때 쓰는 말이다. 진(晉)

노우 마고의 말씀[6]이 헛되지 않아　　老友麻姑言不妄
과연 동해가 밭으로 변했다고 하리　　果然東海化爲田

두 번째 其二

견우가 기쁜 일로 옥황상제께 사뢰기를　　牽牛喜事訴瑤皇
봉래(蓬萊) 바다 동편에서 농사짓고 싶다고　　蓬海東頭願服箱
봉황 수레 가을 오면 응접하기 바쁜 속에　　鸞鶴秋來應不勝
쌀 기름이 사선의 배 속에 흘러들어 갔겠네　　米脂流入四仙腸

세 번째 其三

이름난 이 호수 어찌 서시[7]에 손색이 있으리오　　名湖何遽讓西施

나라 곽박(郭璞)의 〈유선시(遊仙詩) 7수(首)〉 중 제3에 "왼손으로 부구의 옷소매를 부여잡고, 오른손으로 홍애의 어깨를 토닥인다.〔左挹浮丘袖, 右拍洪崖肩.〕"라는 구절이 나온다. 부구(浮丘)와 홍애(洪崖)는 모두 전설 속의 선인(仙人)의 이름이다.《文選 卷21》

6 노우(老友) 마고(麻姑)의 말씀 : 노우는 오래도록 사귄 벗이라는 뜻이다. 마고는 신화 속의 선녀 이름이다. 마고가 신선 왕원(王遠)의 초청을 받아 속세로 내려와서 "저번에 우리가 만난 이래로 동해가 세 번이나 뽕밭으로 변한 것을 이미 보았는데, 저번에 봉래에 가 보니까 물이 또 과거에 보았을 때에 비해서 대략 반절로 줄어들었으니, 어쩌면 다시 육지로 변하려 하는 것인지도 모르겠다.〔接侍以來, 已見東海三爲桑田. 向到蓬萊, 水又淺于往者會時略半也, 豈將復還爲陵陸乎.〕"라고 말하자, 왕원이 웃으면서 "바닷속에서 다시 먼지가 날릴 것이라고 성인들이 모두 말하고 있다.〔聖人皆言, 海中復揚塵也.〕"라고 말했다는 기록이 전한다.《神仙傳 卷7 麻姑》

왕년에 진경(眞景) 찾은 것이 한 꿈인 듯 아련한데 往歲尋眞一夢疑
삼십육 봉우리 병풍 친 구름 비단 속에서 六六屛風雲錦裏
누가 오물을 가지고 뒤집어씌우려 하였는가 誰將不潔欲相欺

네 번째 其四

구천에 드높이 광명정대한 해와 달도 堂堂日月九天尊
구름 끝에 어쩌다 먹히는 흔적을 남기나니 時有雲端薄蝕痕
액운을 잠시 겪었다고 무슨 손해가 있으리오 厄運乍經何損我
봄 물결 아무 탈 없이 비단결 무늬 번득이리라 春波無恙錦紋翻

7 서시(西施) : 춘추 시대 말년 월(越)나라 출신의 미인이다. 월왕(越王) 구천(句踐)이 회계(會稽)에서 패하자, 범려(范蠡)가 미인계(美人計)를 써서 서시를 오왕(吳王) 부차(夫差)에게 바쳤는데, 과연 부차가 서시에게 미혹되어 결국 나라를 망치고 말았다. 맹자가 서시를 인용해서 "서시 같은 미인도 오물을 뒤집어쓰고 있으면, 사람들이 모두 코를 막고 지나갈 것이다.〔西子蒙不潔, 則人皆掩鼻而過之.〕"라고 하였다. 《孟子 離婁下》

매선당[8]의 입춘 첩자

每善堂春帖

겨울 석 달 오두막에서 봄이 늦다고 원망했는데	三冬白屋怨春遲
막상 봄을 맞고 보니 갈수록 쇠해짐을 느끼겠네	及到逢春轉覺衰
하늘은 응당 곤곤히 사계절을 운행하고	滾滾天應成四運
나는 혼자서 희희낙락 맑은 시대 즐긴다오	熙熙吾自樂淸時
꽃은 향긋한 바람으로 동산의 기녀를 유인하고[9]	香風花引東山妓
꾀꼬리는 독락의 바둑판에 긴 날 음악을 들려주네[10]	長日鶯聽獨樂棋
명을 받들고 화공이 와서 내 얼굴 살펴보는데	承命畫師來審視
귀밑머리 완전히 실같이 희어져 부끄럽기만	鬢毛慙愧十分絲

8 매선당(每善堂) : 보은동(報恩洞)에 있던 번암의 거실 이름이다. 보은동은 서울 남대문 근처 광통방(廣通坊)에 속한 동네 이름으로, 보은단동(報恩緞洞)이라고도 하는데, 《번암집》 권34에 〈매선당기(每善堂記)〉가 실려 있다.

9 꽃은……유인하고 : 동진(東晉)의 태부(太傅) 사안(謝安)이 회계(會稽)의 동산(東山)에 은거하며 한가로이 노닐 당시에 가무에 능한 기녀(妓女)를 항상 대동하고 풍류를 즐겼던 고사를 인용하여 번암 자신의 생활을 묘사한 것이다. 《世說新語 排調》

10 꾀꼬리는……들려주네 : 송나라의 명재상 사마광(司馬光)이 벼슬을 그만둔 뒤에 낙양(洛陽) 남쪽 교외에 독락원(獨樂園)이라는 자그마한 정원을 짓고 즐긴 일화를 인용하여 번암 자신의 생활을 묘사한 것이다. 사마광이 지은 〈독락원기(獨樂園記)〉가 당시에 회자(膾炙)되었는데, 소식(蘇軾)이 이 기문을 읽고 지은 〈사마군실독락원(司馬君實獨樂園)〉 시에 "한잔 술로 남아 있는 봄날을 즐기고, 바둑판 대하며 긴 여름을 소일하네.〔樽酒樂餘春, 棋局消長夏.〕"라는 내용이 들어 있다. 《蘇東坡詩集 卷15》 군실(君實)은 사마광의 자이다.

또
又

시 짓고는 잠깐 자고 잠을 깨면 시를 짓고　　詩罷乍眠眠罷詩
노부가 이것 말고 할 일이 또 뭐 있을까　　老夫此外更何爲
일 많은 오사[11]에게 자꾸 소식 전하나니　　五沙多事煩相報
운대에 꽃이 피어 조망하기 참 좋다고　　花發雲臺眺望宜

11 오사(五沙) : 번암의 문하생인 이정운(李鼎運, 1743～1800)이다. 본관은 연안(延安), 자는 공회(公會), 호는 오사, 시호는 정민(貞敏)이다.

갑인년(1794, 정조18) 1월 13일 상이 현륭원을 참알하려 할 적에 이 몸이 늙고 병든 것을 염려하여 먼저 떠나도록 배려하였다. 그래서 내가 하루 전에 화성으로 향하면서 길을 가는 도중에 시를 읊다

甲寅正月十三日上將謁顯隆園念臣老病使之先詣前一日發向華城路中有吟

군장 차림 관과 칼의 기세가 삼엄해서	戎裝冠劍勢嵯峨
파파노인 내 신세도 의기양양 잊었도다	意氣全忘鬢髮皤
산은 화성을 뭇별이 북극성 호위하듯	山爲華城如北拱
하늘은 고운 해를 남쪽에 많이 향하도록	天教妍日向南多
봄에 앞서 풀과 나무 모두 광채를 발하고	先春草木皆光耀
새벽이 되자 시골 마을 벌써 웃고 노래하네	待曉村閭已笑歌
끝도 없이 서 있는 현륭원 주위의 나무들	無限顯隆園上樹
밤새도록 내린 감로 얼마나 채집하였을지	夜來甘露采如何

저녁에 채로헌[12]에 도착하다
暮抵采露軒

봄이 일러 화성의 경치가 유다른 속에	春早華城物態殊
알기 쉽고 잊기 어려운 북성 구석의 집	難忘易識北城隅
주인이 어쩌다 오니 오히려 객과 같은데	主人時到還如客
산의 달은 나를 보려고 잘도 찾아와 주네	山月能來爲見吾
귀로하려고 성상의 수레 배종한다는 소문이여	歸老先聲陪聖駕
거년에 유수의 부절 허리에 찬 것이 부끄러워	去年慙德佩留符
배회하며 나의 꾀 완전히 졸렬함을 비웃나니	徘徊笑我謀全拙
담장 옆 새 초가지붕 미처 못 베어 너덜너덜	墻畔新茅苦未誅

고을 사람들이 내가 어가(御駕)를 호종(扈從)하여 도착하리라는 말을 듣고는 모두 말하기를 "이는 필시 이 기회에 귀휴(歸休)하려는 계책을 꾸미려고 해서일 것이다."라고 했다기에, 제5구에서 이렇게 말하였다.

12 채로헌(采露軒) : 채로는 이슬을 채집한다는 뜻으로, 번암이 화성 현륭원 가까이에 마련한 별장 이름이다. 정조가 채로의 전거를 묻자, 번암이 "한 명제(漢明帝)가 광무(光武)의 능(陵)에 행차하였는데, 그날 밤에 감로(甘露)가 능 주위의 나무에 내리자, 백관이 그 이슬을 채집한 고사가 있습니다. 그래서 이 고사를 취하여 이름을 지었습니다.〔漢明帝幸光武陵, 是日之夜, 甘露降于陵樹, 百官有采露之事. 故取此以名矣.〕"라고 대답하였다. 《日省錄 正祖 15年 1月 19日》

13일에 대가가 현릉원에 나아가다
十三日大駕詣園所

우로가 제때에 내림을 알아	雨露知時降
군왕이 해마다 찾아오시는 곳[13]	君王逐歲來
독성의 길에는 차가운 연무요	寒煙禿城路

선세자(先世子)가 일찍이 독성산성(禿城山城)에 왕림했다.

망사의 누대[14]에는 지는 해로다	落日望思臺

13 우로(雨露)가……곳 : 1월에 내리는 비와 이슬을 접하노라면, 정조가 비명에 세상을 떠난 부친 장헌세자에 대한 사모의 정이 더욱 북받쳐 올라 화성의 현릉원에 참배하러 온다는 말이다. 《예기(禮記)》 〈제의(祭義)〉에 "봄에 비와 이슬로 젖은 땅을 군자가 밟고 거니노라면, 으레 울컥하며 새삼 놀라는 마음이 생기면서 마치 돌아가신 분을 만날 것 같은 생각이 들게 마련이다.〔春雨露旣濡, 君子履之, 必有怵惕之心, 如將見之.〕"라고 하였다.

14 망사(望思)의 누대 : 사도세자를 추념(追念)하는 누대라는 말이다. 망사대(望思臺)는 원래 한 무제(漢武帝)가 억울하게 죽은 아들 여 태자(戾太子)를 위해 세운 누대의 이름이다. 영조가 아들 사도세자에 대한 일을 후회하며 "혈삼이여, 혈삼이여. 그 누가 금장과 천추였던가. 오동이여, 오동이여. 나는 망사의 누대에서 후회하노라.〔血衫血衫, 孰是金藏千秋. 桐兮桐兮, 予悔望思之臺.〕"라는 글을 짓고 나서, 당시 도승지였던 번암에게 《서경》 〈금등(金縢)〉의 고사처럼 숨겨 두게 하였는데, 1793년(정조17) 정조가 번암의 상소문을 계기로 이 사실을 백관에게 공표한 기록이 보인다. 《樊巖集 卷首下 金縢頒示筵說》 혈삼과 오동은 피 묻은 적삼과 오동나무 삭장(削杖)이라는 뜻으로, 사도세자가 영조의 정비(正妃)인 정성왕후(貞聖王后) 서씨(徐氏)를 위해 입었던 상복(喪服)인데, 장례가 끝난 뒤에도 그대로 지니고 있다가 나중에 무함을 받는 하나의 빌미가 되었다. 사도세자는 후궁인 영빈(暎嬪) 이씨(李氏)의 소생으로, 정성왕후의 양자(養子)로 입적되어 원자(元子)로 정해졌다. 금장(金藏)과 천추(千秋)는 안금장

사모의 정이 종신토록 절실한 속에	慕以終身切
올해는 또 구갑이 돌아오는 때[15]	年將舊甲回
늙은 신하 지금까지 죽지 않고서	老臣今不死
술동이 옆에서 울며 눈물 흘리네	泣涕傍樽罍

(安金藏)과 전천추(田千秋)를 가리킨다. 안금장은 당(唐)나라 예종(睿宗)이 태자로 있을 때 무고를 받자 할복하여 태자의 결백을 밝힌 충신이고, 전천추는 무제에게 여태자의 억울한 정상을 진달하여 부자간의 정리를 일깨웠던 직신(直臣)이다.

15 올해는……때 : 올해 을묘년(1795)은 사도세자의 회갑이 되는 해라는 말이다.

상이 초헌의 술잔을 올리고는 그대로 머리를 조아리고 땅에 엎드린 채 호읍하며 가슴을 두드리고 목메어 울었다 그쳤다 하는 상황이 한참 동안 지속되었다. 대신과 근시 등 제신이 있는 힘을 다하여 부축하고 나와서 가까스로 문을 빠져나와 곧장 원소(園所)로 나아갔는데, 상은 여전히 가슴을 두드리고 비통하게 호읍하며 슬픔이 또 갑절이나 더해져서 더 이상 지탱할 수 없는 것처럼 보였다. 대신 등 제신이 어찌할 바를 알지 못한 채 상을 부액하여 일으키려 하였으나, 모두 힘이 다하여 어떻게 해 볼 수가 없었다. 이에 내가 눈물을 흘리며 아뢰기를 "종사의 안위가 급박하여 조금의 여유도 없으니, 어느 겨를에 사소한 예법을 돌아보겠습니까. 신이 업어 드릴 터이니 바라건대 전하께서는 신의 등에 엎드리소서."라고 하고는 상의 앞에 등을 내밀었으나 상은 그 말을 따르지 않았다. 하지만 제신이 극력 부액하자 어쩔 수 없이 일어나서 즉시 작은 남여에 올라타고 재전으로 귀환하였다. 이때에 신료와 장사 들 중에 비 오듯 눈물을 흘리지 않은 자가 누가 있었겠는가. 내가 물러 나와 운어로 이 사실을 기록하여 백대 뒤의 사람들로 하여금 우리 성상께서 종신토록 사모한 효성이 대순에게 부끄러울 것이 없음을 알게 하는 바이다

上奠初獻爵仍俯伏號泣叩胸咽絶者凡數晌大臣與近侍諸臣盡力扶出纔出門直詣園上叩胸痛泣如前而又倍之如不可支梧大臣諸臣罔知攸爲雖欲扶掖以起皆力盡無奈何矣賤臣泣曰宗社安危間不容髮何暇恤瑣節臣當背負願殿下伏於臣背仍進背於前上不從然爲諸臣所力扶不得已起立卽以小籃輿奉還齋殿于斯時也臣僚將士孰有不泣涕如雨者乎退以韻語紀實俾百代之人知我聖上終身之慕無愧大舜云爾

심은 나무들 저와 같이 푸르러지도록　種樹靑如許
우리 왕에게는 오래된 원한이 있다오　吾王有宿冤
우러러 부르짖다 정신을 잃건마는　叫呼仍不省
하늘과 땅은 어찌하여 말이 없는지　天地奈無言
호위병들 어쩔 줄 모른 채 눈물 흘리고　羽衛遑遑淚
술동이만 원소에 덩그러니 놓여 있네　樽罍寂寂園
황급하여 신이 업어 드리려 청하는데　蒼黃臣請負
머리 위로 아침 해가 떠오르네　頭上有朝暾

15일에 상이 환궁하면서 나에게 뒤에 남아 있다가 편리할 대로 서울 집에 돌아오라고 명하였다. 이날 밤은 바로 정월 대보름이었으므로, 채로헌에서 달을 마주하고 읊다

十五日上還宮命賤臣落後從便歸第是夜卽上元采露軒對月有吟

화성에서 보는 오늘 밤 달이	華城今夜月
어찌 서울에서 볼 때와 같을까	何似洛城看
산이 끊어져서 다가오는 것이 무한하고	山斷來無限
하늘이 공활해서 건너가는 것도 무난하네	天空度不難
거듭 이 땅에 나그네 몸이 되어	重爲此地客
거년의 환락을 이을 수가 있다니	能續去年歡
푸른 실 장식한 어로를 바라보며	瞻望青繩路
임금님 행차 만안하시기를 축원하노라	鑾輿祝萬安

지난해에 내가 화성 유수(華城留守)로서 이곳에서 정월 대보름을 지냈으므로 5구와 6구에서 이렇게 말하였다.

또 읊다
又吟

용연은 흰 기운 내뿜고 유천은 텅 빈 속에	龍淵噓白柳川空
밝은 달 완연히 동쪽에 걸려 있어 흐뭇해라	滿意氷輪宛在東
일만 리 음산한 눈구름 모조리 거두어	萬里渾收雲雪態
일천 집을 죄다 수정궁으로 바꾸었네	千家盡化水晶宮
가까운 춘영에서는 평화로운 고각 소리요	和平鼓角春營近
제왕의 기운이 통하는 높고 낮은 누대로다	高下樓臺御氣通
아쉬워라 종남산 아래 열릴 문주의 모임이여	怊悵終南文酒會
몇 사람이나 늙은 번옹을 기억해 줄는지	幾人能憶老樊翁

다시 첩운하다

再疊

창을 열면 하늘에 뜨는 달 먼저 보이나니	窓開先見月昇空
좋을시고 내 오두막 동으로 얼굴 향해서	好是吾廬面勢東
학어는 아득해라 구지령으로	鶴馭渺茫緱氏嶺
난여를 영송하네 미앙궁으로[16]	鸞輿迎送未央宮
여염의 술과 밥은 신년을 맞아 성대하고	閭閻酒食新年盛
사녀의 환락은 어느 고을이나 똑같으리	士女歡娛列郡通
말 듣자니 한가에서 봄에 조서를 내렸다고	聞說漢家春詔降
양수(瀼水) 주변 지팡이 짚는 어느 마을 노인에게[17]	瀼邊扶杖幾村翁

16 학어(鶴馭)는……미앙궁(未央宮)으로 : 장헌세자가 이 세상을 떠나 선계(仙界)로 갈 때에도 밝은 달이 떠 있었을 것인데, 정조가 현륭원을 참배하고 환궁하는 때에도 밝은 달이 맞이하고 전송한다는 말이다. 학어는 태자의 수레를 말하는데, 여기서는 장헌세자의 영가(靈駕)를 가리킨다. 난여(鸞輿)는 제왕의 수레이다.

17 말……노인에게 : 정조가 번암에게 자신을 바로 뒤따라오지 말고 나중에 편리할 때 알아서 서울 집으로 돌아오도록 배려한 것에 대해, 제삼자의 입을 통해 들었다는 식의 간접화법으로 감은(感恩)하는 심정을 표시한 것이다. 한가(漢家)에서 봄에 조서를 내렸다는 것은, 한 문제(漢文帝)가 곤고한 백성에 대한 구제책을 논의하라고 신하들에게 조서를 내린 것을 가리킨다.《漢書 文帝本紀》양수는 대양수(大瀼水)의 준말로, 중국의 기주(夔州) 봉절현(奉節縣)을 관통하는 냇물 이름이다. 두보(杜甫)가 그곳의 경치를 좋아하여 한동안 그 주변에서 우거(寓居)하며 양서(瀼西), 양동(瀼東)이라고 부르곤 하였는데, 번암이 이 고사를 인용하여 명덕산 근처 번계(樊溪)의 자기 거처를 비유할 때 양(瀼)이라는 말을 차용하곤 하였다.

오사 이공회가 장한 뜻을 품고 영남을 유람하고 돌아와서 해운과 영가 등의 시들을 들려주었다. 내가 궤안에 기대어 듣고 있으려니 마음이 풀어지며 기뻐서 시를 지어 그에게 주다

五沙李公會作嶺外壯遊歸誦海雲永嘉諸作憑几以聽犂然有喜書贈之

매화꽃은 피려 하고 버들은 실오리 느는 시절	梅花欲動柳添絲
우리 시사(詩社)에서 그대 만난 기쁨이 어떻다 하리	吾社逢君喜可知
옷소매에 만시의 연무가 아직 마르지 않았나니	衣袖未乾蠻市霧
고기와 용도 해운의 시에 다투어 춤추었으리라	魚龍爭舞海雲詩
험한 산길 돌아올 때는 바람을 말로 삼고	歸來嶺棧風爲馬
성안에서 노닐 적엔 대포 잔에 술이 가득	遊戲城闉酒滿巵
사장에서 소매 잡고 한바탕 웃음꽃 피우는데	把袂詞場成一笑
여기에 또 기약한 듯 휘영청 대보름달까지	上元華月又如期

재차 첩운하여 오사에게 보내다 再疊簡五沙

서호에 드리운 낚싯줄 잠깐 거두고서	西湖暫捨釣竿絲
못내 그리는 내 마음을 백로는 알겠지	依戀儂心白鷺知
서리 잔뜩 낀 귀밑머리 옛날의 내가 아니거니	霜甚鬢應非故我
아침에 바뀐 매화꽃도 새 시를 기다리려 하리	朝回梅欲待新詩
향내 따라온 내의원의 환약은 동글동글	香隨內院團團藥
봄빛 가득한 기로사의 술잔은 넘실넘실	春滿耆司灔灔巵

이 세상에 우리 시사의 낙 같은 게 없나니　斯世無如吾社樂
괴롭고 즐거운 심정 서로들 알고 통하니까　險夷休戚照襟期

세 번째 첩운한 시 三疊

봄날의 시름 어수선하기가 누에고치 실 같나니　春愁撩亂似蠶絲
세태와 사람됨을 늙을수록 더 알게 된다나요　物態人爲老轉知
벼슬할 뜻 끊었어도 여전히 임금님 그리워하고　已絶宦情猶戀主
시사 말하기 부끄러워도 간혹 시로 논한다네　恥言時事或論詩
산 경치 보길 좋아해서 창문을 늘 열고 닫고　愛看山入常開閤
꽃잎 띄울 요량으로 따로 동이 술 담았다오　預爲花浮別貯巵
말 있으면 타고 가고 말 없으면 걸어가고　有馬卽騎無馬步
양수 서쪽 다리 북쪽 어디나 경치 좋으니까　瀼西橋北盡佳期

네 번째 첩운한 시 四疊

새로 방책 재단하여 검은 실로 묶어 놓고　新裁方冊檢烏絲
긴 날 잠심하며 그 맛을 혼자 음미하네　長日潛心味自知
우스워라 내가 요즈음 한가히 무얼 하느냐면　笑我近來閑裏事
남의 손 빌려 궤짝 속 시를 베끼는 것이라나　倩人書得篋中詩
구름마냥 점점이 떠 있는 고기[18]의 훈업이요　皐夔勳業雲浮點

18 고기(皐夔) : 고기직설(皐夔稷契)의 준말로, 성군을 보좌하는 유능한 신하를 뜻한다. 고 즉 고요(皐陶)는 제순(帝舜) 때에 법의 집행을 맡은 사(士)였고, 기는 교육과

달님이 술통에 담겨 있는 원백[19]의 풍류로다　元白風流月在巵
산수는 그대 기다려 비로소 곡조를 이루나니　山水待君方度曲
문생이 바뀌어 옛날의 종기가 되었구나[20]　門生還是舊鍾期

다섯 번째 첩운한 시 五疊

누대 앞에 날이 갈수록 아지랑이 펴져 가니　樓前日日長遊絲
성궐의 봄 경색을 난간에 기대어 알겠노라　城闕春容倚檻知
화성을 총리하는 일은 내 소원과 안 맞으니　摠理華城非適願
승상부에서 태평하게 시나 읊으면 좋겠도다　太平黃閣好吟詩
예쁜 새 잘 지저귀니 악보를 어찌 논하리오　嬌禽解唱寧論譜
낮잠이 취한 듯하니 술잔을 들 필요도 없네　午睡如醺不待巵
천운을 다행히 만나 수역[21]을 회복했는지라　天運幸逢回壽域

음악을 전담한 전악(典樂)이었고, 직은 후직(后稷)으로 농업을 담당하였고, 설은 민정장관이라 할 사도(司徒)의 직책을 관장하였다.

19 원백(元白) : 당나라 시인 원진(元稹)과 백거이(白居易)의 병칭이다. 그들은 목종(穆宗) 장경(長慶) 연간에 의기투합하여 절친하게 지내면서 시를 주고받아 세상에서 원백체(元白體)라고 불렀는데, 누구나 알기 쉽게 평이하게 지으면서 백성의 고통을 외면하지 않고 현실을 풍자하는 특징을 지녔다.

20 산수(山水)는……되었구나 : 번암의 문하생인 오사 이정운(李鼎運)이 이제는 어엿이 번암과 지기(知己)로서의 관계를 형성하고 있다는 말이다. 종기(鍾期)는 종자기(鍾子期)의 준말이다. 옛날 거문고의 명인인 백아(伯牙)가 고산(高山)에 뜻을 두고 연주하면 그의 지음(知音)인 종자기가 "좋구나, 아아(峨峨)하여 태산(泰山)과 같도다."라고 평하고, 유수(流水)에 뜻을 두고 연주하면 "좋구나, 양양(洋洋)하여 강하(江河)와 같도다."라고 평했다는 일화가 전한다. 《列子 湯問》

팔방에서 무수히 이기[22]의 길보를 알려 오네 八方無數報頤期

이때 화성(華城)의 성역(城役)을 총괄하여 다스리라는 명이 있었으므로, 이 시에서 이렇게 언급하였다.

여섯 번째 첩운한 시 六疊

생기 돋는 봄을 맞아 비가 실처럼 흩뿌리니 生意當春雨散絲
작은 뜰 용나무 잎이 제일 먼저 알아차리네 小庭榕葉最先知
남몰래 걷는 운동 하며 이따금 층계에 오르고 潛因試脚時登砌
마음고생 안 시키려고 시도 고치지 않는다오 剛避勞心不改詩
내원의 여향 풍기며 경옥(瓊玉)이 진액으로 內苑餘香瓊是液
취향의 별난 일이라 할 귤껍질 잔이로세 醉鄕奇事橘爲巵
북성의 꽃 소식 그리고 종남산의 달구경 北城花信終南月
친붕과의 멋진 약속 어찌 한이 있으랴 何限親朋有好期

상이 어원(御苑)에서 경옥고(瓊玉膏)를 달이며 한 사발을 하사하였고, 또 귤껍질로 만든 술잔을 하사하였다. 그래서 시에서 이 사실을 언급하였다.

21 수역(壽域) : 인수지역(仁壽之域)의 준말로, 천수(天壽)를 다하며 살아가는 태평성대를 가리킨다. 인수는 《논어》 〈옹야(雍也)〉의 "인자한 자는 장수한다.〔仁者壽〕"라는 말에서 나왔다. 《한서(漢書)》 〈예악지(禮樂志)〉에 "한 세상의 백성들을 몰아서 인수의 지역으로 인도한다면 풍속이 어찌 성강 때처럼 되지 않을 것이며, 수명이 어찌 고종 때처럼 되지 않겠는가.〔驅一世之民, 濟之仁壽之域, 則俗何以不若成康, 壽何以不若高宗.〕"라는 말이 보인다.

22 이기(頤期) : 기이(期頤)와 같은 말로, 백 년의 수명을 누리면서 자손의 봉양을 받는 것을 뜻한다.

가기(歌妓)가 등불을 등지고 앉아서 꾸벅꾸벅 졸기에 우스개로 짓다

歌娥背燈坐睡戱吟

쪽진 머리 흔들흔들 홀연히 앞으로 뒤로	鬟勢搖搖忽後前
고개 숙이고 완연히 그네 타기 배우는 듯	低頭宛似學鞦韆
신아는 어딘가에서 따로 꿈을 꿀 터인데	神娥別作何邊夢
우스워라 양왕은 괜히 잠들길 좋아하니[23]	堪笑襄王浪愛眠

23 신아(神蛾)는……좋아하니 : 현실적으로는 어려우니 꿈속에서라도 만나 운우(雲雨)의 정을 한번 나눠 보고 싶지만, 가기가 마음을 둔 곳은 따로 있을 테니 제대로 되겠느냐는 뜻의 해학적인 표현이다. 초(楚)나라 시인 송옥(宋玉)이 양왕(襄王)에게 양왕의 부친인 회왕(懷王)이 낮잠을 자다가 무산(巫山)의 신녀(神女)와 연애한 이야기를 들려주면서, 그들이 꿈속에서 하룻밤의 정을 나누고는 서로 작별할 적에 신녀가 "아침에는 구름이 되고 저녁에는 비를 내리면서 언제까지나 양대 아래에 있겠다.〔旦爲朝雲, 暮爲行雨. 朝朝暮暮, 陽臺之下.〕"라고 약속했으므로, 회왕이 꿈을 깨고 나서 조운(朝雲)이라는 이름의 사당을 지었다. 《文選 卷19 高唐賦》

생질 이유경[24]이 갑산에서 체직되어 온 것을 기뻐하며
喜甥姪子李儒慶遞甲山來

내가 늙어 가며 가만히 너를 생각하면	吾老默念汝
가슴속 회포가 처량해지려 한다	情懷欲悽其
갑산은 거리가 무려 일천여 리요	甲山千餘里
준령이 또 겹겹으로 가로막은 곳	重嶺又間之
노인의 일은 당장 어찌될지 몰라서	老人事難恃
만날 기약을 했어도 어긋날까 두려우니	恐違相見期
반년에 한 번 서신 받는 것만으로	半年一得書
어떻게 나의 생각 위로를 받겠느냐	曷以慰我思
임금님이 은혜롭게 너는 오거라 하셨으니	君恩謂汝來
너는 오되 조심해서 지체해서는 안 될 터	汝來愼勿遲
승정원이 얼마나 청현직(淸顯職)인가	銀臺地分淸
제수의 교서가 변방에 용동했으리라	華誥聳邊陲
멀리 바라보며 고대하는 나로서는	遠望苦企余
까치와 거미를 보고 날짜를 점쳤는데	占鵲又占蟢
한 달이나 도중에 일정이 뒤바뀌자	月朔道中改
목마름과 굶주림만 없었으면 했더니라	苟無渴與飢

24 이유경(李儒慶) : 1748~1818. 본관은 함평(咸平), 자는 이선(而善), 호는 청심옹(淸心翁)이다. 1772년(영조48) 정시에 급제하였으며, 순천 군수(順天郡守), 교리, 도승지 등을 지냈다. 번암의 둘째 누이의 아들로, 누이가 요절하자 번암이 데려와 길렀다.

갑산 고을이 하늘에 있지 않은 이상	甲州不在天
길 떠난 사람은 돌아올 때가 있는 법	行子歸有時
서로 손잡고 내 거실에 들어오니	相携入我室
기쁜 웃음이 아동에까지 미쳤어라	歡笑及童稚
성벽을 쌓고 청사를 짓는 것도	城堞曁公廨
착공해서 다행히 마쳤다 하고	經始幸卒事
여행길 어려움을 토로하면서	苦言行路難
매덕령과 후치령이 힘들었다 하네	邁德與厚峙
너는 지금 밤낮으로 공무 수행 중이니	汝今夙夜公
구절양장도 한걸음에 달려와야 할 터	羊腸在步跬
두 고개가 아무리 험난하다고 말을 해도	兩嶺雖云艱
수레바퀴 꺾인 곳이 어찌 이 정도였으랴[25]	摧輪何如此
무슨 일을 하든지 모쪼록 신중히 하여	事事尙愼旃
명예와 절조를 시종 보존하기 바라노라	名節保終始

25 두……정도였으랴 : 매덕령과 후치령이 아무리 험난하다고 해도 중국의 양장판(羊腸阪)과는 비교할 수 없으리라는 말이다. 양장판은 태항산(太行山)에 있는 고개 이름으로, 마치 양의 창자가 꼬인 것처럼 꼬불꼬불해서 수레가 다니기 어려워 붙은 이름이라고 하는데, 조조(曹操)의 〈고한행(苦寒行)〉에 "북쪽으로 태항산을 오르니, 어찌나 높은지 어렵기만 한데, 양장판 지날 때는 꼬불꼬불해서, 수레바퀴 굴대가 그만 꺾였도다.〔北上太行山, 艱哉何巍巍. 羊腸阪詰屈, 車輪爲之摧.〕"라는 말이 나온다. 《文選 卷27》

지사 홍성원에 대한 만사

挽洪知事聖源

나의 거처가 돋보이게 된 것은	吾居有顔色
그대가 병풍을 쳐 주었기 때문이라	以子置軒屛
화평하게 마음의 요결을 견지하고	豈弟持心訣
종용히 병마개 막듯 입을 지켰다오	從容守口甁
제왕이 특별히 내려 적셔 준 은혜라면	異頒霑北極
남해의 섬에 던져진 고독한 울분이라	孤憤蹈南溟
한필을 이제는 누가 이을는지	韓筆今誰繼
처량하도다 옛날의 사청이여[26]	悽涼舊寫廳

권간(權奸)이 나에게 화풀이하려고 하면서 군이 나와 매우 가깝게 지낸다는 이유로 구금을 하고 고문을 가하였으나 군이 진술한 말이 조금도 꿀리지 않았으며, 끝내 해도(海島)로 유배되었으나 얼마 지나지 않아 상이 방환(放還)을 명하였다. 그래서 제6구에서 이렇게 말하였다.

26 한필(韓筆)을……사청(寫廳)이여 : 한필은 한호(韓濩)의 글씨를, 사청은 사자관청(寫字官廳)을 말한다. 한석봉(韓石峯)으로 더 잘 알려진 한호는 오랫동안 사자관으로 활동하며 외교문서를 도맡아 썼으므로 사자관체(寫字官體)라는 특유한 서체가 그로부터 유래하였는데, 홍성원 역시 사자관으로 재직하였기 때문에 이렇게 말한 것이다. 그의 이력과 관련하여 자(字)가 성원(聖源)인 홍중효(洪重孝)로 오인하는 경우가 있는데, 착오가 없도록 주의해야 한다.

내가 문을 닫고 병으로 신음하고 있을 적에, 이태 공회가 소청에서 와서 갖추 말하기를 "성토하는 일이 바야흐로 급히 진행되어, 경재가 누구나 잡아 죽여야 하는 의리를 가지고 연명으로 상소하며 속히 주토를 행하기를 청했다."라고 하였다. 소청이 설치된 곳은 바로 장악원이라고 한다
余閉戶吟病李台公會自疏廳來備言聲討方急卿宰以人得以誅之義聯名陳疏請亟行誅討疏廳卽掌樂院云

부자는 원래 빈천한 처지에서도　夫子固貧賤
하늘의 토벌을 능히 행하였나니　亦能行天誅
얼마나 당당했던지 협곡의 회동에서　堂堂夾谷會
수괴가 감수하며 도끼 앞에 엎드렸는데[27]　大憝甘伏鈇
나의 지위는 어엿한 상신인데도　而我位輔相
땅에 묻힌 사람처럼 짓눌리기만　厭厭泉下氣

27 부자(夫子)는……엎드렸는데 : 공자가 정정당당하게 사태를 수습한 결과, 노나라를 압제하던 제나라가 오히려 노나라에 제압을 당했던 고사를 인용한 것이다. 춘추시대 노나라 정공(定公)이 제나라 경공(景公)과 협곡(夾谷)에서 회합할 적에, 공자가 관원을 갖추어 데리고 갈 것을 청하자 정공이 그대로 따랐다. 원래 이 협곡의 회합은 제나라가 노나라를 얕보고서 망신을 주려고 꾀한 것이었으나, 이처럼 공자가 미리 무위(武威)를 갖추고 기지(機智)를 발휘한 결과, 여러 가지로 술수를 부리던 제나라가 오히려 낭패를 당하여 점령하고 있던 노나라 땅을 돌려주며 사과하기에 이르렀다. 수괴는 제나라 경공을 가리킨다. 감수하며 도끼 앞에 엎드렸다는 것은 죽을죄를 지었다면서 형을 기꺼이 받겠다는 것으로, 자신의 과오를 철저히 인정하며 회개하는 것을 말한다. 《春秋左氏傳 定公10年》

극악무도한 자가 제 죽을 길을 찾아서	梟獍自送死
국론이 부글부글 솥에 물 끓듯 하였는데	國論如鼎沸
그대가 능히 조정의 모임에 나아가서	君能赴廷會
의연히 대의를 드러내 밝혔나니	毅然明大義
나를 일으키는 자는 바로 우리 공회라[28]	起余者公會
나의 속병이 완전히 사라지려 하는구나	吾病欲良已
《춘추》를 얼마나 많이 읽었던가	春秋讀幾許
힘쓸지어다 우리 당의 선비들이여	勉哉吾黨士

28 나를……공회라 : 번암의 문하생인 공회 이정운(李鼎運)이 스승의 속마음을 잘 이해하고서 일을 제대로 처리했다고 칭찬한 말이다. 공자가 제자 자공(子貢)의 기특한 답변을 듣고는 "나를 일으켜 주는 자는 우리 상이다.〔起余者, 商也.〕"라고 칭찬한 고사가 《논어》〈팔일(八佾)〉에 보인다.

일찍이 명덕산에 있을 적에 나의 아내인 정경부인 권씨가 학창의를 지어서 나의 수석의 취미를 도와주었는데, 이는 대개 나에게 고반영시[29]의 뜻이 있음을 알았기 때문이다. 그런데 10년이 채 못 되어 부인이 죽었고 나도 승상부(丞相府)에 들어가 고위 관직에 몸이 얽매였으므로 학창의의 유무에 대해서는 생각할 겨를이 없었다. 그러다가 마침 상이 조관(朝官)들에게 신칙하면서 조복을 착용할 때에는 반드시 백삼을 그 안에 받쳐 입도록 하였으므로, 공경과 시종신 등이 평소에 마련해 놓은 것이 없어서 자못 급박하게 서둘렀다. 그런데 내 생각에 학창의의 제도가 백삼과 동일한 만큼 이것을 사용해도 되겠기에, 가인에게 명하여 먼지 쌓인 궤짝 속을 모조리 찾아보게 하니 학창의가 완연히 들어 있었으므로, 마침내 이것을 써서 조정의 의례에 맞추게 되었다. 가령 부인에게 앎이 있다면, 나의 동산의 원지가 소초로 바뀌었다[30]고 웃지 않을 수 있겠는가. 한편으로는 부끄럽고

29 고반영시(考槃永矢) : 안빈낙도(安貧樂道)하며 길이 숨어 살겠다고 다짐하는 것을 말한다. 《시경》 〈위풍(衛風) 고반(考槃)〉은 현자가 은거하는 것을 노래한 시인데, 숨어 살 집〔考槃〕이 시냇가와 언덕과 높은 평지에 있다고 하면서, 잊지 않을 것과 더 좋은 것을 바라지 않을 것과 남에게 말하지 않을 것을 길이 맹세한다〔永矢〕는 내용으로 되어 있다.

30 동산(東山)의……바뀌었다 : 은거하던 사람이 절조를 꺾고 세상에 나가 벼슬한다는 뜻으로, 폄하하고 조롱하는 의미가 담겨 있다. 동진(東晉)의 사안(謝安)이 동산에 은거하다가 권신(權臣)인 환온(桓溫)의 관속이 되었을 때에, 환온이 원지(遠志)라는 약초를 또 소초(小草)라고 부르는 이유를 묻자, 참군(參軍) 학륭(郝隆)이 "산속에 가만히 있을 때에는 원지라고 하고, 산 밖으로 나오면 소초라고 부른다.〔處則爲遠志, 出則爲

한편으로는 슬퍼지기에 학창의를 어루만지며 시를 읊다

曾在明德山也貞敬權夫人爲製鶴氅衣以佐水石趣味蓋知我有考槃永矢之意也未十年夫人死余亦入相府簪纓絆身鶴氅有亡未暇念也屬上飭朝紳服朝服必以白衫承其內公卿侍從無素具頗窘速余念鶴氅制同白衫斯可以用於是命家人窮索塵篋鶴氅宛爾在矣遂庸以成朝儀使夫人有知能不笑我東山遠志化爲小草也歟一愧一愴摩挲以吟

은자의 옷 소소하게 학 모양으로 지어 입고　　隱服蕭蕭鶴樣裁
번계에서 구름 달과 어울려 소요하였는데　　樊溪雲月與徘徊
어찌하여 조복의 백삼으로 바꿔 입고서　　如何換作朝衫用
홍진 속에 내달리며 돌아오지 못하는가　　趨走紅塵苦未廻

두 번째 其二

먼지 낀 궤 속에 있으니 사람 눈에 보일 리야　　物在塵箱人不見
아직도 희미하게 보이는 십 년 전 바느질 자국　　十年針跡尙依俙
학을 타고 요동으로 돌아올 날 있지 않아[31]　　遼東未有歸來日

小草.]"라고 대답하니, 사안이 매우 부끄러워했다는 고사가 전한다. 원래 뿌리를 원지라고 하고, 싹을 소초라고 하는데, 학륭이 사안을 조롱하려고 원지를 원대한 뜻으로, 소초를 하찮은 풀로 바꿔서 자의적으로 설명한 것이다. 《世說新語 排調》

31 학을……않아 : 번암이 정영위(丁令威)처럼 고향으로 돌아가 번계에서 노닐며 은거할 날이 있지 않을 것이라는 말이다. 요동(遼東) 사람 정영위가 신선이 되고 나서 천 년 만에 학으로 변해 다시 고향을 찾아와서는 요동 성문의 화표주(華表柱) 위에 내려앉았다가 탄식하는 시를 짓고 사라졌다는 전설이 있는데, 학창의가 학 모양으로

검은 치마 흰 저고리[32]에 눈물을 뿌리노라　　　　涙灑玄裳與縞衣

지은 옷이기 때문에 이렇게 말한 것이다. 《搜神後記 卷1》

32 검은……저고리 : 학창의를 가리킨다. 학은 털이 윗부분은 하얗고 아랫부분은 검은데, 소식(蘇軾)이 〈후적벽부(後赤壁賦)〉에서 학을 묘사하면서 "날개는 수레바퀴 같고, 검정 치마에 흰 저고리를 입었으며, 끼룩끼룩 길게 울면서, 나의 배를 스쳐 서쪽으로 날아갔다.〔翅如車輪, 玄裳縞衣, 戞然長鳴, 掠予舟而西也.〕"라고 하였다.

늦봄에 기녀를 데리고 육각대와 벽은군[33]의 초정에 올랐다. 권 상서 엄 와 친족의 조카인 시랑 채홍리와 시랑 이정운과 생질인 승지 이유경과 시독 권평과 시강 최헌중과 악정 신광하와 용담 심규와 원외 윤지범이 따라왔다. '명' 자의 운을 뽑아서 함께 시를 짓다

暮春携妓登六閣臺碧恩君草亭權尙書 𢟉 族姪子侍郞弘履李侍郞鼎運李姪子承旨儒慶權侍讀坪崔侍講獻重申樂正光河沈龍潭逵尹員外持範從焉拈明字韻同賦

위를 쳐다보면 짙푸른 산 오솔길에	仰視蒼蒼逕
이름난 동산들이 각자 터를 잡았는데	名園各自成
기이하게도 이 지역의 풍토는	奇哉此地俗
모두 꽃을 가지고 세상을 울린다네	都是以花鳴
비췻빛 산안개가 의상에 젖어 들고	嵐翠衣裳潤
화창한 봄볕이 골짜기를 밝히는 때	韶光洞府明
노부에게 그래도 쓸모가 있나니	老夫猶有用
노래하고 춤추며 태평 시대 꾸미니까	歌舞飾升平

33 벽은군(碧恩君) : 이종휘(李種徽)의 《수산집(修山集)》에 〈을묘년(1795, 정조19) 3월 20일에……벽은 오가의 정원으로 몸을 피했는데, 주인은 당시에 막 상을 당한 상태였다.〔乙卯暮春之念……躲避於碧恩吳家園主人新喪〕〉라는 제목이 있는 것으로 보아 오씨 성인 인물로 보이고, 또 《일성록》 정조 8년 8월 21일 기사에 벽성군(碧城君) 오치운(吳致雲)의 봉사손은 오문성(吳文成)의 아버지 오희경(吳喜慶)이 아니라 그의 형인 가선대부(嘉善大夫) 오희창(吳喜昌)이라는 말이 나오는 것으로 보아, 혹 오희창이 아닐까 추측해 본다.

두 번째 其二

가마 행차 보는 데에 이골이 나서	慣見籃輿至
시골 동네 사람들도 놀라워하지 않아	村閭也不驚
그대들 동산에 볼만한 것이 많은 데다	爾園多勝槪
나 역시 늙었지만 정이 호탕해서라오	吾老亦豪情
꽃 사이엔 화장한 기녀의 말소리요	粉白花間語
나무 밑에는 생황 퉁소 부는 소리	笙簫樹底聲
태평성대 누리면서 얼근히 취하노라니	陶然醉化國
봄날의 긴 햇빛이 하늘 가득 밝도다	遲日滿天明

다음 날 다방의 우거에 기녀를 데리고 와서 술자리를 베풀고 노닐었다. 모인 사람들은 어제와 같다

翼日茶坊寓舍携妓讌敖會者如前

북성의 흥취가 아직 깨지지 않아	未了北城興
남항의 나들이 그대로 이었다네	仍成南巷遊
흰머리로 멋진 일 찾아다니는데	白頭探勝事
뜬세상에 무슨 시름 있을까 보냐	浮世有何愁
칼춤에 돌아가는 무지개의 둥근 테요	劍舞圍虹暈
꾀꼬리도 능가하는 기녀의 목청이라	鶯聲讓妓喉
미리 화촉을 준비하라고 일렀나니	預敎供畫燭
좋은 밤은 또 잡아 둘 수 있으니까	良夜又堪留

족종인 시랑 위하 에 대한 만사
族從侍郎 緯夏 挽

선비 전통 이어 온 지 어언 만번의 봄	詩禮相承已萬春
평강 채씨 교목이 그대 덕분에 새로워졌네	平康喬木爲君新
나와 동갑이라서 유독 관심이 깊었나니	同庚於我偏深眷
군자가 이와 같음을 오늘날에 보았어라	君子于今見若人
백행의 근원인 효성과 우애는 물론이요	百行有源知孝友
한마디 말도 참되지 않음이 없었다오	片言無處不眞淳
이만하면 한 가문의 모범되기에 충분하니	一門矜式斯爲足
우리 종족 면려하여 각자 몸을 살펴보기를	勉爾吾宗各省身

두 번째 其二

백번 천번 들러도 싫지 않은 곳	不厭經過千百廻
대문 서로 마주한 작은 언덕 모퉁이	巷門相對小陵隈
한가한 밤중에 앉았노라면 통금 종소리 울리고	閑宵座到鍾聲密
하루건너 지팡이 따르노라면 새벽빛 밝아 왔다오	間日筇隨曙色來
나와 같이 백발로 바뀜을 몰래 애석해하며	暗惜鬢毛同我改
매양 회포를 그대 붙잡고 털어놓았어라	每將懷抱向君開
천안을 다녀오겠노라 뜬금없이 고하고는	無端暫告天安去
부싯불처럼 인간 세상 떠나다니 통곡하외다	痛哭人間石火催

4월 10일 소보에 나온 성지를 받들어 살펴보건대, 역종[34]을 데려온 것을 분명하게 말씀하진 않았어도 어슴푸레하게 짐작할 만한 점이 들어 있기에 마침내 대궐에 나아가 구대하였다. 그러자 상이 승정원에 유시하기를 "현재 아무 일도 없어서 내가 낮잠이나 자 볼까 하는데, 영중추부사가 혼자 와서 청대를 하다니 도대체 무슨 뜻이냐."라고 하고는, 이어 사관에게 명하여 물러가도록 타이르게 하였다. 이에 내가 "품달할 일이 시급해서 물러갈 수 없습니다."라는 내용으로 앙대하니, 상이 즉각 문외출송을 명하였다. 그럼에도 내가 감히 무작정 물러나지 못한 채 바야흐로 뭔가 상량하려 하던 차에, 상이 엄한 분부를 거듭 내려 고양군에 부처하였으니, 이는 처음부터 끝까지 성은이 아닌 것이 없었다. 이날 온종일 비가 내려 어렵사리 길을 떠났는데 고양에 도착하고 보니 날이 이미 저물었다. 말 위에서 다음과 같이 읊다

四月初十奉覽小報所出聖旨逆宗率來雖不顯言隱約有可以仰揣者遂詣闕求對上諭喉院曰見方無一事予方謀午睡領府事之獨來請對果何意也仍命史官諭以退去臣仰對以稟達時急不可退去上亟命門黜臣猶不敢遽退方有所商量嚴旨游下付處于高陽郡到底罔非聖恩是日雨終夕間關作行抵高陽日已暮矣馬上有吟

흩날리는 빗방울이 귀양 가는 길에 가득 飛雨滿征道

34 역종(逆宗) : 역적 종친이라는 뜻으로, 은언군(恩彥君) 이인(李䄄)을 가리킨다. 그는 정조의 서제(庶弟)로, 당시에 강화도에 유배되어 있었다.

더디고 더디어라 내 말의 어려운 걸음이여	遲遲余馬艱
농민이 흡족하게 위로받으면 그만이지	三農恰相慰
내 한 몸 젖는 것이야 무슨 상관이랴	一己濕何關
먼 연무는 아직도 소나무 꼭대기에	遠靄猶松頂
밥 짓는 연기는 간혹 수목 사이에	炊煙或樹間
이 기회에 벼슬살이 아예 그만두고	貪緣謝簪笏
고향 산천 돌아가면 어떨까도 싶네	疑是返鄉山

지나가면서 철 지난 꽃을 보니 애틋하기에
所過時見餘花可愛

죽을 나이에 귀양 가는 이것도 영광이니	殘年一謫又光華
말 위에서 일마다 으스댈 만도 하고말고	馬上端宜事事誇
장안의 꽃 일만 무더기 모조리 보고 나서	看盡長安花萬疊
시골 마을 늦게 핀 꽃 다시 보는 기연이여	村村更閱晩開花

고양의 적소에서 은혜에 감사하며 회포를 술회하다

高陽纍舍感恩述懷

작년에는 장단부로 귀양을 갔는데　去年謫長湍府
금년에는 고양현으로 귀양을 왔네　今年謫高陽縣
돈의문 밖에서 잠깐 동안 쉬어 갈 적에　敦義門外乍休憩
친지들이 소매 잡고 못내 연연해하였지　親知拚袂頗依戀
서쪽으로 모화관 푸르른 언덕에 올라서니　西登慕華蒼蒼嶺
내 집이 어디 있는지 보아도 보이질 않네　我家何在望不見
바로 이때 동풍이 비를 급히 몰아와서　是時東風吹雨急
노호(怒號)하며 송백의 소리가 서로 으르렁　颼飀松柏聲相戰
옷소매 젖는 것이야 그러려니 한다 해도　衣袂沾濕尙云可
말발굽이 진흙을 차서 얼굴에 튀어 오르니 원　羸蹄蹴泥泥上面
예로부터 만사가 온전히 좋은 법은 없나니　古來萬事無全美
행인은 수심이 깊어도 농부는 환호하는 것을　行人愁絶農夫忭
묻노니 나의 서쪽 유람이 모두 몇 번인고　問余西遊凡幾何
황발로 늙은 이정표 얼굴 대하기 부끄러워　黃髮羞對老堠面
우국의 본성이 바보 같지만 않았다면　向非憂國素性癡
어찌 밝은 시대에 견책을 자초했으리오　如何自速明時譴
군왕이 차마 북쪽 변방 내치지 못하고서　君王不忍投有北
특별히 경기 지역 골라 준 것도 은혜로세　恩言別是拈畿甸
혼몽 간에 이 몸은 구금된 것도 모른 채　魂夢不知身縶縶
밤이 되면 다시금 대궐 안에 들어간다오　夜來還入未央殿

권응전이 오다

權應銓至

어느 때나 나라 위한 한 조각 붉은 마음	長時爲國此心丹
관직이 있거나 관직이 없거나 상관없나니	不問無官與有官
북극 성좌의 조정이 바야흐로 진동하는 때에	北極朝廷方震盪
서쪽에 와서 밥 먹고 잠자며 감히 평안하리오	西來眠食敢平安
못다 읽은 책은 배낭 속에 몸 따라 멀리까지	殘書橐裏隨身遠
온갖 걱정에 뜰 안을 찬 달빛 아래 거니노라	萬慮庭中步月寒
사람이 서울에서 와서 자세히 전하는 말씀이여	人自終南傳語細
두 눈에 줄줄 흐르는 눈물 이상하게 생각 마오	兩眶休怪漲汍瀾

회포를 풀다
遣懷

모래재 길 창망하고 모래내 물 깊숙하고　沙峴蒼茫沙水深
머물러 쉴 시골 언덕 찾는 이도 얼마 없네　村阿歇泊少人尋
흰머리로 단정히 앉은 띠 풀 엮은 집에　白頭端坐編茅室
해 질 녘 들리는 것은 나무 쪼는 새소리뿐　斜日惟聽啄木禽
자나 깨나 저절로 흐르는 우국의 눈물이요　寤寐自然憂國淚
평생 공연히 성군을 만들어 보려는 마음이라　平生徒爾致君心
독성(獨醒)이라는 두 글자는 미리 정해졌는가 봐　齋名二字如前定
이런 일 저런 일 웅얼거리며 푸른 산을 대하노라　萬事沈吟對碧岑

적소(謫所)의 벽에 '독성재(獨醒齋)'라는 세 글자가 붙어 있었는데, 내가 이를 보고서 기이하게 여겨 말하기를 "이것은 예언한 글이니, 적객(謫客)이 거하기에 적당한 곳이다."라고 하고는 마침내 들어가 거하였다. 그래서 시어(詩語)가 이와 같이 되었다.

비가 하루 내내 밤새도록 크게 쏟지도 않고 조금 쉬지도 않으면서 그 형세가 처음부터 끝까지 균일하기에, 이를 통해서 또한 하나의 현상을 보고 다른 것들을 미루어 알기에 충분하였다
雨終晝達宵不大注不少歇其勢始終均一亦足以覽物反隅也

연하게 뿌리고 가볍게 적시며 밤낮을 관통하니	軟灑輕霑晝夜通
비 귀신도 우리 성문의 공부 방법을 아는가 봐	雨師如解聖門工
물조물망하며 순역불이(純亦不已)하니[35]	勿助勿忘純不已
자연히 공리가 무궁하게 미칠 수밖에	自然功利曁無窮

35 물조물망(勿助勿忘)하며 순역불이(純亦不已)하니 : 물조물망은 마음속으로 조장(助長)하지도 않고 잊지도 않는 것을 말하는데, 농사에 비유하면, 잊는 것은 농부가 아예 밭을 돌보지 않는 것이며, 조장하는 것은 밭에 자라는 곡식을 빨리 자라게 하려고 고갱이를 뽑아 올리는 것〔揠苗〕과 같다. 《孟子 公孫丑上》 순역불이는 《중용장구》 제26장에 나오는 말로, 순일하면서 동시에 잠시라도 중단함이 없는 것을 말한다.

집 뒤의 산매화 나무 한 그루가 활짝 피었기에

屋後山梅一樹正開

봄 귀신이 해 오던 대로 안배해 놓은 석 달의 봄에 東皇隨例按三春

실컷 보는 천자만홍(千紫萬紅)은 별로 신기하지 않아 逞得千紅便不新

짙푸른 그늘 싱그러운 풀 우거진 여름철에 爭似綠陰芳草裏

담박한 정신 발하는 매화 한 가지에 어찌 견주랴 一枝梅發澹精神

산매화와 작별하며

別山梅花

산에 피는 매화여	山梅花
정녕 곱디곱게 꽃망울 피웠구나	花發正娟娟
시골 동네 누추해서 볼만한 것은 없고	村閭陋矣無長物
오직 이 산매화가 애틋할 따름	惟有山梅花可憐
꽃 옆에서 시를 읊고 그 아래에서 술 마시면	花邊吟詩花下酌
세간의 영욕이야 모두 알 바 아니라오	世間榮辱都茫然
타향 방에서 이제 막 오월 달력 펼친 때에	旅舍纔抽五葉蓂
사면령이 구중의 하늘에서 어느새 내려왔네	赦書已下九重天
꽃은 시들지 않았는데 내가 먼저 돌아가니	花不衰我先歸
나의 말도 아쉬운지 석양 앞에서 머뭇머뭇	我馬依遲夕陽前
매화여 매화여	梅兮梅兮
그동안 은정[36]의 소금으로 간을 못 맞추어	向來未和殷鼎鹽
너를 많이 저버린 노년의 이 몸을 어떡하누	負汝實多奈暮年

36 은정(殷鼎) : 은나라 솥이라는 말로, 재상이 되어 국정을 주도하는 것을 비유하는 말로 쓰인다. 《서경》 〈열명 하(說命下)〉에 은나라 무정(武丁)이 재상인 부열(傅說)에게 "솥 안에 여러 가지 양념을 넣고 국을 끓일 때면, 그대가 간을 맞출 소금과 매실이 되어 주오.〔若作和羹, 爾惟鹽梅.〕"라고 하였다.

4월 27일 초계 문신의 친시 및 유생 전강을 평가하는 명관으로 희정당에 입시했다가, 삼사의 합계를 불태우도록 한 성상의 거조는 대단히 잘못된 것임을 극력 진달하고 아울러 나의 거취를 거론하며 쟁론하였다. 그러고는 연석에서 물러나와 곧장 용호의 시안정으로 나아가 다음과 같이 시를 읊다

四月二十七日以抄啓親試及儒生殿講命官入侍熙政堂力陳三司合啓燒火大爲聖躬闕失仍以去就爲爭退自筵席直出龍湖是岸亭有吟

붉은 먼지 실리지 않은 작은 남여 타고	紅塵不載小籃輿
해 질 녘에 붉은 난간 웃으며 기대었소	笑倚朱欄返照餘
갈매기 너머 배에선 때로 울리는 장구 소리	腰鼓時鳴鷗外舫
섬 남쪽 공터에는 낮게 깔린 취사 연기	炊煙低在島南墟
반평생 떠메고 온 것은 오직 명의뿐	半生擔負惟名義
긴 여름날 기거하기 좋은 원정이로세	長夏園亭好起居
이번 일은 오직 하늘이 편의를 봐준 것이니	此擧秖應天借便
남은 생애는 못다 본 책이나 죄다 봐야지	殘齡看盡未看書

시안정에서 노래하다
是岸亭歌

아침에 향안 앞에 절을 하고서	朝拜香案前
점심나절에 숭례문을 빠져나왔네	午出崇禮門
숭례문 밖은 도로가 숫돌처럼 평탄하여	崇禮門外路如砥
작은 가마에 올라타고 곧장 용산 촌으로	輕輿直向龍山村
나의 정자가 아스라이 나를 환영하는 듯	吾亭縹緲如相迎
바람 앞에 버들가지는 깃발처럼 펄럭펄럭	風前楡柳搖旗旛
가마 내려 한번 웃고 정자 위에 앉으니	下輿一笑亭上坐
푸른 하늘 툭 터지고 긴 강물은 뒤척뒤척	靑天豁達長江翻
그 아래 국세(國稅) 나르는 만 척의 배가 모여	其下王稅集萬舳
높다란 돛대가 빽빽하게 나무숲처럼 늘어섰네	危檣簇如排林木
이때 우림위(羽林衛)의 이 장군이	是時羽林李將軍
비단 돛에 천하백[37]을 싣고 왔나니	錦帆載得天下白
풍악 울리며 깁 적삼이 황창[38]을 춤추자	樂動羅衫舞黃昌

37 천하백(天下白) : 이 세상에서 가장 희다는 뜻으로 미인을 비유한 말인데, 여기서는 기녀(妓女)를 가리키는 말로 쓰였다. 두보(杜甫)의 시에 "월나라 미녀의 피부는 하늘 아래 가장 희고, 감호는 오월의 염천에도 서늘하다.〔越女天下白, 鑑湖五月涼.〕"라고 하였다. 《杜少陵詩集 卷16 壯遊》

38 황창(黃昌) : 황창무(黃昌舞) 즉 황창이 추는 검무(劍舞)를 말한다. 신라의 왕이 백제의 왕에게 죽음을 당하자 어린 황창랑(黃昌郎)이 백제 왕 앞에서 칼춤을 추다가 그를 죽여 복수했다는 설화에 기반하고 있다. 백제 왕은 분서왕(汾西王)이라고도 하고,

칼 그림자 강물 빛과 뒤섞여 반사되네	劍影江光相盪射
쟁기와 보습을 어찌 굳이 우리 집에서 잡으리오[39]	耒耜何必吾家操
멀리 바라보기만 해도 번뇌가 씻겨 나가는걸	遠望亦足煩襟滌
통증이 가시면 옛 고통 떠올릴 것도 없다마는[40]	痛定不須思舊痛
그동안 겪은 벼슬의 바다 얼마나 험악하였던지	向來宦海何其惡
정자 아래엔 강물 소리 정자 위엔 달	亭下江聲亭上月
계실 곳을 얻었구려 늙은 상국이시여	得其所哉老相國

황창랑은 화랑 관창(官昌)이라고도 한다.

39 쟁기와……잡으리오 : 너도나도 벼슬길에 나아가는 상황에서 번암까지 굳이 벼슬자리를 고집해야 할 당위성을 발견할 수 없다는 말이다. 두보(杜甫)의 시에 "사방 이웃이 쟁기와 보습 들고 나가니, 어찌 굳이 우리 집에서 잡을 필요 있으리오.〔四隣耒耜出, 何必吾家操.〕"라는 말이 나온다. 《杜少陵詩集 卷11 大雨》

40 통증이……없다마는 : 한유(韓愈)의 글에 "지금 와서 생각해 보면 마치 통증이 진정된 사람이 통증이 발작했을 때를 떠올리는 것과 같으니, 그 당시에 어떻게 나 스스로 그 아픔을 견뎌 낼 수 있었는지 모르겠다.〔今而思之, 如痛定之人, 思當痛之時, 不知何能自處也.〕"라는 표현이 나온다. 《昌黎文集 卷16 與李翺書》

흥을 풀다

遣興

강산은 싫지 않고 삼공 벼슬은 싫다니	江山不厭厭三公
호오가 남들과는 아무렴 같지 않고말고	好惡與人應不同
비좁은 땅에 느닷없이 분출한 듯한 다락이요	地狹忽然樓似湧
둥그런 섬에 반듯하게 둘로 갈래 진 강물이라	嶼圓端爲水分洪
물이 나뉘어 갈래 지는 것을 홍(洪)이라고 한다.	
새와 고기는 초면이 아니라 앞에서 인도하고	禽魚前導非生面
말 타고 멀리 찾아오니 모두 후덕한 풍속일세	鞍馬遠來皆厚風
다 늙었다고 어찌 꼭 안 늙은 자에게 양보하랴	已老何須讓未老
한 번의 한유함만으로도 일만 시름 날려 버리는걸	一閑終遣萬愁空

기러기를 노래하다

詠雁

기러기는 사냥을 눈치 챈 듯 아득히 하늘 멀리　　鴻雁冥冥似見幾
초나라 구름 오나라 달 향해 전심전력 날아가네　　楚雲吳月盡情飛
어찌하여 함로의 경계를 깡그리 잊고서　　如何忘却含蘆戒
남으로 북으로 무단히 또 가고 오는지[41]　　南去無端又北歸

41 어찌하여……오는지 : 기러기도 주살을 피하려면 이 강변에 내려와서 기다란 갈대를 입에 물고 먼 길을 떠나야 할 텐데, 어째서 그 경계를 망각하고 위험하게 날아가느냐는 뜻으로, 사방의 위험에 대비해야 하는 번암 자신의 처지를 은연중에 표현하고 있는 것으로 보인다. 《회남자(淮南子)》 〈수무훈(脩務訓)〉에 "기러기는 바람을 이용하여 기력을 아끼고, 갈대를 입에 물고 날아가 주살에 대비한다.〔夫雁順風以愛氣力, 銜蘆而翔, 以備矰弋.〕"라고 하였는데, 고유(高誘)가 해설하기를 "갈대를 무는 목적은 주살이 날개를 제대로 겨냥할 수 없게 하기 위해서이다.〔銜蘆所以令繳不得截其翼也〕"라고 하였다.

강화의 적소에 있는 이태 계수 익운에게 부치다
寄李台季受益運沁都謫居

역마 타고 아찔한 잔도를 평지로 간주하고	馹騎平看嶺棧層
북으로 온 충분에 눈물이 가슴 적시려 하네	北來忠憤欲霑膺
대의로 하늘 떠받치는데 마음이 어찌 고달프랴	撑天大義心何苦
밝은 조정의 직언이라 그 값이 배나 더하도다	抗疏明廷價倍增
옥결[42]을 받고 대낮에 대궐의 물시계 하직하고	玉玦晝辭淸禁漏
풍파가 일어 밤중에 여창의 등잔불 요동하리	風潮夜撼旅牕燈
처량하도다 나를 고양 마을에 앉혀 놓아서	蕭蕭坐我高陽里
호미 들고 나가는 이웃은 그저 즐겁기만 한데	鋤出隣家喜不勝

군이 영남에 사명을 받들고 갔다가 돌아오는 길에 조령(鳥嶺)에 이르러서 상이 도역(島逆)[43]을 방환(放還)했다는 말을 듣자 밤낮으로 급히 말을 치달렸다. 그러고는 승지로서 승정원에 들어가 소장을 진달하며 직언을 했다가 강도(江都)에 방축되었다. 이때 내가 고양(高陽)의 적소에 있다가 이 소문을 들었으므로 시어(詩語)가 이렇게 되었다.

42 옥결(玉玦) : 갈라진 틈새가 있는 패옥이라는 뜻으로, 파직, 좌천, 귀양 등 조정의 처벌을 받을 때 쓰는 표현이다. 반면에 고리가 완전히 이어진 환(環)은 사면을 받고 복귀하는 것을 상징한다. 《순자(荀子)》 〈대략(大略)〉에 "임금이 신하에 대해서 용서하지 않고 결별하는 뜻을 보일 때에는 한쪽이 떨어진 패옥을 보내고, 다시 조정으로 불러들일 때에는 옥환(玉環)을 보낸다.〔絶人以玦, 反絶以環.〕"라는 말이 나온다.

43 도역(島逆) : 섬의 역종(逆宗), 즉 정조의 서제(庶弟)로서 강화도에 유배되어 있던 은언군(恩彦君) 이인(李䄄)을 가리킨다.

우사앙 경모의 명악사고에 뒤늦게 제하다

追題禹士仰景謨溟岳四稿

사앙을 보지 못한 지 어느새 삼 년 세월	不見士仰已三年
늘씬한 몸 맑은 눈동자 언제나 가물가물	秀幹瀅眸長黯然
매선당에서 우연히 글들을 점검하다가	每善堂中偶檢書
명악사고가 홀연히 눈 안에 들어왔네	溟岳四稿忽在前
아, 이것은 바로 사앙의 작품인데	嗚呼此是士仰作
먼지에 파묻혀 창틈에 버려지다니	厚塵埋沒牕間捐
사앙이 불우하여 뜻을 얻지 못하자	士仰落拓不自得
기걸 찬 기상으로 금강산에 한번 올라	奇氣一陟金剛巓
만폭동에서 가랑비 속에 지팡이에 몸 기대고	細雨搘笻萬瀑洞
구룡연에서 대낮에 속세의 옷 먼지 털어 내곤	白日振衣九龍淵
바람 몰며 상쾌하여 정지할 수가 없어[44]	風馭冷然不可停
삼일포와 낙산사까지 펄펄 날아다녔다오	三浦洛山行翩翩
소매 가득 지은 시들 원기에 푹 젖었으니	詩成滿袖元氣濕
영랑이 보고 웃으면서 어깨동무하였을 터	永郎見之笑拍肩
돌아와 매선당에서 대견한 듯한 기색으로	歸來每善堂中如有誇
나의 시평을 서문으로 얻기를 원했었는데	願得月朝書其顚

44 바람……없어 : 《장자》 〈소요유(逍遙遊)〉에 "열자가 바람을 몰며 하늘 위로 올라가서 상쾌하게 보름쯤 마음대로 돌아다니다가 돌아오곤 했다.〔夫列子御風而行, 冷然善也, 旬有五日而後反.〕"라는 말이 나온다.

시평도 못 짓고 시권만 덩그러니 놔둔 채　月朝未成卷空留
늙은 이 몸 홀연히 잊어버린 듯하였다가　老我忽焉如忘旃
사앙의 얼굴 본 것처럼 놀라 부르짖었나니　驚呼士仰如見面
노인의 눈물 줄줄 흘러 시편을 적시누나　老淚簌簌沾詩篇
내가 알기로 사앙은 천상에 복귀했을 것이요　吾知士仰歸天上
천상에는 원래 문자 아는 신선도 많을 테니　天上元多識字仙
선문이 평을 하고 악전이 찬한 글[45]을　羡門評之偓佺贊
번옹의 속안과 비교하면 또한 낫지 않겠는가　較之樊翁俗眼不亦賢
사앙에게 말 전하노니 원망 탄식하지 말고　寄語士仰莫怨嗟
예전에 봉래산에서처럼 낭랑히 읊조리기를　朗吟如舊蓬壺邊

45 선문(羨門)이……글 : 선문은 고대 선인으로 전해 오는 선문자고(羨門子高)를 가리킨다. 악전(偓佺)도 전설상의 선인이다.

이태 공회가 좌승지로서 나를 함께 데리고 오라는 왕명을 받들고 와서 머물렀고, 사술도 연일 묵으며 돌아가지 않기에 운자를 뽑아서 같이 읊다

李台公會以左承旨奉偕來命來留士述亦信宿不歸拈韻同賦

푸른 강 끝없이 흘러가는 물결을	滄江無限勢
온종일 앉아서 문 열고 바라보네	盡日坐開門
이런 모임은 사람의 힘이 아니거니	此會非人力
무얼 베풀든 성상의 은혜가 아니리오	何施不聖恩
역마를 매기에 적당한 구름 덮인 솔이요	雲松宜繫馹
술잔을 더 들고 싶은 안개 낀 강물이라	煙水欲添樽
모래톱 갈매기 꿈을 방해할까 두려우니	恐損沙鷗夢
웃고 얘기하며 떠드는 건 그만둘까 보다	休將笑語喧

영남의 조선이 정자 아래에 빽빽이 머물러 있다가 차츰 돛을 달고 돌아가고 있으므로, 그들이 해야 할 일을 다 마쳤음을 알 수 있겠기에, 공회가 지은 시에 웃으며 화답하다

嶺南漕船簇留亭下稍稍有掛帆歸者可知其了事公會賦詩笑和之

강해가 하늘과 잇닿아 청명한 경치 산뜻한데　　江海連空霽景新
배를 돌려 떠나는 사공들 이젠 한가한 몸이로다　　回舟黃帽始閑身
태창에 국세를 기한 안에 모두 바쳤을 터　　太倉王稅如期納
직분을 다하고 돌아가는 그대들 부러워라　　羨爾歸爲盡分人

공회에게 시를 읊어 보여 주다
吟視公會

더 이상 흉금에 걸리는 일이 하나도 없어	無復沖襟一事牽
아침 내내 늘어지게 편안히 잠을 이루었소	終朝慵臥穩成眠
북산 천 길 언덕에 솟아 있는 정자라면	亭標北圪千尋岸
남방 만 리의 배들이 정박한 문이로세	門泊南維萬里船
궁중 부채 강리(江離)의 향내를 한가로이 음미하고	宮扇離香看自在
노량의 안개 낀 나무를 애틋하게 바라보노라	鷺梁煙樹望依然
내 거처가 대궐과 가까운 줄 더욱 믿겠노니	吾居益信三淸近
승정원의 좌승지와 장시간 짝하고 있으니까	長伴銀臺第二仙

노량(鷺梁)은 바로 내가 임시로 묵고 있는 지역이므로, 제6구에서 이렇게 말하였다.

사술, 공회와 함께 운자를 뽑아 즉흥시를 짓다
即事同士述公會拈韻

난간 밖에는 높고 또 낮은 이끼 낀 바위들	檻外苔巖高復低
다듬지 않은 천연의 길 따라 손이 찾아오네	天然不斲客來蹊
성긴 주렴엔 푸른 강물 깨끗이 닦은 거울이 걸려 있고	簾疎鏡拂滄江在
비좁은 지역엔 붉은 절벽을 차지한 꽃들이 있네	地迮花占赤岸棲
밭 귀신 제사에 당연히 울릴 마을의 북소리요	村鼓應緣田社賽
물새 울음에 때때로 화답하는 사공의 노래로다	棹謳時和水禽啼
다정한 이 편지는 언제쯤에나 전달될까	多情雙鯉何時達
해무 서쪽 강성(江城) 숲속에 있는 사람에게	人在城嵐海霧西

이날 이태 익운(李台益運)의 강도(江都) 적소(謫所)에 글을 부쳤다.

착호행
捉虎行

어영청 대장이 동이 틀 녘에 나와	御營大將平明出
노량 강변 백사장에서 병졸 훈련시키나니	鷺湖沙場鍊戎卒
모래펄 일만 막사에 화각 소리 울려오고	平沙萬幕吹畫角
군중에 호령이 풍화처럼 급히 전달된다네	軍中號令風火疾
홀연히 듣건대 용산의 저잣거리에서	忽聞龍山市井間
범이 새벽을 틈타 바람을 일으키며	惡虎嘯風乘朝日
여자 젖통 남자 어깨를 물어뜯는가 하면	或嚙女乳或男肩
동서로 횡행하여 막을 수 없는 형세라고	隳突東西勢莫遏
장군이 크게 노하여 씩씩한 병졸 가려 뽑아	將軍大怒抄健卒
마을을 포위하고 추격하니 우레와 같은 함성	遶村逐虎雷喊發
범이 비로소 급박해져 몸 둘 곳이 없자	虎始窘急無所投
이씨 정원으로 도망쳐 들어가 숨었는데	走入李氏園中伏
포환이 번개처럼 맹호를 쏘아 맞추자	砲丸如電撞白額
처마로 뛰어올라 기왓장이 와그르르	虎躍屋簷簷瓦落
포환이 비처럼 쏟아지니 범이 어떡하랴	丸勢雨集虎無奈
풀숲에 고꾸라져 아무 소리도 안 들리네	草間頹然聲寂寂
사람의 선혈이 아직도 범의 주둥이에 묻었으니	人血漬口口猶赤
너의 죄를 어찌 용서하랴 삼족을 멸해야지	爾罪不宜貸三族
아동을 시켜 두 눈알을 뽑아내게 하였더니	試令兒童剔兩眼
반쯤 들어냈는데도 눈빛이 이글거리는 듯	半露猶能如閃爍

장군이 급히 아뢰며 군왕에게 헌납하니 將軍馳奏獻君王
군왕이 접수하고 공적을 가상하게 여겨 君王受之嘉乃績
상금으로 백 천 꿰미의 내탕금을 하사하였나니 賞賜內府百千鏹
통쾌한 이 일이 하루 새에 사방을 진동하였어라 快事一日動四方
아, 사냥한 호랑이를 어디에다 써먹을거나 嗚呼獵虎將安用
머리 들고 의기양양 걸어 다니는 수괴에게 元惡戴頭來揚揚

강변 다락에서 저녁에 내리는 비를 보고

江閣晚雨

진짜 안개 아닌 떠다니는 운기(雲氣)가	遊氣非眞霧
일만 나무 꼭대기를 살포시 감싸 주다가	輕籠萬樹梢
가로세로로 물과 먹으로 초벌 칠을 가하고	橫縱水墨草
후끈하게 하늘과 대지가 교접하게 하더니	爛漫地天交
어느새 빗방울로 변화하여 후드득후드득	颯颯翻成雨
마침내 교외 가득 쏟아지며 주르륵주르륵	淋淋遂滿郊
풍년 들 징조라고 여기저기 축하하는 말들	豐徵紛賀語
농부 상인은 물론이요 어부와 나무꾼 들까지	農賈及漁樵

상이 천신에게 돈유하며 '명가'라는 두 글자를 내리기까지 하였으므로, 내가 몸 둘 곳을 알지 못한 채 다른 일은 돌볼 겨를이 없어서 며칠 동안 병을 조리하고 도성에 들어가겠다고 부주하였다. 그런데 병이 아직 차도가 있기 전에 듣건대, 여러 대신이 경재를 이끌고 자궁 탄신의 하례를 앙청하는 한편 빈청에서 계청하고 궐정에서 호소하는 일을 차례로 거행한다고 하였다. 이에 감히 강 너머에 계속 머물러 있을 수가 없어서, 6월 2일에 병든 몸을 부축받고 궐외의 조방에 나아갔는데, 시안정을 돌아다보니 창연한 심정을 금하지 못하겠기에, 한 편의 시를 남겨 후일을 기약하기로 하다

上之敦諭賤臣至下命駕二字臣五內失守不遑他顧以數日調病入城爲附奏病未差而聞諸大臣率卿宰仰請慈宮誕辰賀禮賓啓庭籲次第擧行不敢淹留江外六月初二日扶病詣闕外朝房回顧是岸亭不勝悵然以一篇詩留後期

강변 정자에 아름답지 않은 것이 없지만 江榭無不佳
이번에 와선 달이 없는 게 한스러웠는데 今來恨無月
지금 이렇게 달이 처음 뜨는 때를 만나고서 値玆月初生
어떻게 강변 정자와 작별을 한단 말인가 奈何江榭別
인간 세상의 일이 어떤지 깊이 알지니 深知下界事
원만함은 적고 결함이 워낙 많은 것을 圓少苦多缺
말을 세우고 오래도록 머뭇거리다 보니 立馬故依遲
산에서 빠져나온 구름이 아침 해를 가리누나 洩雲翳朝日
모래톱 물새도 떠나보낼 줄을 알아 沙鳥解相送

물가에 임해 쉬지 않고 울어 주는데	臨水啼不歇
사람의 정은 더군다나 자별하니	人情況自別
창연하여 어찌 잊을 수 있으리오	悵然那可忘
오직 이 하나의 둥근달만은	惟是一輪月
하늘과 땅 사이에 무궁무진하여	天地無盡藏
달이 돌아오는 것이 끝이 없는데	月來旣無盡
나 역시 오는 것이 끝이 없어서	我亦來無已
감이 있으면 반드시 돌아오리니	有去則必返
이것이 달과 내가 비슷한 점이로다	月與我相似
뒷날 하늘 가득한 달 보러 오겠노라고	他夜滿天月
호쾌하게 노래하며 길이 맹세하노라	浩歌以永矢

6월의 장마

六月霖

상제로 말하면 성인보다 높으신데　　上帝高聖人
어찌하여 윤집궐중[46]을 하지 않으시어　　何不允執中
비를 안 내려 하민이 가뭄을 탄식하게 하고　　不雨咨下民
비 왔다 하면 화옹이 비 만드느라 지치게 하나　　旣雨疲化翁
여름철 마지막 달 열흘 동안에　　杪夏一十日
빗방울이 적시지 않는 날이 없어　　無日不淋浪
큰 소리 내며 기왓장을 두드리는가 하면　　大聲振屋瓦
부슬부슬 가랑비로 햇빛을 가리기도 하네　　細霏韜日光
궁륭 모양의 튼튼한 광통교도　　穹窿廣通橋
빗물이 타격하여 버텨 내질 못하는데　　水打橋莫當
더군다나 또 비옥한 토지 사이의　　況復好時間
밭두둑이 상하지 않을 수 있겠는가　　疇壟得無傷
잡초가 날로 위세를 부리니　　稂莠日得勢
새로 낸 모 약한 뿌리 걱정이 되네　　弱植念新秧
노부는 조알하는 일도 그만둔 채　　老夫廢朝謁
버선도 안 신고 깊은 방에 드러누워　　不襪臥深房

46 윤집궐중(允執厥中) : 《서경》 〈대우모(大禹謨)〉에 나오는 말로, 참으로 중정(中正)한 도리에 입각하여 집행한다는 뜻인데, 여기서는 날씨가 절후에 알맞은 것을 의미한다.

고요히 성인의 말씀 홀로 열람하니　岑寂覽聖言
그 의미가 늙어 가며 더욱 이해되는데　意味老愈長
다만 항시 나라를 걱정하는 버릇 때문에　秖緣恒憂國
한마음으로 날씨 변화에 애태울 따름　一心耿雨暘
어떡하면 상제님이 윤집궐중하게 할까　苟求帝執中
오직 먼저 우리 임금님 바로잡아야겠지　惟先格吾王

장마 끝에 달구경을 하며 홰나무 뜰에 내려가 걷다
霖餘見月步下槐庭

열흘 만에 비로소 달님을 만나고 보니	初旬始逢月
옛날엔 아예 보지 못했던 것 같기도	還似未曾看
언제 젖었을까 싶은 청랑한 저 달빛이여	色朗何嘗濕
편평한 바퀴가 점점 완전한 쪽으로 향해 가네	輪平漸向完
은사가 특별한 대나무 지팡이요	竹筇恩賜別
짙게 서려 있는 홰나무 그늘이라	槐木老陰盤
불타는 세계에서 소요하는 즐거움으로는	熱界逍遙樂
여기서 느긋하게 노니는 것만 함이 없네	無如此地寬

저번에 금원(禁苑)에서 꽃을 감상하던 날에, 상이 내가 피곤하게 오르내릴 것을 염려하여, 특별히 대나무 지팡이를 하사하였다. 그래서 이 시에서 이렇게 말하였다.

장마 뒤에 가뭄이 들더니 6월 보름이 지나면서부터는 7월 보름에 이르기까지 비가 한 방울도 떨어지지 않아 그 열기가 사람을 삶을 듯하였다. 이에 상이 근신에게 명하여 산천에 기우제를 지내게 하며 밤새도록 잠을 이루지 못하는 한편, 이와 함께 또 논사하고 간쟁하는 신하들에게 조언을 구하다

澇而後旱自六月望後至七月之望雨不一點熱若燖人上命近臣祈雨山川達夜不寢仍又求助於論思諫諍之臣

저 멀리 아지랑이 가뭄을 예언하는 듯	遠靄如成讖
공연히 우레 소리만 어쩌다 들려올 뿐	空雷或一聲
농가가 호미질한 뒤에 고통을 당하매	農家鋤後苦
임금님이 깊은 밤까지 정성을 다하시네	宸極夜深誠
성상의 덕이 인애의 하늘과 합치하니	聖與仁天合
재앙이 어느 곳에서 나오기야 하랴마는	災從何處生
유신에게는 밀봉해 아뢸 책임이 있으니	儒臣有封事
분부대로 충언을 올리지 않을 수 있으리오	能不應文呈

7월 27일에 단비가 비로소 쏟아지다

七月二十七日甘雨始霈

하늘이 비 내릴 줄 이미 알았나니	已識天爲雨
아침 무지개에 장마 분위기 풍겨서	朝虹得氣淋
똑똑한 귀신이라 보는 눈이 있을 터	明神應有眼
교서는 실로 진심을 토로한 것이니라	丹綍實敷心
어둑어둑 먹구름이 진을 펼친 듯하더니	晻藹如橫陣
주룩주룩 마침내 수풀 가득히 쏟아지네	滂沱遂滿林
지금부터 왕의 체후 강녕하시리니	從今康玉體
한 방울의 비가 천금보다 값지도다	一點邁千金

이때 상의 건강이 좋지 않았는데 기우제를 두루 거행하고, 자신을 질책하는 교서를 연달아 내렸으며, 또 내의원에 유시하기를 "비가 오기만 한다면 나의 병이 낫겠다."라고 하였다. 그래서 이 시에서 이 내용을 아울러 언급하였다.

나의 노쇠한 정도가 심해진 것을 스스로 느끼겠기에 우스개로 방옹[47]의 시체를 본떠서 시를 짓다

自覺吾老甚矣戲效放翁體

죽는 게 슬픈 게 아니라 늙는 게 슬프다는	非死爲傷老可傷
이 말이 천근해도 이치는 오히려 맞다 하리	此言雖淺理猶當
글을 몇 번만 읽으면 도로 눕기를 생각하고	讀書數遍還思枕
음식을 대하면 찡그리다 결국 밥상을 물린다오	對食微嚬遂去牀
무더위에도 나만 유독 껴입지 않으면 불안하고	苦熱獨嫌衣未袷
새 가을 맞아 먼저 길어질 밤이 겁난다네	新秋先惕夜應長
가슴속에 썩지 않는 건 오직 시구 하나	胸中不腐惟詩句
건 젖히고 웅얼거리며 석양에 앉아 있네	岸幘微吟坐夕陽

47 방옹(放翁) : 남송(南宋)의 시인인 육유(陸游)의 호이다.

금상 즉위 18년째 되는 갑인년(1794)에 상이 미수 허 문정과 시대가 서로 달라서 만나지 못했다는 감회에 젖어, 그의 모습과 방불한 초상화를 얻어 보고 싶어 하였다. 이 일을 신 제공에게 명하였으므로, 신이 사림과 의논한 결과 7월 신해일에 연천(漣川)의 은거당에서 선생의 82세 때의 초상화를 모셔 와서 오리 이 문충공의 고택에 봉안하고는 그 진영을 그대로 모사하여 상에게 바쳤다. 그런데 그 뒤로 후학들이 또 날로 찾아와서 그 진영에 절하는 자가 백 천을 헤아렸다. 이에 삼가 6수의 절구시로 이 일을 기록하여 높은 산처럼 앙모하는 나의 정성을 부치다

十八年甲寅上曠感眉叟許文正欲得七分小眞以覽乃命臣濟恭臣與士林議乃於秋七月辛亥自漣上恩居堂奉來先生八十二歲眞安於梧里李文忠公故宅移摸以進後學之日來拜者以百千計謹用六絶記事以寓山仰之忱

붉게 물든 하늘 동쪽 해가 두둥실　紫赤天東日上輪
청구에 가득 쌓인 비범한 기운이여[48]　青丘異氣貯氳氤
산천이 힘을 합쳐 신보[49]를 내었나니　山川竝力生申甫
삼백 년 이래 최초의 한 사람이었어라　三百年來始一人

48 붉게……기운이여 : 서기(瑞氣)가 청구(青丘) 즉 동방의 우리나라 어디에나 가득 서려 있다는 말이다. 허목(許穆)의 〈동해송(東海頌)〉의 "이제 막 떠오른 아침 햇살이, 휘황찬란하게 얽히고 뒤섞이며, 자줏빛 붉은빛이 하늘 멀리 번져 가네.〔出日朝暾, 轇軋炫熿, 紫赤滄滄.〕"라는 구절을 번암이 떠올리며 표현한 것이다. 《記言 卷28》

49 신보(申甫) : 주(周)나라의 명신인 신백(申伯)과 중산보(仲山甫)의 병칭으로, 임금을 보좌하는 현능한 신하를 말한다.

두 번째 其二

백관 중에 우뚝했던 신선과 같은 풍모 仙風道骨聳簪紳
숙고의 논평 그대로 이 초상화 영락없네 肅考論評畫得眞
오늘날 임금님이 이 모습을 구한 것은 今日中宸求厥像
어쩌면 부암인[50]을 고대한 것인 듯도 怳疑延佇傅巖人

숙종(肅宗)이 일찍이 이르기를 "허목(許穆)은 선풍도골(仙風道骨)이다." 라고 하였는데, 영묘(英廟)가 매양 이 말씀을 연석(筵席)에서 언급하였으므로, 이 시에서 이렇게 말하였다.

세 번째 其三

하늘 장치 돌고 돌아 또다시 갑인년 天機滾滾甲寅回
예전에 오셨던 미옹이 지금 또 오셨네 前度眉翁今又來
옛날 그대로 요동의 성곽 안에서 依舊遼陽城郭裏
흰 터럭 선학의 그림자 배회하리라[51] 霜毛仙鶴影徘徊

숙종 갑인년(1674, 숙종 즉위년)에 선생이 대사헌으로 처음 소명(召命)에

50 부암인(傅巖人) : 부암 들판의 사람이라는 뜻으로, 명재상을 비유하는 말이다. 은(殷)나라 고종(高宗)이 자신을 도와줄 현능한 신하의 모습을 꿈속에서 보고는, 초상화를 그려서 널리 찾은 결과 부암의 들판에서 흙일을 하던 부열(傅說)을 얻어 재상으로 삼은 고사가 전한다. 《書經 說命下》

51 옛날……배회하리라 : 신선이 되어 학을 타고 고향인 요동성(遼東城)에 날아왔던 정영위(丁令威)처럼 허목 역시 초상화로나마 옛 추억이 어린 조정으로 돌아왔다는 말이다. 요동의 성곽에 대해서는 61쪽 주31 참조.

응했는데, 올해가 두 번째 갑인년(1794, 정조18)이기 때문에 시에서 이렇게 말하였다.

네 번째 其四

성 서쪽 명가(名家)에 광휘가 뻗쳤나니	城西喬木有輝光
오로[52]와 미옹이 다시 한집 마루에	梧老眉翁復一堂
세도와 인재 등 평소의 생각들도	世道人才平昔念
서로 마주하고 길이 말씀 나누시리	也應相對話言長

오리(梧里)와 미수(眉叟) 두 분 선생의 화상(畫像)이 한 마루에 함께 걸렸으므로 시에서 이렇게 말하였다.

다섯 번째 其五

기성이 마치 백 년 세월 배읍(拜揖)하는 듯	箕星如挹百年光
설상 같은 흰 눈썹이 하나하나 움찔움찔[53]	箇箇眉毫動雪霜
죽어서도 은나라 임우[54]의 책임을 다하려고	生死殷家霖雨責

52 오로(梧老) : 호가 오리인 이원익(李元翼)을 말한다. 허목은 이원익을 종유(從遊)하다가 그의 손서(孫壻)가 된 기연이 있다.

53 기성(箕星)이……움찔움찔 : 허목이 죽어서 백 년의 세월이 흐르는 동안에도 항상 나라를 걱정하여 무슨 일이 생길 때마다 하얀 눈과 서리 같은 눈썹을 움찔거리며 살아 있을 때처럼 반응을 보였을 것이라는 말이다. 기성은 위인이 죽은 뒤의 영혼을 비유하는 말이다. 은 고종 때의 명재상 부열의 영혼이 사후에 하늘로 올라가 기성과 미성(尾星) 사이의 별이 되었다는 전설에서 나왔다. 《莊子 大宗師》

제때에 단비 내려 군왕의 은혜에 보답하네　　　　好將甘澍答君王

이때 상이 가뭄이 심한 것을 걱정하여 산천에 두루 기도하였는데, 영정(影幀)이 성안에 들어온 저녁에 단비가 시원히 쏟아졌으므로, 시에서 이렇게 말하였다.

여섯 번째 其六

수의[55] 입어 혼탁한 세파에 오염되지 않고　　　　銖衣不染濁流渾
도덕과 문장으로 백대에 존경받으실 분　　　　道德文章百代尊
예로부터 지금까지 미천의 맑음이 끝없으니　　　　今古尾泉淸不盡
백발의 이 몸이 어디에서 연원을 찾겠는가[56]　　　　白頭何處覓淵源

54 임우(霖雨) : 사흘 동안 내리는 비를 말하는데, 이 정도면 가뭄을 해소할 수 있으므로, 뒤에는 단비가 내리는 것을 의미하게 되었고, 이와 함께 환란을 구제하고 민생을 안정시킬 인재를 뜻하는 말로도 쓰이게 되었다. 은 고종이 부열에게 "큰 가뭄이 들면 내가 그대를 단비로 삼으리라.〔若歲大旱, 用汝作霖雨.〕"라고 한 말에서 유래하였다. 《書經 說命上》

55 수의(銖衣) : 매우 가벼운 옷으로, 보통 선인(仙人)의 옷을 가리킨다. 수(銖)는 극소(極小)의 중량 단위로, 24수가 1냥(兩)이다.

56 예로부터……찾겠는가 : 번암이 자신의 연원을 허목에게 두겠다는 뜻을 피력한 것이다. 허목의 학문과 덕행을 추모하기 위해 1690년(숙종16) 전남 나주 안창동에 지방 유림들이 서원을 설립하고 위패를 모셨다가, 1693년 미천(眉泉)으로 사액(賜額)을 받았는데, 번암 자신도 몰년(沒年)인 1799년(정조23) 스스로 염원한 대로 이곳에 추가 배향되었다.

달밤에 뜰을 거닐며 정해좌[57]를 생각하다
月夜步庭懷丁海左

내 늙어 지금 모든 일이 귀찮아져도　　吾老如今事事慵
뜰 산책은 지팡이 짚고 계속 그대로　　閑庭猶不廢巡笻
바람이 풍경 흔들면 꾀꼬리인가 의심하고　　搖風磬舌疑嚶鳥
홰나무에 달빛 비치면 와룡을 본받는다오　　得月槐身學臥龍
목욕은 매회 따스한 물이 필요하고　　沐浴每回須暖液
날씨는 대부분 종소리 듣고 맞힌다네　　陰晴多半驗來鍾
강동 돌아가는 배는 아무 탈이 없는지　　江東歸帆能無恙
찬 갈대꽃 주변에 이슬 듬뿍할 터인데　　寒葦花邊白露重

내가 가려움증이 있어서 매일 밤 온탕에 몸을 담그기 때문에 시에서 언급하였다.

57 정해좌(丁海左) : 정범조(丁範祖, 1723～1801)로, 본관은 나주(羅州), 자는 법정(法正)・법세(法世), 호는 해좌이다.

8월 한가윗날 밤에 달이 어지러운 나뭇가지 사이에서 떠올라, 언뜻 가렸다 나타났다 하면서 마치 나아가기도 하고 물러나기도 하는 것처럼 보이는 것이 더욱 절경이었다. 이태 공회가 오겠다고 약속하였는데 오지 않다

中秋夜月上亂樹間乍隱乍現如進如退尤絶景也李台公會有約不至

담장 꼭대기의 나무를 찍어 내야만 斫却墻頭樹
달 바퀴가 뒤늦게 뜨지 않겠구먼 月輪應不遲
원래 본성을 따라 텅 비어 밝은 것이 虛明元率性
가끔 숨기도 하니 기이함이 더해지네 隱約更添奇
구름 한 점 없이 툭 터진 하늘 天闊無雲際
지팡이에 홀로 기댄 공적한 뜨락 庭空倚杖時
거리의 종소리는 왜 이리 빨리 울리는지 街鍾太容易
온다는 고인의 약속 잘못될까 두려워라 恐誤故人期

금년은 무더위가 매우 심해서 중추의 찌는 날씨가 삼복 같았다. 그런데 16일 밤에 큰비가 내려 서늘한 기운이 비로소 싹텄으므로 달을 마주하고 기뻐서 읊다

今年熱甚中秋烘如三伏十六夜大雨涼意始萌對月喜吟

밤에 오는 비가 어찌나 힘이 센지	夜雨何多力
상하 사방 무더위를 몰아내 버렸네	驅除六合烘
앉아 있다 보니 가을이 벌써 반절	坐來秋已半
사람 혼자 그 속에서 늙어 간다오	人自老其中
툭 터진 골이라 밝은 달이 보이고	洞豁看明月
텅 빈 하늘에선 미풍이 끌려오네	空虛引細風
군왕이 혜택을 골고루 내리시매	君王均惠澤
환히 웃는 소리 팔도에 가득하네	歡笑八方通

이때 칠석제(七夕製)를 추가로 설행하면서 팔도의 유생(儒生)을 골고루 뽑으라고 명했으므로 낙구(落句)에서 이렇게 말하였다.

대풍행
大風行

지금 시절은 갑인년(1794, 정조18) 가을 팔월	甲寅之歲秋八月
바람 귀신의 용기 뽐냄은 어디서 나오는지	風伯賈勇從何出
웅맹한 그 소리 당해 낼 수가 없어서	其聲雄猛不可當
뇌정과 벽력도 위권을 빼길 정도인데	雷霆霹靂威權奪
밤낮 가리지 않고 그 형세 여전하여	通晝達夜勢如初
곧장 사흘 동안 잠시 쉬는 일도 없네	直至三日無暫歇
포악하기로는 천지를 뒤져 사냥하려는 듯	暴如搜獵天地間
만나는 족족 집어삼켜 깨물어 먹으려 하고	遇物輒欲呑而嚙
까불대기는 강해의 물을 뒤집어엎을 듯	簸如翻倒江海水
상하 사방에 분풀이하며 뒤죽박죽 만드나니	散瀉六合成蕩潏
고대광실의 암수로 짝지은 기왓장도	朱門甲第鴛鴦瓦
날리는 낙엽 본받아 저만치 달아나네	學得飄葉走超忽
탄식할 일은 온갖 곡식이 한창 익어 가는 때에	所嗟百穀方就熟
꺾이고 뽑히고 뒤집혀 남아날 것이 없다는 것	挫揠顚倒無遺孑
농부며 전부며 모두 그저 흐느껴 우나니	農夫田父啜其泣
한 해의 노고가 하루아침에 허사가 됐으니까	終歲勤苦一朝失
저번에 하늘이 단비를 시원스레 내려 준 것은	向者天以甘霈賜
성군이 기도한 향 연기가 하늘에 사무쳐서인데	聖人默禱香煙徹
어찌해 큰 복을 내린 지 한 달도 채 못 되어	奈何景貺未旬朔
바람 귀신이 제멋대로 횡포를 부리게 놔두는지	而使蜚廉恣威疾

하늘의 뜻은 오묘하니 그 누가 헤아리리오　天意幽眇有誰測
늙은이 눈물 부질없이 골방에서 흘릴 수밖에　老淚徒然滋漆室
궁민에게 말 전하노니 겁내지 말고 믿어 보시라　寄語窮民恃無恐
우리 임금님 자비의 동산은 생물을 살려 주시니까　吾王仁囿生生物

합리[58]행

合梨行

노부는 소갈증으로 가을 내내 누워	老夫病渴三秋臥
세간의 어떤 맛도 입에 맞는 게 없는데	世間百味無一可
이슬 받는 손바닥[59]도 이름만 전해질 뿐이라서	掌上承露名空傳
천추에 아쉽게 생각하며 군침만 흘릴 따름이네	悵望千秋一流涎
봉산의 사군이 내 사정을 잘도 알아	鳳山使君能解事
광주리 하나 가득 합리를 보내왔기에	貽我合梨滿籠至
얼른 포장을 뜯고 먼저 냄새를 맡아 보니	急開包裹先自嗅
은은한 향내가 좌우에 어느새 흘러넘치네	暗香已能流左右
그 모양은 둥그렇고 크기는 달걀만 한데	厥狀團圓鷄子大
연한 껍질 노르스름한 색깔이 보기에도 좋아라	軟皮微黃看可愛
하나하나 살진 것 골라 입안에 털어 넣으니	箇箇擇雋投諸口
이로 씹을 필요도 없이 마치 얼음이 녹아나듯	不待齒嚼如氷解
감로 진액 질펀하게 입에서 줄줄 흘리는 판에	甘津汪汪不勝注
목구멍 막히게 오므려 넣다니 외려 우스워라	翕受還笑喉欲隘

58 합리(合梨) : 합리(蛤蜊)로도 쓴다. 보통은 조가비나 가리비 같은 조개 종류를 말하는데, 여기서는 멍게를 가리키는 것으로 보인다.

59 이슬 받는 손바닥 : 승로반(承露盤)을 말한다. 한 무제(漢武帝)가 불로장생을 위해 건장궁(建章宮)에 선인의 손바닥〔仙人掌〕 모양의 동주(銅柱)를 세워서 감로(甘露)를 받도록 한 고사가 전한다. 후삼국(後三國)의 위 명제(魏明帝)도 이를 본받아서 방림원(芳林園)에 승로반을 설치했다고 한다.

모발에 맑은 바람이 솔솔 일어나며　毛髮習習生淸風
그동안의 번뇌가 한꺼번에 사라졌나니　向來煩惱一掃空
장경과 노두[60] 모두 소갈병이 있었던 만큼　長卿老杜皆病是
이 물건이 있었으면 공신 대접을 받았으리　如有此物應策功
사군에게 바라건대 이 혜택 널리 확장해서　我願使君推惠廣且達
백 리 안에 기갈 든 인민 다시 없게 해 줬으면　百里人無載飢渴

60 장경(長卿)과 노두(老杜) : 한나라 사마상여(司馬相如)와 당나라 두보(杜甫)를 말한다. 《사기(史記)》 〈사마상여열전(司馬相如列傳)〉에 "사마상여는 말은 더듬었지만 글 짓는 일을 잘했는데, 항상 소갈병을 앓았다.〔相如口吃而善著書, 常有消渴疾.〕"라는 말이 나온다. 그래서 후세에 문인이 앓는 소갈병을 장경병(長卿病)이라고 칭하였다. 두보의 시에도 "내가 비록 심하게 소갈증을 앓지만, 우리 임금님 수고하심을 어찌 감히 잊으리오.〔我雖消渴甚, 敢忘帝力勤.〕"라는 구절이 나온다. 《杜少陵詩集 卷14 別蔡十四著作》

동이루에 오르다. 누대는 규장각 뒤에 있다

登東二樓樓在摛文院後

누대는 상서로운 구름 밖에 솟구치고	樓出祥雲外
솔은 제왕의 기운 속에 똬리 틀었네	松盤御氣中
뉘엿뉘엿 해 질 녘에 유람을 하여	登臨欲斜日
아스라이 미풍 맞으며 자리를 했네	縹緲坐泠風
전각을 하나하나 셀 수가 있고	殿閣分明數
봉래와도 담소하며 통하는 이곳	蓬萊語笑通
신선들이 그래서 삼청부(三淸府)로 삼았나니	群仙此爲府
신선 명부는 쇠한 늙은이 부끄러워하리	瑤籍愧衰翁

10월 1일에 명을 받들고 화성의 성역을 살피러 갔으니, 이는 당시에 내가 총리사의 직함을 띠고 있었기 때문이다. 그런데 이날은 바로 9대조인 주부공을 해마다 한 번 제사 지내는 날이었으므로, 동이 틀 때에 출발하여 과천의 막계에 들러 제사를 지내고는 그 느낌을 시로 읊다

十月初吉承命往審華城城役時帶摠理使故也是日卽九代祖主簿公歲一祭侵晨離發歷入幕溪行祀感吟

청계산 아래에서 재배했나니	再拜稽山下
석 자의 분묘 그저 쓸쓸하기만	蕭條三尺塋
비석은 황락하여 글자를 알아볼 수 없고	碑荒艱辨字
소나무는 늙어서 제 소리 이루지 못하네	松老不成聲
땅을 오래 돌보지 못해 이마에 땀이 흥건	泚顙流離土
제물이 변변치 못해 얼굴이 달아올라 화끈	騂顔薄略觥
안중에도 내가 폭삭 늙었는지라	眼中吾已老
제파가 각기 정성을 다 바치네	諸派各忱誠

영역(塋域)이 많이 무너졌으므로 제5구에서 이렇게 말하였다.

칠간수문

七間水門

광교산의 일천 개 벼랑의 물이	光教千崖水
쏟아져 내려와 여기에 집결하여	奔流此會同
한 가닥 흰 비단 길을 깔아 놓고는	鋪成一道練
일곱 개 무지개 문으로 나뉘어 들어가네	分入七門虹
줄지은 가옥은 마치도 거울 굽어보는 듯	列屋如臨鏡
외로운 정자는 어쩌면 매어 놓은 배 같기도	孤亭訝繫篷
어룡도 모두들 바른 물길 따라서	魚龍皆順軌
태화의 기운 속에 잠겨 노니누나	涵泳泰和中

용연정

龍淵亭

용의 기운이 응당 한데 뭉쳐 있는 곳	龍氣應團結
날아갈 듯한 누대는 조물이 조성한 듯	飛樓若化成
군왕이 한번 돌아보아 주셨으니	君王一顧眄
물가의 나무 모두 영광이로세	水樹盡光榮
가지런한 나무숲은 서리를 맞아 조촐하고	平楚經霜淨
둥그런 연못 물은 햇빛에 일렁이며 밝도다	圓潭漾日明
오나라 노래 그리고 초나라 춤이	吳歌與楚舞
가는 곳마다 태평 시대 화답을 하네	隨處答昇平

올봄에 행행할 적에 상이 보여(步輿)를 타고 올라가 둘러보며 특별히 더 칭찬하고 상을 주었다고 한다.

남문루

南門樓

막힘없이 툭 터진 삼남의 길목에　空闊三南路
포악한 적 대비하는 성을 신설했나니　新成擊柝城
안색이 살아나는 사유(私有)의 영지(領地)요　顏生湯沐邑
군위(軍威)가 삼엄한 국가 보위의 군영이로세　威定保釐營
장수가 대대적으로 경영을 하고　將帥經營大
군왕의 제도가 굉대한 이곳에서　君王制度宏
그저 풍류 좋아하는 늙은 상국은　風流老相國
노래하고 술 마시며 기둥에 기댈 따름　歌酒倚華楹

두 번째 其二

붉은 계단 걸음걸음 올라간 푸른 하늘　丹梯步步上青冥
풍악 소리 날아가 저녁 물가에 떨어지니　絲竹飛聲落晚汀
해일 다리 어귀에 인민들이 모여들어　亥日橋頭黔首集
일제히 공중 향해 머리 들고 노래 듣네　一時翹向半空聽

팔달산의 장대

八達山將臺

화성의 장관을 알고 싶다면	欲識華城壯
대장이 지휘하는 단을 찾아봐야지	須尋大將壇
높이 세운 깃발에는 고단한 새가 올라앉고	樹旗孤鳥上
호각을 불면 그 소리가 조각구름 끝에까지	吹角片雲端
천 년 세월 이어 온 한 줄기 석맥이 갈라지고	石脈千年坼
봉수대 연기는 매일 밤 무사함을 알려 준다네	烽煙每夜安
아름답도다 장구한 술법이여	美哉長久術
현송과 고건[61]을 함께 갖췄으니	絃誦與櫜鞬

두 번째 其二

역사가 유구한 삼한의 나라에	磊落三韓國
우뚝 높이 세워진 백 자의 장대	岧嶢百尺臺
망루가 모두 날개 펴서 가려 주는 속에	麗譙皆翼蔽
막부가 위를 향해 머리를 치켜들었네	油幕上頭開
시험 삼아 북소리를 울리게 하면	試使鼓聲動
으스스 엄습해 오는 가을 기운이여	蒼然秋氣來

61 현송(絃誦)과 고건(櫜鞬) : 음악에 맞춰 읊조리고 송독하는 것과 활과 화살을 집어넣어 등에 메고 다니는 동개(筒箇)라는 뜻으로, 각각 문(文)과 무(武)를 의미한다.

불곰처럼 용맹한 우리 조 원수[62]	如熊趙元帥
흙 파고 쌓느라 또한 수고하였도다	版鍤亦勞哉

62 조 원수(趙元帥) : 조심태(趙心泰)를 말한다. 정조가 직접 화성에 가서 수원 유수인 그에게 성곽 축조를 하명한 내용이 《정조실록》 18년 1월 15일 기사에 자세히 나온다.

채로헌에서 쉬며 시를 지었다. 이 집을 낙성한 지 어느새 5년이 되었다. 처음에 퇴직을 하고 여기에서 노년을 보내겠다고 상에게 진정을 하자, 상이 유시하기를 "뜰에 어린 소나무를 심었다고 들었는데, 그 소나무가 자라나 담장과 가지런해져서 가마를 타고 가다가 알아볼 수 있을 정도가 되면 허락해 줄 수 있다."라고 하였는데, 성상의 말씀은 사시의 운행같이 미더워서 가슴에 새기고 잊지 않았다. 그런데 그 소나무가 조금씩 자라나서 지금 보니 그 윗가지가 거의 담장에 닿을 정도가 되었으므로 그 주위를 배회하며 무애하였다. 나무가 아직도 이 정도밖에 안 되는가 하는 느낌이 없지도 않았지만, 그래도 숙원을 풀 수 있지 않을까 하는 기대를 가져 볼 수도 있기에, 시를 지어서 이런 심경을 토로하다

憩采露軒軒成已五年其始以乞骸歸老陳情於上上諭曰聞庭植稚松松若長與墻齊輦路得以識認則可以許之矣聖言信如四時銘鏤不忘松稍稍長今見其上枝幾及於墻徘徊撫愛雖不無樹猶如此之感或庶幾宿願諧矣詩以證之

소나무야, 주인의 마음을 잘도 알아서	松乎能解主人心
잠깐 나갔다 오는 동안 쑥쑥 커 주었구나	乍別重來長幾尋
바라건대 담장 밖으로 한 가지 내밀어서	願使一枝墻外出
임금님 행차하는 곳에 그늘 드리워 주었으면	六龍行處送淸陰

10월 보름에 사술과 공회가 가기를 데리고 와서 모이다

十月之望士述公會率歌妓來會

나의 정원은 달빛과 썩 잘 어울려	吾庭宜月色
평평히 툭 트여 사방에 티끌이 없으니까	平闊四無塵
초저녁에 별난 일이 있었나니	初夜有奇事
여기에 고인이 찾아와 준 것	此中來故人
숲이 성긴 경내는 몽환인가 의심하고	林疎境疑幻
홰나무 늙은 그림자는 진짜인 듯 착각하네	槐老影如眞
총애를 믿고 가아가 옆으로 가까이	恃愛歌兒近
승상은 한 번도 나무란 적 없었느니	何曾丞相嗔

을묘년(1795, 정조19) 윤2월 10일 상이 자궁을 모시고 현륭원에 가서 정성을 펴고 돌아왔으며, 화성의 신읍에 이르러서는 봉수당으로 거둥하여 자궁에게 진찬례를 거행하였으니, 이는 대개 이해가 자궁의 회갑이 되는 해였기 때문이다. 그리고 천신을 정리 도제조로 삼아 먼저 노량의 주교에 가서 대령하도록 명하였다. 이에 다음과 같이 시를 읊다

乙卯閏二月之旬上奉慈宮詣顯隆園展誠還至華城新邑御奉壽堂進饌慈宮蓋以是年爲慈宮周甲也以賤臣爲整理都提擧命先詣次鷺梁舟橋有吟

강물이 평안하기 숫돌과 같게 江水安如砥
뜻을 다해 배다리가 가로걸렸네 舟梁盡意橫
어룡이 참으로 애모하여 떠받쳤나니 魚龍眞愛戴
하늘과 땅이 함께하여 성사시켰도다 天地與平成
서민이 구름처럼 모여 바라보는 것은 民庶如雲望
날을 아껴 효도하는 군왕의 정이로세 君王愛日情
다섯 개의 큰 글자 아름다운 이름이여 嘉名五大字
정자 역시 은혜롭게 영광을 입었어라 亭子亦恩榮

상이 망해정(望海亭)을 용양봉저정(龍驤鳳翥亭)으로 명명하고 천신(賤臣)에게 명하여 써서 현판에 걸게 하였다. 그래서 시에서 이렇게 말하였다.

이번에 갈 때 상이 신에게 여관 수십 인을 데리고 가라고 명하였는데, 도로에서 사람들이 발돋움하고 쳐다보기에 길 가는 도중에 우스개로 짓다
是行也命臣率女官數十人以行行路聳觀路中戲吟

늙어서도 졸렬한 서생의 일이여	老拙書生事
지금 가는 이 길 역시 이상하기만	今行亦異哉
화려하게 장식하고 눈썹 그린 미녀들이	明粧畫眉了
긴 행로에 이 몸을 둘러싸고 오다니 원	長路擁身來
초목은 진짜 향료와 결합을 하고	草木眞香合
누대엔 고운 햇살이 밝게 비치네	樓臺麗日開
유마를 하늘이 시험해 보려는지	維摩天欲試
꽃을 일부러 주위에 흩뿌리나 봐[63]	故遣散花廻

63 유마(維摩)를……봐 : 미인계를 써서 번암의 도력을 시험해 보려 하는지도 모르겠다는 뜻의 해학적인 표현이다. 중인도(中印度) 비사리성(毘舍離城)의 장자(長者) 유마힐(維摩詰)이 설법할 적에 천녀(天女)가 나타나서 천화(天花)를 흩뿌렸는데, 이때 일체의 분별하는 생각을 단절한 보살에게는 이 천화가 달라붙지 않고, 아직 분별하는 생각을 단절하지 못한 대제자(大弟子) 등의 옷에는 이 천화가 달라붙어 떨어지지 않았다는 천녀산화(天女散花)의 이야기가 전한다. 《維摩經 觀衆生品》

낙남헌[64]이 낙성되었다. 규모가 장대하고 화려하여 절로 흐뭇하였다. 기악을 펼쳐 놓고 하루 종일 연습하다

洛南軒新成壯麗可喜張妓樂終日演習

온 나라가 많은 경사 만난 가운데 寰海逢多慶
군왕이 어버이 기쁘게 해 드리려는 때 君王奉至歡
뭇 신령이 바야흐로 가교(駕轎)를 인도하고 群靈方導駕
둥근달이 때맞춰 난가(鑾駕)를 비춰 준다네 圓月際凝鑾
귀신이 지었나 깜짝 놀랄 화려한 다락에 畫閣驚神造
꽃 비녀 꽂은 여관들이 빙 둘러 앉았어라 花簪擁女官
양양하도다 교방 기녀의 악곡이여 洋洋教坊曲
오현탄[65]도 그 속에 물론 들어 있으리 應雜五絃彈

64 낙남헌(洛南軒) : 정조가 화성(華城)의 편액의 의미를 설명하면서 "낙남헌은 한 고조(漢高祖)가 낙양의 남궁에서 주연을 베풀었던 뜻을 취한 것이다.〔洛南軒, 漢高之置酒洛陽南宮也.〕"라고 말한 기록이 보인다. 《弘齋全書 卷177 日得錄17 訓語4》

65 오현탄(五絃彈) : 오현금(五絃琴)을 탄주한다는 뜻으로, 태평 시대의 음악을 연주하는 것을 말한다. 옛날 순 임금이 오현금을 연주하며 〈남풍가(南風歌)〉 시를 노래하자 천하가 잘 다스려졌다는 고사에서 유래하였다. 《韓非子 外儲說左上》

기악을 인솔하고 방화수류정[66]에 오르다

率妓樂登訪花隨柳亭

붉은 계단 드높이 하늘 위에 붕 떠서 丹梯迢忽半空浮
화성 첫째가는 고을 안색을 돋워 주네 生色華城第一州
하늘나라에 이런 것이 있는지 모르겠다만 天上未知能有此
인간 세상은 이제부터 누대 오르기 좋아라 人間方始好登樓
용은 가마가 지날 줄 알아 공중의 초석을 꽉 붙들고[67] 龍知駕過擎飛礎
기녀는 몸이 날램을 자랑하며 작은 배 안에 서 있네 妓詑身輕立小舟
우로의 편애 받아 아무 탈 없는 벼랑의 솔 無恙巖松偏雨露
생성해 주신 크나큰 은혜에 어떻게 보답할는지 生成恩大若爲酬

벼랑의 소나무를 베지 말라고 상이 명하였다.

66 방화수류정(訪花隨柳亭) : 수원 화성(華城) 화홍문(華虹門) 위쪽의 성곽에 붙어 있는 각루(角樓)로, 이 편액의 의미에 대해서 정조가 "꽃이 핀 산과 버들이 늘어진 시내의 뜻을 취한 것이다.〔花山柳川之意也〕"라고 하였고, 또 신풍루(新豐樓)의 상량문에서 "선철(先哲)이 완상한 정취를 따라가노라면 방화수류정이 있다.〔追前哲玩賞之情, 亭有訪花隨柳.〕"라고 하였는데, 이는 증점(曾點)의 기상을 연상케 한다는 평가를 받는 정호(程顥)의 "엷은 구름 상큼한 바람 정오가 다 되는 때, 꽃 찾아 버들 따라 앞 시내를 건너도다. 사람들은 나의 마음 즐거운 것을 모르고서, 틈만 나면 소년처럼 나돌아 다닌다 말하리라.〔雲淡風輕近午天, 傍花隨柳過前川. 時人不識予心樂, 將謂偸閑學少年.〕"라는 시를 정조가 떠올리고 말한 것이다.《弘齋全書 卷177 日得錄17 訓語4》《日省錄 正祖 20年 9月 10日》《伊洛淵源錄 卷3 春日偶成》

67 용은……붙들고 : 방화수류정이 풍수지리에서 말하는바 용머리〔龍頭〕의 위에 있기 때문에 그렇게 말한 것이다. 또 용연(龍淵)이라는 못이 그 북쪽에 자리하고 있다.《日省錄 正祖 20年 9月 10日》

팔달산의 장대[68]에 오르다

登八達將臺

아래에 땅이 안 보일 만큼 솟아 나온 팔달산 湧出如無地
높이 솟은 정상의 장대에 나 홀로 올라서니 崢嶸獨上臺
완비된 일만 성가퀴 수하에 전부 거두고 全收萬堞盡
빙 둘린 사방 교외가 한눈에 바라보이네 一望四郊廻
국가 방어에 중요한 이와 같은 요새지를 有是關防重
감당할 장수 재목 끝내 찾기 어렵다니 終難將帥才
평생토록 칼집 속에 들어 있는 검이여 平生匣中劍
착잡한 심정으로 이리저리 돌아다니네 盤錯意徘徊

68 팔달산(八達山)의 장대(將臺) : 화성의 진산(鎭山)인 팔달산 정상에 세운 2층의 군사 지휘 본부 건물인 서장대(西將臺)를 말한다.

봉수당에서 진찬례 의식을 연습하다

奉壽堂習進饌儀

궁중음악 유동하고 기녀의 꽃 향긋한 속에	仙韶流動妓花香
채색 주렴 높다랗게 걷어 올린 봉수당	彩箔高褰奉壽堂
대지는 신령한 땅을 바쳐 태평성대에 이바지하고	地效異靈供聖代
하늘은 길상한 아침 해 띄워 우리 왕 기쁘게 하네	天將瑞旭悅吾王
남산 북두 같은 끝이 없는 복록이요	南山北斗無疆福
금척 요도[69] 같은 다하지 않는 상서로세	金尺瑤桃不盡祥
오직 소원은 해마다 이 모임에 참석하여	惟願年年叨此會
축하 음악 울리는 속에 봄빛을 기리는 것	有聲詩裏畫春光

69 금척(金尺) 요도(瑤桃) : 이성계가 왕이 되기 전에 꿈속에서 신인에게 받았다는 황금빛 자와 3000년에 한 번 열린다는 선경의 천도복숭아를 말하는데, 각각 〈몽금척(夢金尺)〉과 〈요도춘지곡(瑤桃春之曲)〉이라는 음악으로 작곡되어 궁중의 의식에 사용되었다.

장용영의 아동 악수들이 상의 명을 받들고 와서 팔달문에 올라가 음악을 연주하다

壯勇營童兒樂手奉上命以至登八達門作樂

꽃무늬 반소매 옷에 흰색의 행전 차고	花紋半臂白行纏
줄지어 앉은 아동 악공들 정말 어여뻐라	羅坐兒工正可憐
절묘한 생황 피리는 하늘나라 음악 소리	奇絶笙簫天上曲
봄바람에 유천 주변으로 흩날려 들어오네	春風散入柳川邊

두 번째 其二

갠 봄날 산하에 맑은 기운 환한 지금	春霽山河淑氣明
난여가 이제 막 한양 도성을 떠났나니	鑾輿初發漢陽城
내일 아침 금광초를 임금님께 바치려고	明朝欲獻金光草
동남동녀를 내 옆에 데리고 다닌다오[70]	童女童男伴我行

70 내일……다닌다오 : 금광초(金光草)는 불로장생 약초이다. 진 시황(秦始皇)이 서복(徐福)으로 하여금 동남동녀(童男童女) 수천 명을 데리고 동해 봉래산으로 가서 불사약을 찾게 하였는데 끝내 돌아오지 않았다는 이야기가 전하기 때문에 이렇게 말한 것이다.《史記 秦始皇本紀》

대가가 자궁을 모시고 10일 화성부에 도착하다
大駕陪慈宮初十日到華城府

실바람 가랑비 이끄는 온화한 날씨 속에	微風細雨導陽和
봄기운 타고 평화롭게 지나는 자궁의 가교(駕轎)	慈駕乘春晏晏過
임금님이 도중에 자주 말에서 내리나니	千乘在途頻下馬
가교 옆에서 기체후 어떠신지 여쭤보느라고	傍轎低問氣如何

가교를 모시고 현륭원으로 가다

陪駕詣顯隆園

비와 이슬 속에 출척해지는 임금님 마음[71]	怵惕宸情雨露中
육룡이 재촉하여 세교의 바람 몰고 가네	六龍催御細橋風
천국에서 강림하여 희비가 교차할 것이니	雲鄉降鑑應悲喜
성자가 직접 혜경궁을 모시고 왔으니까	聖子親陪惠慶宮

71 비와……마음 : 봄날의 비와 이슬을 접하노라면, 정조가 선친을 사모하는 심정이 더욱 절실해진다는 말이다. 출척(怵惕)은 울컥해지면서 두렵고 슬픈 마음이 드는 것을 말한다. 43쪽 주13 참조.

상이 몸소 공자의 사당을 참알하고 낙남헌에서 선비들을 시험하다

上躬謁聖廟試士洛南軒

선비들 공경히 예복을 갖춰 입고　　肅肅圜章甫
종종걸음 질서 있게 임금님에게　　蹌蹌詣冕旒
정치는 공자를 배우는 것이니　　爲治學孔子
어디를 간들 곡부(曲阜)가 아니리오　　安往不尼邱
좋은 시운이 봄날을 맞아 열리고　　景運方春啓
향 연기가 밤새도록 공중에 떴네　　香煙竟夜浮
도성의 기색을 뒤돌아 바라보니　　回瞻日下色
어느새 오색 채운(彩雲)이 흘러가는구나　　已有五雲流

전날 밤에 상이 축문(祝文)을 지어 정전(正殿)과 동무(東廡), 서무(西廡)에 고유(告由)하였다. 그래서 제6구에서 이렇게 말하였다.

양로연에서 노래 부른 악장은 〈화일곡〉이다

養老宴樂章化日曲

해가 길어지며 따스해지는 봄날 化日遲遲
지팡이 짚고 서서히 오는 사람들 鳩杖徐徐
조정에서 뽑혀 온 신하도 있고 或抽朝籍
시골에서 모셔 온 노인도 있네 或從村閭
머리카락 누렇게 바뀌어 더펄더펄 黃髮鬅鬙
미소 지으며 바라보는 우리 임금님 王笑以視
그대들이 어찌 알기나 할까 汝等豈知
자궁이 내려 주신 은택인 것을 寔慈宮賜
자궁께서 천복을 받으시어 慈宮荷天
올해 회갑을 맞이하시매 周甲載屆
그 복을 백성에게 나눠 주었나니 用敷厥庶
집집마다 나이 많은 늙은이라네 戶耋家艾
임금님이 이에 그 뜻에 순종하여 王庸順志
현륭원에 모시고 가 참배를 하고 奉省珠丘
진찬례를 성대히 거행하는 동시에 旣進寶饌
수원 고을 모두에 은혜를 내렸도다 惠咸一州
노인들 실컷 먹고 맘껏 취하여 群老醉飽
절하고 조아리며 정성을 나름 바쳤나니 拜稽獻芹
바친 그 정성 무엇이었느냐 하면 獻芹伊何
오래오래 사시도록 기원한 것이었네 北斗南山

방화정에서 노닐다

遊訪花亭

미녀들 열 개 대오 향내 물씬 풍기며	紅粧十隊異香流
절반은 가벼운 배 절반은 누대 위에	半在輕舟半在樓
누대와 배 위에서 최고 미인 가려내려 해도	樓上舟中嬌點指
진선미 누가 더 우수한지 점수 내지 못하겠네	不知姸妙更誰優

채로헌을 지나가며

過采露軒

문간에 걸린 채로라는 두 글자가	采露楣間字
어렴풋이 저녁 햇빛을 띠고 있네	依依帶晚暉
주인의 은정이 어찌 야박하리오	主人恩豈薄
오늘날 사정이 많이도 어긋나서	今日事多違
말은 골목길 아는 듯 뒤를 돌아다보고	馬顧如知巷
노복은 괜스레 사립 나와 마중을 하네	猶迎浪出扉
집 귀신이여 서운하게 바라보지 말라	堂靈休悵望
소부[72]가 여기에 돌아올 날 있을 테니	疏傅有時歸

처음에는 화성(華城)에 도착하면 채로헌에서 유숙할 생각이었으나, 행랑이 정결하지 못해서 그렇게 하지 못하였다.

72 소부(疏傅) : 한(漢)나라 소광(疏廣)을 말한다. 선제(宣帝) 때 황태자의 태부(太傅)로 있었는데 5년이 지났을 무렵, 관직과 명성이 높아졌는데도 떠나지 않으면 후회할 일이 생긴다고 하면서 소부(少傅)로 있던 조카 소수(疏受)와 함께 고향인 동해(東海)로 돌아가서는, 날마다 친척과 친구 들을 불러다가 잔치를 베풀며 노년을 즐긴 고사가 전한다. 《漢書 疏廣傳》

과주를 지나며 멀리 막계를 바라보고 감회에 젖어 읊다

過果州望幕溪感吟

내 말이 과주 남충현에 와서 我馬南充縣
배회하노라니 해가 동쪽에 솟네 遲徊日上東
청계산이 저쪽 편에 있나니 靑稽山在彼
우리 조부 산소가 바로 그 안에 吾祖塚其中
세대가 멀어지며 후손은 흩어지고 世遠雲仍散
봄이 깊어지며 비와 이슬[73] 자욱해라 春深雨露濛
공무 수행 여정에 기한이 있는지라 公程有期限
멀리 바라보며 솔바람에 절을 하노라 瞻望挹松風

73 비와 이슬 : 선조에 대한 추모의 정을 나타낼 때 쓰는 표현이다. 43쪽 주13 참조.

화성에서 돌아온 다음 날 자궁께서 특별히 성찬을 갖추어 나의 집에 반하하셨으므로, 절하고 조아리며 황공한 심정으로 감읍하여 시를 짓다

自華城還翌日慈宮別具盛饌頒下陋居拜稽惶懼感泣有詩

보배 실은 시렁이 궁중으로부터	寶架從霄漢
우리 집은 길상의 분위기 속에	吾門異氣中
왕의 찬합 받은 일 없지 않지만	非無御賜盒
우리 자궁의 은혜는 특별하기만	別是我慈宮
진귀한 음식이 때마침 점심때에	玉饌當亭午
실바람에 물결 이는 누런 울창주	黃流灎細風
구구하게 천세를 축원하는 것만으로	區區千歲祝
어떻게 나의 충정 다할 수 있으리오	那足罄深衷

3월 16일에 명을 받들고 화성에 가서 제반 업무를 점검하였다. 도중에 시를 짓다

三月十六承命詣華城檢察諸務途中作

말이 봄 교외 향하니 아침 안개 걷히고	馬首春郊斂早霞
동풍이 건듯 불어오니 복건이 갸우뚱	東風微轉幅巾斜
어수선한 가지 끝엔 새로 잎이 돋아나고	鬇鬆樹杪新生葉
널찍한 솔 사이엔 아직도 꽃이 남았어라	淡蕩松間未了花
황각은 은혜가 깊어서 칭병(稱病)하기 어렵고	黃閣恩深難謝病
화성은 도로가 익숙해서 귀가하는 느낌일세	華城路熟似還家
기전(畿甸)의 농부 생업이 어려워 가련하기만	畿農業薄堪憐汝
죽으라고 밭을 갈아도 절반이 자갈이니	辛苦耕田半是沙

낙남헌

洛南軒

삼순에 재차 손에 쥐는 낙남헌의 술잔	三旬再把洛南巵
명승을 유람하는데 피곤함을 말해서야	遊賞名區不道疲
윤달은 봄이 떠남을 더디게 할 줄 알고	閏荚解教春去緩
남은 꽃은 내가 옴이 늦었다고 비웃는 듯	餘花似笑我來遲
맑은 시대 종과 북 울리는 배공의 저택이요[74]	清時鍾鼓裴公宅
밝은 대낮에 정기 날리는 한제의 못이로다	白日旌旗漢帝池
빈복[75]하는 임금님 마음 바로잡을 길 없나니	頻復君心無以格
옛날 경연 생각하며 백두는 참괴할 따름일세	白頭慚愧舊經帷

듣건대 상이 곤명(昆明) 습전(習戰)[76]의 고사를 인용하여 유시하며 읍청루

74 맑은……저택이요 : 번암이 집에서 태평 시대를 즐기며 편히 쉬고 있다는 말이다. 배공(裴公)은 당나라의 중서령 배도(裴度)를 가리킨다. 그가 벼슬에서 물러나 낙양(洛陽) 남쪽의 오교(午橋)에 녹야당(綠野堂)을 짓고, 백거이(白居易), 유우석(劉禹錫) 등 문인들과 시주(詩酒)로 소일하였는데, 이 일을 두고 지은 한유(韓愈)의 시에 "원림에서 멋진 일을 한껏 누리면서, 종과 북 울리며 태평성대 즐기누나.〔林園窮勝事, 鍾鼓樂清時.〕"라는 구절이 있다.《新唐書 裴度列傳》《韓昌黎集 卷10 奉和僕射裴相公感恩言志》

75 빈복(頻復) : 자주 되돌아온다는 뜻으로, 같은 실수를 저질러 후회하는 일을 반복하는 것을 말한다.《周易 復卦 六三》 여기서는 정조가 강도(江都)에 유배된 서제(庶弟)인 은언군(恩彦君) 이인(李䄄)을 몰래 도성에 데려와 함께 지내곤 했던 일을 가리킨다.

76 곤명(昆明) 습전(習戰) : 한 무제(漢武帝)가 곤명국(昆明國)을 정벌하여 서축(西竺)으로 가는 길을 뚫으려고, 장안 서남쪽에 곤명지(昆明池)라는 못을 파 놓고 수전(水戰) 훈련을 시킨 고사를 말한다.《漢書 武帝紀》

(挹淸樓)에 거둥했다고 하였다. 그러나 이는 실로 강화(江華)의 죄인을 빼내어 함께 연회를 즐기려는 것이었으므로, 이 내용을 시에서 언급하였다.

상이 각신을 불러 춘당대에서 봄 경치를 감상하였다. 상이 신하들에게 춘당대 앞에서 각각 태복시의 준마에 올라타고 상원의 가장 깊은 곳까지 한 바퀴 돌며 대소와 화목을 실컷 감상하고 돌아오라고 명하였다. 그러고는 친히 그들과 함께 활쏘기 시합을 벌이고는 각각 시를 짓고 물고기를 낚도록 명하였으며, 이어 어찬을 베풀었다. 이는 천고의 성대한 일이기에 후대에 전해 보여 주지 않을 수 없다

上召閣臣賞春春塘臺命於臺前各騎太僕龍駒一匝上苑最深處盡臺沼花木然後返親與之射帿命各賦詩釣魚仍宣御饌此千古盛事不可不傳示後代也

궁중의 준마는 신선 수레 부럽지 않아　　龍駒不羨紫鸞車
대궐 숲의 오색 연무를 뚫고 나가는걸　　穿去三淸五色霞
평일에 감히 온실의 나무를 말하리오마는[77]　　平日敢言溫室樹
두 해에 거듭 상림원의 꽃을 감상했다나요　　二年重賞上林花
어느 쪽인가 폭포의 물은 하늘 피리 소리요　　何邊瀑水生天籟
무수한 누대에 비치나니 자연의 경물이라　　無數樓臺照物華
확포의 홍심과 훈전의 노랫가락[78]이여　　矍圃紅心薰殿曲

77 평일에……말하리오마는 : 궁중의 일에 대해서는 아무리 사소한 일이라도 감히 외부에 누설하지 않고 신중을 기한다는 말이다. 한(漢)나라 성제(成帝) 때 공광(孔光)이 퇴근한 후에 형제나 처자 들과의 사담 중에도 조정의 일은 전혀 말하지 않았는데, 혹자가 "온실전(溫室殿)과 성중에는 모두 무슨 나무를 심었느냐?〔溫室省中樹皆何木也〕"라고 물었을 때에도 응대하지 않고 침묵을 지켰던 고사에서 유래하였다. 《漢書 孔光傳》

역사책에 실려도 정녕 허풍이 아니로다　　　　　　　　異時編簡定非夸

78 확포(矍圃)의……노랫가락 : 군신이 어울려 활쏘기를 하고 연회를 베풀어 함께 즐긴 것을 말한다. 확포는 확상지포(矍相之圃)의 준말로, 활을 쏘는 장소를 말한다. 공자가 곡부(曲阜) 궐리(闕里) 서쪽에 있는 확상이라는 곳의 밭에서 제자들과 향사례(鄕射禮)를 행하자, 사람들이 담장처럼 둘러서서 구경했다는 고사에서 유래하였다. 《禮記 射儀》 훈전(薰殿)은 제순(帝舜)의 궁전, 즉 성군이 다스리는 조정을 말한다. 순 임금이 "남풍이 훈훈하게 불어온다.〔南風之薰兮〕"라고 시작되는 〈남풍가(南風歌)〉를 불렀던 고사에서 유래하였다.

삼가 백암 김 선생 제해 의 유시 뒤에 쓰다
敬題白巖金先生 齊海 遺詩後

고려조의 지군사(知郡事)인 김 선생 제(金先生濟)는 호가 백암(白巖)이고, 선생의 형인 김주(金澍)는 호가 농암(籠巖)이니, 바로 판서(判書) 김원로(金元老)의 아들이다. 백암공은 지평해군사(知平海郡事)로 외방에 나갔는데, 그 고을은 동해의 바닷가에 있었다. 공은 아조(我朝)가 수선(受禪)했다는 말을 듣고는 제해(齊海)라고 이름을 고쳤으니, 이는 대개 제(齊)나라 중련(仲連)이 동해(東海)를 밟겠다고 한 의리[79]를 취한 것이었다. 그러던 어느 날 벽 위에 시를 써 놓고는 배를 타고 바다로 나갔는데, 어떻게 생을 마쳤는지 알 수가 없다. 농암공은 중국에 사신으로 갔다가 돌아오는 길에 압강(鴨江)에 이르러 본국의 혁명(革命) 소식을 듣고서 가인(家人)에게 서찰을 써서 부치고는 중국의 형만(荊蠻) 땅으로 도피하였다. 후손이 그들의 시와 서찰을 모아 쌍절록(雙節錄)이라고 하였다.

서쪽 하늘이 겁화[80]로 잔멸되었다는 소식　　消息西天劫火殘

79 중련(仲連)이……의리 : 중련은 전국 시대 제(齊)나라의 고사(高士)인 노중련(魯仲連)을 말한다. 그가 위(魏)나라 사자(使者)인 신원연(新垣衍)과 담판을 하면서, 만약 포악무도한 진(秦)나라가 황제로 천하에 군림할 경우에는 "차라리 동해 바다를 밟고서 죽을지언정 차마 그 백성으로 살아갈 수는 없다.〔有蹈東海而死耳, 吾不忍爲之民也.〕"라고 말한 고사가 전한다.《史記 魯仲連鄒陽列傳》

80 겁화(劫火) : 여기서는 고려의 멸망을 불러온 병란을 의미한다.

어디론가 떠나간 동해 만 리 한 척의 배	東溟萬里一帆安
해 뜰 때 아침마다 물드는 빛깔을 알려거든	欲知暘谷朝朝色
외로운 신하의 마디마디 단심에서 찾아보오	移得孤臣寸寸丹

두 번째 其二

충정을 노로 삼고 정의를 배로	忠精爲楫義爲舲
눈물 저 멀리 아스라한 송악산	淚外神崧一渺冥
벽 위의 시편과 강변의 서찰이여	壁上詩篇江上札
서산의 사람[81] 떠나니 다시 동해에서	西山人去又東溟

81 서산(西山)의 사람 : 주 무왕(周武王)에 의해 은나라가 망하자 의리상 주나라 곡식을 먹지 못하겠다면서 서산, 즉 수양산(首陽山)에 들어가 아사(餓死)한 백이(伯夷), 숙제(叔齊) 형제를 말한다.

4월 5일 꿈에서 깨어나 울면서 쓰다

四月初五日夢起泣書

옛날 아동 시절에는	昔在童稚日
내 생일이 다가오면 기뻐했나니	喜近初度節
부모님도 그런 나를 기특하게 여겨	父母奇且幸
손꼽아 그날을 함께 헤아리시며	屈指計其日
엄한 교육 일정도 조금 늦춰 주시고	課讀稍弛威
음식도 주방에 특별히 주문하셨어라	飮食飭中廚
지금도 기억하건대 우리 집이 가난하여	尙記吾家貧
당시에 마침 돈 한 푼이 없었는데	時適一錢無
우리 부친이 이를 가련히 여겨	吾父爲之憐
친히 소 장수에게 돈을 빌리고는	親貸牛商錢
우리 모친에게 쥐어 주며 말하기를	持謂吾母曰
아이를 서운하게 하지 말라 하셨다네	勿使兒悵然
이윽고 사월 엿샛날이 되었을 때	維四月六日
나의 느낌에 좋은 일이 생길 듯도	此心如有得
과연 흰쌀로 지은 아침밥에다가	朝飯炊白粲
삶아 내고 구워 낸 생선과 고기 하며	魚肉烹且炙
홰나무 잎의 즙을 경옥 가루와 반죽해서	槐葉雜瓊糜
시루에 찐 자욱한 김이 방울져 떨어질 듯	甑氣淋如滴
나의 식성이 특히 떡을 좋아하는지라	吾性特嗜餠
조각조각 큰 사발에 가득 쌓아 놓았다오	片片大椀積

부모님 그리고 자매들과 함께　　父母與姊妹
천진난만하게 같이 웃고 즐겼나니　　爛漫歡笑同
인간 세상에서 맛본 극락의 이 경지여　　人世有極樂
이 일이 무궁할 줄 믿었는데　　此事恃無窮
다만 나의 죄가 하늘에까지 잇닿아서　　顧我罪通天
부모님 모두 잃고 결국 오늘에 이르렀네　　孤露遂至今
이달 이날이 매년 돌아올 때마다　　日月每歲環
뜰에 가득 홰나무 그늘을 드리우면　　滿庭生槐陰
이를 볼 때마다 오열이 터져 나왔는데　　見此輒嗆咽
마음으론 중부가 있음을 알면서도　　知心有中婦
떡과 과자나 과일과 고기 같은 것은　　餅餌與果肉
차마 나의 입에 가까이하지를 못했어라　　不忍近吾口
이와 같은 세월이 어언 삼십 년　　如是三十年
이번에도 적막하리라 짐작했는데　　玆辰度寂寞
오늘 밤 꿈속에서 우리 어머님이　　今宵夢吾母
사람을 보내 또렷이 말씀하시기를　　遣人語歷歷
성찬 한 소반을 차려서 보내노니　　豐饌送一盤
이는 널 위해 내가 마련한 것이라고　　爲汝吾所備
깨고 나서 홀연히 생각이 났나니　　覺來怳有思
나의 생일이 바로 내일이로구나　　生日明朝是
생각하면 나는 실로 불효막심하여　　念我實不孝
세월이 흐르면서 부모를 잊었는데　　歲久忘父母
어머님은 구천 아래에서도　　吾母九泉下
시일을 제대로 기억하고 계시다니　　時日能記取

아, 자식을 낳아 길러 주시는 그 뜻이여 嗚呼鞠育意
사랑해 주심이 완연히 옛날과 똑같구나 恩斯宛如昔
슬피 읊다 보니 어느새 아침이 밝아 오며 悲吟遂達朝
늙은이 흘린 눈물 이부자리에 흥건한데 老淚流衾褥
아이들아 너희들이 어찌 이를 알겠느냐 兒輩爾何知
창 앞에서 코를 골며 깊은 잠에 빠졌으니 窓前鼾睡熟

5월 21일은 바로 현륭원의 기신이다. 상이, 이해 을묘년(1795, 정조19)이 선세자가 주갑을 맞이한 해인데, 생전에 봉양하지 못한 비통함을 어떻게 풀어 볼 길이 없자, 본월 18일 경모궁에 나아가서 재숙하고 22일에 비로소 환궁하였다. 신하인 나의 처지에서도 감히 침상에 누워 편안히 쉴 수가 없기에 궁궐 밖의 민가에 기숙하였는데, 21일 밤에 단비가 시원하게 쏟아지더니 새벽이 되어서야 그쳤다. 가뭄을 염려하던 차에 상이 침소에서 환희하는 모습이 가까이에서 우러러뵙는 듯하기에, 입으로 절구 한 수를 읊어 기록하다

五月二十一日卽顯隆園忌辰上以是年乙卯爲先世子周甲之年無以洩靡逮之慟於本月十八日詣景慕宮齋宿至二十二日始還宮賤臣亦不敢息偃在床寄宿宮外閭家二十一日夜時雨霈然達曉乃止閔旱之餘丙枕歡喜密邇若仰覩口號一絶以記之

재실의 촛불 희미하고 밤이 깊어지는 때에　　齋燭朧朧夜未央
백운향[82]으로부터 내려와 들려오는 빗소리　　雨聲來自白雲鄕
임금님 마음에 한번 듣고 희비가 교차하며　　宸心一聽悲兼喜
선친의 영혼이 옥황에게 호소했음을 아셨으리　　仰識先靈訴玉皇

82 백운향(白雲鄕) : 백운제향(白雲帝鄕)의 준말로, 신선이 산다는 하늘나라를 뜻하는데, 여기서는 현륭원 즉 장헌세자의 사후 세계를 미화한 말이다. 《장자(莊子)》 〈천지(天地)〉의 "저 흰 구름을 타고 올라가, 천제(天帝)의 궁궐에서 노닌다.〔乘彼白雲, 游於帝鄕.〕"라는 말에서 유래하였다.

6월 18일 혜경궁의 탄신 하례(誕辰賀禮)를 행하였다. 19일에 듣건대 강화 유수를 문수산성에 가뒀다고 하였는데, 이는 바로 작년에 상이 강화에 유배된 은언군(恩彦君)을 데려올 때부터 보아 왔던 선례였다. 내가 동료 상신들과 함께 대궐에 가서 청대하였으나 상이 엄한 하교를 내렸으므로, 이에 쫓겨 나와 의금부에서 명을 기다렸다. 저녁나절에 엄한 하교가 거듭 내려오자, 상신들이 앞서거니 뒤서거니 숭례문을 빠져나와, 차자로 혹은 소장으로 대궐에 호소하며 3일 동안이나 그치지 않았다. 그러나 상이 받아들이지 않았으므로 23일에 모두 용산강으로 나갔는데, 나는 시안정을 돌아갈 곳으로 삼다

六月十八日行慶禮十九日聞沁都留守拘囚文殊山城此卽昨年自上率來島謫之已例也吾與諸僚相詣闕求對上下嚴教於是迸出胥命金吾向夕嚴教荐降諸相或先或後出崇禮門以箚以疏叫閽不止者凡三日不得請二十三日竝出龍山江余則以是岸亭爲歸

조정의 일은 잠시 동안 접어 두고	且置朝廷事
세상 밖 유람이나 한번 해 볼거나	聊爲汗漫遊
초복을 지을 뜻[83]이 전혀 없진 않으나	非無製初服
이름난 다락을 끝내 못 볼까 두려워	終恐負名樓
드넓은 한강에는 밤새 비가 내리고	江闊連宵雨

83 초복(初服)을 지을 뜻 : 벼슬을 그만두고 초야로 돌아가려는 생각을 말한다. 초복은 벼슬하기 전의 복장을 말한다. 《楚辭 離騷經》

활짝 열린 하늘은 유월의 가을일세　　天開六月秋
표연히 만 리 길을 떠나가고파　　飄然萬里興
구름 끝에 돌아가는 배가 있구나　　雲際有歸舟

이때 가을이 다음 날부터 시작되었으므로, 제6구에서 언급하였다.

다음 날 시임과 원임 여섯 정승이 연명으로 상소를 올리고는 각자 고향 길을 찾아 나섰다. 나는 시안정에서 배를 타고 노호로 거슬러 올라가 조금 쉬었다가 저녁에 시흥현에 도착하여 묵었는데, 승지가 함께 데리고 오라는 왕명을 받들고 뒤쫓아 오다

翌日時原任六相聯疏各尋鄕路余自是岸亭乘舟溯上鷺湖少憩暮抵始興縣宿承旨奉偕來命趕及

넘실넘실 한강 가에서 동쪽 서쪽으로	盈盈銀漢間西東
저 아름다운 모습이 항상 내 눈 안에	彼美儀容在眼中
이삼 일 묵은 추맹자[84]를 감히 바라리오	信宿敢希鄒孟子
돌아가 의지할 이 문충이 따로 있는걸	歸依別有李文忠
구름 떠 있는 관악산은 하늘에서 비 내리고	雲浮冠岳天爲雨
다리 무너진 안양천은 물에 무지개 잠겼네	橋坼安陽水斂虹
현리가 소리쳐 전하기를 역마가 달려왔다고	縣吏傳呼來馹騎
은혜로운 조서가 연달아 미앙궁에서 내려오네	恩綸連下未央宮

이오리(李梧里 이원익(李元翼)) 선생의 장사(莊舍)가 시흥(始興)의 경내에 있었으므로 제4구에서 이렇게 말하였다.

84 이삼(二三)……추맹자(鄒孟子) : 추맹자는 추 지역 출신의 맹자라는 말이다. 맹자가 자기의 경륜을 펼칠 수 없다고 생각하고 제(齊)나라를 떠날 때에 혹시라도 제왕(齊王)이 마음을 고쳐먹고 자기를 다시 부를까 해서 곧바로 떠나지 못하고 사흘을 유숙하다가 주 땅을 떠났던〔三宿而後出晝〕 고사가 있다. 《孟子 公孫丑下》

시흥현
始興縣

시흥현 관아 앞에 위치한 인리청[85]	始興縣前人吏廳
늙은 상국 전전하다 오늘 밤 이곳에	老相轉輾今宵經
의지할 행궁이 있으니 육신은 고단치 않더라도	依倚行宮身不孤
왕성을 저 멀리 바라보면 마음은 불안할 수밖에	瞻望王城心靡寧
문 앞에 서 있는 한 그루 은행나무	門前一株銀杏樹
밤이 되자 바람 소리 얼마나 청량한지	風聲入夜何泠泠
무더위 얼마나 되었다고 어느새 가을철	盛暑幾何秋已節
태양은 서쪽 치달리며 잠시도 쉬지 않네	曜靈西馳無暫停
정승으로 팔 년 동안 한 일이 뭐 있기에	黃閣八年何所爲
백발이 새하얗게 변했는지 우습기도 한데	笑我白髮太星星
승정원의 측근 신하가 역마 타고 달려왔기에	銀臺近臣馳馹騎
왕궁에서 내린 은혜의 조서 손으로 받들었네	手捧恩綍下彤庭
천향 가득한 종이에 임금님 말씀 간절하여	天香滿紙天語勤
무릎 꿇고 한 번 읽으매 두 줄기 눈물 뚝뚝	長跪一讀雙淚零
성상은 밤중에 마음 비우고 잘못 기다리시겠지만	聖心中夜誤虛佇
노성한 이의 전형은 이미 없어진 지 오래인 것을	老成已矣無典刑
마필 앞의 한강 물 계속 흘러 강화도까지	馬前江漢接沁島

85 인리청(人吏廳) : 서리(胥吏)가 근무하는 곳을 말한다. 이해(吏廨), 연청(椽廳), 작청(作廳), 길청(吉廳), 질청(秩廳)이라고도 한다.

광풍에 흰 물결 일어나며 하늘이 어둠침침　　惡風白浪天宇冥
도가 아니면 이 몸이 감히 어떻게 나가리오　　此身非道不敢進
물가 난초 손으로 따니 소매에 향기가 가득해라　　手搴汀蘭滿袖馨

시흥 관소에서 목청껏 노래하다

始興館放歌

곤궁해도 슬퍼할 것이 없고	窮亦不足悲
영달해도 기특할 것이 없나니	達亦不足奇
하늘이 만물을 내면 모두 내버려 두지 않아	天生萬物皆不棄
필경엔 각자 잘되는 때를 만나게 하느니라	畢竟遭逢各有時
그대 보지 못했는가 노량 남쪽 금천을	君不見鷺梁之南有衿川
행정구역 조그마한 하나의 귀자[86]로서	邑居蕞爾一龜兹
인가도 점점이 띠 풀로 지붕을 덮은 채	人家點點茅以覆
동쪽 혹은 서쪽에 바둑돌처럼 흩어졌네	或東或西散如碁
관리는 공역을 해도 먹고살 길이 없어	吏人供役無所食
나무를 베어 지고 와 늦게야 밥을 짓고	背負樵蘇始晚炊
태수는 허리에 부절만 괜히 둘렀을 뿐	太守虛紆腰下符
늠료가 박하니 어떻게 처자를 기르리오	廩薄何以育妻兒
그래서 경기 지역 삼십육 주현 중에	王畿三十六州縣
금천은 어찌해 볼 수 없다고 말들을 하였는데	人道衿川不可爲
하루아침에 화성의 어로가 옮겨져서	一朝華城御路徙
어가가 엄숙하게 이곳을 경과하게 되자	六龍魚雅經過此

86 귀자(龜兹) : 귀자국(龜兹國)을 말한다. 타클라마칸 사막 북쪽에 있었던 소국(小國)으로, 중국에 비하면 규모나 문물이 보잘것없어서, 매우 작은 나라 혹은 지역을 비유하는 말로 쓰였다.

솜씨 좋은 목수들이 사방에서 모여들어　風斤月斧集四方
행궁이 크고 높게 공중에 솟아올랐다오　行宮嵲峨中天起
현 앞에는 임금님 전용 도로 널찍하게 닦아　縣前靑繩九軌道
왕성까지 삼십 리 길 곧게 연결하는 한편　直接王城三十里
돌다리 새로 가설하여 나는 무지개 뉘어 놓고　石橋新架偃飛虹
문기둥을 홍살 고개에 쌍으로 세웠나니　門柱雙竪紅箭峙
이에 시흥이라는 현의 이름을 비로소 하사받고　縣名肇錫曰始興
큰 글자로 걸어 놓으매 그 빛이 땅을 비췄어라　大字揭榜光照地
금년 이월에 일백 신령이 춤추는 가운데　今年二月百靈舞
자궁의 가교가 앞에 가고 어가가 시종하여　慈駕前行御駕侍
천군만마가 너른 들판을 뒤덮으매　千乘萬騎塞原野
초목도 함께 기뻐하며 큰 영광을 입었도다　草木欣欣耿光被
팔방이 모두 시흥의 존귀함을 우러러보자　八方皆仰始興尊
관악산의 구름과 안개도 제법 득의만면하고　冠嶽雲煙好得意
시흥 태수의 값어치도 비로소 중해져서　始興太守價始重
집무실 안에서 기분 좋아 신바람이 났다네요　志高氣揚黃堂裏
밤에도 끊이지 않는 관리와 서민의 노랫소리　吏謳民謠夜不絶
상이 특별히 세금과 부역 모두 감면해 줬나니　蠲徭賜復皆恩旨
옛날 보잘것없던 금천 고을이　疇昔衿川縣
지금 이처럼 변할 줄 누가 알았으랴　孰料今若是
세상의 일이란 크고 작음을 막론하고　世間萬事無大小
부침하고 진퇴함이 모두 같은 원리라서　升沈消長摠一理
척굴 용신[87]의 변화가 순식간에 일어나고　蚇屈龍伸在俄頃
무은 표변[88] 역시 괴상한 사건이 아니라오　霧隱豹變非怪事

시흥관 안에서 대폿잔을 주문하고는　　始興館裏呼大白

하늘 보며 껄껄 웃으니 가슴속이 툭 터지네　　仰天大笑恢胸次

그대 보지 못하는가 금천이 변해서 시흥이 된 것을
君不見衿川變化爲始興

지사와 인인 들이여 믿어 볼 곳이 응당 있으리라　志士仁人應有恃

87 척굴(蚇屈) 용신(龍伸) : 자벌레처럼 한동안 몸을 굽혀 움츠려 있다가 용처럼 때를 만나 하늘로 날아오르는 것을 말한다. 《주역》 〈계사전 하(繫辭傳下)〉에 "자벌레가 몸을 굽혀 움츠리는 것은 장차 몸을 펴기 위함이요, 용과 뱀이 숨는 것은 자신의 몸을 보전하기 위해서이다.〔尺蠖之屈, 以求信也. 龍蛇之蟄, 以存身也.〕"라는 말이 나온다.

88 무은(霧隱) 표변(豹變) : 무은은 무우(霧雨) 속에 숨어 있다는 뜻으로, 자신의 재능을 감추고 물러나 닥쳐올 위험을 피하는 것을 말한다. 남산의 검은 표범이 안개비가 계속되는 일주일 동안 먹을 것이 없어도 그 속에 가만히 숨어 있을 뿐, 게걸스러운 멧돼지와는 달리 산 아래로 내려가서 먹을 것을 구하려 하지 않았는데, 이는 자신의 털 무늬를 아름답게 보존하기 위해서였다는 남산현표(南山玄豹)의 고사에서 나온 것이다. 《列女傳 卷2 陶答子妻》 표변은 어린 표범이 점점 자라나면서 털갈이를 하여 광택이 나는 선명한 무늬를 갖춰 일신(一新)한다는 뜻으로, 사람이 선행을 쌓으며 때를 기다리다 보면 언젠가 표범처럼 문채가 드러나 현달(顯達)하게 된다는 말이다. 변혁의 원리를 설명한 《주역》 〈혁괘(革卦) 상육(上六)〉에 "군자는 표범처럼 변하고, 소인은 얼굴만 변한다.〔君子豹變, 小人革面.〕"라는 말이 나온다.

성지가 몇 차례 계속해서 내려오자 여러 동료 재상이 모두 중도에서 귀환하여 도성으로 들어가 명을 기다렸다. 나는 그믐날에 시흥에서 출발하여 노호를 향해 배를 타고 흐름을 따라 내려갔는데, 배 안에서 시안정이 층암절벽 위에 우뚝 솟아 있는 것을 바라보고는 기뻐서 시를 짓다

因聖旨屢勤諸僚相竝中路言還入城胥命余於晦日自始興發向鷺湖乘舟順流而下舟中望見是岸亭聳出層厓上喜而有吟

버들 둑 걸어 나가 닻줄 풀어라 재촉하니	步出楊堤解纜催
눈앞이 툭 터지며 물과 하늘이 맞닿았네	望中空闊水天開
배는 바람 없이 혼자서 배회하며 가고	無風船自徘徊去
정자는 나를 향해 좋아서 뛰어오는 듯	向我亭如踴躍來
보아도 보이지 않는 것이 원래 세상일	世事故應看不見
갔다가 돌아오게 함도 임금님 은혜로세	君恩却使往仍廻
갈매기야 너희도 시절을 걱정하느냐	沙鷗爾亦憂時否
무슨 일로 머리 세어 우리 서로 만났는지	何事相逢鬢髮皚

이때 강화에 유배된 은언군(恩彦君)에 대해서, 혹자는 이미 서울에서 배소(配所)로 돌아갔다고 하고, 혹자는 그렇지 않다고 하였는데, 아래에 있는 자로서는 분명히 알 길이 없기에, 제5구에서 이렇게 말하였다.

배를 묶어 놓고 시안정에 오르다
繫舟登是岸亭

저번에 며칠 전에는	昨日之日
내가 내 정자 버린 채 배를 타고 떠나갔고	吾捨吾亭乘舟去
지금 오늘에 와서는	今日之日
내가 배 타고 돌아와 정자 아래 정박하였는데	吾舟還泊亭下渚
저번에 간 것이 정자를 버리려 해서가 아니듯	昨去非緣捨亭子
이번에 온 것도 정자를 위하려 해서가 아니니	今來非緣爲亭子
잠깐 갔다가 온 이것이 내 뜻과 상관이 없다면	乍去乍來不自由
이는 도대체 무슨 마음으로 내가 행동한 것인가	是誠何心吾行止
내 정자에 한번 올라가 모자를 젖히고 보니	試登吾亭脫巾幘
층층 난간에 그득히 쌓인 유월의 서늘바람이여	層欄六月涼飆積
위에 있는 청천이 공활한 것을 비로소 알겠고	上有靑天始知闊
아래 있는 장강이 초록색인 것이 깊어 보이누나	下有長江深見綠
장부의 몸가짐은 자득함이 귀중한 법	丈夫有身貴自得
천지 사방 어디든지 자적해야 마땅하니	天地四方適其適
시흥이 꼭 여인숙이라고 할 수도 없고	始興未必爲逆旅
시안정이 꼭 내 집이라고 할 수도 없네	是岸未必爲吾宅
촌 막걸리 시켜 놓고 목청껏 노래 뽑아 보니	試呼村酒一放歌
그동안의 세상길 어쩌면 그토록 좁았던지	向來世路何其窄

정자 위에서 노량의 강 마을을 바라다보며 굶주려 누워 있을 이생 광국을 생각하다

亭上望鷺梁江村念李生廣國飢臥

포구 너머 바라보이는 안개 낀 나무	隔浦望煙樹
노량에서도 멀리까지 알아볼 수 있네	鷺梁遙辨之
위로 피어오르는 연기 한 가닥	孤煙上一抹
어쩌면 이군이 밥 짓는 것일지도	或是李君炊

7월 14일 밤에 달빛 물결을 타고 서울로 나아갔으니, 다음 날 새벽에 어가의 행차가 있기 때문이다. 도중에 시를 읊다

七月十四夜乘月赴闕下以有明曉動駕也路中有吟

성궐은 맑고 밝아 삽상한 기운 떠돌고	城闕澄明爽氣浮
두 줄 다락에서 이따금 들리는 풍악 소리	笙歌時出兩行樓
통금 뒤의 나의 걸음 괴이하게 보지 마오	吾行莫怪鍾鳴後
달빛 띠고 도성 거리 놀아 보려는 뜻이니까	意在天街帶月遊

연일에 보임되어 나가는 권동야를 전송하며

送權東野恩補延日

산방에 괴이한 빛 밤새도록 무지개　光怪林扉永夜虹
미옹의 서화 말고 번옹의 것이 또 있다오[89]　米翁書畫又樊翁
시사가 원만해 금란의 친교를 다투어 허락하고　社圓爭許金蘭密
담장을 허물어 왕래가 가능한 편애를 받았도다[90]　墻缺偏蒙屣履通
바다 끝 향해 나가는 수령 깃발 무슨 일인가　何事征麾遵極海
가을 하늘 대하는 이별의 백발 견딜 수 없네　不堪離鬢對秋空
백 년에 처음 먼 지방 백성들 눈을 닦고 보리니　百年始拭遐氓眼
주상 걱정 덜어 주려 근시가 서울서 내려오니까　近侍分憂降紫宮

시사(詩社)의 여러 학사(學士)가 누차 서화(書畫)로 기예를 겨루자 사람들이 멋진 일이라고 칭탄하였으므로, 기구(起句)에서 이렇게 말하였다.

89 산방(山房)에……있다오 : 번암의 시사 동인들도 미불(米芾)처럼 서화에 뛰어난 실력을 지니고 있다는 말이다. 북송(北宋)의 서화가 미불이 배 위에 서화를 싣고 강호를 유람할 때마다 밤하늘에 광채가 발했다는 '미가서화선(米家書畫船)' 고사가 전하는데, 황정견(黃庭堅)이 그에게 써 준 해학 시에 "창강에 밤새도록 무지개가 달을 꿰니, 정녕코 미가의 서화 실은 배로세.〔滄江靜夜虹貫月, 定是米家書畫船.〕"라는 표현이 있다. 《山谷集 卷9 戲贈米元章》

90 시사(詩社)가……받았도다 : 시사의 내규를 깨고서 예외적으로 동야 권평(權坪)을 특별 회원으로 받아들였다는 말이 아닌가 한다.

새벽 침상에서 잠이 깨어 이불 속에서 뒤척이다가 창밖의 닭 소리를 홀연히 듣고 기이한 생각이 들어서 짓다
曉枕睡覺衾裏轉輾忽聞窓外鷄聲奇哉

정적 속에 천지가 고요히 숨죽이고 있는데	沈沈萬籟息
횃대에서 홀연히 예약한 듯 꼬끼오 닭 소리	塒響忽如期
때가 이르러 신기가 먼저 발동한 것이리니	時至神先動
닭은 스스로 알지도 못하고 응한 것이리라	鷄應不自知

육각대에서 단풍을 감상하며, 우스개로 시를 지어 동행한 승지 윤필병, 시랑 조카 채홍리, 이정운·이익운 두 시랑에게 보여 주다

賞楓六閣臺戲吟示同遊尹承宣弼秉侍郎姪弘履李鼎運益運二侍郎

가을이 청색 변환하여 단풍 물들이는 것이	秋染丹楓幻舊青
사람이 늙어서 백발이 성성한 것만 하리오	何如人老髮星星
그대여 단풍 가지고 그 눈 즐겁게 하기보단	若將錦葉供他眼
서리꽃 가지고 내 몸을 곱게 꾸밈이 좋으리라	宜把霜華艷我形

이생 세연에게 주다

贈李生世延

이생이 말하기를 자신은 부평과 같아서	李生自謂浮萍同
사람들이 이름 대신 평옹이라고 부른다나	世人不名呼萍翁
평옹은 헌신짝 벗듯 집안일 내던지고	萍翁棄家如棄屣
사시사철 장안에서 노닐며 희학을 하면서도	四時遊戲長安中
평소의 뜻은 자못 만인을 살리고자 하여	雅志頗欲活萬人
천고에 벗으로 삼는 이는 오직 범공[91]뿐이라오	千古尙友惟范公
기이하도다 걸망 속의 약 처방전이여	奇哉肘後靑囊書
홀로 깨달은 묘한 경지 귀신을 빼닮아서	妙詣獨悟移神工
저승사자들도 왔다가 모두 달아나 숨나니	酆都使者皆走藏
손끝으로 끊임없이 업풍을 불러일으키니까[92]	手頭陣陣生業風
구고의 학이 우는 소리[93] 하늘에 들리자	九皐鶴鳴聲聞天

91 범공(范公) : 송나라의 범중엄(范仲淹)을 가리킨다. 천하 대사를 자임하면서 사부(士夫)의 기절(氣節)을 고취시켰는데, 그가 지은 〈악양루기(岳陽樓記)〉에 "세상의 걱정거리는 내가 맨 먼저 걱정하고, 세상의 즐거움은 내가 맨 뒤에 즐거워하련다.〔先天下之憂而憂, 後天下之樂而樂.〕"라는 말이 나온다.《范文正公集 卷7》

92 저승사자들도……불러일으키니까 : 이세연이 금방 죽을 사람도 곧잘 살려 내기 때문에, 지옥에 데려가기 위해 찾아온 저승사자들도 깜짝 놀라며 도망친다는 말이다. 업풍(業風)은 중생이 삼계(三界)를 윤회하는 바탕이 되는 업식(業識)의 바람이라는 뜻의 불교 용어인데, 여기서는 중생이 새로이 생을 영위하며 업식을 형성하는 계기를 마련해 주는 바람, 즉 생명의 불꽃을 일으키는 바람이라는 뜻으로 쓰였다.

93 구고(九皐)의……소리 : 초야에 숨어 사는 현자의 소문이라는 말이다.《시경》〈소

군왕이 창덕궁에 불러서 보았는데	君王召見昌德宮
평옹은 기뻐하지도 불평하지도 않고서	萍翁不喜亦不慍
돌아와 크게 취해 눈빛이 몽롱하였나니	歸來大醉眼朦朧
눈빛이 몽롱한 것은 그래도 봐줄 수 있지만	眼朦朧尙自可
거침없이 방언을 함은 화를 부를 따름이라	放言不怕惟口戎
나는 평옹을 금옥과 같이 아끼나니	我愛萍翁如金玉
그 누가 나처럼 충언을 해 주리오	贈言誰似我言忠
기백과 의적[94]의 우열을 어떻게 논하랴만	岐伯儀狄孰優劣
이 도는 양쪽을 아울러 통할 수 없는 법	此道不可兼而通
바라건대 도옹의 〈지주시〉[95]를 본받아서	願將陶翁止酒詩
군이 밝은 창가에서 매일 글 좀 읽었으면	使君日讀書窓東

아(小雅) 학명(鶴鳴)〉에 "학이 깊은 구덩이에서 맑은 울음 쏟아 내니, 그 소리가 하늘에까지 사무치도다.〔鶴鳴于九皐, 聲聞于天.〕"라는 말이 나온다.

94 기백(岐伯)과 의적(儀狄) : 기백은 전설로 전하는 황제(黃帝) 시대의 명의(名醫)이고, 의적은 하우(夏禹) 때 술을 잘 빚었다는 사람 이름이다.

95 도옹(陶翁)의 지주시(止酒詩) : 도잠(陶潛)이 〈음주시(飮酒詩) 20수〉를 지은 뒤에, 이제는 아예 술을 끊어 버리겠다고 작심하고 지은 시이다.《陶淵明集 卷3》

병에 걸려 오래 누워 있다 보니 울적한 기분을 금할 수 없기에 밤이 삼경쯤 되었을 때에 옆 사람이 알지 못하게 옷을 걸치고 일각문을 나왔다. 정원이 툭 트이고 달빛이 환히 내리비쳐서 사방에 음침하게 감춰진 곳이 없었으니, 때는 11월 16일이었다. 지팡이를 짚고 우두커니 서 있을 뿐 누구를 만나서 얘기할 수도 없기에, 경치를 만나면 흔연히 마음을 같이하고 사람이 생각나면 창연히 시를 읊었는데, 이런 회포를 아는 이는 오직 이공회뿐이다

被疾久臥神氣不禁惱鬱夜可三鼓不使傍人知披衣出一角門庭除正闊月色下徹四無幽隩時十一月既望拄杖佇立誰與晤語遇境則欣然協心懷人則悵然吟詩知此懷者惟李公會耳

두꺼운 이불 빠져나와 발걸음도 느긋하게	蛻出重衾步屧舒
달 바퀴 광채 치달리는 넓은 뜰이 허전해라	月輪騰彩廣庭虛
인간 세계에 이와 같은 광명 세계가 있는데	人間有此光明界
등잔불 옆에서 그 누가 적막하게 거할쏘냐	燈畔誰能寂寞居
육각대(六閣臺) 먼 그리움에 학의 눈물 외롭고	六閣遐情孤鶴唳
서성의 이별 생각 속에 저녁 종소리 잦아드네	西城離思暮鍾踈
가련하도다 쇠한 백발에 병까지 또 많아서	自憐衰白仍多病
겨울 석 달 책상의 글을 내버려 두고 있으니	辜負三冬案上書

홍원이 승지로 새벽에 대궐에 나아갈 때 창밖에 와서 고하였다. 생각건대 내가 일찍이 영묘의 돌보시는 은혜를 입어 항상 승지로 승정원의 일을 도맡아 주선한 것이 거의 10년이나 되었다. 이때 두 분 노친이 모두 건강하셨으므로 매양 시간을 기다리며 공소(公所)에 출근할 때가 되면 침방 밖에 나아가서 낮은 목소리로 다녀오겠다고 고하곤 하였는데, 이 일이 벌써 30여 년이나 되었다. 지금 아이의 일이 완연히 당일의 나의 일과 같으니, 침상에서 말없이 생각해 보매 어찌 온갖 감회가 교차하지 않을 수 있겠는가. 이에 내가 우선 시를 읊어서 그나마 슬픈 생각을 덜어 보고자 한다

弘遠以承旨曉赴闕來告窓外念余曾被英廟眷遇常以承旨任使周旋銀臺殆十年矣時兩老俱無恙每當待漏赴公之際詣寢房外低聲以告此事已三十年餘矣今兒之事宛是余當日之事枕上默念安得不百感交集乎我姑吟詩聊以不永傷

옛날 서리 낀 신발 신고 새벽 시간 살펴보다	曾整霜靴視曉天
낮은 목소리로 북당 앞에 잠시 문후하였는데	低聲暫候北堂前
이 일이 어느새 삼십여 년 지난 아련한 추억	依然三十餘年事
갈도(喝道) 소리 누워서 들을 때마다 서글퍼지네	臥聽前呵每愴然

상이 경모궁에 나아가 12월 삭제를 친히 거행하였는데, 나는 병들어 참석하지 못하고 그저 혼자서 하늘을 바라보며 연모하는 정만 얽힐 따름이었다

上親行景慕宮臘月朔祭臣病不能趨詣只自瞻天戀結

삼경의 종소리 여운이 가시기도 전에 三更鍾漏未全稀
임금님 엄숙하게 의관을 정제하셨으리 肅穆宸誠已整衣
상국은 병석에 누워서도 연모의 정이 얽혀 沈病相君猶結戀
의식 진행하는 소리 꿈속에 반쯤 아련해라 夢中臚唱半依依

병석에서 감회를 기록하다

病枕識感

하늘 운행 곤곤하여 빠르기가 이와 같으니	天機滾滾迅如斯
우리 모임의 즐거움도 전보다 줄어들밖에	吾社歡娛減昔時
백발이 군자를 모조리 늙은이로 바꿔 버려	鬢髮盡敎君子老
벗들과의 풍류 약속 저버리기 일쑤라오	琴歌多負故人期
잠이 없으니 일과는 단지 새벽 종소리 헤는 것	無眠只課晨鍾數
병을 앓아 밤에 글자 펴 놓고 보기도 어려워라	吟病難兼夜字披
밝은 임금님 근심을 끼쳐 드려 부끄럽기만	慙愧仰貽明主慮
아침마다 문후 사신이 대궐에서 내려오니	朝朝訊使下彤墀

상이 날마다 각리(閣吏)를 보내 나의 병세에 차도가 있는지 알아보게 하셨기 때문에 이렇게 말하였다.

혹한

嚴寒

국정 보좌하는 정승의 일 그만두고	捨置鹽梅事
약탕기 주변에서 일어났다 앉았다	興居藥餌邊
혹독하게 춥기로는 오늘 밤이 최고	嚴寒今夕最
차가운 날씨를 거센 바람이 선도하네	一氣大風先
수목은 솟구쳐 높이 땅에 서 있고	樹木森梢立
은하는 허여멀겋게 하늘에 걸렸어라	星河淡素懸
겨울 귀신도 조만간 들어가서 쉬겠지	玄冥且休息
양의 기운이 샘물처럼 도달했으니까	陽線達如泉

12월 11일에 섭서 권 상서,[96] 기천 시랑 조카,[97] 오사 이 시랑,[98] 학록 이계수[99]가 나의 병세가 조금 뜸해졌다는 말을 듣고는 가기 몇 사람을 데리고 밤 시간을 골라 내 집에 와서 모였으며, 이선[100]과 홍원도 옆에서 시봉하였다. 이에 내가 베개를 밀치고 일어나 앉아서 그 기쁨을 시로 표현하다

臘月十一日葉西權尚書岐川侍郎姪五沙李侍郎鶴麓李季受聞余病少已率歌妓數人卜夜來會而善弘遠亦侍傍推枕起坐喜形于詩

그대들이 오고 나니 종이 울리고	鍾動君來後
병석에서 일어나니 하늘이 맑아라	天晴病起時
겨울 매화가 기쁜 소식 전함은 물론이요	寒梅應報喜
밝은 달도 미리부터 오기로 약속한 듯	明月且如期
인간 세상 넉넉해지는 아이들의 재롱이요	兒戲人間足
술잔 속에 돈독해지는 동지들의 우정이라	朋簪酒裏宜

96 섭서(葉西) 권 상서(權尙書) : 권엄(權𧟌, 1729~1801)으로, 본관은 안동(安東), 자는 공저(公著), 호는 섭서이다.

97 기천(岐川) 시랑 조카 : 채홍리(蔡弘履, 1737~1806)로, 본관은 평강(平康), 자는 사술(士述), 호는 기천이다.

98 오사(五沙) 이 시랑(李侍郎) : 이정운(李鼎運, 1743~1800)으로, 본관은 연안(延安), 자는 공회(公會), 호는 오사이다.

99 학록(鶴麓) 이계수(李季受) : 이익운(李益運, 1748~1817)으로, 본관은 연안, 자는 계수, 호는 학록이다. 이정운의 동생으로 역시 번암의 문하생이다.

100 이선(而善) : 이유경(李儒慶, 1748~1818)으로, 본관은 함평(咸平), 자는 이선, 호는 청심옹(淸心翁)이다. 55쪽 주24 참조.

좋은 날 계속 이어질 재회의 약속　　良辰滾滾約
가기는 옆에서 이미 알고 있나 봐　　歌妓在傍知

을묘년(1795, 정조19)에 13개월에 걸쳐 1일과 15일마다 상이 직접 경모궁에서 제사를 지냈으니, 이는 대개 선세자(先世子)를 생전에 봉양하지 못한 비통한 뜻을 부친 것이었다. 그리고 섣달 보름은 바로 한 해의 마지막 제삿날이므로 예전과 같이 몸소 경모궁에 나아갔는데, 내리신 말씀이 슬프고 간절하여 사람을 감동시키기에 충분하였다. 나는 병들어 배종(陪從)하는 반열에 참석하지 못한 채, 밤에 병석에서 시를 읊어 우러러 연모하는 정성을 부치다

乙卯十三朔朔望上躬親將事於景慕宮蓋寓今年靡逮之痛也臘望即歲之終躬詣如前而辭教惻怛有足感人臣病矣不能參陪班夜枕吟詩庸寓瞻戀之忱

궁원의 풍수[101]가 새벽부터 슬피 울었나니	宮垣風樹曉鳴哀
달마다 군왕이 두 번씩 찾아오시니까	每月君王再度來
어떤 제사든 세향의 뜻 밝히지 않음이 없겠지만	禴祀非無明歲享
임금님 심정은 오늘 밤 눈물이 술잔을 적시리라	宸情今夜淚沾罍

101 궁원(宮垣)의 풍수(風樹) : 궁궐 담장의 바람을 맞은 나무라는 뜻으로, 장헌세자의 사당인 경모궁에 찾아가는 정조의 비통한 심회를 비유한 말이다. 공자가 주(周)나라 고어(皐魚)에게 슬피 통곡하는 이유를 물으니 "나무가 조용하고자 하나 바람이 그치지 않고, 자식이 봉양하고자 하나 어버이가 기다려 주시지 않는다.〔樹欲靜而風不止, 子欲養而親不待也.〕"라고 대답했다는 풍수지탄(風樹之歎) 고사가 전한다. 《韓詩外傳 卷9》

고조고이신 증 이조 참판 부군의 생신이 바로 12월 12일이다. 그런데 집에 두질 환자가 있어서 다례를 행하지 못했으니, 아쉬운 이 심정을 어떻게 풀 수가 있겠는가. 부군은 일찍이 화순 지현으로서 그곳의 관사에서 돌아가셨는데, 백성들이 그분의 덕을 연모해 마지않아 비석을 세워 찬송하면서 새겨 넣기를 "채후 휘 진후 타루비"라고 하였다. 그런데 그 비석이 오래되어 떨어져 나갔는데, 마침 수령 중에 의기를 좋아하는 자가 있어서 비각을 세워 덮어 주려고 바야흐로 공사를 시작했다고 한다

高祖考贈吏曹參判府君生辰寔十二月十二日也家有痘疾不得行茶禮心焉悵缺何以自解府君曾以和順知縣皐復官舍民戀德不已立碑以頌而刻之曰蔡侯諱振後墮淚碑碑久剝落適有使君之好義氣者閣以覆之其役方始云

일천 집 돌림병을 어떻게 하나 천시인걸　　千家癘疫奈天時
임시로 중지하는 것은 집안의 오랜 관행　　權廢吾門舊禮儀
금년 남쪽 백성들 거듭 눈물 떨구나니　　今歲南氓重墮淚
생신에 어찌 자손들만 슬퍼한다 하리오　　生朝奚獨子孫悲

15일 밤에 사술과 공회가 가기(歌妓)를 데리고 와서 모이다
十五夜士述公會率琴歌來會

둥근달 걸린 높은 다락의 밤	圓月高齋夜
맑은 거문고 소리 다시 여기에	淸琴復在玆
우리 시사는 자연히 번성하게 되어 있어	自能吾社盛
세월의 기롱 따위는 아예 받지 않는다오	不受歲華欺
고운 악곡의 향내가 자리에 배어들고	艶曲香薰席
기운 은하 그림자 술잔에 굴러다니네	傾河影轉巵
오교의 일이 모두 멋졌던 것은	午橋皆勝事
원백이 시 읊을 줄 알아서였다오[102]	元白解吟詩

102 오교(午橋)의……알아서였다오 : 사술과 공회, 즉 채홍리(蔡弘履)와 이정운(李鼎運)이 시를 잘 지어서 번암의 시사(詩社)는 물론이고 이날 밤의 모임이 더욱 빛을 발한다는 말이다. 오교, 즉 오교장(午橋莊)은 당나라 재상인 배도(裴度)의 별장 이름이고, 원백(元白)은 당대의 시인인 원진(元稹)과 백거이(白居易)의 병칭이다.

17일 밤에 달빛 아래를 걷다가 공회 생각이 나서 짓다. 이날 공회가 어버이를 위해 수연(壽宴)을 베풀었다고 한다
十七夜步月有懷公會是日公會爲親設壽酌云

서대문 남쪽 동네 매일 갔다가 돌아오니	西郭南坊日往回
나귀도 혼자 잘 찾아가는 작은 도랑 모퉁이	兒驢慣踏小渠隈
병이 깊어 초청받은 자리에도 못 나간 채	沈痾未赴迎賓席
가절에 장수 기원 축배 소식만 들었다오	佳節徒聞獻壽杯
눈도 시절을 알아봐 먼 나무숲 날이 개고	雪意知時開遠樹
달님도 탈이 없어 성긴 홰나무에 도착했네	月輪無恙到疎槐
유연히 지팡이 짚고 처마 앞에 서니	悠然倚杖簷前立
어디선가 네다섯 번 다급하게 닭 우는 소리	何處鷄聲四五催

충청도 관찰사로 나가는 오사 이공회를 전송하며
送五沙李公會按廉湖西

천 길 약봉이 제왕의 수도를 호위하며　　千尋藥岫護神京
단풍[103]을 국가의 동량으로 길러 냈나니　　培得壇楓化國楨
이 몸이 성은을 듬뿍 받았음은 물론이요　　已是此身皆聖渥
보란 듯이 문생이 또 방백으로 나간다오　　居然方岳又門生
봄 귀신과 뜻이 맞는 수레 앞의 단비요　　車前雨與東君協

이날이 마침 입춘이었다.

북두성 따라 밝은 누대 위의 마음이라　　樓上心隨北斗明
하얀 달빛 붉은 화롯불 그날 밤 모임에서　　素月紅爐他夜會
백발로 읊으며 바라본 심정 어떠하였으리　　白頭吟望若爲情

왕년에 약봉(藥峯)의 풍단(楓壇)에서 기예를 겨룰 때 공회(公會)가 가장 뛰어난 솜씨를 보였기 때문에 시에서 이렇게 말하였다.

103 단풍(壇楓) : 단의 단풍나무로, 번암이 숭례문 밖 약봉의 단풍나무 언덕에 단을 쌓아 정비하고 조성한 시단(詩壇)인 풍단을 의미하는데, 《번암집》 권54 〈약봉풍단기(藥峯楓壇記)〉에 상세한 내용이 나온다.

매선당의 입춘 첩자

每善堂春帖

풍광도 쇄락한 것이 태평 시대에 걸맞고　　風期灑落際時康
국가 정책 세우도록 백발도 겁어지려는 듯　　廊廟訏謨髮欲黃
천고에 다시 찾아 부르는 갱재곡[104]이요　　千古重尋賡載曲
팔방에 골고루 나눠 주는 태화탕[105]이라　　八方均與泰和湯
재계하는 사직단의 향 연기 가느다랗고　　齋明太社香煙細
송독하는 세자궁의 낮 시간 길기도 해라　　誦讀春宮晝漏長
자시와 자생[106] 모두 조화의 일이거니　　資始資生皆造化
건곤의 덕 합한 우리 왕 우러르노라　　乾坤合德仰吾王

104 갱재곡(賡載曲) : 군신이 의기투합하여 서로 권면하는 뜻으로 화답하며 부르는 노래를 말한다. 《서경》〈익직(益稷)〉 순 임금의 고사에서 나온 것으로, 명량가(明良歌) 즉 명군 양신(明君良臣)의 노래라고도 한다.

105 태화탕(泰和湯) : 국민의 갈등을 해소하고 서로 화합하게 하는 탕이라는 말인데, 보통 술의 별칭으로 쓰인다.

106 자시(資始)와 자생(資生) : 만물이 이로부터 비롯되고 이에 의해 생장한다는 뜻으로, 《주역》〈건괘〉와 〈곤괘〉의 단사(彖辭)에 나오는 말인데, 각각 제왕과 후비의 덕을 비유하는 말로 쓰인다.

병진년(1796, 정조20) 1월 1일

丙辰元日

대궐 문 새벽에 열리며 경물의 광채 산뜻	閶闔晨開物采新
성상이 즉위하시고 이십일 년 되는 봄날	龍飛二十一年春
문명 예악의 교화로 온 누리를 화육하나니	文明禮樂陶寰宇
송백 강릉처럼 성상의 장수를 축원하노라	松柏岡陵祝聖人
아침 해 점차 떠오르며 동서로 나뉘는 백관이요	瑞旭轉昇分劍佩
채색 함 받들어 올리며 옹위하는 조정 관원이라	彩函擎進擁簪紳
여섯 살 우리 원자님 실행하고 힘 남으면	六齡元子行餘力
《시경》의 〈주남〉 하루에 몇 차례 송독하시기를	誦讀周南日幾巡

설날에 자경문을 지어 좌우명에 갈음하다
元日自警用替座右銘

내가 천지 사이에 태어나 我生天地間
다행히 남자의 몸이 되어 幸得爲男子
어려서부터 남다른 포부를 품고 少小抱奇氣
책상 위에 경전과 역사책을 펼쳤나니 案上經與史
바다처럼 호한한 이 서적들을 통해 經史浩如海
의리를 궁구하고자 소원했건마는 所欲窮義理
어느새 늙어서 백발이 다 되도록 居然老白首
육예[107] 가운데 하나도 이룬 게 없네 六藝無一成
이욕을 모조리 제거하지 못해 利慾未盡祛
사념이 때때로 싹트는가 하면 邪念有時萌
겉으로 화려할 뿐 문장이 부족하여 浮華小文章
음란한 성악에 쉽게 뜻을 뺏기나니 淫聲易奪志
스스로 세운 목표를 돌이켜 생각하면 反顧所自期
어찌 이 정도로 그치려 한 것이리오 豈欲如是止
그런데 그만 우리 성왕께서는 奈何我聖王

107 육예(六藝) : 유가(儒家)의 육경(六經), 즉 《예기(禮記)》, 《악경(樂經)》, 《서경》, 《시경》, 《역경》, 《춘추》를 말한다. 옛날에 학생이 배웠던 여섯 개의 과목도 육예라고 칭하는데, 그때는 예(禮), 악(樂), 사(射), 어(御), 서(書), 수(數)를 가리킨다. 공자의 제자 3000명 중에 육예를 통달한 자가 72인이었다는 기록이 보인다. 《史記 孔子世家》

신이 형편없음을 알지 못한 채 不知臣無似
정승의 자리에 발탁해 앉히고 擢置股肱位
근고에 유례없는 예우를 베풀며 禮遇古無比
나를 국가의 주석으로 인정하여 許我柱石姿
산천의 정기가 모였다고 여기셨다네 謂我間氣鍾
정책을 건의하면 마음이 서로 들어맞아 謨猷沕相合
난만히 용과 구름처럼 의기투합하였나니 爛漫龍雲從
나의 병든 것을 걱정하고 안타까워하시어 閔然惟疾憂
보내 주신 인삼이 손가락보다도 굵었다오 恩蔘大於指
원자는 지금 보령이 오륙 세로 元子五六齡
나를 볼 때마다 환희 작약하는데 見我輒歡喜
다만 내가 늙고 우매한 탓으로 顧我老而荒
저버린 것이 한둘이 아니었나니 辜負非一二
사정이 복잡해서 충고하기도 어려웠고 情劇難犯顔
형세가 고단해서 숨기는 말도 많았다오 勢孤多巽語
홀연히 다시 바뀐 무정한 세월이여 年華忽復改
태양 수레 신속해서 막을 수 없어 六龍迅莫禦
나이가 일흔 하고 일곱을 더했으니 七十又加七
나의 삶이 또 얼마나 남았으리오 餘景復幾許
만약 크게 분발하여 노력하지 않으면 若不大振勵
필경에는 소인과 진배없이 마치리라 卒與小人俱
불 밝히고 공부한 것이 어느 때 일이던가 悠哉秉燭工
귀중한 것은 처음의 마음을 변치 않는 것 所貴心不渝
새해를 맞아 갑절은 더 두려워해야 할지니 逢新倍惕若

어떻게 하면 노년을 제대로 마무리할까　何以收桑楡
이욕은 적을 이기듯 용맹하게 하여　利慾克敵猛
사념의 뿌리를 뽑는 것이 우선이요　邪念拔根先
처신은 상대를 이기려 애쓰지 말고　行己不務勝
매사에 신중하게 치우침이 없어야　遇事愼無偏
명심할 것은 직이라는 하나의 글자　參前一直字
죽을 때까지 맹세코 변치 말아야지　之死矢靡遷
신심으로 부처의 은혜에 보답할지니　身心報佛恩
불법(佛法)에 묘한 도리 들어 있다 하신　三乘有妙詮
우리 아버님 가르침을 저버리지 말고　無負吾父教
황천에 돌아가 뵙고서 고해야 하리라　歸告泉臺前

1월 3일 상이 사직단에 나아가서 풍년을 기원하는 제사를 친히 행하다

初三上詣社壇以親行祈穀也

나라를 다스림엔 민천[108]이 막중하니	爲國民天大
복을 빌려면 사직단이 우선이지	祈祥太社尊
군왕께서 일념으로 노심초사하여	君王耿一念
새해 맞아 친히 제사를 올리셨네	祼薦際三元
전나무 잣나무 공손히 고개 숙이고	檜柏恭垂地
바람과 구름 엄숙히 뜰에 가득해라	風雲肅滿園
푸른 바다 쏜살같이 치달릴 배들이여	星奔滄海棹
영광스럽게 은혜로운 왕의 말씀 싣고서	的的載恩言

제주(濟州)의 기황(飢荒)을 진달한 장계가 마침 이날 대궐에 들어왔다. 이에 앞서 상이 사옹원(司饔院)과 상의원(尙衣院)에서 으레 공상(供上)하는 물품을 절약하여 별도로 저장해 두었는데, 이때에 와서 특별히 1만 5000금을 하사하여 도백(道伯)으로 하여금 곡식을 사서 배로 운반하게 하였다.

108 민천(民天) : 백성이 하늘로 삼는 것이라는 뜻으로, 먹고 사는 식량을 말한다. "통치자는 백성을 하늘로 삼고, 백성은 먹을 것을 하늘로 삼는다.〔王者以民人爲天, 而民人以食爲天.〕"라는 말에서 유래하였다. 《史記 酈生陸賈列傳》

이질에 걸려 설사가 멈추지 않는 가운데 한밤중에 비 내리는 소리를 듣고

患痢滂滂聞中夜有雨

병상에서 혼침한 상태로 세시를 보내다가	伏枕昏昏送歲華
밤사이 지나는 봄비 소리 처음 들었네	始聞春雨夜來過
문밖에 나가지 않아도 천하의 일을 알겠노니	雖非出戶知天下
만물이 의기양양해서 모두 스스로 뽐내리라	萬物陽陽摠自多

병석에 누워 상이 영희전을 참배한다는 말을 듣고
病枕聞上展謁永禧殿

마을 어귀 지나시는 장엄한 제왕의 행차	葳蕤玉輦巷門經
하늘나라 음악 소리 가느다랗게 들려오네	天上簫韶細細聽
듣건대 밤사이 진창길 깨끗해졌다 하니	聞說夜來泥海淨
임금님 정성이 신령을 먼저 감동시켰나 봐	宸誠先已格神靈

정월 보름날에 답교놀이 할 제군을 생각하며 배다리 위에서 우스개로 짓다

舟梁念上元踏橋諸君戲吟

하늘 위에 놓인 다리 완연히 신의 솜씨	天上橋成宛若神
붙잡은 용 엎드린 악어 감히 몸을 뒤치리오	龍攀鼉伏敢搖身
우스워라 도성 길 위 초경의 달을 보려고	笑他紫陌初更月
개미처럼 티끌처럼 모여든 사람들 얼마일까	如蟻如塵幾箇人

시흥현에서 묵으며 홀로 정월 보름의 달빛을 대하고는 〈후적벽부〉를 나직이 읊노라니 완연히 오늘 나의 광경인데, 늙은이의 이런 회포를 아는 이 누가 있을까

宿始興縣獨對上元月色微吟赤壁後賦宛是余今日光景老懷有誰知者

가을에 현문에 묵었던 것이 어느 때였더라	秋宿縣門曾幾時
다시 오니 완연히 설당[109]의 노래 그대로일세	重來宛是雪堂詞
소소히 지는 나뭇잎은 옛 모양이 아니요	蕭蕭木葉非前樣
어둠침침한 내와 산은 알아볼 수가 없네	黯黯溪山不可知
밝은 달은 은근히 나를 향하는 듯한데	明月慇懃如向我
빈 술잔은 초창해라 누굴 기다리려 하나	空樽怊悵欲須誰
지팡이 짚고 억지로 솔 그늘 나아가 앉으니	扶笻强就松陰坐
요조한 향정이 또한 하나의 구경거리로세	窈窕香亭亦一奇

109 설당(雪堂) : 소식(蘇軾)의 별칭이다. 소식이 황주(黃州)로 유배된 뒤에 동파(東坡) 옆에 짓고 산 초가집 이름이다.

안양교행

安養橋行

안양교야	安養橋
너는 고려 시대의 오래된 유물로서	爾是麗代之舊物
성조에서 수선도 장식도 하지 않아	聖朝不修亦不飾
사백 년 동안 내버려져 매몰된 채	四百年間任埋沒
혹은 급류에 휩쓸려 온데간데없고	或隨急溜不知去
혹은 잡초더미 속에 두두룩 솟았을 뿐이라	或入茂草屯成垤
길손은 개천에 나루 없어 건너기 꺼리고	行人病涉川無津
장마가 지면 왕왕 수레도 왕래가 끊겼는데	潦天往往輪蹄絶
하루아침에 원침에 행차하는 어로가 뚫리면서	一朝園寢御路通
임금님 수레가 이곳을 거쳐 지나게 되자	六龍經行由此中
방백이 살펴보고 수령이 재촉한 결과	按使相之知縣催
며칠 사이에 서울의 장인들이 운집하여	不日雲集長安工
새것은 다른 산에서 따로 베어 와 만들고	新者他山別斲成
옛것은 잔모래로 더욱 굳게 가다듬었나니	舊者細沙加磨礱
세운 것은 기둥이요 눕힌 것은 대들보라	立則爲柱臥爲樑
흠집을 말끔히 씻어 내니 허공처럼 깨끗하고	瘢疵洗盡淸如空
다섯 칸이 가지런히 각자 자리를 차지했네	五間整整各占位
갠 하늘 어딘가에서 무지개다리가 내려오니	晴天忽落何邊虹
자라와 미꾸리 들로서는 대경실색할 수밖에	老黿潛鰍失驚怪
그늘져 덮어 주는 것이 웬 둥근 천장인가	有物蔭背何穹窿

온갖 신령이 우줄우줄 좌우로 배회하네 百靈蹲蹲左之右
숫돌 같은 어로가 성상을 편안케 하매 蹕路如砥安聖躬
만안교라는 좋은 이름을 내려 받고는 肇錫嘉名萬安橋
큰 글자로 비에 새기고 홍색으로 채웠나니 大字刻碑塡以紅
예로부터 만물은 궁하면 통한다는 終古萬物窮則通
이 이치를 내가 복희씨에게 들었노라 此理吾聞庖犧翁
다리여 다리여 네 성질 무디다 하지 말고 橋乎橋乎莫曰爾性頑
크나큰 성은을 어떻게 해서든 보답해야지 何以報之聖恩洪
물건 중에 늙지 않는 게 너만 한 것이 없기에 物中難老莫如爾
이 노래 지어 우리 왕의 무궁한 수명 축원하련다 以玆獻壽吾王壽無窮

화성에 도착하다

到華城

화성으로 남하하며 멀다고 말하지 않음은	華城南下不言遙
성주의 갱장[110]이 아침저녁으로 이어지니까	聖主羹墻暮又朝
왕의 행차가 정지하는 곳은 매양 미륵현	淸蹕每停彌勒峴
상서로운 연기가 대황교부터 자욱해지네	瑞煙多自大皇橋
일천 집엔 해님을 받들어 봄꽃이 일찍 피고	千家捧日春華早
일백 꿩은 공중에 날아 저녁 그림자 흔들리네	百雉翔空晚影搖
우스워라 노병을 잊고 무장한 모습이여	堪笑戎裝忘老病
푸른 깃 높이 꽂고 허리에 검을 비꼈으니	翠翎高挿劍橫腰

110 갱장(羹墻) : 국그릇과 담장이라는 뜻으로, 죽은 사람에 대한 간절한 사모의 정을 비유할 때 쓰는 말인데, 여기서는 정조가 생부인 장헌세자를 추모하는 마음을 가리킨다. 요(堯) 임금이 죽은 뒤에 순(舜)이 3년 동안 앙모하여 "앉아 있을 때에는 담장에 요 임금이 어른거리고 밥을 먹으면 국그릇 속에 요 임금이 보였다.〔坐則見堯於牆, 食則睹堯於羹.〕"라는 고사에서 유래하였다. 《後漢書 李杜列傳 李固》

어가가 20일 본부에 도착하여 다음 날 원침을 참배할 예정이었으니, 이는 대개 이날이 바로 선세자의 탄신일이었기 때문이다

御駕將以二十日臨本府翌日展謁園寢蓋是日卽先世子誕辰也

우로의 임금님 심정은 초목도 모두 알 터[111]	雨露宸情草木知
어가의 도착 시기를 역마가 먼저 알려 주네	飛驂先報駕臨期
현륭원 위에 서면 감회가 원래 무궁한데	顯隆園上無窮感
탄신일이라 금년에는 눈물 더욱 많으리	誕日今年淚更滋

111 우로(雨露)의……터 : 정조가 비와 이슬에 젖은 땅을 밟고 거니노라면, 부친 장헌세자에 대한 사모의 정이 더욱 북받쳐 오르리라는 것을 초목도 모두 알 것이라는 말이다. 43쪽 주13 참조.

눈이 흩뿌리다

雪灑

원침의 나무도 봉생[112]을 배워 교대로 울어 대는데	園樹交鳴學鳳笙
어가의 행렬이 새벽에 오운성[113]을 출발했다네	六龍晨發五雲城
눈꽃이 땅에 흩뿌렸다 다시 녹아 버렸나니	雪花灑地還銷歇
빗자루 드는 인부들의 수고를 응당 알았으리	應識千夫擁篲誠

112 봉생(鳳笙) : 봉황의 울음소리와 비슷한 피리 소리라는 말인데, 현륭원이 선세자의 원침이기 때문에 이렇게 표현한 것이다. 왕자교(王子喬)로 더 많이 알려진 주 영왕(周靈王)의 태자 진(晉)이 피리 불기를 좋아하여 곧잘 봉황의 울음소리를 내곤 하였는데, 선인(仙人) 부구공(浮丘公)을 따라 숭산(嵩山)에 올라가서 선도(仙道)를 닦아 신선이 되었다는 전설이 전한다. 《列仙傳 卷上 王子喬》

113 오운성(五雲城) : 오색의 상서로운 구름이 떠 있는 성이라는 뜻으로, 제왕이 거하는 도성을 의미한다.

20일 어가가 화성에 도착하다
二十日駕臨華城

어가가 해마다 서울을 나오나니	龍馭年年出漢京
관상감에서 원단에 보고드린다네	書雲觀裏報元正
하늘이 패리[114]에 열리니 산하가 장하고	天開沛里山河壯
임금이 훈궁[115]에 앉으니 일월이 밝도다	帝坐薰宮日月明
새로이 쌓은 강안에는 농부들의 태평가요	耕鑿歌謠新堰浦
옛 산성에는 날고뛰는 우익이 호위하누나	飛騰羽翼舊山城
단청 채색 누각은 유예[116]하시려 함이 아니니	丹樓彩閣非遊豫
유근하며 유첨하는 지극한 정성을 우러를지라	逌覲逌瞻仰至誠

상이 백성을 위해 제방을 쌓으니, 그동안 황무했던 땅이 모두 좋은 밭으로

114 패리(沛里) : 한 고조(漢高祖)의 고향인 패현(沛縣) 풍읍(豐邑) 중양리(中陽里)를 말하는데, 여기서는 정조가 부친을 위해 조성한 화성을 가리킨다. 한 고조가 고향을 그리워하는 부친을 위해 옛 진(秦)나라의 여읍(驪邑)을 풍읍의 거리로 조성하고 고향 백성들을 이주시켜 신풍(新豐)이라고 명명한 고사가 전한다.《史記 高祖本紀》정조가 화성의 편액에는 모두 의미가 있다면서, 중양문(中陽門)과 신풍루(新豐樓)는 패리의 옛 이름을 취한 것이라고 설명한 고사가 전한다.《弘齋全書 卷177 日得錄17 訓語4》

115 훈궁(薰宮) : 제순(帝舜) 같은 성군이라 할 정조가 다스리는 궁전이라는 뜻이다. 순 임금이 "남풍이 훈훈하게 불어온다.〔南風之薰兮〕"라고 시작되는 〈남풍가(南風歌)〉를 불렀던 고사에서 나왔다.

116 유예(遊豫) : 노닐고 즐긴다는 뜻으로, 제왕의 유락(遊樂)을 말한다.《맹자》〈양혜왕 하(梁惠王下)〉에 "우리 왕이 한번 노닐고 한번 즐기는 것이 제후들의 법도가 된다.〔一遊一豫, 爲諸侯度.〕"라는 말이 나온다.

바뀌었다. 그리고 원소(園所)의 동구(洞口)에 있는 고개〔峴〕를 멀리서 뵙는다는 뜻의 유첨(逌瞻)이라고 명명하고, 다리〔橋〕를 멀리서 알현한다는 뜻의 유근(逌覲)이라고 명명한 뒤에 빗돌을 세워 표시하였다. 그래서 이 사실을 이 시에서 언급하였다.

21일 상이 침원에 가서 초헌을 행한 뒤에 부복하고 체읍하다가 이어서 소리 내어 곡하며 손으로 땅을 쥐어뜯어 돗자리가 모두 찢어졌는데도 멈추지 않았으므로, 천신이 죽을죄를 돌아보지 않고 부액하여 일어나게 해 드렸다. 그리고 원상에 가서도 그렇게 하셨으므로 부축하여 비각 옆의 막차로 내려왔는데, 상이 기절하여 정신을 차리지 못하였다. 이는 대개 선세자의 환갑이 되는 을묘년(1795, 정조19)이 지난 지 얼마 되지 않은 데다가, 금년에 와서 또 이날을 만났기 때문이다. 잠시 시간이 흐른 뒤에 기운이 조금 되살아나자 소여를 타고 재전으로 내려왔다. 이에 내가 물러 나와 이 사실을 기록함으로써 백세 뒤의 사람들로 하여금 우리 성상의 평생의 효성이 순 임금에 비해서도 손색이 없음을 알게끔 하는 바이다

二十一日上詣寢園初獻訖俯伏涕泣仍發聲哭以手刮地席盡裂猶不止賤臣不恤死罪扶掖以起詣園上亦如之扶下碑閣傍幕次聖候昏倒莫省蓋纔過乙卯甲年入今年又逢是日故也過數餉氣少蘇以小輿下齋殿退而記之俾百世之人知我聖上終天之孝無遜於虞舜也

목메어 우는 삼나무와 소나무 들　　　咽咽杉松樹
슬픈 바람을 누가 불어 보내는가　　　悲風誰送來
전일의 행행에도 없지는 않았지만　　　非無前日幸
오늘은 유달리 상의 심정이 애달파라　　　別是聖情哀
통곡하며 눈물 흘리는 원통함이 위에 사무쳐　　　聲淚冤應徹

상제의 마음도 찢겨 옛일을 되돌리려 하리　　穹蒼裂欲回
해마다 신은 계속 죽지 않고서　　年年臣不死
속절없이 침원에 술잔 올리네　　空奠寢園杯

23일에 대가가 서울로 돌아갈 예정이었는데 아침 내내 가랑비가 내렸으므로 마침내 잠시 머무르도록 명하다

二十三日大駕將還京細雨終朝遂命留住

용의 깃발 표범 깃대 엄숙히 돌아가려 하여	龍旗豹纛儼將旋
엄고의 세 번째 소리 새벽하늘에 울리는데[117]	嚴鼓三聲向曙天
신령의 뜻은 창망하여 떠남을 아쉬워하는 듯	靈意蒼茫如惜去
하늘 가득 안개비가 가없이 내리려 하는구나	滿空煙雨欲無邊

117 엄고(嚴鼓)의……울리는데 : 새벽에 환어(還御)할 준비를 모두 마쳤다는 말이다. 엄고는 사람들에게 미리 준비하도록 큰 북을 치는 것을 말한다. 첫 번째 치는 것을 초엄(初嚴), 두 번째 치는 것을 이엄(二嚴) 또는 중엄(中嚴), 마지막으로 세 번째 치는 것을 삼엄(三嚴)이라고 한다.

채로헌

采露軒

장안문[118] 안으로 들어서자마자	纔入長安門
우측으로 돌아다보면 채로헌 기둥	右顧瞻軒楹
채로헌 기둥은 정말 알기 쉽나니	軒楹誠易知
채로라는 편액이 분명히 보이니까	采露扁額明
주인은 도성에 거주하면서	主人在東洛
백발에도 벼슬살이하는 신세	白首猶簪纓
벼슬살이가 어찌 권태롭지 않으랴만	簪纓豈不倦
끝내 임금 연모하는 정 때문인데	終是戀君情
채로헌도 나의 마음 알아주는지	軒應諒我心
내가 오면 반갑게 맞아 주는 듯도	我至如相迎
정원은 반쯤 이미 황폐해졌어도	庭除半已荒
서까래만은 요행히 기울지 않았는데	榱桷幸不傾
울타리를 누가 있어 다듬어 줄까	樊籬有誰葺
휑뎅그렁하게 북성에 기대어 있을 따름	曠然依北城
매년 한 번씩 들르노라면	每年一回過
꿈속의 행로인가 의심되기도	疑是夢中行
배회하며 황발을 매만지다 보면	裵回撫黃髮
자연히 감개가 밀려들 수밖에	自然感慨幷

118 장안문(長安門) : 화성의 정문인 북문이다.

어린 소나무 한 그루는 건재하여 好在一稚松
가지와 잎이 조금쯤 이쪽저쪽으로 枝葉半縱橫
담장을 벗어나 어서 그늘 드리워서 願送過墻陰
임금님 행차 길을 시원하게 덮어 주었으면 恭覆輦路淸

상이 일찍이 이르기를 "정원의 소나무가 담장을 벗어날 때를 기다려서, 경이 귀로(歸老)하는 것을 허락하겠다."라고 하였으므로, 이렇게 말하였다.

생질 이주명이 제주로 귀양 가게 된 것을 두루 알리던 차에 여관방에서 서로 만나 보고는 심회가 무엇을 잃어버린 듯하기에 이렇게 써서 작별하다

李姪柱溟歷告赴謫耽羅旅次相看心懷焉若書此以爲別

인생행로 어렵기가 이와 같아서	行路難如此
이제 멀리 떠나는 그대 보내는구나	送君方遠征
이 어찌 참으로 밝은 인주의 뜻이랴만	豈眞明主意
쫓겨난 신하의 여정에 가슴이 미어진다	愁絶逐臣程
바닷물이 넘실거려 건곤이 조그마하고	海漲乾坤小
산이 떠 있어서 일월과 평평한 그곳	山浮日月平
황천은 본래 어질고 자애로우시니	皇天本仁愛
온전히 이루어 주려는 시련으로 알아 두렷다	須識玉于成

26일에 화성을 떠나다

二十六日發華城

용안과 잠깐 헤어진 뒤 꿈속에 아른아른	天顏乍別夢依依
아직도 향로의 향내가 은은히 옷에 묻어나네	猶有爐香暗襲衣
돌아가는 날의 뜻을 준마도 잘 알아채어	歸日驊騮能解意
장안문 밖으로 날아갈 듯이 치달려 가네	長安門外去如飛

저녁에 과천현에서 묵고, 다음 날 막계의 선영을 두루 성묘하다

暮宿果川縣翌日歷省幕溪先壟

경기에 장사 지낸 것은 공으로부터	公始王畿卜
후손이 정승 신분으로 찾아왔다오	孫爲相國來
창망하여라 머나먼 사람의 대수여	蒼茫人代遠
소슬하여라 애달픈 나의 마음이여	蕭瑟我心哀
골육은 장작불이 계속 전해진 불씨[119]	骨肉薪傳火
간절한 정성으로 술잔 처음 올린다네	忱誠草梛杯
무너진 봉분 보수할 계획을 세웠나니	頹莎謀改葺
황천에 계신 분 혹 위로해 드릴지도	猶或慰泉臺

우리 선조는 고려조 때 대대로 공경(公卿)을 지낸 집안의 후손으로서, 조선이 혁명을 이루는 때를 당하여 온 집안이 배를 타고 바다로 나가 호남의 임피(臨陂)로 피해 숨어 살았다. 그러고는 3세에 걸쳐 연달아 임피에 장사 지냈다가 9대조인 주부공(主簿公) 때에 와서 처음으로 기전(畿甸)에 장사 지냈는데, 지난해에 1년에 한 번씩 시향(時享)을 올리는 규정을 새로 만들었으므로, 이 사실을 시에서 아울러 언급하였다.

119 골육은……불씨 : 조상에서 후손으로 대수(代數)가 계속 이어지는 것을 말한다. 《장자(莊子)》 〈양생주(養生主)〉의 "관솔불의 송진 기름은 다할 때가 있지만, 불씨는 새로 전해져서 끝날 줄을 알지 못한다.〔指窮於爲薪, 火傳也, 不知其盡也.〕"라는 말에서 유래하였다.

병석에서 회포를 쓰다

病枕書懷

세상만사 이제는 얼마 남지 않은 목숨	乾坤萬事屬殘齡
가을 병 소생 어려운데 세월은 쉽게도 흘러	秋病難蘇歲易經
딱딱한 돌덩이 배 속에 서린 변괴가 가증스럽나니	頑塊中盤憎物怪
원기가 안에서 빠지고도 사람 모양 갖춤이 의아할 뿐	珍根內降訝人形
앞으론 시끄러움 배제하고 고요함을 유지하며	思將一靜排群動
기괴한 일들로 정신을 손상하지 말아야지	莫以千奇損至靈
반가운 봄비 어젯밤에 얼마나 적셔 주었을까	佳雨前宵霑幾許
개울가 버들 푸른 잎 트는 소리 누워서 듣네	臥聞渠柳放新青

이군 세연이 나의 병을 염려하여 밤이면 찾아와 묵으면서 황련 몇 첩을 복용하게 하였는데, 병세가 호전되어 윤음으로 포상하는 중에 들기까지 하였으니, 이 또한 참으로 신기한 일이다. 그런데 아침 일찍 와서는 고향으로 돌아가겠다고 고하기에, 서운한 심정으로 이렇게 써서 작별하다

李君世延念余病夜輒來宿使服黃連數貼疾得良已至入於絲綸褒尙之中良亦奇矣朝來來告還鄕悵然書此爲別

저녁 종 울리기 전에 매양 들리는 발자국 소리	跫音每在暮鍾先
의서(醫書) 세밀히 검토하며 밤에 잠도 자지 않네	細檢青囊夜不眠
평소의 취향대로 백타[120]를 마음껏 기울이며	能事任君傾白墮
신기한 처방으로 나에게 황련을 먹게 했네	奇方教我服黃連
돌아갈 때 모수[121]에서 물고기 잡이 구경하고	歸時某水觀魚樂
행하는 곳 연산에선 지인의 도움도 얻으리라	行處連山附驥便
한 방에서 이불 끌어안으니 뭔가 잃어버린 듯	一室擁衾如有失
약 달이는 화로 앞에 병든 회포 허전해라	病懷悄悵藥爐前

120 백타(白墮) : 진(晉)나라 하동(河東) 사람 유백타(劉白墮)가 빚은 술 이름으로, 한 달이 지나도 깨지 않을 정도로 도수가 높은 명주(名酒)였다고 한다.

121 모수(某水) : 어릴 때 놀던 고향의 물가를 뜻한다. 한유(韓愈)의 〈송양소윤서(送楊少尹序)〉에 "지금 그대가 고향에 돌아가면, 서 있는 나무들을 가리키면서 '저 나무는 나의 선인께서 심으신 것이요.'라고 말할 것이요, 물가나 언덕을 가리키면서 '저 물가와 저 언덕은 내가 어린 시절에 물고기를 잡으며 노닐었던 곳이다.〔某水某丘, 吾童子時所釣遊也.〕'라고 말할 것이다."라는 대목이 나온다.

이유문 동욱 의 죽음을 애도하며
哀李幼文 東郁

삼 년을 보지 못해 상심했나니	三年不見秖傷神
우리 벗 같은 이를 어디에서 찾으리오	何處得來吾故人
옥수[122]로 빨리도 관각(館閣)에 올라 빛을 발했고	玉樹早騰蘭省彩
수장을 일찍이 금강[123]에 씻어 참신하였네	繡腸曾濯錦江新
거문고 줄 속의 아양의 말 홀연히 사라졌나니[124]	峨洋忽廢絃中語
풍진 세상에 그 누가 자리 위의 진귀한 보배[125]리오	塵世誰爲席上珍
쇠하고 병들어 조문 가서 곡 한번 못한 채	衰病寢門違一哭
봄날 남대문 밖에서 공연히 눈물만 흘리누나	淚痕空入郭南春

122 옥수(玉樹) : 지란옥수(芝蘭玉樹)의 준말로, 명가(名家)의 영재(英材)를 비유하는 말이다. 진(晉)나라 사현(謝玄)이 숙부인 사안(謝安)에게 "지란옥수가 섬돌에 피어나 향기를 내뿜게 하는 것처럼 하고 싶다.〔如芝蘭玉樹欲使其生於庭階耳〕"라고 소망을 밝힌 고사에서 유래하였다.《晉書 謝安列傳》

123 금강(錦江) : 중국 사천성(四川省) 성도(成都)의 강 이름으로, 물이 맑아서 비단을 씻으면 색깔이 더욱 고와진다는 탁금(濯錦)의 전설이 전한다.

124 거문고……사라졌나니 : 지기(知己)의 죽음을 비유하는 말이다. 거문고의 명인인 백아(伯牙)가 고산(高山)에 뜻을 두고 연주하면 그의 지음(知音)인 종자기(鍾子期)가 "좋구나, 아아(峨峨)하여 태산(泰山)과 같도다." 하였고, 유수(流水)에 뜻을 두고 연주하면 "좋구나, 양양(洋洋)하여 강하(江河)와 같도다."라고 평했는데, 그가 죽은 뒤에는 백아가 더 이상 연주하지 않았다는 일화가 있다.《列子 湯問》

125 자리……보배 : 재능과 학덕을 갖춘 유자(儒者)를 가리킨다.《예기(禮記)》〈유행(儒行)〉에 "유자는 자신의 자리 위에 진귀한 보배라 할 학식을 쌓아 놓고서 초빙해 주기를 기다리는 법이다.〔儒有席上之珍以待聘〕"라는 공자의 말이 있다.

두 번째 其二

믿을 수 없어라 조정의 학사님 계시던 곳에 未信金華學士居
텅 빈 채 적적하게 한 상의 책만 있을 줄은 寥寥寂寂一床書
희한한 시구는 삼당의 시풍을 만회하려 힘썼고 希音力挽三唐譜
뛰어난 재기는 백월의 수레를 텅 비게 하였네[126] 寶氣全空百粵車
시사(詩社)에서 광화는 오직 그대에게 있었지 社裏光華惟爾在
조정의 성가는 또 누가 그대와 같으리오 朝中聲價復誰如
망망한 허깨비 세상에서 살아남은 자의 눈물이여 茫茫幻界存亡涕
고요한 밤 외로운 등불이 젖은 옷소매 비춰 주네 靜夜孤燈照濕裾

126 뛰어난……하였네 : 이동욱(李東郁)이 청나라에 사신으로 가서 육가(陸賈)를 능가할 정도의 탁월한 실력을 발휘하고 돌아왔다는 말이다. 백월(百粵)은 중국 남방에 위치한 월인(越人) 부락의 총칭으로 만이(蠻夷)에 속한 지역이다. 한(漢)나라 때 남월왕(南越王) 조타(趙佗)가 무제(武帝)라고 자칭하며 중국의 변방을 침입하자 여후(呂后)가 군대를 보내 토벌하였으나 실패하고 회군하였는데, 문제(文帝) 때에 다시 변설에 능한 육가를 사신으로 보내 그를 설득하여 수호(修好)하게 하면서 자치(自治)를 허락하는 등 양국의 관계를 개선하게 하였다. 이때 남월왕이 그를 무척 신임하여 몇 달 동안 함께 술을 마시며 즐거워하다가, 귀환할 무렵에는 천금(千金)이 나가는 보물을 선물로 실어 주기까지 하였는데, 육가가 그 보물들을 수레에 싣고 돌아와서는 다섯 아들에게 고루 나눠 주며 가정의 화목을 도모했던 고사가 전한다. 《史記 南越列傳, 陸賈列傳》 번암의 19년 후배인 이동욱은 1778년(정조2)과 1783년 서장관으로 심양(瀋陽)에 다녀왔다. 특히 두 번째 사행 때에는 그의 아들 이승훈(李承薰)이 동행하여 북경의 천주교회에서 조선인 최초로 영세를 받고 신자가 되었으며, 《천주실의(天主實義)》 등 천주교 교리서와 서양의 학술 서적 등을 가지고 들어와 조선에 서학(西學)을 전파하였다.

번암집

제19권

詩시

2월 13일에 어떤 일 때문에 엄한 분부를 받고 파직되어 석우촌으로 피해 나오다[1]

二月十三日因事蒙嚴教罷職迸出石隅村

남과 북의 문호(門戶)가 백 가지 길로 나뉘나니	越戶燕門百道分
인생살이 영예와 치욕이 지극히 분분하기만	人生榮辱劇紛紛
벼슬에서 풀려나니 몸뚱이가 깃털처럼 가뿐하고	解官四大輕如羽
성곽을 나오니 온갖 시름이 구름처럼 흩어지네	出郭千愁散似雲
처음의 뜻이야 어찌 기설[2]의 공업을 잊었으랴마는	初志豈忘夔契業
망녕된 행동이 요순의 임금을 끝내 저버렸도다	妄行終負舜堯君
부요는 너무 광활하고 유방이 안온하나니[3]	扶搖太闊楡枋穩

1 2월……나오다 : 1796년(정조20) 헌납 유하원(柳河源)이, 재소(齋所)에서 불경죄를 지은 영릉 별검(寧陵別檢) 이주석(李周奭)에 대한 일을 정계(停啓)하도록 청했다가 흑산도(黑山島)에 유배되었는데, 번암이 사제 간의 친분이 있는 유하원과 정계에 관한 일을 사석에서 문답하며 그를 옹호했다는 이유로 파직되었다. 석우촌(石隅村)은 숭례문(崇禮門) 밖 남쪽 3리(里) 지점에 있던 동네 이름이다. 《茶山詩文集 卷4 石隅別 自註》

2 기설(夔契) : 제순(帝舜)을 보좌한 현신(賢臣)으로, 각각 음악과 교육을 맡았다고 한다.

장자 노인의 문구를 찬찬히 음미해 보노라 閑檢南華老子文

3 부요(扶搖)는……안온하나니 : 붕새처럼 높은 세계에 올라가서 힘겹게 살기보다는 매미와 비둘기처럼 조그마한 공간에서 자기 분수에 맞게 편히 노닐고 싶다는 뜻의 자조적인 표현이다. 부요는 회오리바람이고, 유방(楡枋)은 느릅나무와 박달나무이다. 《장자(莊子)》 〈소요유(逍遙遊)〉에 붕새가 "회오리바람을 타고 위로 올라가는 것이 구만리이다.〔摶扶搖而上者九萬里〕"라고 하였으며, 이 붕새가 날아가는 것을 본 매미와 비둘기가 "우리는 기껏 날아 봤자 느릅나무와 박달나무에 부딪치는가 하면 어떤 때는 중도에 땅으로 떨어지기도 하는데, 뭣 때문에 구만리까지 올라가서 남쪽으로 날아간단 말인가.〔我決起而飛, 搶楡枋, 時則不至而控於地而已矣, 奚以之九萬里而南爲.〕"라고 비웃는 이야기가 나온다.

석우촌에서 용호로 방향을 바꾸다

自石隅轉向龍湖

나는 지금 세상에 애착을 두지 않고	吾非戀今世
애착을 둔다면 바로 우리 임금님뿐	結戀在吾君
구름은 애틋하게 색깔을 띠려 하고	雲欲依依色
바람은 계속해서 훈전에서 불어오네	風隨陣陣薰
새와 물고기는 옛 얼굴 헷갈리는데	禽魚迷舊面
느릅과 버들은 석양에도 알아보겠네	楡柳辨斜曛
고해에서 몸을 편안히 하는 곳은	苦海安身所
강과 호수라고 예부터 말해 왔다오	江湖自古云

상이 천신(賤臣)의 화성시축(華城詩軸)을 가져오게 하여, 율시와 절구 4수에 차운하고는, 어상(御床)의 앞에서 직접 받게끔 하였으니, 이는 훈전(薰殿)의 갱가(賡歌)[4]의 옛 뜻을 취한 것이었다. 그래서 제4구에서 이렇게 말하였다.

4 훈전(薰殿)의 갱가(賡歌) : 제순(帝舜)의 조정에서 임금과 신하가 계속해서 서로 이어 부른 〈창화가(唱和歌)〉를 말한다. 훈전은 〈남풍가(南風歌)〉를 부른 순 임금의 궁전을 말한다.

시안정

是岸亭

밝은 인주가 지금 무능한 신하를 버린 덕에	明主如今棄不才
만년에 좋은 정자에서 노닐게 된 기연이여	奇緣晩屬好亭臺
창망한 고통의 바다에서 번연히 탈출했다마는	蒼茫苦海翻然脫
중첩한 은혜의 산을 머리에 이고서 왔도다	重疊恩山戴得來
온종일 노래하는 새는 혼자 즐겁고	盡日鳴聲禽自樂
한봄의 안색은 버들이 먼저 열었구나	一春顔色柳先開
발을 내리니 서로 따라 들어오는 구름과 달	下簾雲月相隨入
군들을 꺼리지 않는데 군들이 나를 꺼리리오	吾不猜君君豈猜

밤에 정자 위에 앉아 유하원이 유배 가는 것을 떠올리다
亭上夜坐憶柳河源謫行

몇 굽이 난간이 절벽을 굽어보는 곳	數曲欄干臨絶阿
황혼에 자리 옮기고서 드높이 앉았어라	黃昏移席坐峨峨
모래톱 마을엔 때로 비치는 불빛 한 쌍이요	沙村時照一雙火
쌀 실은 배에는 절로 울리는 두세 곡조로다	米船自爲三兩歌
낙양을 멀리 하직하여 총욕을 잊고	東洛遠辭忘寵辱
서강을 익히 건너며 풍파를 웃노매라	西江慣涉笑風波
가련해라 이틀 길을 하루에 가는 유배객이여	猶憐倍道三危客
군친의 눈물 얼마나 될지 말없이 생각하노라	默念君親淚幾何

비가 내리다

雨

난간에서 수평으로 바라보니 비가 봉우리에 가득	欄上平看雨滿峯
태허의 구름 기운이 쏟아붓듯 주룩주룩	太虛雲氣潑溶溶
예쁜 새 빗속에 장난치니 교태가 더하는 듯	嬌禽弄濕如增態
여린 나무는 기름 발라 쉽게 모양 바꾸누나	嫩木添膏易改容
강가의 아이 간간이 보내 그물을 던지게 하고	間遣江童投網罟
이웃 노인 가만히 불러 지우(知遇) 받음을 자랑하네	靜邀隣老詫遭逢
기거는 늙어 가며 정상 궤도를 벗어나서	興居老矣違常度
밤에는 말짱하고 낮에 게을리 존다나요	夜寢惺惺晝寢慵

누각에서 밤중에 아이들의 시에 차운하다
閣夜次兒輩韻

임금님 조서가 연속해서 대궐에서 내려와	丹綍聯翩下九天
며칠 밤 계속 사경의 잠에서 놀라 일어났네	連宵驚起四更眠
세월이 깊어 계자는 구리 적인(狄人)을 매만지고	年深薊子摩銅狄
재주가 박해 사공은 물이 새는 배 방치하네[5]	才薄梢工任漏船
먼 물가에 구름이 생기니 손에 잡힐 듯도	極浦雲生如可攬
한강에 바람이 자니 절로 원만해질 수도	大江風定自能圓
다리 가에서 명리를 좇아 왕래함이 많으니	橋邊名利多通跡
물새도 내 앞에 오는 것을 부끄러워하리라	鷗鳥應羞近我前

5 세월이……방치하네 : 번암 자신은 이제 지나간 옛날의 추억이나 반추하고 있을 뿐인 늙은이로서, 재주도 부족하여 막중한 국사를 처리하기에는 아무래도 무리인 만큼, 역량 있는 다른 인물에게 직분을 넘겨주어야 할 것이라는 말이다. 동한 헌제(東漢獻帝) 건안(建安) 연간에 선인(仙人) 계자훈(薊子訓)이 진 시황(秦始皇) 때 주조(鑄造)했다는 적인 형상의 동인(銅人)을 매만지며 "내가 이것을 만드는 것을 본 뒤로 벌써 500년 가까운 세월이 흘렀다."라고 하면서 당시의 일을 추억했다는 이야기가 전한다.《後漢書 方術列傳 薊子訓》 또 주희(朱熹)가 친구 여조겸(呂祖謙)에게 "우리와 백만 생령의 목숨은 모두 물이 새는 이 배 위에 있다. 조수(助手) 사공이라도 불러와서 그가 크게 취해 일을 그르치지 않게만 한다면 그런대로 위기를 모면할 수 있을 것이다.〔吾輩與百萬生靈性命盡在此漏船上. 若喚得副手稍工, 不至沈醉, 緩急猶可恃也.〕"라고 말한 고사가 전한다.《晦庵集 卷34 答呂伯恭》

병석에서 의원을 맞으며
病枕迎醫

의원의 얼굴을 뻔질나게 보았나니	慣看醫客面
삽살개도 아예 의심하지 않을 정도	尨也不曾猜
수면 시간이 얼마인지 애써 물어보고	苦問眠時幾
그냥 하는 말로 맥박이 돌아왔다나요	虛稱脈度回
한가로이 한번 웃고 앉아 있나니	悠然一笑坐
어찌 근심 걱정이 찾아오게 하랴	肯使百憂來
창밖에는 전날 밤에 내린 비를 맞고	窓外前宵雨
꽃가지가 나를 위해 앞당겨 피려 하네	花枝爲我催

강진으로 유배 가는 구임 충청도 관찰사 이공회에게 기증하다

寄贈舊錦伯李公會謫赴康津

영욕이야 한번 웃고 바라보나니 　一笑看榮辱
먼 물가에 일어나는 뜬구름이로세 　浮雲生遠汀
북쪽 누각[6]도 오히려 여관집이요 　北樓還逆旅
남으로 옮기니 또 궁벽한 해변일세 　南徙是窮溟
유배지는 바로 예전에 있었던 그곳 　鵩舍如前日
빈민은 복 내린 방백을 연모하건만 　鶉衣戀福星
다정해라 역 앞의 매화나무여 　多情驛梅樹
농두에 꽃향기를 보내 주다니[7] 　花送隴頭馨

군이 충청 감영(忠淸監營)에 부임하여 기민(饑民)을 구제한 지 석 달이 채 못 되어 다른 일로 인해 엄한 견책을 받았다. 강진은 또 군이 수십 년 전에 유배 생활을 하던 곳이다. 그래서 이 시에서 아울러 언급하였다.

6 북쪽 누각 : 충청 감영이 있던 공주(公州) 공산성(公山城)의 공북루(拱北樓)를 말한다.

7 다정해라……주다니 : 이공회가 번암에게 편지를 보내 소식을 전해 왔다는 말이다. 공회는 번암의 문인인 이정운(李鼎運)의 자이다. 남북조 시대 송(宋)나라 육개(陸凱)가 강남에서 매화 한 가지를 꺾어 시 한 수와 함께 장안에 있는 벗 범엽(范曄)에게 보냈는데, 그 시에 "매화 꺾다가 역사를 만나, 농산(隴山)의 벗에게 부쳐 보낸다. 강남에 특별한 게 별로 없어서, 그냥 봄 한 가지만 부쳐 보낸다.〔折梅逢驛使, 寄與隴頭人. 江南無所有, 聊贈一枝春.〕"라고 하였다.《太平御覽 卷970 所引 荊州記》

두 번째 其二

벼슬살이를 하거나 귀양을 가거나 遊宦兼流竄
우리를 떼어 놓는 것은 매한가지 均爲與我離
떠남을 아쉬워하는 한이 어떻겠는가마는 如何惜去恨
특히 남으로 향할 때가 더더욱 그렇다오 偏在向南時
예전 물맛 생각나서 먼저 우물 찾아가고 舊味先尋井
봄날의 시름에 채리[8]의 일도 심드렁하리 春愁懶採籬
평생 가슴 툭 터지고 심지가 순결한 분 平生坦蕩意
돌아오는 날 배낭 안에 새 시 그득하리라 歸日滿囊時

세 번째 其三

신지도(薪智島)에 유배된 이주명(李柱溟)에게 부친 것이다.

예전에 듣건대 신지도는 舊聞薪智島
행정구역이 강진에 속했다지 疆土屬康津
정치는 요순의 세상을 만났는데 政値唐堯世
어찌하여 유배객이 그리 많은지 何多楚澤人
저녁 밀물 타고서 꿈속에 가까이 통하고 暮潮通夢近
바람에 배 저으면 서신도 자주 전하리라 風楫帶書頻

8 채리(採籬) : 국화 꽃잎을 따서 술 위에 띄워 마시는 것을 말한다. 도잠(陶潛)의 〈음주(飮酒)〉 시에 나오는 "동쪽 울타리 밑에서 국화를 딴다.〔採菊東籬下〕"라는 말을 줄인 것이다.

한스러운 것은 남산의 우리 시사(詩社) 可恨終南社
정원의 꽃이 한 봄을 저버린 그것 庭花負一春

네 번째 其四

흑산도(黑山島)에 유배된 유하원(柳河源)에게 부친 것이다.

금년 들어 우리 시사에 일어난 일을 吾社今年事
하나하나 생각하면 망연해지려 하네 尋思欲惘然
어사대의 해는 아직 기울지 않았는데 烏臺未終夕
흑산도의 물은 벌써 하늘에 닿았으리 黑島已連天
용이 내뿜는 운무에 의상이 젖어 들고 龍氣衣裳涴
고래 등 물결에 침석이 옮겨지는 곳 鯨濤枕席遷
군친의 은덕에 보답하려 할진댄 君親如報德
무엇보다 한마음 굳건히 해야겠지 貴在一心堅

일수화가를 지어 윤이중[9]에게 부치다
一樹花歌寄尹彝仲

금년 봄은 매우 추워서 한겨울에 비해서도 더욱 혹독한 점이 있었다. 대개 1월부터 시작해서 3월이 저물 무렵에 이르기까지 하루도 큰바람이 불며 흐리고 비 오지 않는 날이 없었으며 간간이 눈까지 내렸다. 그래서 꽃나무가 고사(枯死)하여 두견화와 복숭아나무, 살구나무를 막론하고 서울에 꽃송이가 달려 있는 것을 보지 못했는데, 유독 우리 정원의 나무 한 그루에 꽃이 만발하였고 시랑(侍郎) 윤이중(尹彝仲)의 집에 또 한 그루의 나무가 꽃을 피웠으므로, 왕래하며 보는 자들이 이 사실을 성대히 말하여, 마치 상서로운 물건이 집에 있는 것처럼 되었다. 이에 내가 웃으면서 일수화가를 지어 윤이중에게 부쳤다.

그대 집 한 나무에 꽃	君家一樹花
나의 집 한 나무에 꽃	我家一樹花
금년 서울 팔만 호 가운데에서	今年長安八萬戶
유독 꽃이 핀 것은 그대와 나의 집뿐	獨有花開君我家
꽃이 없어도 원래 친밀하게 내왕한 터에	無花固自來往密
꽃이 있는데 하루라도 어찌 뜸을 들여서야	有花何可間一日

9 윤이중(尹彝仲) : 윤필병(尹弼秉, 1730~1810)으로, 본관은 파평(坡平), 자는 이중, 호는 무호암(無號庵)이다.

술잔 들고 꽃을 보며 한번 물어보노니	把酒看花一問之
우리가 어찌 나라 빛내는 물건이리오마는	我輩豈是華國物
꽃이 귀중한 것은 꽃 피는 데 있지 않고	花兮所貴非在花
우로에 젖어 열매를 잘 맺는 데 있지 않을는지	雨露所濡善結實

유하원이 흑산도 유배 중에 부친 시에 차운하여 그에게 부쳐서 그의 심정을 위로해 주다
次柳河源黑島謫中見寄韻寄之以寬其意

멀고 먼 남두의 별빛만이	迢迢南斗色
만 리 홀로 몸을 따라왔네	萬里獨隨身
검푸른 바닷길도 평지처럼 보는 터에	溟渤看如砥
교룡 따위가 어찌 감히 범접하랴	蟲蛇詎近人
동향[10]의 길에는 들어가지 못했어도	桐鄉路迷入
신지도의 덕우(德友)와 이웃 되었다오	薪島德爲隣
현재의 위치에 맞게 환란에 대처한다면	患難如能素
하늘의 온화한 봄기운을 등지지 않으리라	天和不負春

군이 일찍이 순창(淳昌)의 수재(守宰)로 있었는데, 귀양 갈 적에 이틀 길을 하루에 가는 바람에 감히 그 길을 경유하지 못하였다. 그리고 이숙승(李叔昇 이주명(李柱溟))이 신지도에 유배 중이었다. 그래서 5구와 6구에서 이 사실을 아울러 언급하였다.

10 동향(桐鄉) : 지방관의 은혜로운 정사를 잊지 못하는 고을을 말한다. 한(漢)나라 때 주읍(朱邑)이 동향 색부(桐鄉嗇夫)로 있으면서 선정을 베풀었는데, 그가 죽은 뒤에 그곳 백성들이 그의 묘 옆에 사당을 세우고 매년 세시(歲時)에 향사를 올렸던 고사에서 유래하였다. 《漢書 循吏傳 朱邑》

한 그루 꽃 핀 나무가 다른 사람에게는 없고 나에게만 있기에 우스개로 짓다

一樹花人無我有戲吟

어여뻐라 나무 하나 멋지게 자태를 이뤘나니	娉婷一樹艷成姿
일만 가호 봄날의 화기가 죄다 여기에 모였도다	萬戶陽和盡在玆
금년에는 하늘과 땅이 참으로 유감스러워	天地今年誠有憾
봄이 왔는데 공평무사함을 왜 안 보여 주는지	春來何不示無私

한 그루 꽃나무 앞에서

一樹花前

서울의 봄빛이 완전히 농익지 않은 때에	長安春事未全濃
한 그루 꽃나무 앞에 힘내어 지팡이 의지하네	一樹花前强倚笻
이 꽃은 지난해에 서로 마주했던 놈	花是去年相對者
폭삭 쇠한 내 모습 이상히 여기지 않을는지	能無怪我頓衰容

봄을 떠나보내는 노래를 지어 불렀으니, 이때는 3월 그믐날이었다. 시랑 윤필병과 조카 채홍리와 승지 신광하와 수찬 이기양이 왔으니, 한잔 술로 봄을 송별하기 위해서다

送春歌時三月晦日也尹侍郎弼秉族姪弘履申承旨光河李修撰基讓至爲餞春也

꽃을 아끼는 노부의 마음 끝이 없어서	老夫愛花心未已
석양에 손님 데리고 꽃그늘 속에 오니	夕陽携客花陰裏
꽃 귀신이 나를 향해 뭔가 호소하려 하며	花神向我如欲訴
금일의 봄빛이 떠나는 것이 물과 같다고	今日春光去如水
내가 꽃 귀신에게 말하기를 마음 편히 가지시라	我謂花神且安居
내 초막은 외지고 조용해 속진의 더러움 없으니	吾廬靜僻無塵滓
내가 꽃을 지켜 주고 꽃이 나를 지켜 준다면	我且守花花守我
그대의 떠나고 머무는 것이 무슨 상관이랴	東君去住何關爾
해마다 꽃 피는 것이 다하는 때가 없고	歲歲花開無盡時
봄도 피는 꽃 따라 다하는 시기가 없으니	春亦隨花無盡期
봄이 오고 봄이 떠남은 척사[11]와 같은 것	春來春去如擲梭
잠깐의 이별을 슬퍼할 필요가 없느니라	不須惆悵乍別離
그러고는 아이를 불러 한잔 술을 따라 주며	呼兒酌取一杯酒
봄 귀신에게 사양 말고 드시라 권하며 말하기를	笑勸東君且莫辭

11 척사(擲梭) : 베틀의 북을 이쪽저쪽으로 던지는 것이다. 보통은 시간이 빠르게 지나가는 것을 뜻하지만, 여기서는 끝없이 왔다 갔다 하는 것을 비유하였다.

그대여 내년 봄의 일을 미리 준비하여	東君東君預理明春事
햇빛을 관리하고 춘풍이 이르도록 하여	管領瑞旭暄風至
인간 세상 일만 꽃가지 모두 피게 하고	開盡人間萬花枝
금년처럼 졸렬하게 끝맺지 않게 하시도록	無若今年拙猷爲
그런 뒤에 꽃을 대하고 달 맞아 실컷 취하면서	然後對花迎月醉千場
그대를 향해 절을 하고 축하 시 지어 올리리라	拜向東君呈賀詩

어떤 사람이 화분에 홍도를 심어서 선물하였는데, 탐스러운 꽃봉오리가 반쯤 벌어진 그 모습이 그지없이 사랑스러워

人有以盆種紅桃見贈艶蕚半吐絶可愛也

창 아래 바라보고 문득 의아하게 여기나니　窓下相看忽欲疑
꽃 없는 세계 속에 피어난 이 꽃이 기이해서　無花界裏此花奇
흐드러지게 핀 꽃들은 내가 좋아하지 않나니　紅濃紫爛非吾好
묘한 경지는 피려다 아직 안 핀 바로 이때　妙在將開未發時

자리 옆에 홍도 화분을 놔두었는데, 객이 와서는 모두 가짜 꽃이라고 비웃기에 우스개로 읊다

座側置盆桃客來皆以假花見笑戲吟

미혹된 세상길의 비평이 금인을 그르치나니	迷塗毀譽誤今人
눈꺼풀 떼 내지 못한 채 입으로만 나불나불	眼肉難除易動唇
진짜가 가짜 이름 들은들 무엇이 손상되랴	眞被假名何損爾
세간에 가짜가 진짜 노릇 함이 한스러울 뿐	世間惟恨假爲眞

홍도 화분 아래에서 밤에 읊다

盆桃下夜吟

봄은 갔어도 꽃 귀신이 보호하는 새빨간 꽃	春去花神護渥丹
서늘한 달빛 난간에 드리워 촉촉이 적셔 주네	露華低濕小欄干
등촉을 끄지 말라고 머슴아이에게 분부했나니	分付阿僮休滅燭
어여쁜 자태는 밤중에 봐도 싫지 않으니까	芳姿不厭夜中看

아침 베갯머리에서 일어나기 싫어 미적거리며 누워서 듣건대, 주룩주룩 낙숫물이 떨어지는 가운데 창밖에 기침 소리가 들리기에, 여기에 찾아온 사람이 누구냐고 물어보니, 백각산정의 주인이라고 대답하였다. 그래서 내가 무슨 일로 비를 무릅쓰고 왔느냐고 물어보니, 그가 대답하기를 "올봄에 꽃이 없어서 산정이 꽤나 적막하였는데, 근일에 빈과와 임금이 만개하였으니, 유람하며 관상하기에는 지금이 적격이다."라고 하였다. 이에 내가 흔연히 일어나 말하기를 "예전에 비가 올 때 여기에 온 자들은 모두 뭔가 구하는 것이 있었다. 그런데 지금 그대는 구하는 것 없이 단지 산정의 꽃 소식을 전해 주려고 와서 나로 하여금 표표히 뜻이 발동하게 하였으니, 이 일이 어찌 금강산의 중이 복사꽃을 아래로 흘려보낸 정상과 다를 것이 있겠는가. 이 기특한 일을 사람들이 모르게 할 수는 없다." 하고는 시를 지어 사례하다

朝枕慵起臥聞簷滴淋浪窓外有咳聲問曰爾來者爲誰曰白閣山亭主人也問曰緣何事冒雨以至曰今春無花山亭頗寂寞近日蘋果林檎兩種花盛開遊賞時哉時哉余欣然起曰舊雨來者皆有求耳今汝無所求而只以亭花消息來報使我僊僊意動此與楓岳僧流紅狀何異奇事不可泯詩以謝之

병으로 누운 봄 석 달 백발도 모지라져	病臥三春白髮頹
닫힌 문에 거마도 찾아온 적이 없었는데	閉門車馬不曾來
어렵사리 빗속을 뚫고 산정 주인 찾아와서	辛勤冒雨山亭主
빈과와 임금 꽃 만개했다 소식을 알려 주네	報道蘋檎花正開

석화행

惜花行

하늘이 오관을 부여하여 사람이 나왔으니　　天與五官人乃生
오관 중에 하나만 없어도 사람이 안 되는데　　五者闕一人不成
그 가운데 구관은 사람을 해치는 것으로서　　惟有口官賊夫人
욕망이 발동하면 그 구렁 채우기 어려워라　　有欲難以谿壑盈
금년에 꽃이 없는데 나만 홀로 소유하여　　今歲無花我獨有
정원 앞의 한 그루가 천금도 아깝지 않아　　庭前一樹千金輕
아침에 보고 저녁에 보고 담소하듯 하면서　　朝看暮看如笑語
한 잎이라도 바람에 날려 갈까 걱정했는데　　一點或恐風飄去
우연히 문 닫았다가 얼마 있다 열고 보니　　偶然閉戶旋開戶
어느새 꽃이 다 사라져 찾을 곳이 없어　　頃刻花盡無尋處
내가 하인을 질타하며 웬일이냐 물어보니　　吾叱奴人問何故
나의 밥상에 올리려고 기름으로 볶았다네　　云欲供我油以煮
내가 이 말 듣고 궤안을 치며 장탄식했나니　　我聞拍案一長嘆
인간 세상이 허무해도 너무 어처구니없는 일　　人世泡幻太無端
내 눈이 얼마나 천하고 내 입이 얼마나 귀하기에　　我眼何賤口何貴
눈의 기쁨을 빼앗아 입을 즐겁게 한단 말가　　欲奪眼悅爲口歡
백체가 심군(心君)의 영을 따르게 하려 할 때　　欲令百體皆從令
예로부터 걱정은 오직 입이 골칫거리　　從古所患惟口難
입과 눈의 경중을 누구에게 물어볼까　　口眼輕重欲誰訴
먼 산에 이는 뜬구름 바라보며 웃노매라　　笑看浮雲生遠巒

사술[12]이 금적을 데리고 남산 기슭의 경치 좋은 곳에 가서 노닐며 나에게 글을 날려 그 즐거움을 극구 말하였는데, 그 뜻은 내가 거가(車駕)를 명하여 그곳에 왔으면 하는 것이었다. 그러나 나는 노병으로 조알을 그만둔 지도 이미 오래되었으니, 유상을 한다는 것은 신하의 의분에 비추어 볼 때 감히 편안히 여길 수 없는 일이므로, 창연한 심정으로 시를 지어 답하다

士逑攜琴笛往遊南麓勝處飛書於余盛言其樂其意冀余之命駕以赴也顧余老病廢朝謁已久遊賞非義分所敢安悵望之餘詩以答之

남산 기슭 연하의 흔적이 보내온 글에 가득	南麓煙霞滿袖痕
풍류 넘치는 우리 조카 청명한 봄날 골랐구나	風流吾姪揀晴暄
홰나무 잎 육수 냉수제비는 시절 입맛 돋우고	時哉槐葉冷淘餠
장소 역시 악공과 기생 연예인의 촌이로세	地是梨園弟子村
이런 일에 노부의 흥이 어찌 얕기야 하랴마는	於此老夫寧淺興
근래에 병이 많아서 문 닫고 지내니 어떡하나	近來多病不開門
석양에 말 타고 돌아갈 때 여기를 지나거든	夕陽歸騎如相過
금적 울려 조용한 곳 떠들썩한들 또 어떠리	琴笛何妨靜裏喧

12 사술(士逑) : 번암의 조카인 채홍리(蔡弘履)의 자이다.

등석[13]에 상서 권공저와 아윤 윤이중[14]과 시랑 조카 사술과 승지 생질 이유경과 아들 홍원과 함께 사거리로 나갔다. 남해에 유배 중인 이공회와 이숙승[15]을 생각하다

燈夕同權尙書公著尹亞尹彝仲侍郎姪士述承旨姪李儒慶兒子弘遠出十字街有懷李公會李叔昇南海上謫居

향거와 보마가 행진하는 이경의 시각	香車寶馬二更天
만호의 연등 불빛 위에 달도 함께 걸렸네	萬戶燈光月竝懸
멀리 생각하노니 남해의 외로운 등촉 아래	遙想南溟孤燭下
방축된 신하는 시름 깊어 앉아서 잠도 없으리	逐臣愁絶坐無眠

13 등석(燈夕) : 4월 초파일 밤을 말한다. 석가(釋迦)의 탄신을 축하하여, 불상(佛像)에 향수를 뿌리고 꽃으로 장엄하게 연등(燃燈)을 매달고서 거리를 행진하였다.

14 상서……윤이중(尹彝仲) : 공저는 권엄(權𢖫), 이중은 윤필병(尹弼秉)의 자이다.

15 이공회(李公會)와 이숙승(李叔昇) : 공회는 이정운(李鼎運), 숙승은 이주명(李柱溟)의 자이다.

백각산정 주인의 뜻을 저버릴 수 없어서 4월 10일에 가마를 타고 찾아가니, 꽃은 이미 시드는 조짐을 보였고 옅은 녹음이 드리우기 시작하였다. 사술은 약속한 대로 왔고, 이선[16]과 홍원이 따라왔다. 조금 늦게 판윤 권공저와 아윤 윤이중과 형부 이계수[17]가 모두 퇴근하고 나서 비를 무릅쓰고 뒤따라 도착하다

白閣山亭主人之意不可孤四月之旬肩輿往赴花已向謝嫩陰方始士述如約來而善弘遠從差晩權判尹公著尹亞尹彝仲李刑部季受皆衙罷冒雨追至

꿈속에 심상히 찾아가는 백각의 누대에서　　夢裏尋常白閣臺
하루에 세 차례나 서찰을 보내 날 불렀네　　招呼折簡日三回
밝은 시대에 병이 많아 조알도 잘 못하는데　　明時多病稀朝謁
여름날 틈을 내어 억지로 일어나 찾아왔소　　長夏偸閒强起來
전번에 왔던 것을 산새가 어찌 알리오　　山鳥豈知前度至
바위에 핀 꽃도 지난해와는 같지 않구나　　巖花不似去年開
소나무 숲길 따라가며 누가 물렀거라 하나[18]　　誰將喝道緣松下

16 이선(而善) : 이유경(李儒慶)의 자이다.

17 이계수(李季受) : 이익운(李益運)으로, 본관은 연안(延安), 자는 계수, 호는 학록(鶴麓)이다.

18 소나무……하나 : 당나라 이상은(李商隱)이 제시한 살풍경(殺風景)의 종류 가운데 '소나무 숲길에서 갈도하기〔松下喝道〕'가 들어 있다. 《義山雜纂 卷上 殺風景》 살풍경은 풍경을 손상한다는 말로, 경물을 감상하는 격조가 낮아서 남의 홍치(興致)를 깨는 행위를 말한다. 갈도는 구종(驅從)이 소리를 내질러 일반인의 통행을 금지하는 것을 말한다.

옷자락 먼지 비가 씻어 줘 그나마 다행일세　　猶幸衣邊雨洗埃

두 번째 其二

두 해에 걸쳐 두 번째 여기에 이르러서　　二年重到此
병으로 부축받고 사람의 동정을 사는 몸　　扶病被人憐
그래도 잘 찾아가는 구불구불 이끼 낀 길이요　　苔徑能尋曲
둥근 옛 모습 바꾸지 않은 앵두나무 숲이로세　　櫻林不改圓
흰 구름은 바위 위에서 환영을 하고　　白雲迎石上
붉은 기녀는 솔 앞에서 절을 하누나　　紅妓拜松前
조정의 일 누 될 것이 뭐가 있으랴　　廊廟何曾累
온갖 시름 저 샘물에 씻겨 나가는걸　　千愁濯彼泉

세 번째 其三

이공회(李公會)를 생각하며

군이 멀리 떠나간 뒤로부터　　自從君去遠
금세 쓸쓸해진 우리 글 모임　　吾社便蕭條
유홍의 소식 듣고 힘내어 답하면서　　强答流紅報
번지는 옅은 녹음 틈내어 찾았다오　　間尋嫩綠饒
고요한 산 속 대낮에 울리는 노랫소리요　　歌聲山日靜
먼 바다 위 뜬구름에 이별의 꿈이로세　　離夢海雲遙
지음이 없다는 것을 이미 아는지라　　已識知音少
새 시를 지어도 신바람이 나지 않네　　詩成氣不驕

산정(山亭)의 주인이 꽃 핀 소식을 알려 준 것을, 금강산의 승려가 복사꽃을 아래로 흘려보낸 정황〔流紅狀〕에 빗대어, 이 시에서 언급하였다.

화분의 복사꽃이 날로 점점 시들어 떨어졌으므로 처창한 심정으로 읊다

盆桃日漸衰謝悵吟

반쪽 가지는 시들하고 반쪽은 다 떨어졌나니	半枝衰謝半枝空
어여쁜 얼굴 어제 붉었던 것이 믿기지 않네	未信韶容昨日紅
인사나 경치나 과거 현재 흘러가는 이 한이여	人事物華今古恨
지팡이 하나 말없이 봄바람에 기대어 섰네	一筇無語倚東風

달빛을 타고 골목길을 걸어 나와 공회를 생각하다
乘月步出巷路憶公會

하늘 거리에 밝은 달이 떠 있어서 天街有明月
달그림자 밟고 문 앞으로 나갔네 步月出門前
먼 이별 아쉬워하는 늙은 사람이요 人老惜遠別
지난해와 같이 찾아와 주는 달이로다 月來如去年
바라보는 산천은 눈 안에 처창하고 山川入悵望
전해지는 서찰은 참소식이 적어라 書札少眞傳
길한 점괘 나온 것이 응당 맞으리니 吉卜應須驗
군평[19]을 만난 것이 우연이 아니니까 君平非偶然

맹인이 앞을 지나가기에 도로 옆에 앉혀 놓고 공회가 언제 사면을 받을지 점치게 하니 점괘가 길하다고 하였다. 그래서 낙구(落句)에서 언급하였다.

19 군평(君平) : 한(漢)나라 때 촉(蜀) 땅 성도(成都)에서 은거하여 벼슬하지 않고 사람들에게 점을 쳐 주며 생활했던 고사(高士) 엄준(嚴遵)의 자이다. 보통 점쟁이의 대명사로 쓰인다.

추녀 끝에 매달린 풍경(風磬)의 혀가 떨어져서 바람이 지나가도 벙어리처럼 아무 소리도 내지 못하였다. 아, 풍경이여, 풍경이여

簷磬舌墮有風過之喑不能聲磬哉磬哉

미물도 세상 물정을 제대로 배웠는지	微物猶能學世情
남몰래 혀 감추고 처마 기둥 짝하였네	闇然藏舌伴簷楹
주인도 인간 세상의 일 익히 겪어 보았나니	主人已閱人間熟
어디서나 소리 없음이 있는 것보다 낫더라	隨處無聲勝有聲

공회가 사면을 받았다는 소식을 듣고
聞公會蒙宥

어둡침침하게 푸른 나무 동쪽 이웃 뒤덮어	朧朧碧樹罨東隣
꾀꼬리 소리만 들릴 뿐 몸뚱이는 보이지 않네	黃鳥聞聲不見身
낮잠에서 건듯 깨어 손꼽아 헤어 보나니	午睡乍開還屈指
사면의 교서 며칠쯤 강진에 도착할는지	赦書幾日到康津

유백유[20]가 흑산도에서 백령진으로 배소를 옮겼다. 가는 길이 서울을 통과하게 되었으나 성 밖에 있는 나에게는 감히 들어와 보지 못하고 《입해록》 한 책을 보내어 보여 주었는데, 시어가 맑고 활기가 있어서 흐뭇하였다. 그래서 이렇게 써서 송별하다

柳伯兪自黑山島移配白翎鎭路過京城城外不敢入送示入海錄一冊詩語清活可喜書此爲別

남으로 가나 서로 오나 바닷속 한 웅덩이	南去西來海一泓
인어가 일을 잘 헤아려 앞길 인도해 주리	鮫人解事導前行
항해하는 돛 역력해라 조천하는 포구요	征帆歷歷朝天浦
떠나가는 말 더디어라 북두의 도성일세	去馬遲遲北斗城
달은 길 가는 중에 삼 도를 옮겨 이지러졌고	月在路中三度缺
서리는 놀랍게 귀밑머리에 몇 가닥 밝아졌네	霜驚鬢上數莖明
새로운 시는 정녕 도연명의 성정이요	新詩定爲陶情性
강변에서 노니는 초나라 소리 배운 것이 아니로다[21]	不是江潭學楚聲

20 유백유(柳伯兪) : 유하원(柳河源)으로, 본관은 진주(晉州), 자는 백유이다. 대본에는 '柳伯崙'으로 되어 있다. 《국조방목(國朝榜目)》에 근거하여 '崙'을 '兪'로 바로잡아 번역하였다.

21 강변에서……아니로다 : 조정에서 쫓겨나 울분을 토로하는 굴원(屈原)의 노래와 다르다는 말이다. 전국 시대 초나라 굴원이 소인의 참소를 입고 조정에서 쫓겨나 지은 〈어부사(漁父辭)〉에 "강변에서 노닐고 못가에서 읊조릴 적에 안색은 초췌하고 용모는 마른 나뭇가지 같았다.〔遊於江潭, 行吟澤畔, 顏色憔悴, 形容枯槁.〕"라는 말이 나온다.

군이 흑산도에 있을 적에 어떤 사람이 꿈속에서 고하기를 "이번에 서해로 갈 텐데, 조천하는 포구와 매우 가까울 것이다."라고 하였다. 그러고 나서 얼마 뒤에 백령진(白翎鎭)으로 옮겼는데, 이곳은 전일에 조천 즉 중국에 조회하러 갈 때 항해하던 길이었다. 또 듣건대 군의 귀밑머리에 한두 가닥 흰머리가 생겼다고 하였다. 그래서 이렇게 말하였다.

비 오는 것이 기뻐서

喜雨

기특하도다 오늘 내리는 비여	奇哉今日雨
사람의 뜻이 바로 하늘에 통했도다	人意乃通天
소녀라 바람 불어오는 곳을 알겠고[22]	少女知風自
우는 비둘기는 기미를 먼저 느꼈다네	鳴鳩得氣先
일천 나무숲은 기뻐서 춤을 추려 하고	千林欣欲舞
삼각산은 자욱한 것이 연무가 낀 듯	三角藹如煙
조정에 특급 보고가 계속 전해지는 속에	廊廟塡飛牒
태평의 노래가 사방팔방에 가득하리라	謳謠滿八埏

두 번째 其二

새벽녘에 주룩주룩 쏟아지는 빗소리	際曉滂沱響

22 소녀라……알겠고 : 서쪽에서 바람이 불어온다는 말이다. 삼국 시대 위(魏)나라 관로(管輅)가 구름이 전혀 없는데도 곧 비가 내릴 것이라고 예언하면서 "나무 위에 이미 소녀의 미풍이 있고, 나무 사이에서 또 음조가 서로 화담(和談)하며 울고 있다.〔樹上已有少女微風, 樹間又有陰鳥和鳴.〕"라고 하였는데, 과연 해가 지기 전에 구름이 몰려오며 천둥 번개와 함께 폭우가 쏟아졌다는 기록이 전한다.《三國志 魏書 管輅傳》 소녀 즉 막내딸은《주역》 팔괘(八卦) 중에 태(兌)에 해당하는데, 방위로는 서쪽을 상징한다. 그래서 서풍을 소녀풍이라고 시적으로 표현한다. 음조(陰鳥)는 날이 음산해서 장차 비가 오려고 할 때에 미리 우는 새라는 뜻이다.

임금님께 공을 맨 먼저 바쳐야 하리	應先獻玉樓
군왕 스스로 하늘을 감동시켰나니	君王自上格
섭리하는 일은 선현에 부끄럽기만[23]	燮理愧前修
귀에 쏙쏙 들어와 귀먹은 것도 외려 사라지고	入耳聾還失
얼굴이 활짝 펴지게 하니 병자도 완쾌될 듯하네	怡顏病似瘳
관상감의 수위(水位) 측정 보고서에는	靑臺水標紙
새로 몇 치 더 불었다 씌어 있을까	幾寸報新流

23 섭리(燮理)하는……부끄럽기만 : 음양(陰陽)의 기운을 조화시켜야 할 정승으로서, 번암 자신은 가뭄을 해소하기 위해 비가 오게 하는 일에 아무 도움도 주지 못해서 부끄럽다는 말이다. 《서경》 〈주관(周官)〉에 "태사(太師), 태부(太傅), 태보(太保) 등 삼공(三公)을 세워 도를 논하고 나라를 경륜하며 음양을 섭리하게 한다."라는 말이 나온다.

빗속에 공회가 돌아오는 행로를 생각하며

雨中念公會歸裝

제때에 오는 비가 기쁘다고 하더라도 時雨縱云喜
여행객에겐 오히려 근심거리가 될 수도 還爲行者愁
바닷가 출발했을 것은 알겠다마는 應知海上發
객점에 체류하지 않을 수나 있을는지 能不店中留
사우는 얼마 안 남은 꽃을 아쉬워하고 社友餘花惜
가인은 막걸리 거르는 일을 꾀하는도다 家人濁酒謀
맑은 시 내놓을 새로운 빚이 생겼으니 淸詩有新債
아무렴 금강 누대에서 얼른 부쳐 보내야지 須上錦江樓

단오절에 맞춰서 죽산(竹山)의 선영에 가는 우손 곤하를 전송하며

趁端午節送禹孫崑河詣竹州楸下

성묘도 하지 못한 채 그냥 우두커니	冥然廢省掃
단오를 또 그대로 보내야 할 판이라	端午又將過
병들어 누운 나의 늙음을 탄식하며	病臥嗟吾老
이번에 가는 너에게 기대가 크도다	玆行仗爾多
묘역 주위의 나무들 힘들어도 돌아다보고	忘勞巡岸植
무덤 위의 잔디도 세심히 점검해야겠지	細意檢墳莎
묘지기 등은 소홀하고 태만할 터이니	守隸應踈慢
그들에게 맡기지 말고 철저히 감독하도록	提撕莫任他

평양으로 돌아가는 김지규[24]를 전송하며

送金之奎還平壤

장미꽃이 떨어져서 땅에 가득한 때	薇花落滿地
이별이 아쉬워 다시 누대에 올랐네	惜別更登臺
고향에 가는 그대를 떠나보내고 나면	送爾故鄕去
지금 비가 오는데 올 사람이 뉘 있을까	有誰今雨來
청산은 바라다보는 눈길을 가로막고	靑山遮望眼
꾀꼬리는 이별의 술잔 들라고 권하네	黃鳥勸離杯
향리에서 어찌됐는지 사정을 물어보거든	鄕里如相問
조정에서 반대 상소 거둬들였다 답하시라	明廷抗疏回

24 김지규(金之奎) : 평양 대동강 가에 거주했던 인물로, 번암이 평안 감사로 재직할 때에 교유했던 것으로 보인다.

즉사
卽事

대낮에 나른하게 눈이 자꾸 감겨서　午慵眠復眠
차가 충분히 끓었는지 살피지도 못하였네　不省烹茶熟
어린 기녀 오는 것이 왜 이렇게 늦는지　少妓來何遲
아마도 그넷줄이 한가히 놓여 있어서　閑却鞦韆索

그네

鞦韆

그네는 무엇보다도 하늘 높이 뛰어올라	鞦韆貴高聳
나뭇잎을 따 내야만 기특하다고 칭하는데	摘葉始稱奇
그대여 호쾌함을 자랑하지 마오	爾勿誇豪快
호쾌한 곳엔 우환이 따르는 법이니까	快處憂患隨

공회가 오늘 도성에 들어올 예정이라는 말을 듣고

聞公會將以今日入城

천상 신선 유배 기간 석 달이 꽉 찬 때	黃庭謫限滿三春
남산도 탈 없이 맑게 갠 경치 신선해라	無恙終南霽景新
함께 쫓겨난 신하 중에 군은 돌아왔다마는	同作逐臣君已返
가련해서 어떡하나 신지도 안의 사람[25]이여	可憐薪智島中人

25 신지도(薪智島) 안의 사람 : 신지도에 유배된 이주명(李柱溟)을 말한다.

공회가 돌아왔다는 말을 듣고는 매우 기뻐서 이렇게 써서 바로 부치다

聞公會還喜甚書此却寄

푸른 나무 우거진 한양으로 돌아오는 옷소매 훨훨	歸袂翩翩綠樹秦
강진의 악연 끝내기로 이제 허락받았도다	惡緣方許了康津
나와는 점서[26]라서 천 리 길도 멀지 않나니	點犀於我無千里
지금 세상에 오직 그대가 옛사람만 같아라	今世惟君似古人
말 위의 바람 먼지에도 능히 병들지 않고서	馬上風埃能不病
시 안의 산수 방불하게 최초로 그려 낸 듯해라	曲中山水宛如新
지금부터 백번은 서로 왔다 갔다 해야지	從玆百遍應相過
내 집 술 단지도 봄 향기 풀풀 풍긴다오	香潑吾家甕裏春

26 점서(點犀) : 두 사람의 마음이 막힘없이 통하는 것을 말한다. 서각(犀角) 즉 물소의 뿔 안에 흰 줄 무늬가 앞뒤로 뚫려 있으므로, 마음이 서로 통하는 것을 비유할 때 "서각의 흰 줄 무늬가 한 방면으로 관통된 것 같다.〔犀一點通〕"라고 표현하였다. 《李義山詩集 卷上 無題》

공회가 도성에 들어와서는 그날 밤으로 나를 보러 왔기에 즉석에서 기쁨의 시를 짓다
公會入城以其夜來見卽席喜吟

중문에서 시자에게 이리 오너라	中門喚侍者
오사[27]의 목소리임을 내가 직감하고	吾識五沙聲
신발 신고 섬돌 앞으로 나서기도 전에	屣未階前倒
공회가 먼저 등촉 아래 몸을 드러냈네	身先燭下呈
처음 보고서는 별다른 말들이 없다가	始看無別語
오래 앉아 있노라니 우러나는 깊은 정	久坐爲深情
오직 소원은 명리(名利)를 초월하여	惟願名場外
서로 따르며 이 한생 보내는 것	相隨度此生

27 오사(五沙) : 이정운(李鼎運)의 호이다.

새벽에 일어나 홰나무 그늘 아래에서 지팡이에 기대고 있으려니, 하늘빛이 동이 틀락 말락 할 즈음에 벌써 매미 소리가 들리기에, 사술과 이중[28] 두 승지를 생각하고 시를 짓다

曉起倚杖槐陰下天光欲曙未曙蟬聲已動有懷士述彝仲兩承宣

매미 소리는 무슨 급한 일이 있기에	鳴蟬有底急
먼 하늘 향해서 새벽을 재촉하는지	催曙向遙天
사계절이 스스로 제대로 운행하여	四序自能運
네 소리가 그렇게 나오게 할 뿐	爾聲應使然
높은 가지 위에서 뜻을 얻은 듯하니	高枝如得意
어찌 나무 그늘에서 잠시라도 잠을 자랴	何樾暫爲眠
우스워라, 승정원에서 숙직하는 이들이여	笑殺銀臺客
새벽 종소리만 귓가에 들릴 터이니	晨鍾只耳邊

28 사술(士述)과 이중(彝仲) : 사술은 채홍리(蔡弘履), 이중은 윤필병(尹弼秉)의 자이다.

이질을 앓는 데다 더위에 시달리며 침상에 기대어 있으려니 아무 감각도 없는 것처럼 느껴졌는데, 저녁나절에 큰비가 쏟아지면서 정원의 나무가 계속해서 서늘함을 보내 주었으므로 정신이 조금 돌아와 내키는 대로 시를 지은 다음에 오사에게 기록해 보내 화답을 청하다. 이날은 바로 입추였다
患痢困暑倚枕若無省覺向夕大雨暴注庭樹陣陣送涼神氣稍醒率爾吟成錄送五沙求和是日卽立秋

이 비는 어디로부터 오는 것인지	此雨何從至
산과 강이 번갯불 안에 들어오네	山河入電光
종횡무진 그 형세 홀연히 급해져서	橫縱勢忽急
쏟아붓는 그 위력 감당키 어려워라	滂霈力難當
절후는 하늘의 운행이 씩씩한지라	節候天行健
밤중에 더위 귀신 도망치기 바쁘도다	炎神夜遁忙
고질병이 모조리 사라진 것 같아서	沈痾如盡祛
웃음을 머금고 옷을 찾아 입노매라	含笑覓衣裳

병석에서 은혜에 감사하다

病枕感恩

잔해가 감히 고질병을 한탄하지 않나니	殘骸不敢恨沈痾
인간 세상 영광이 늙을수록 많아지니까	人世榮光老轉多
내각의 관리가 아침마다 명을 받들고 와서	閣吏朝朝銜命至
밤사이에 얼마나 차도가 있는지 문안한다네	夜來加減問如何

자식 아이가 학록 이계수[29]를 병문안하고 돌아와서 그가 지난밤에 신음하면서 고통을 참을 수 없다고 말했다 하기에, 홀연히 문을 열고 내다보니 밤이 이경으로 달빛이 하늘에 가득하였다. 이에 말없이 생각해 보건대, 이번 7월 16일이 되면 얼른 마판(馬板) 위의 나귀 등에 올라타고서 강석(講席)에 달려가 함께 정담을 나눠 보려고 하였는데 이제 어떻게 해 볼 수 없게 되어서 그저 아쉽게 생각하며 한탄할 따름이었다. 이때 내가 계수와 같이 병을 앓고 있었으므로 이 말을 듣는 순간 나도 모르게 얼굴이 붉게 변하는 한편 처창한 기분을 또 금하지 못하겠기에, 이렇게 써서 그에게 바로 부치다

兒子問鶴麓李季受病歸言鶴麓以爲昨夜呻痛不能堪忽開戶視之時夜二鼓月色滿天默念是七月旣望亟欲乘櫪上驢子趨詣丈席陪話無奈何矣恨悵而已時余與季受同病聞之不覺犁然又不禁悵然書此却寄

밝은 달빛 아래 나귀 타고 찾는 것은	明月小驢在
그대 마음이나 내 마음이나 똑같을 터	君心如我心
눈 안에 가까이 다가오는 구름과 내요	雲煙望裏近
와병 뒤로 깊숙이 들리는 종소리로세	鍾漏臥來深
가을에 동병상련의 생각에 잠겨	秋思憐同病

29 학록(鶴麓) 이계수(李季受) : 이익운(李益運, 1748~1817)으로, 본관은 연안(延安), 자는 계수, 호는 학록이다. 형 이정운(李鼎運)과 함께 번암의 문생이다.

이 좋은 시절[30]에 슬피 노래하누나 天時入悵吟
청량한 바람을 선물로 드리오니 淸風爲相贈
가져다가 음기를 일소하시기를 持以掃群陰

계수의 병고(病苦)의 원인은 흉격(胸膈)이 비색(否塞)한 데에 있었다. 낙구(落句)의 의미는 바로 이러한 뜻이다.

30 이 좋은 시절 : 소식(蘇軾)이 적벽(赤壁)에서 노닐며 시를 짓던 가을 7월 16일의 좋은 날이라는 말이다.

이질을 앓으며 쓰러져 누워 있노라니 가을의 무더위가 찌는 듯하기에 답답함을 풀어 보려고 시를 짓다

病痢頹臥秋熱如烘遣悶

보(補)해야 할지 사(瀉)해야 할지도 잘 모른 채	宜補宜攻兩未詳
앞에 가득 약봉지만 심상하게 쌓여 가네	盈前藥裹只尋常
삼십 일 동안 앓은 것은 태어나고 처음의 일	生來始有三旬病
팔월의 서늘한 날씨 올해는 어째서 더딘지	時氣何遲八月涼
겪어 보니 의원의 기술이 얕은 것이 우습고	閱歷笑看醫技淺
편애해 주시는 성상의 말씀이 황공할 따름	感惶偏荷聖言長
내 흉금은 호호탕탕해서 걸리는 것이 없나니	胸襟浩浩元無物
조석으로 이불 두르고 저 하늘 바라보노라	日夕披衾仰彼蒼

시랑 이계수가 병이 낫자마자 일어나 나를 찾아와서 기쁨을 말할 수 없기에 시를 짓다

李侍郎季受病良已卽起訪我喜不可言

병중에 그대가 앓는다는 소식 듣고　病裏聞君病
고독한 이 마음 의지할 바를 잃었는데　心孤失所依
오늘 다시금 함께 모이니　今辰重會合
우리 당이 비로소 빛나는구나　吾黨始光輝
숲속의 새들은 희희낙락 노래하고　林鳥熙熙囀
홰나무 바람은 산들산들 날아오네　槐風細細飛
군왕이 오래도록 기다리셨으니　君王久相待
불일간에 입궐하여 뵈어야 하리　不日入金扉

신진택 광하 에 대한 만사

申震澤 光河 輓

호호백발 상공의 벗님으로　　蒼然相公友
장읍하는 우리 신생이 있었다오[31]　　長揖有申生
눈썹과 머리도 속진의 모습 아니요　　眉髮非塵俗
문장 또한 노성한 경지를 보였어라　　文章見老成
붓을 휘둘러 임금님을 껄껄 웃게 하고　　搖毫天笑溢
걸음도 날래게 백두산과 나란히 섰다네　　飛步白頭平
만사에 소활하다 해도 무슨 상관이랴　　萬事何妨闊
후대에 이름 남겨 보여 주면 그만인걸　　留看後代名

군이 일찍이 승지로 연석(筵席)에 나와서 판부(判付)한 내용을 쓸 적에 자획(字畫)이 매우 크자 상이 크게 웃고는 그를 강화부 경력(江華府經歷)으로 보임하여 내보냈다.[32] 군은 또 일찍이 북관(北關)에서 노닐며 백두산 정상에 올라 숙원(宿願)을 조금 풀기도 하였다.

31 장읍(長揖)하는……있었다오 : 벼슬이나 나이 등 신분이 자기와 걸맞지 않아도, 번암이 신광하를 현사(賢士)로 대우했다는 말이다. 장읍은 장읍불배(長揖不拜)의 준말로 읍만 할 뿐 절은 하지 않는다는 말이다. 한(漢)나라의 대장군(大將軍) 위청(衛靑)이 막부(幕府)를 열었을 적에, 급암(汲黯)이 읍만 하고 절을 하지 않자, 어떤 사람이 그 이유를 물으니 "대장군에게 읍하는 객이 있다면 그것이 오히려 대장군을 중하게 해 주는 것이 되지 않겠는가.〔夫以大將軍有揖客, 反不重耶.〕"라고 하였는데, 위청이 그 말을 듣고는 더욱 그를 어질게 여겼다는 고사가 전한다.《史記 汲黯列傳》

32 군이……내보냈다 :《일성록》정조 19년 4월 19일 신광하에 대한 전교에 나오는 내용이다.

두 번째 其二

그대가 남산의 모임에 참석할 적에 爾赴終南會
내가 석북에 가서 맞아 왔더랬지 吾如石北迎
문장이 어찌 사적인 물건이랴마는 文章豈私物
형제[33]가 높은 이름 교대로 주고받았다네 兄弟遞高名
압록강에선 국경선이 짜증이 났고 鴨水生憎閾
화계[34]에는 날마다 정이 쏠렸어라 花溪日係情
봄날 꾀꼬리 소리 궁중 버들의 시구로 新鶯御柳句
급제의 영광스러운 은혜 특별히 받았다네 黃甲特恩榮

군이 시를 논할 때면 으레 두보(杜甫)를 일컫곤 하였다. 또 상이 응제시(應製詩)로 특별히 급제의 은혜를 내렸는데, 이는 대개 상이 그의 문명(文名)을 일찌감치 들었기 때문이다. 시를 통해서 등제(登第)한 것은 국조(國朝)에서 드물게 보는 일이었다.

세 번째 其三

기걸 찬 기개로는 조선이 비좁아서 奇氣朝鮮隘
우물 안 개구리 신세를 탄식했더랬지 生嗟落甕天

33 형제 : 신광하는, 해동의 백낙천(白樂天)이라는 칭호를 받으며 문명을 떨쳤던 석북(石北) 신광수(申光洙)의 동생이다.

34 화계(花溪) : 중국 사천성(四川省) 성도시(成都市) 서쪽 교외 금강(錦江)의 지류인 완화계(浣花溪)의 준말로, 이곳에 두보의 완화초당(浣花草堂)이 있었다.

천지의 큰 못이 있지 않은 것은 아니지만 非無大澤在

천지의 큰 못이 백두산 정상에 있기 때문에 이렇게 말한 것이다.

황제의 도성에 비하면 아무래도 편협할 뿐 終比帝京偏

벼슬 따위가 나와 무슨 상관이랴 烏帽何關我

사신 수레 말채찍을 잡기 원했다오 星軺願執鞭

유혼은 바야흐로 쾌활할 터이니 遊魂方快闊

태산(泰山) 꼭대기로 날아오르리라 飛上岱宗巓

군은 중국을 한번 보기를 원했는데, 당시에 음직(蔭職)으로 벼슬하는 처지에서 매양 말하기를 "만약 사행(使行)을 돕는 자리를 얻기만 한다면 응당 벼슬을 버리고 신바람 나게 달려갈 것이다."라고 하였다.

네 번째 其四

내가 앓아누운 지 육십 일 만에 吾病六十日

문 열고 바라보니 정원에 서리 開門庭有霜

진택을 어떻게 볼 수가 있겠는가 震澤何由見

국화만 공연히 다시 향기로울 뿐 寒花空復香

서북쪽 구름 아득히 사라졌나니 雲煙渺西北

천지가 나의 아양[35]을 빼앗아 갔네 天地閼峨洋

35 아양(峨洋) : 높고 넘실댄다는 뜻으로, 지음(知音)을 비유하는 말이다. 백아(伯牙)가 고산(高山)에 뜻을 두고 거문고를 연주하면, 친구인 종자기(鍾子期)가 "멋지다. 마치 태산처럼 높기도 하구나.〔善哉! 峨峨兮若泰山.〕"라고 평하였고, 유수(流水)에 뜻을 두고 연주하면 "멋지다. 마치 강하처럼 넘실대는구나.〔善哉! 洋洋兮若江河.〕"라고 평하였는데, 종자기가 죽고 나서는 백아가 더 이상 세상에 지음이 없다고 탄식하며

그동안 다녔던 승정원의 길이여　　　　　　　　　疇昔銀臺路
오늘도 여전히 새벽종 소리 길구나　　　　　　　依然曉漏長

'서북쪽 조각구름〔西北片雲〕'은 바로 군의 〈절명시(絶命詩)〉에 나오는 표현이다. 그래서 이렇게 말하였다.

거문고 줄을 끊어 버린 고사가 전한다. 《列子 湯問》

사술과 공회[36]가 감흥이 일어나자 진관사를 유람하고 돌아와서 수석의 승경을 이야기하였다. 그런데 나는 몸을 가누지 못한 채 병석에 누워서 마음속으로만 감동할 따름이었으므로 아쉬워하며 제군의 시축에 이렇게 써넣다

士逑公會乘興遊津寬寺歸言水石之勝顧余頹然病臥中心飛動而已悵然題諸君詩軸

십 리밖에 안 떨어진 진관사를	十里津寬寺
어찌하여 한번 보기 어려운 건지	如何一見難
부끄러워라 이 몸이 늙고 병든 탓으로	愧吾緣老病
그대들에게 맑은 흥취 양보해야 하니	於爾遜淸歡
구름 기운은 산봉우리를 감싸 안고	雲氣峯巒抱
가을 소리에 물과 바위도 썰렁해라	秋聲水石寒
각자 소매 속에 간직한 새 시들을	新詩各在袖
가져다가 그림으로 감상해 보련다	持以畫圖看

36 사술(士逑)과 공회(公會) : 사술은 번암의 조카인 채홍리(蔡弘履)의 자이고, 공회는 번암의 문인인 이정운(李鼎運)의 자이다.

퇴계 노선생의 사판을 도산에서 사손 이지순의 임소인 평안도 영유현으로 모시고 갈 때, 9월 13일에 그 길이 도성을 거치게 되었다. 선생이 별세한 뒤 200여 년이 지나 사판이 거듭 왕도를 찾게 되었는데, 이는 지금에 와서 처음 보는 일이다. 상이 이 말을 듣고 태학생으로 하여금 강변에 나아가 반열을 지어서 공경히 맞도록 명하였는데, 이들 외에도 경재와 조사와 선비 들로서 사판을 모시고 뒤따르는 자들이 무려 1000여 명이나 되었다. 그러다가 반촌 주인[37]의 집에 이르렀을 때에 상이 승지를 보내 치제하는 동시에, 시임 각신과 원임 각신들에게 명하여 일제히 나아가 반열에 참석하게 하니, 대신과 경재가 길거리를 가득 메웠다. 이 몸은 병이 들어 넉 달이나 문밖을 내다보지 못하다가, 이때에 이르러 숭고한 덕행을 사모하는 심정을 금하지 못하겠기에 억지로 일어나 달려가서 성대한 의례(儀禮)를 볼 수 있었는데, 흡사 공경히 옷자락을 부여잡고 대청에 오르는 것 같은 느낌이 들며 개연히 늦게 태어난 한스러움이 더해졌다. 이에 삼가 운어를 엮어서, 한편으로는 현인을 존경하고 오도(吾道)를 사모하는 성상의 마음을 드러내고, 한편으로는 지금의 풍속이 새롭게 개혁되었으면 하는 나의 축원을 부치고자 한다
退溪老先生祠版自陶山奉往嗣孫志淳關西永柔縣任所以九月十三日路由京師先生下世後二百餘年祠版之重尋王都今始初也上聞之命太學生

37 반촌 주인(泮村主人) : 성균관 근처 숙박 시설의 주인을 말한다. 반주인(泮主人) 혹은 관주인(館主人)이라고도 한다.

出江頭成班祇迎外此而卿宰朝士諸章甫之陪後者無慮千有餘及抵泮村主人舍遣承旨致祭又命時原任閣臣齊進參班於是大臣卿宰塡咽街巷濟恭病四朔不窺戶外至是不任高山景行之思强起趨詣獲覩盛儀怳然若攝齊而陞慨然增生晩之恨謹綴韻語一以昭聖上尊賢慕道之心一以寓今俗革舊改新之祝云爾

평생 고인을 흠모하고 지금 태어남을 한하면서	生平慕古恨生今
도산에 나의 한 조각 마음 걸어 놓고 우러렀어라	懸仰陶山一片心
지나간 일이라 이 몸이 직접 뵐 수는 없지만	已矣此身違杖屨
암담한 심정으로 그래도 혼자 운림을 꿈꾼다오	黯然猶自夢雲林

두 번째 其二

대탄에 며칠 묵은 일이 언제 혹 있었던가	大灘三宿事茫茫
이백 년 이래로 도성에 처음 있는 일이로세	二百年來始帝鄕
봉황이 이르러 조야에서 우러러보는 듯하니	朝野如瞻儀鳳至
어쩌면 요순의 세상을 회복할 수 있을 듯도	倘回斯世再虞唐

세 번째 其三

울창주 석 잔을 근시 보내 따르게 하였나니	三勺黃流近侍斟
특별한 이 예우 통해 왕의 마음을 보겠도다	異恩殊禮見王心
바라건대 단비 내려 골고루 적셔 주며	願將時雨均霑化
조신과 사림을 깨끗이 씻어 주셨으면	洗濯朝紳與士林

허거비 시 의 개장에 즈음한 만사
許去非 是 遷葬輓

이 세상 너나없이 취생몽사하는 중에	斯世滔滔醉夢中
그 이름 들으면 백세토록 높은 풍도에 읍하리라	聞名百載挹高風
아, 집안이 쪼개지고 나뉠 처지에서	唉哉割戶分門地
사람마다 공처럼 어떻게 용감할 수 있으랴[38]	安得人人勇似公

두 번째 其二

과장(科場)에서 필세가 종횡무진 호탕하여	荊圍筆勢浩縱橫
시험 답안지 돌려 보며 한 시대가 놀랐는데	大策傳看一代驚
예나 이제나 유감은 천도가 무지한 것	天道無知今古恨
단계가 무덤 주변에 나지 않게 하다니[39]	不教丹桂塚邊生

38 집안이……있으랴 : 허시(許是)가 부인의 말에 미혹되지 않고 과감하게 배척함으로써 집안의 분열을 막고 화목을 도모했다는 말이 아닌가 한다.

39 단계(丹桂)가……하다니 : 과거 급제의 영광을 맛보지 못했다는 말이다. 단계는 붉은 계수나무라는 뜻으로, 등제를 비유한다. 진 무제(晉武帝) 때 극선(郤詵)이 현량대책(賢良對策)에서 장원하였는데, 소감을 묻는 무제의 질문에 "계수나무 숲의 나뭇가지 하나요, 곤륜산의 옥돌 한 조각입니다.〔桂林之一枝, 崑山之片玉.〕"라고 답변한 고사에서 유래하였다.《晉書 郤詵列傳》 무덤은 붓 무덤을 말한다. 장사(長沙)의 승려 회소(懷素)가 초서(草書)를 좋아하여 초성삼매(草聖三昧)를 얻었다고 자칭하였는데, 그동안 쓰다가 버린 붓이 무더기로 쌓이자 산 아래에 묻고는 필총(筆塚)이라고 했다고 한다.《唐國史補 卷中》

10월 2일에 조회에서 물러 나와, 화분에 국화가 활짝 핀 것이 기뻐서 짓다

十月初二朝退喜盆菊正開

조복(朝服)을 벗기 전에 문득 눈 돌려 바라보니	朝衫未卸便回眸
붉고 흰 꽃빛이 찬란하게 눈길을 사로잡네	紅白花光爛不收
국화 군을 끌어와서 내 옆에 거하게 하였으니	已挽菊君同我住
가을이 떠난다고 해도 시름할 것이 또 있으랴	九秋雖去更何愁

상이 11월 6일 육상궁에 가서 참배하였다. 옛날에 영묘가, 숙빈의 생신이 이날이었기 때문에 매년 이 궁에 가서 작헌례를 행하였으니, 지금 선왕의 뜻을 이은 성상의 효성을 어느 신민이 감탄하지 않겠는가. 나는 선왕 때부터 있었던 조정의 오랜 신하로서 병이 들어 배종하지 못했으므로 처창한 심정으로 시를 짓다

上以十一月初六詣毓祥宮展拜昔英廟以淑嬪生辰在是日每年祇詣宮行酌獻今聖上繼志之孝臣庶孰不感歎臣以廷中舊物病不能陪從愴懷成詩

해마다 좋은 시절을 만날 때마다	每歲逢佳節
선왕은 효성스러운 손자를 두셨나니	先王有聖孫
밤새 내린 궁문의 눈을 깨끗이 치우고	宮門掃夜雪
아침 햇빛 아래 푸른 깃 일산 띄운다네요	羽蓋泛朝暾
중삭의 제향도 어김없이 빼놓지 않고	仲朔非無享
살아 계실 때처럼 제철 음식 올리는데	時羞恍事存
흰머리로 옛날의 일을 회고하면서	白頭懷舊事
멀리 바라보노라니 심령이 구슬퍼집니다	瞻望愴心魂

시사(詩社)에서 음식 한 그릇씩 준비해 모이는 것으로 약정을 하였는데, 모인 사람은 상서 권공저와 시랑 조카 사술과 시랑 윤이중과 시랑 이공회와 계수 형제였다.[40] 각자 집에서 한 그릇씩 음식을 마련하여 가기를 데리고 밤 시간을 정해서 이르렀는데, 나도 한 그릇을 가지고 참석했으니, 이는 실로 풍류 넘치는 우아한 모임이다

社中以一器會爲令會者權尙書公著侍郎姪士述尹侍郎彝仲李侍郎公會季受兄弟家具一器饌率歌妓卜夜以至余亦以一器與焉實風流雅會也

음식 한 그릇씩 참으로 진솔하게　一器誠眞率
현사들이 이 모임에 동참하였네　群賢此會同
어느새 검게 변한 하얀 머리요　白頭俄頃黑
오경에 붉게 비치는 화촉이로다　華燭五更紅
술기운은 첫눈의 추위를 압도하고　酒氣凌初雪
노랫소리는 미풍에 날려 한들거리네　歌聲裊細風
우스워라, 군들은 아직도 세속에 얽매여　笑君猶絆俗
날이 밝으면 미앙궁에 출근해야 하니　明日未央宮

40 상서(尙書)……형제였다 : 공저는 권엄(權欕), 사술은 채홍리(蔡弘履), 이중은 윤필병(尹弼秉), 공회는 이정운(李鼎運), 계수는 이익운(李益運)의 자이다.

12월 10일 밤 또 일기회를 열었는데, 모인 사람은 앞과 같고, 여기에 또 승지 최치회[41]가 들어왔다. 우연히 지난해의 시를 열람해 보니 12월 11일에 지은 것이 있었는데, 사술과 공회가 그날 밤에 소찬을 마련하여 가기를 데리고 모임에 왔기 때문이다. 오늘 이 모임은 단지 우연한 계기로 이루어졌는데, 날짜가 전후로 차이가 나는 것이 하룻밤 사이뿐이니, 우리 시사(詩社)의 일 또한 기이하지 않은가. 윤이중은 마침 와병 중이라 유감스럽게도 이 즐거움을 함께하지 못한다

臘月初十日夜又做一器會會者如前崔承宣稚晦又入焉偶閱昨年詩詩有臘月十一日所作而士述公會以是夜備小饌率歌妓來會故也今日之會特偶然而成而日之相先後不過間一夜吾社事不亦奇哉尹彝仲適病臥恨無以同此樂也

도성에 눈발 그치고 달빛이 어여쁜 때	嚴城雪罷月娟娟
쪽지로 다정히 연락한 세모의 하늘이로다	折簡情深歲暮天
멋진 약속 날짜 하루 달라도 무슨 상관이랴	勝約何妨差一日
친지와 벗 들이 전년처럼 여전히 기뻐하는걸	親朋猶喜似前年
여러 집 음식 하나하나 음미할 만하고	諸家飮食俱堪賞
어린 기녀의 어리광도 귀엽게 봐줄 만	小妓譚諧亦足憐
다만 유감은 서쪽 거리 사람이 와병 중인 것	獨恨西街人臥病
이 시를 전하기로 이 마음 유독 허여했다네	此心惟許此詩傳

41 최치회(崔稚晦) : 최현중(崔顯重)으로, 치회는 자이다.

새벽에 읊다

曉吟

눈이 녹아 처마 끝에 흘러내리며	融雪下簷端
주룩주룩 끝없이 떨어지는 소리	淋浪聲不住
노인의 귀는 의심이 많은지라	老人耳多疑
아침부터 비 오느냐고 물어본다네	爲問朝來雨

정사년(1797, 정조21) 매선당의 입춘 첩자
丁巳每善堂春帖

내가 장수의 낙을 누릴 수는 없다 해도	吾非能得壽
수역[42]을 우리 성상께서 만들어 놓으시어	壽域聖人爲
그럭저럭 삼주[43]에 종종걸음 치고	約略趨三晝
마음 편히 백관을 무마한다오	安閑撫百司
임금을 이끌며 말할 때는 반드시 요순	引君言必舜
풍속을 바꾸며 따를 때는 으레 주례(周禮)	更俗禮徵姬

이때 향약(鄕約)과 향음주례(鄕飮酒禮)에 관하여 어제(御製)의 윤음을 내려서 조정으로 하여금 경외(京外)에 반포하게 하였기 때문에 이렇게 말한 것이다.

다음 달 춘당대에서 모일 적에는	來月春塘會
꽃이 피고 봄날의 해가 길어지리라	花開瑞日遲

42 수역(壽域) : 인수지역(仁壽之域)의 준말로, 사람마다 장수하며 편안히 사는 세상을 말한다. 인수는 《논어》 〈옹야(雍也)〉의 "인자한 자는 장수한다.〔仁者壽〕"라는 말에서 나왔다.

43 삼주(三晝) : 왕이 하루에 세 번 접견한다는 뜻으로, 보통 군신(君臣)이 토론하는 자리인 조강(朝講), 주강(晝講), 석강(夕講)의 세 차례 경연(經筵)을 의미하지만, 여기서는 임금의 총애를 받는 고위 관원의 자리를 뜻하는 말로 쓰였다. 《주역》 〈진괘(晉卦)〉 괘사(卦辭)의 "진괘는 강후에게 말을 많이 하사하고 낮에 세 번씩 접견하는 상이다.〔晉, 康侯用錫馬蕃庶, 晝日三接.〕"라는 말이 있다.

기천 조카 사술[44]의 여주목(驪州牧) 관소에 기증하였다. 이때는 정월 대보름 이틀 전이다

寄贈岐川姪士述黃驪鈴閣時上元前二日

여주를 떠나온 꿈 갈수록 못내 아쉬워	黃驪別夢轉依依
석양을 마주하여 물 멀고 산 긴 곳 향하노라	水遠山長對夕暉
자네가 떠난 뒤론 입 열고 웃을 일 드문데	君去難逢開口笑
쇠한 이 몸이 어떻게 몸 받들어 돌아가겠나	吾衰那得奉身歸
봄날을 맞아 시절의 경치는 서로들 경쟁하는 듯	迎春物態如相競
달 아래 밟는 다리의 무지개는 자유로이 나는구나	步月橋虹自在飛
아직도 기억나네 왕년에 길거리 위의 밤	尙憶往年街上夜
미인이 술 들고서 은은히 향기 풍기던 일	美人携酒暗香霏

44 기천(岐川) 조카 사술(士述) : 채홍리(蔡弘履)로, 본관은 평강(平康), 자는 사술, 호는 기천이다. 번암의 종질이다.

원춘고한행

元春苦寒行

작년 정월의 추위는 손가락이 떨어져 나갔다면　　去年月正寒墮指
금년 정월의 추위는 비교할 데도 없다 할까　　今年月正寒無比
사방의 산은 눈구름이 멧부리를 짓누른 가운데　　四山雲雪壓嶙峋
천인 그리고 만인이 자라목처럼 움츠러들었네　　龜縮千人與萬人
노부는 두터운 이불을 감히 들추지 못한 채　　老夫重衾未敢開
사흘 닷새 계속해서 괴롭게 신음할 따름　　三日五日苦吟呻
겨울 귀신과 봄 귀신이 각각 주관함이 있을 텐데　　玄冥青帝各有主
기후가 왜 그만 엄청나게 착오를 빚는 것인지　　氣候何乃太錯誤
대궐에선 한밤중 잠자리 편안하질 못해　　龍樓不安中宵枕
경조와 오부의 관원을 불러들여 명하시기를　　來汝京兆與五部
추위와 배고픔 호소하는 늙은 남녀들을 위해　　呼寒呼飢老男女
선혜청 문 열어 놓고 꼬부랑 기민을 들이라　　宣惠廳開入傴僂
눈처럼 흰 목화솜과 옥돌 같은 쌀을　　綿絮如雪米如瓊
일일이 받아 들고 일어나 춤을 추면서　　一一跪受仍起舞
길거리에 가지고 나가 노래하며 흥얼거리니　　提出康衢歌且謠
삽시간에 화기가 한기를 몰아내는구나　　斯須太和排凝沍

정월 대보름에 날씨가 음산하고 달이 없어서 문을 닫고 적막하게 지냈다. 16일 밤에는 구름 낀 흐린 날씨가 활짝 개어 달빛이 매우 밝았는데, 시랑 이공회와 승지 권동야와 승지 최치회와 검토 이사흥[45]이 고맙게도 찾아와 주었기에, 서로들 함께 사거리로 나가 걸으며 소요하다가 닭이 몇 번 울고 나서야 돌아와서는, 여주 목사로 나가 있는 사술을 생각하고 짓다

上元陰曀無月閉戶涔寂十六夜雲陰盡捲月色明甚李侍郎公會權承宣東野崔承宣稚晦李檢討士興惠然來訪相與出十字街步屧逍遙鷄幾鳴乃還懷黃驪使君士述

당당하게 명절이 봄과 함께 돌아와서	堂堂佳節與春回
달이 뜬 다리 어귀에 발걸음 재촉했나니	月上橋頭履舄催
하늘 공히 툭 터진 도성의 밤 삼경이요	紫陌三更天共闊
눈이 지금 막 갠 은하수 만 리 길이로다	銀河萬里雪初開
제주의 여자 호걸이 몸 사뿐히 나오고	耽羅女俠輕身出
기사의 원신이 지팡이 기대어 왔건마는	耆社元臣杖策來
다만 홀로 여주 청심루 위의 나그네는	獨有淸心樓上客
여기에 꿈에라도 배회할 수 있을는지	可能於此夢徘徊

제주도의 기녀(妓女) 만덕(萬德)이 천금(千金)을 희사하여 기민(飢民)을

45 시랑……이사흥(李士興) : 공회는 이정운(李鼎運), 동야는 권평(權坪), 치회는 최현중(崔顯重), 사흥은 이기양(李基讓)의 자이다.

진구(賑救)하였다. 상이 이 말을 듣고 가상하게 여겨 수신(守臣)에게 그의 소원이 무엇인지 물어보라고 명하고는 은혜를 베풀고자 하였다. 기녀가 대답하기를 "다른 소원은 없고 단지 도성을 관광하고 이어서 금강산을 보고 싶습니다."라고 하였는데, 수신의 보고를 받고는 상이 특별히 허락하였으므로, 기녀가 바다를 건너 서울에 들어와서 이날 밤에 답교놀이를 한 것이다. 또 듣건대 수상(首相) 역시 길거리에 나왔는데, 올해로 여든 살이 된다고 하였다. 이 사실을 병기(竝記)하여 태평 시대의 자료로 제공하고자 한다.

이공회 형제가 가기를 데리고 밤 시간을 정해 와서 모였다. 기녀 중에 관동에서 온 자가 있었는데, 스스로 말하기를 "일찍이 신진택 문초의 귀여움을 받았는데, 막상 서울에 와서 보니 진택이 이미 황천객이 되었으므로, 백문[46]의 옛집에서 혼자 호읍할 뿐이다."라고 하였다. 그 말이 처절하여 산양의 저녁 피리 소리[47]를 듣는 정도일 뿐만이 아니었기에, 즉석에서 창연한 심정으로 시를 짓다

李公會兄弟率歌妓卜夜來會妓有自關東來者自言曾爲申震澤文初所眄及來京師震澤已歸泉下只自號泣於白門舊第其言凄斷不啻聞山陽暮笛卽席愴然賦詩

남산의 오래된 시단(詩壇)은 바뀌지 않아	終南不改舊詞場
구름 비단 병풍 앞에 술이 잔에 가득한데	雲錦屛前酒滿觴
오늘 밤에 원빈을 다시 대하는 듯하나니	今夕元賓如復見
청아가 여전히 수염 멋진 낭군을 말하니까[48]	靑蛾猶說美髯郎

46 백문(白門) : 남조(南朝) 송(宋)나라의 도성인 건강(建康)의 정남문(正南門)을 선양문(宣陽門)이라고 하였는데, 이를 보통 백문이라고 칭하였다. 여기서는 남대문을 가리킨다.

47 산양(山陽)의……소리 : 세상을 떠난 지인에 대한 슬픈 감정을 표현하는 시적 비유이다. 진(晉)나라 상수(向秀)가 혜강(嵇康), 여안(呂安) 등과 산양에서 친하게 지냈는데, 두 사람이 죽고 나서 상수가 다시 옛 벗의 집을 찾았을 때 이웃에서 들려오는 피리 소리를 듣고 눈물을 흘리며 〈사귀부(思歸賦)〉를 지었던 고사에서 유래하였다. 《晉書 向秀列傳》

48 오늘……말하니까 : 신진택(申震澤)과의 추억을 이야기하는 관동 출신의 기녀를

두 번째 其二

시인의 영혼이 천국 저 멀리 날아가매　詩魂飛去玉京遙
무산의 구름도 아침에 다시 뜨지 않네[49]　巫峽香雲不復朝
소슬한 백문의 애끊는 곳이여　蕭瑟白門腸斷地
그대 동교요[50]를 누가 또 귀여워해 줄까　更誰憐汝董嬌嬈

만나고 보니 그 자리에서 신진택을 다시 보는 듯한 느낌이 든다는 말이다. 원빈(元賓)은 한유(韓愈)의 친구인 이관(李觀)의 자(字)이다. 한유가 이사석(李師錫)에게 답한 편지에 "원빈이 죽은 뒤로 그의 글이 더욱 귀중하게 여겨졌다. 그런데 원빈을 그리워해도 만날 수 없었으므로, 원빈이 생전에 함께 노닐던 자를 만나면 원빈을 대하는 듯한 느낌이 들었다.〔元賓旣歿, 其文益可貴重. 思元賓而不見, 見元賓之所與者, 則如元賓焉.〕"라는 말이 나온다. 《韓昌黎集 卷16 答李師錫秀才書》 청아(青蛾)는 눈썹을 검푸르게 그린 미녀라는 말이다. 신진택은 신광하(申光河)로, 자는 문초(文初), 호는 진택이다.

49 무산(巫山)의……않네 : 조운(朝雲)이라는 무산 신녀(神女)의 고사를 인용한 것이다. 전국 시대 초나라 시인 송옥(宋玉)의 〈고당부(高唐賦)〉에 초 양왕(楚襄王)과 조운의 꿈속 정사 이야기가 실려 있는데, 서로 작별할 즈음에 조운이 "아침에는 구름으로 떠 있고 저녁에는 비를 내리면서 언제까지나 잊지 않고 양대 아래에 있겠다.〔旦爲朝雲, 暮爲行雨, 朝朝暮暮, 陽臺之下.〕"라고 말했다는 기록이 보인다. 《文選 卷19》

50 동교요(董嬌嬈) : 후한의 문인인 송자후(宋子侯)가 지은 여자의 비참한 일생을 서술한 오언 고풍(五言古風)의 시 〈동교요〉에서 인용한 미녀의 이름이다. 동교요(董嬌饒)라고도 한다. 이 시는 남조(南朝) 양(梁)나라의 서릉(徐陵)이 편집한 《옥대신영(玉臺新詠)》에 수록되어 최초로 세상에 소개되었다.

30일에 영화정 앞으로 달려가서 대가를 영접하다

三十日趨詣迎華亭前迎大駕

이때 내가 명을 받들고 화성부(華城府)에 먼저 와 있었다.

성가퀴는 구름에 하얗게 휘감기고	雉堞雲縈素
용 깃발은 태양에 빨갛게 반사되네	龍旗日射紅
전추가 원래 이달에 있는지라	電樞元是月
성가는 바로 깊은 충정으로부터[51]	星駕卽深衷
국면의 형세는 삼경 중에 으뜸이요	局勢三京最
군대의 위세는 양사의 웅장함이로다	軍聲兩使雄
심어서 가꾼 일만 그루 버드나무	栽培萬楊柳
임금님 행차길에 또 봄바람 부네	輦路又春風

장용영(壯勇營)에는 내사(內使)와 외사(外使)가 있는데, 화성 유수(華城留守)는 외사를 겸하기 때문에, 제6구에서 이렇게 말하였다.

51 전추(電樞)가……충정으로부터 : 선세자(先世子)가 1월에 태어났으므로 정조의 감정이 더욱 북받쳐서 화성에 급히 찾아왔다는 말이다. 전추는 번개가 추성(樞星) 즉 북두칠성의 첫째 별을 휘감았다는 뜻으로, 성인이나 제왕 혹은 태자의 탄생을 비유할 때 쓰는 표현이다. 추전(樞電), 전요(電繞)라고도 한다. 《사기(史記)》 〈오제본기(五帝本紀)〉의 주에, 황제(黃帝)의 모친인 부보(附寶)가 기(祁) 땅 들판에 있을 적에, 번개가 크게 치며 북두의 추성을 휘감는 것〔大電繞北斗樞星〕을 보고는, 감응하여 잉태한 뒤 24개월이 지나 황제를 낳았다는 전설이 실려 있다. 성가(星駕)는 별이 뜬 밤에 수레를 몬다는 뜻으로, 아침 일찍 서둘러 출발하는 것을 말한다.

경칩에 우스개로 짓다

驚蟄日戲吟

만물을 기르느라 하늘은 잠시도 쉬지 못하는데	育物乾元不暫閑
근본 요체는 실로 묘하게 순환시킴에 있느니라	樞緘亶在妙循環
다만 유감은 온갖 벌레 족속을 들쑤셔 일으켜서	所嗟挑起群蟲族
웽웽거리며 어지럽게 세간을 시끄럽게 하는 것	穰穰紛紛鬧世間

백치행
白雉行

성상 즉위 이십일 년 되는 봄날에	聖上二十一年春
함흥 사람이 궐하에 와서 엎드리며	闕下來伏咸興人
온몸이 새하얀 백치를 손으로 바쳤는데	手奉白雉全身白
백설 같은 흰색으로 티끌 한 점 없었다네	白雪之白無纖塵
월상[52] 이후로 몇천 년이 지나도록	越裳之後幾千載
이름만 들었지 실물은 보지 못한지라	是物聞名不見眞
구경하러 천 사람 만 사람이 모여들어	觀者千人萬人集
기이한 보배라고 서로들 감탄하였다네	相與咨嗟曰奇珍
성상의 시대에 예악으로 정치를 하여	聖代禮樂以爲治
천지간에 화기가 항상 넘쳐흘렀나니	兩間和氣常氳氤
성왕(成王)의 성시라도 어찌 이와 같았으랴	成周盛時何如此
은혜가 고루 공중과 물속 동식물에 끼쳤어라	恩被飛潛動植均
너는 본디 태산의 정령으로 이름이 났으니	爾本名爲岱岳精
올 때 응당 태양의 수레를 뒤따랐을 것이요	來時應逐扶桑輪
함흥은 더구나 왕자(王者)가 일어난 지역이니	咸興況是龍興地

52 월상(越裳) : 교지(交趾) 남쪽에 있던 부족 국가의 이름이다. 주(周)나라 성왕(成王)을 보좌하여 주공(周公)이 섭정한 지 6년 만에 예악(禮樂)을 근간으로 정치를 하여 천하가 화평해지자 월상씨(越裳氏)가 여러 차례 통역을 바꿔 가며 찾아와 서조(瑞鳥)로 알려진 '흰 꿩〔白雉〕'을 바쳤다는 기록이 전한다. 《尙書大傳 卷4》《後漢書 南蠻列傳》

하늘이 이를 통해 정녕히 교시한 듯도 하네	天賜以此如諄諄
승정원에서 이를 보고 들어가 왕에게 보고하니	銀臺見之入告后
왕이 이르기를 아, 그대 승정원의 신하들이여	后曰嗟汝銀臺臣
과인이 무슨 덕으로 이 꿩이 나오게 했겠는가	寡人何德以致此
태연히 여기며 신명을 속일 수는 없는 일이다	晏然不可欺明神
외물은 부질없고 실제의 덕이 귀중한 것	外物徒爾實德貴
백치는 날짐승 종류에 지나지 않는데	白雉不過飛禽倫
근래의 습속이 어찌나 기이함을 좋아하는지	近俗如何太好奇
왕년에는 관동에서 기린이 나왔다 했더니라	去歲云有關東麟
조정에 백치가 있어도 하찮게 보신 것은	廷有白雉視若無
성스럽고 인자한 세종과 성종이셨나니[53]	世宗成宗聖且仁
측근의 신하들이여 다시는 언급하지 말라	臣哉隣哉勿復言
아조께서 행하신 것을 나는 준행하리로다	我祖攸行我是遵
백치는 반환하여 그의 양식으로 내주고	白雉還爾給爾糧
함흥에 돌아가서 주민들에게 말하게 하라	歸語豐沛多少民
임금님은 기이한 물건 귀하게 여기지 않고[54]	不貴異物卽我心
순진한 풍속으로 되돌아오길 바라더라고	願見風俗回眞淳

53 조정에……성종(成宗)이셨나니 : 《세종실록》에는 여러 차례 조정에 백치를 바친 기록이 있으나, 《성종실록》에는 기록이 없다. 정조의 착오가 아닐까 한다.

54 기이한……않고 : 《서경》 〈여오(旅獒)〉에 "기이한 물건을 귀하게 여기지 않고, 늘 쓰는 물건을 천하게 여기지 않으면, 민생이 이에 풍족해진다.〔不貴異物, 賤用物, 民乃足.〕"라는 말이 보인다.

3월 중순에 여러 군자와 함께 벽은군의 옛 정자에서 꽃을 감상하며, 여주 목사 사술과 함경 감사 공회를 생각하다

三月中旬同諸君子賞花碧恩君舊亭有懷驪牧士述北伯公會

정대가 우뚝 높아 속진의 분위기 말끔	亭臺岧兀謝塵氛
그 아래 인가는 모조리 흰 구름 속에	其下人家盡白雲
한가한 날에 손님으로 온 승상부 노인이요	暇日客來黃閣老
전년에 신선 되어 세상 떠난 벽은군이로다	前年仙去碧恩君
열 이랑의 솔숲에는 봄 그늘이 뚝뚝 듣고	松園十畝春陰滴
일천 겹의 화단에는 낮 그림자가 훈훈해라	花匝千重午景熏
지락과 청심 모두 내 눈 안에 들어오는데	知樂淸心俱入望
저녁 하늘은 남과 북으로 길이 왜 나뉘었나[55]	暮天南北路何分

55 지락(知樂)과……나뉘었나 : 사술 채홍리(蔡弘履)와 공회 이정운(李鼎運)이 동시에 번암의 뇌리를 스치는데, 그들도 어쩌면 지금 저녁 하늘을 보면서 번암 자신을 생각할지도 모른다는 애틋한 그리움을 표현한 것이다. 지락은 함흥의 지락정(知樂亭)을, 청심은 여주의 청심루(淸心樓)를 가리킨다. 남과 북의 남은 번암을, 북은 공회와 사술을 지칭한다.

신석북 광수 의 개장에 즈음한 만사

申石北 光洙 改葬輓

맹단의 늙은이 눈물 십 년 동안 주르륵	盟壇老淚十年潸
들보의 달 한밤중에 매양 얼굴 보이는 듯[56]	樑月中宵每見顔
어떻게 석북 같은 이를 얻어 오겠냐만	何以得來如石北
흡사 유희하며 인간 세상에 돌아온 것만	怳然遊戲復人間
문장의 기이한 기운 상자 속에 남겨 놓고	文章異氣留陳篋
선영의 봄 그늘 아래 고향 산에 묻히누나	桑梓春陰葬故山
멀리 생각건대 선궁(仙宮) 안의 모임에서	遙想蘂珠宮裏會
형제가 얼마나 신선의 반열 감동시켰을까	塤篪幾許動仙班

석북(石北)의 아우 신진택(申震澤)이 세상을 떠난 지 얼마 되지 않았으므로 시어(詩語)가 이와 같이 되었다.

56 들보의……듯 : 두보(杜甫)가, 유배 중인 이백(李白)을 그리워하며 지은 시에 "지는 달빛 들보에 가득 비치니, 그대 얼굴 보는 듯 오히려 의심되네.〔落月滿屋梁, 猶疑見顔色.〕"라는 시구가 있다. 《杜少陵詩集 卷7 夢李白》

6월 3일 용호영에서 활쏘기를 하며 부르다

六月三日射帿龍虎營歌

나도 어렸을 땐 글 잘한단 말 들었는데	少也吾以能文稱
늙어서는 지금 내놓을 만한 글이 없네	老矣今無文可徵
부지불식간에 머리 빠진 한 늙은이	不識不知一禿翁
나라의 원로로 칭해지니 더욱 가증스럽기만	稱以國老尤可憎
날씨도 푹푹 찌는 유월 이 시절에	于時六月天氣熱
조정에 처리할 문서는 어찌나 또 많은지	廊廟簿牒何相仍
그보다는 차라리 옛 일 버리고 새 일 찾아	無寧捨舊遷新業
책 파먹는 좀 벌레 신세 면함이 낫지 않겠는가	免作蠹魚甘編藤
용호영 옛 군영은 시야가 쾌하게 툭 터지고	龍虎舊營特爽豁
높은 누각 우뚝 솟아 바람맞이에 좋은 곳	飛閣迎風勢崚嶒
급히 가마 불러 타고 훨훨 날아 찾아가니	急呼籃輿翩翩至
활 하나에 화살 다섯이 붕우처럼 따라오네	一弓五矢來如朋
늘어진 버들 같은 팔뚝 한번 웃고 잡아당겨	一笑展却垂楊肘
하늘로 올려보내 듯 화살을 높이 또 드높이	高高送矢如天升
맞으면 물론 기쁘지만 안 맞아도 기쁘나니	中固可喜不中喜
어찌 꼭 관중(貫中) 지화자 불러야만 능사리오	能事何須鼓不勝
저녁나절 활집 풀어 놓고 누각 위에 누우니	向暮釋掤樓上臥
천 그루 나무숲 녹음에 무더위가 싹 가시네	千章樹綠無炎蒸
승상부 관리가 날 찾거든 대신 말 전해 주오	相府小吏如尋我
활 쏘는 짝궁 따라잡아 기세등등해졌다고	爲言追逐射伴去騰騰

보리밥에 명아주 국을 곁들여 먹다 보니 옛날 생각이 나기에 이렇게 지어 보다

炊麥爲飯佐以藜藿念舊書此

좋을시고 보리밥과 명아주 국이여	佳哉麥飯與藜羹
너희 없이 내 어떻게 반생을 보냈으랴	微爾吾何度半生
오늘 승상의 밥상에 오른 그 맛이여	今日相君盤上味
애틋하게 옛 벗의 정을 불러일으키누나	依然惹得故人情

화성의 기녀가 배알하러 찾아왔기에 노래 한 곡을 부르게 하니, 늙은 개가 놀라서 사람을 보고 계속 짖어 대기에 웃으면서 짓다

有華城妓來謁使之唱歌一曲老犬驚怪向人吠不已笑以書之

고운 노래 막 퍼질 때 주렴에 해가 기우뚱	艶曲初傳簾日斜
속된 개가 놀라 일어나 미녀를 보고 짖어 대네	傖狵驚起吠嬌娥
우스워라, 그놈은 강성의 여종을 닮았나 봐	笑渠得似康成婢
노래는 익히지 않고 시서의 소리만 익혔으니[57]	只習書聲不習歌

57 우스워라……익혔으니 : 개가 가기(歌妓)의 노랫소리를 듣고 놀라서 짖어 대는 이유를 해학적으로 묘사한 것이다. 강성(康成)은 후한(後漢)의 경학자인 정현(鄭玄)의 자이다. 그의 집 노비들은 모두 글을 읽어서 그들 사이의 문답에서도 곧잘 시서(詩書)를 인용하곤 하였다. 어느 날 여종 하나가 자신의 잘못을 인정하지 않고 변명으로 일관하자 정현이 그를 진흙탕 속에 집어넣게 하였는데, 그곳을 지나던 다른 여종이 《시경》 〈패풍(邶風) 식미(式微)〉의 시구를 인용하여 "어쩌다가 진흙탕 속에 빠졌느냐?〔胡爲乎泥中?〕"라고 묻자, 그 여종 역시 〈용풍(鄘風) 백주(柏舟)〉의 시구를 인용하여 "잠깐 가서 하소연하다가 어르신의 노여움을 샀다.〔薄言往愬, 逢彼之怒.〕"라고 대답했다는 고사가 전한다. 《世說新語 文學》

초복에 백각대를 찾아갔다. 시랑 윤필병과 승지 권평과 조카 이경명과 승지 이일운과 시랑 이익운과 주서 유원명과 생질 이유경과 아들 홍원이 동행하였으며, 가기 몇 사람도 오다

初伏赴白閣臺尹侍郎弼秉權承宣坪李姪景溟李承旨日運李侍郎益運柳注書遠鳴甥姪子李儒慶兒子弘遠與焉歌妓數人亦至

그림인지 실물인지 헷갈리는 산 북쪽 마을	似畫如眞山北村
푸른 숲 살짝 열린 틈새로 문이 절로 생겼네	青林微缺自成門
흰 깃털 둥글고 둥근 부채 살랑살랑 부치며	輕搖白羽團團扇
꾀꼬리 소리 맑디맑은 정원에 웃으며 앉았노라	笑坐黃鸝淡淡園
천지는 찌는 듯 더운 열기 말끔히 씻어 내고	天地掃空炎熱氣
등 넝쿨은 도시의 소음을 가로막아 끊었도다	薜蘿遮斷市朝喧
가까이 오는 비단 버선 혼내며 물리지 말라	近前羅襪休嗔退
어린 기녀가 승상 높은 줄 어떻게 알겠느냐	小妓那知漢相尊

유하원이 사면을 받았다는 소식을 듣고
聞柳河源蒙宥

역로의 황매가 반갑게 도착하였나니[58]	驛路黃梅喜色來
남산의 시사(詩社)도 그대 기다려 열릴 터	終南詩壘待君開
쫓겨나서 억울해한다면 남자가 아니거니	牢騷澤畔非男子
창해의 서쪽 남쪽에서 안목이 더 커졌으리	滄海西南眼目恢

유하원이 흑산도(黑山島)에 있다가 백령진(白翎鎭)으로 이배(移配)되었기 때문에 이렇게 말한 것이다.

58 역로(驛路)의……도착하였나니 : 유하원의 반가운 소식이 전해졌다는 말이다. 역로의 황매는 역사매화(驛使梅花)의 고사를 인용한 것인데, 이에 대해서는 213쪽 주7 참조.

며칠이 지난 뒤에 또 조카 이주명이 사면을 받았다는 소식을 듣고

居數日又聞李姪柱溟蒙宥

화성에서 허둥지둥 급히 헤어지고 나서	華城一別事蒼黃
푸른 바다 저 너머 소식이 요원하였는데	魚雁茫茫碧海長
우리 시사에 요즘 들어 길몽이 많더니	吾社近來多吉夢
두 동지가 은택을 뽐내며 돌아왔도다	二君歸袂颺恩光

퇴도 노선생의 사판이, 사손이 재직 중에 친상을 당한 관계로, 영유현에서 출발하여, 정사년(1797, 정조21) 윤6월 22일에 도성을 경유하여 예안의 본가로 돌아가게 되었다. 내가 모화현 아래에서 기다리다가 전생서 앞마을이 끝나는 곳까지 모시고 왔으나, 행렬의 뒤에 처져 돌아와서는 멀리 바라보아도 볼 수가 없으니, 나의 심정이 어떠하였겠는가. 이날 상이 예관에게 뒤따라 모시고 가다가 안전하게 강을 건넌 것을 보고 나서 돌아와 아뢰라고 명하였으니, 이는 남다른 은혜였다. 이날 나가서 사판을 영접한 자는 경재 및 조사와 유생 수백 인이다

退陶老先生祠版因嗣孫在衙遭艱自永柔縣離發用丁巳閏六月二十二日行過王城還禮安本第祇候於慕華峴底陪到典牲署前村盡處落後以歸瞻望不及我心如何是日上命禮官陪後見平穩涉江然後還奏異恩也迎候者卿宰及朝士章甫爲數百人矣

잠두(蠶頭) 물가 화기 감돌아 아무 탈이 없었나니 無恙蠶厓淑氣紆
갔다가 오는 길을 선생께서 잘 기억해 두셨나 봐 先生能記往來途
금과 옥의 소리와 안색을 뵙는 듯하였는데 金聲玉色如將見
인간 세상 어떻게 다시 칩구[59]할 수 있겠는가 人世那由更縶駒

59 칩구(縶駒) : 어진 이를 가지 못하게 붙잡아 두는 것을 말한다. 《詩經 小雅 白駒》

지나가는 길에 남관왕묘에서 잠깐 쉬며 감회에 젖어 시를 읊다

歷路少憩南關廟感懷賦詩

상 아래에서 제비뽑기하던 옛날의 소년　床下抽籤舊少年
다시 오니 백발이 쇠해 머리에 가득　重來黃髮颯盈顚
당시 크게 일어난 것이 지금 무슨 쓸모 있나　當時大發今焉用
사업이 아예 공허해져 비방의 의론만 일어나니　事業全空謗議偏

내가 계해년(1743, 영조19) 정시(庭試) 초시(初試)에 입격하고 나서, 급기야 회시(會試)에 응시할 즈음에 며칠 동안 심재(心齋)를 하고는 아침 일찍 남관왕묘(南關王廟)에 가서 향을 사르고 제비뽑기를 하니, 그 점사(占辭)에 "계년에 크게 일어날 운세이다.〔逢癸年大發〕"라고 하였는데, 열흘이 채 못 되어 실제로 대과에 급제하였다. 그로부터 지금 55년의 세월이 흘렀으므로 시어(詩語)가 이와 같이 되었다.

기천 조카 사술[60]이 여주(驪州) 관아의 병석에서 일어나 서신을 보냈기에 너무 기뻐서 바로 지어 부치다

岐川姪士述在黃驪衙病起有書喜甚却寄

나이 육십 먹은 것이 무슨 노인이랍시고	花甲寧爲老
몸이 불편해 그렇게 몹시도 앓아눕더니	薪憂太劇淹
어떻게 홀연히 서신을 보내게 되었는지	音書忽何及
놀라움과 기쁨이 바로 동시에 일어났다네	驚喜卽相兼
반가운 눈길로 편지 봉투 뜯어보기도 전에	未閱先靑眼
반백의 수염 텁수룩한 자네 모습 보는 듯	如看半白髥
멀리서도 알겠노니 〈칠발〉을 노래할 적에	遙知七發詠
관아의 주렴에 가을 물이 일렁일 줄을[61]	秋水動官簾

60 기천(岐川) 조카 사술(士述) : 채홍리(蔡弘履)로, 본관은 평강(平康), 자는 사술, 호는 기천이다. 번암의 종질이다.

61 멀리서도……줄을 : 채홍리가, 여주를 관통하며 굽이도는 남한강 물결의 장관을 감상하면서 통쾌하게 시를 지어 쾌유의 기쁨을 노래할 것이라는 말이다. 한 경제(漢景帝) 때의 시인 매승(枚乘)이 태자의 병을 치유하면서 지은 〈칠발팔수(七發八首)〉 중 제5수에 "팔월 보름날이 되면 여러 공후(公侯) 및 먼 지역에서 교유한 형제들과 함께 광릉의 곡강에 파도가 치는 광경을 보러 가겠다.〔將以八月之望, 與諸侯遠方交遊兄弟, 竝往觀濤乎廣陵之曲江.〕"라는 내용이 나온다. 《文選 卷34》

처서일고열행
處暑日苦熱行

절기에 처서가 있다고 달력에 쓰여 있나니	節有處暑書曆日
인간 세상 더위를 처단해 보내기 위함이라	所以斷送人間熱
올해는 처서 절기가 바로 오늘인데	今年處暑卽今辰
화염의 기세가 조금도 꺾이려는 조짐 없이	熇勢不肯絲毫折
태양이 이글거리며 하늘 거리 내달려서	火輪爀爀當天衢
초목은 술 취한 듯하고 새도 날아가지 않나니	草木如醉翔鳥絶
내가 도망칠 생각을 해도 도망칠 수가 없어	我思逃遁遁不得
몸에 걸친 홑적삼도 찢어 내던지고파	單衫挂體狂欲裂
사계절 공평히 분배함은 천제의 권한이니	四序平分帝之權
나오고 물러남에 뉘 감히 술수를 부리랴만	進退疇敢逞其術
혹시 더위 귀신의 위세가 지금 일단 섰는지라	無乃炎神勢威立
하늘을 무시해 무리 모아 반역을 꾀함은 아닐는지	視天藐藐恣屯結
하지만 열었다 닫았다 하는 것이 천제의 원칙	一張一翕是帝則
풍사와 우백이 모두 삼엄히 줄지어 서 있을 터	風師雨伯皆森列
손에 든 백우선을 우선 슬슬 부치면서	且搖手中白羽扇
《주역》을 낭랑히 읽노라니 심신이 편해지네	朗讀羲易心神悅

늦더위

晩熱

열 이랑 정원 사이 자라는 푸른 이끼 위에	十畝庭間養綠苔
태양의 수레 중천에 떠서 느긋하게 배회하매	六龍當午穩徘徊
시원한 그늘이 나를 덮어 보호해 주려는 듯	淸陰爲我如相護
창 앞에 늙은 홰나무 할 일을 알고 서 있네	解事窓前立老槐

7월 6일에 비가 오다. 이때 제군과 다음 날 용호영으로 더위를 피해 놀러 가기로 약속하다

七月六日雨時與諸君約明日龍虎營避暑之遊

남산에 가을이 드니 무더운 안개 활짝 개고	秋入終南暑霧開
때마침 비 올 듯하더니 하늘 가득 쏟아져 내리네	如期雨色滿天來
영필(靈匹)[62]의 수레 씻는 것과 내 무슨 상관이랴만	靈車洗濯吾何與
내일 길 먼지 씻어 주니 그저 고마울 따름일세	直喜明朝路拭埃

62 영필(靈匹) : 신령스러운 존재의 짝이라는 뜻으로, 1년에 한 번 7월 7일에 만난다는 견우와 직녀를 말한다.

풀을 제거하다

鋤草

덩굴 잡초 뿌리가 얽혀 날로 더욱 불어나서	蔓草連根日益添
특별히 노복에게 정성을 다해 베어 내게 했네	別教奴子盡情芟
평소에 어찌 염옹의 취미[63]에 소홀하랴마는	端居豈忽濂翁趣
단지 대낮에 모기떼가 잠복할까 겁이 나서	只恐奸蚊晝伏潛

63 염옹(濂翁)의 취미 : 잡초를 통해서도 만물을 생성하는 천지의 기상을 보려 했던 것을 말한다. 호가 염계인 북송의 성리학자 주돈이(周敦頤)가 창 앞의 풀이 무성해도 베지 않으면서, 저 풀이 살려고 하는 뜻은 나의 생의 의지와 같을 것〔與自家意思一般〕이라고 말한 고사가 전한다.《近思錄 觀聖賢》

칠석에 용호영에서 노닐다가 저물녘에 집에 돌아왔는데, 도중에 은하수를 쳐다보니 구름 기운이 가끔 가려서 숨었다 드러났다 하였으므로, 그냥 나오는 대로 우스개 시를 지어 보다

七夕遊龍虎營侵暮還家路中仰視銀河雲氣時或蔽虧率爾戲吟

직녀가 검푸른 눈썹 예쁘게 그리는 어느덧 가을	天孫眉黛颯成秋
견우 낭군 찾아갈 적에 그래도 부끄러움 아는지	去訪仙郎也解羞
그래서 뜬구름 한 줄기 가로로 걸리게 하여	故遣遊雲橫一道
치마끈이 하주[64]에 노출되지 않게끔 하나 봐	不敎裙珮露河洲

64 하주(河洲) : 하수 모래톱이라는 재하지주(在河之洲)의 준말로, 남녀가 화락하게 즐기는 장소를 말한다. 주 문왕(周文王)과 후비(后妃)의 화합을 찬미했다고 칭해지는 《시경》 〈주남(周南) 관저(關雎)〉에 "정답게 우는 물수리 한 쌍 하수 모래톱에 있도다. 요조한 숙녀는 군자의 좋은 짝이로다.〔關關雎鳩, 在河之洲. 窈窕淑女, 君子好逑.〕"라는 말이 나온다.

이숙승[65]이 와서 묵는 것을 기뻐하며

喜李叔昇來宿

넓은 바다에서 영원히 헤어질까 겁났는데 　滄溟恐死別

백발의 몸 살아서 만난 것이 기쁘도다 　白首喜生逢

남방의 풍토병에 아직도 열나는 몸이요 　瘴宿身猶熱

흰 서리 새로 내려 텁수룩한 살쩍이라 　霜新鬢或茸

밤중에 신지의 달이 여기 옮겨 왔으니 　夜移薪智月

신지(薪智)는 유배 살던 섬의 이름이다.

저녁에 옛날의 종소리 의아할 수밖에 　昏訝舊時鍾

매선당 안에 거하는 주인어른은 　每善堂中主

꿈속의 얼굴을 진짜로 보고 있건마는 　眞瞻夢裏容

숙승(叔昇)이 둥근달이 뜨는 것을 보고는, 섬 안에서 보던 달이 옮겨 왔는가 하고 자못 괴이하게 여기기에, 제5구에서 우스개로 언급하였다.

65 이숙승(李叔昇) : 이주명(李柱溟)으로, 숙승은 자이다.

유백유[66]가 와서 묵는 것을 기뻐하며

喜柳伯兪來宿

만나고 헤어짐이 원래 한 번이 아니지만	聚散元非一
심회는 늙어 갈수록 더더욱 외로워지기만	心懷老轉孤
지금에 와선 모든 일이 만족스럽나니	於今萬事足
밤새도록 두 군자와 지낼 수 있으니까	連夜二君俱
청랑한 하늘빛에 화성은 서쪽으로 흐르고[67]	霽色星流火
서늘한 그늘 속에 달은 오동나무에 오르네	涼陰月上梧
영균[68]은 아무래도 고생을 좀 하였나 봐	靈均終覺隘
형모가 말라도 등한히 여기는 것을 보면	形貌等閑枯

66 유백유(柳伯兪) : 대본에는 '柳伯崙'으로 되어 있다. 《국조방목(國朝榜目)》에 근거하여 '崙'을 '兪'로 바로잡아 번역하였다.

67 화성(火星)은 서쪽으로 흐르고 : 《시경》 〈빈풍(豳風) 칠월(七月)〉에 "칠월에는 대화심성(大火心星)이 서쪽으로 흘러내려 가 서늘해지고, 구월에는 추워지니 새로 솜옷을 만들어 준다.〔七月流火, 九月授衣.〕"라는 말이 보인다.

68 영균(靈均) : 전국 시대 초나라 조정에서 쫓겨난 굴원(屈原)의 자인데, 여기서는 섬에 유배되었다가 사면을 받고 돌아온 유하원(柳河源)을 가리킨다. 자는 백유이다.

달밤에 백유,[69] 숙승 두 사람과 함께 사거리로 걸어 나가다
月夜同伯兪叔昇步出十字街

천 리 만 리 멀리 그대들 생각하였는데	思君千里萬里
이경 삼경 밤중에 손을 잡고 거니누나	携手二更三更
유배 갔던 지난 일이 지금 꿈과 같은데	江潭往事如夢
게다가 기쁜 것은 하늘에 달이 밝은 것	且喜天街月明

69 백유(伯兪) : 대본에는 '伯崳'으로 되어 있다. 《국조방목(國朝榜目)》에 근거하여 '崳'을 '兪'로 바로잡아 번역하였다.

7월 16일에 옛 용호영에서 노닐었는데, 이때 회동한 자는 10여 인이다

七月十六遊龍虎舊營會者十有餘人

함흥의 방백[70]은 내 마음을 아는 사람	咸興方伯知心人
녹봉이 많아지자 우리 시사 빈궁함을 잊지 않고	祿厚不忘吾社貧
매달 초에 언제나 청동의 돈꿰미 보내 주어	月頭每致靑銅錢
내가 술자리 베풀어 귀빈들에게 뽐내게 한다네	令我式讌敖嘉賓
칠월 열엿샛날 비 오던 날씨가 금방 개고	七月既望雨新霽
우물가 오동잎 우수수 가을 소리가 새로운 때	井梧颯然秋聲新
용호의 군영으로 말하면 지세가 가장 높나니	龍虎之營勢最高
나의 문생들 초청한 그 뜻이 매우 진지하였도다	速我友生意甚眞
자리 위엔 현사와 호걸이 서로 끼어 앉아 있고	席上賢豪相間坐
먹고 마실 것 역시 심신을 즐겁게 하기에 충분	飮食亦足娛心神
손을 조금 드리워 춤추는 한 쌍의 미인이요	美人一雙小垂手
좌우에 울려 퍼지는 피리 퉁소 취주악 소리라	玉簫金管動左右
녹야[71]의 멋진 고사인들 어찌 이와 같았으랴	綠野勝事何如此

70 함흥(咸興)의 방백 : 함경도 관찰사로 재직 중인 이정운(李鼎運)을 말한다.

71 녹야(綠野) : 당나라의 명재상 배도(裵度)의 별장 이름이다. 그가 벼슬에서 물러나 낙양 남쪽의 오교(午橋)에 녹야당(綠野堂)을 짓고, 백거이(白居易), 유우석(劉禹錫) 등 문인들과 시주(詩酒)로 소일하였는데, 이 일을 두고 한유(韓愈)가 "원림에서 멋진 일을 한껏 누리면서, 종과 북 울리며 태평성대 즐기누나.〔林園窮勝事, 鍾鼓樂淸時.〕"라고 하였다.《新唐書 裵度列傳》《韓昌黎集 卷10 奉和僕射裵相公感恩言志》

천고에 이름난 배 영공은 바로 나의 벗이로다　　千古裴令是我友
공중에 과녁 거는 걸 웃으면서 허여하고　　笑許粉鵠挂晴空
노부의 광기 발동하여 활 하나 허리춤에　　老夫顚狂腰一弓
내 좋은 걸 따를 뿐 돌아볼 게 뭐 있으랴　　從吾所好餘不顧
화살이 서쪽 동쪽 어디로 가든 대수리오　　何妨矢去西復東
이가의 시랑이 그래도 한판을 독점하여　　李家侍郞也擅場
농서의 기풍을 제법 보여 줌이 기쁘도다[72]　　喜君頗有隴西風

이때 이태 계수(李台季受)가 과녁에 적중시켜 이름을 날렸다.

태평 시대 자유롭게 노니는 것이 누구의 은사인가　太平遊敖是誰賜
우리는 임금님 큰 은혜를 특별히 받은 사람들　　我輩偏蒙主恩洪
느긋이 앉아 동산에 뜨는 달을 기다리노니　　怡然坐待東山月
맑은 노래 간들간들 아직 곡이 덜 끝났네　　淸歌嫋娜曲未終

72 이가(李家)의……기쁘도다 : 자가 계수인 이익운(李益運)이 명궁의 솜씨를 자못 보여 주어서 흐뭇하다는 말이다. 한나라의 명장 이광(李廣)은 농서성(隴西省) 성기(成紀) 사람으로, 원숭이처럼 팔이 길어서 천성적으로 활을 잘 쏘았으므로 원비(猿臂)가 명궁의 대명사가 되었다. 또 그가 사냥을 나갔다가 풀숲의 바위를 호랑이로 오인하고 활을 쏘았는데, 화살 끝 깃털이 보이지 않을 정도로 깊이 박혔으므로 석호장군(射虎將軍)이라고 불렸다는 고사가 전한다. 《史記 李將軍列傳》

또 용호영으로 가서 더위를 피하다

又往龍虎營避暑

한낮에 열기 흘러넘쳐 공중에 가득	當午炎埃漲滿空
영풍을 몰아 보려고 용양의 누각으로[73]	龍驤樓閣御泠風
종 하나에 가마 타고 가볍게 내왕하니	便輿短僕輕來往
동네 골목 모두가 채 상공을 안다나요	里巷皆知蔡相公

73 영풍(泠風)을……누각으로 : 영풍은 기분 좋게 시원한 바람이라는 말이다. 번암이 아마도 "열자(列子)가 바람을 몰고 하늘 위로 올라가서 기분 좋게 보름 동안쯤 마음대로 돌아다니다가 돌아온다.〔御風而行, 泠然善也, 旬有五日而後反.〕"라는 《장자(莊子)》 〈소요유(逍遙遊)〉의 말을 떠올리고서 '어(御)'라는 말을 덧붙인 듯하다.

사근평[74]

肆覲坪

이때 상이 장릉(章陵)을 참배하고 이어 현륭원(顯隆園)을 참배하려 하면서, 나에게 먼저 화성(華城)에 가서 기다리라고 하였다.

남한산성 산천과 연접한 수원의 길　　南漢山川接水原
진흙도 질퍽이지 않아 말발굽이 날아가네　　晴泥不動馬蹄飜
해마다 방백이 수리하는 사근평의 행궁이요　　每年方伯修行殿
성상의 은혜 떠받든 천고의 멋진 이름이라　　千古嘉名戴聖恩
지는 해는 공자의 묘에서 갈 곳 몰라 배회하고　　落日欲迷公子墓
뜬구름은 상군의 촌을 웃으며 훑고 지나가네　　浮雲笑閱相君村
눈앞에 바라다보이는 하나의 띠 지지현[75]　　前瞻一帶遲遲峴
임금님 심정 생각하니 눈물이 절로 흐르누나　　仰念宸情涕自痕

사근평(肆覲坪)은 광주(廣州)와 접경하는 지역에 있다. 그래서 기구(起句)에서 이렇게 말하였다. 이 촌의 처음 이름은 사근(沙斤)이었는데, 상이 사근평으로 고치고 비석을 세워 표지하게 했다. 그래서 제4구에서 이렇게 말하였다.

74 사근평(肆覲坪) : '마침내 알현한다'는 뜻으로, 《서경》 〈순전(舜典)〉에 나오는 문자이다. 평(坪)은 산악이나 구릉 지대의 부분적인 평지를 말한다.

75 지지현(遲遲峴) : 화성(華城)과 광주(廣州)의 접경 지역에 솟아 있는 고개 이름이다. 이 고개 위에 있는 돈대(墩臺)는 지지대(遲遲臺)라고 한다. 지지는 발걸음이 더디고 더디다는 뜻으로, 차마 떠나지 못하는 아쉬움을 표현한 말이다. 공자가 노나라를 떠날 때 "내 발걸음이 떨어지지 않는다.〔遲遲吾行也〕"라고 말한 고사에서 유래하였다. 《孟子 萬章下》

동성의 나대에 오르다

登東城螺臺

구불구불 어디가 어딘지 전혀 모르고 　　曲曲全迷向
돌고 돌아도 계속 끝이 안 보이다가 　　回回漸不窮
갑자기 홀연히 눈앞이 뻥 뚫리며 　　俄然忽通透
삽시간에 허공 위로 올라서 보니 　　倏爾上虛空
내성 외성은 가을 터럭만큼 가느다랗고 　　城郭秋毫細
내와 들판은 한낮의 대기에 몽롱할 따름 　　川原晝氣濛
내 장차 하늘과 대화를 나눠 보려고 　　吾將與天語
충심으로 두 손 공경히 맞잡았노라 　　端拱有深衷

16일에 현릉원 아래의 마을로 향하려니, 종자가 혹 날이 저물까 염려하기에, 시를 지어서 내 뜻을 일러 주다
十六日向園底村從者恐或日暮詩以諭意

베개에 기대 게으름 피우는 버릇이 들다 보니	倚枕慵眠故故成
저녁 해가 서성에 반쯤 걸렸다고 말을 하네	夕暉聞道半西城
내 마음은 알아볼 사람 없길 기다리는 것	吾心有待無人識
요컨댄 달을 밟고 가을 교외 걸어 보고파	要得秋郊踏月行

저녁에 안양 마을에 도착하였다. 이날 하늘에 한 점의 구름도 없었다

暮抵安陽村是日天無點雲

떠도는 구름 기운을 미리 쓸어버렸나니	遊氛預整掃
하늘이 달의 발걸음 편하게 해 주려고	天爲月行便
안양의 동네를 거듭 찾아온 것이	重到安陽里
어쩌면 숙세(宿世)의 인연 같기도	還如宿昔緣
민호가 증가하며 추수의 기대도 크고	戶增秋大熟
침상이 청결하여 밤에 잠들기 좋아라	床潔夜宜眠
임금님 행차가 내일 임어하시니	鳳蹕臨來日
화산[76]이 먼저 기쁜 기색을 띠는구나	花岑喜色先

76 화산(花山) : 현륭원(顯隆園)이 있는 산이다. 1789년(정조13) 7월 장헌세자의 영우원(永祐園)을 현륭원으로 이름을 바꾸고 수원부(水原府) 용복면(龍伏面)에 있는 화산으로 천장(遷葬)하였다.

이때 일어난 일을 삼가 기술하다

敬述卽事

춤추듯 제왕의 준마는 질주하려 함이 아니라	如舞龍驂不是驅
조서를 날려 보내 왕의 마음 크게 선포함이라	丹綸飛下誕心敷
청산에 지내는 제사는 명신의 묘소에 두루 행하고	青山祭遍名臣墓
평민에 베푸는 은혜는 적자의 포흠을 견감했다네	白屋恩蠲赤子逋
태양에 나아가고 구름을 보며[77] 성상을 찬미했나니	就日望雲康聖體
기쁨의 우레가 밤새도록 도성의 거리에 울렸도다	歡雷終夕殷通衢
못난 내가 소회의 시편[78]을 외람되게 받았는데	庸愚濫被昭回什
답가를 짓고 싶어도 말이 촌스러울까 두려워라	縱欲賡歌語恐蕪

77 태양에……보며 : 해바라기가 태양을 향하듯, 가뭄 끝에 단비를 내리는 구름을 바라보듯 했다는 뜻으로, 백성들이 군왕을 앙모하는 것을 비유하는 말이다. 제요(帝堯)에 대해서 "백성들이 태양을 향하듯 그에게 나아가고, 구름을 쳐다보듯 그에게 기대했다.〔就之如日, 望之如雲.〕"라는 말이 《사기(史記)》 〈오제본기(五帝本紀)〉에 보인다.

78 소회(昭回)의 시편 : 정조의 시문을 말한다. 《시경》 〈대아(大雅) 운한(雲漢)〉에 "밝은 저 은하수여, 하늘에서 환히 빛나며 돌고 있네.〔倬彼雲漢, 昭回于天.〕"라는 말이 나오는데, 여기에서 유래하여 제왕의 문장을 소회 혹은 운한으로 칭하게 되었다.

19일 하늘이 밝아 오기 시작할 즈음에 대가가 화성을 출발하여 귀경하다

十九日天始明大駕發華城還京

잠 못 이룬 채 여명에 떠나는 군왕	明發君王寢不成
현륭원의 송백은 또 가을바람 소리	喬山松樹又秋聲
군왕이 어찌 엄고[79]를 재촉하려 했겠냐만	宸心豈欲催嚴鼓
고대하는 자궁의 심정 위로해 드리려고	要慰慈宮企待情

79 엄고(嚴鼓) : 계엄(戒嚴)의 북이라는 뜻으로, 임금 행차 때 치던 큰북을 말한다. 초엄(初嚴), 이엄(二嚴), 삼엄(三嚴) 등 모두 세 차례의 엄고가 있었다.

쉬엄쉬엄 남산루에 오르다
遆登南山樓

높은 성이 이어지다 꺾어진 한 모퉁이	高城延一角
그 위에 날아갈 듯 누대가 불쑥 솟았네	其上出飛樓
산과 바다가 똬리 틀고 감싸는 형세요	溟嶽盤回勢
교외 들판 끝도 없이 툭 터진 가을이로다	郊原莽闊秋
땅의 신령한 기운이 석맥을 밀어내었나니	地靈排石脈
하늘의 운세가 임금님 구상과 부합했음이라	天運協宸謀
어렴풋이 보이는 창오[80]의 경색(景色)이여	藹藹蒼梧色
올라와 굽어보니 시름이 일어나려 하네	登臨始欲愁

80 창오(蒼梧) : 순 임금을 장사 지낸 곳인데, 여기서는 현릉원을 가리킨다.

20일에 귀경하며 채로헌에 들러 창연히 읊다

二十日還京過采露軒悵吟

성 그늘에 말 세우고 얼른 못 지나가니　立馬城陰未遽過
이웃 노인이 나와서 절하며 이러쿵저러쿵　隣翁前拜語聲多
담 무너지고 기왓장 떨어진 거야 내 무슨 상관이랴　垣頹瓦落吾何管
소나무 가지가 얼마나 자랐나 그것만 물어본다네[81]　只問松梢長幾何

81 소나무……물어본다네 : 채로헌은 번암이 화성의 현륭원 가까이에 마련한 별장의 이름이다. 번암이 노년을 여기에서 보내겠다고 하자, 정조가 "뜰에 어린 소나무를 심었다고 들었는데, 그 소나무가 자라나 담장과 가지런해져서 가마를 타고 가다가 알아볼 수 있을 정도가 되면 허락해 주겠다."라고 하였으므로, 이렇게 말한 것이다.

9월 15일 밤에 유백유[82]가 와서 묵다

九月十五夜柳伯兪來宿

오늘 밤 달님이 이렇게 어여쁜데	可愛今宵月
어떻게 문을 닫고 잠들 수 있으리오	那能閉戶眠
옥같이 귀한 손님이 백하[83]에 오니	玉人來白下
누런 국화꽃이 그 앞에서 마중하네	黃菊在其前
백발에 벼슬하는 것이 부끄럽소마는	簪笏羞雙鬢
동산 숲은 백 년 세월 일컬어져 왔다오	林園稱百年
궁중에서 부는 바람 뭔가 뜻이 있나 봐	仙飆如有意
또렷하게 물시계 소리 전하는 걸 보면	歷歷漏聲傳

이날 밤에 상이 이문원(摛文院)에서 재숙(齋宿)하셨는데, 나는 병 때문에 수종(隨從)하지 못하였다. 그래서 낙구(落句)의 어의(語意)가 이와 같다.

82 유백유(柳伯兪) : 대본에는 '柳伯畬'으로 되어 있다. 《국조방목(國朝榜目)》에 근거하여 '畬'을 '兪'로 바로잡아 번역하였다.

83 백하(白下) : 백문(白門) 아래라는 뜻으로, 번암의 남대문 밖의 거처를 말한다. 백문은 274쪽 주46 참조.

함경 감사 이공회에게 기증하다

寄贈北伯李公會

그대 말고 누구와 함께 연하를 완상하리오	非君誰與弄煙霞
일도 많은 방백 맡아 국도를 멀리 떠났구려	多事熊車去國賒
꿈속에서 서로 만나도 오히려 환상의 세계	夢裏相逢猶幻境
인간 세상 쉽게 얻는 건 바로 나이 먹는 것	人間易得是年華
북관의 노정은 암담해라 천 겹의 설산이요	關程黯淡千重雪
시사의 기녀는 적막해라 몇 송이 꽃이로세	社妓蕭條數朶花
그래도 기쁜 것은 월파루 위의 편액에서	猶喜月波樓上扁
오색 무지개가 옛 농사[84]를 밀어내 버린 것	文虹新徹舊籠紗

곡구(谷口)의 월파정(月波亭)에 내가 일찍이 관찰사로 가서 시를 지어 현판에 걸어 두었는데, 공회(公會)가 차운(次韻)하여 그 옆에 다시 걸었으므로, 낙구(落句)에서 이렇게 말하였다.

84 농사(籠紗) : 유명인의 글을 푸른 깁으로 싸서 현판에 걸어 오래 보존해 두는 벽사롱(碧紗籠)을 말하는데, 여기서는 번암의 글을 가리킨다.

겨울밤 병석에서

冬夜病枕

정원의 나무 우는 것은 언제 끝날는지	庭木鳴何已
바람 소리가 긴 밤 내내 위세 부리누나	風聲永夜威
냉랭한 횃대에선 닭이 일찍 기동하고	冷塒鷄動早
두 겹 벽을 통해선 옥루 소리 미세해라	複壁漏傳微
병이 오래되니 의원도 심드렁해지고	病久醫人倦
몸이 외로우니 임금님만 의지하네	身孤聖主依
《파경》을 아직도 웅얼웅얼 외우다니	葩經猶暗誦
영달할 생각이 원래 잘못인 것을[85]	榮念向來非

85 파경(葩經)을……것을 : 《파경》은 《시경》을 말한다. 한유(韓愈)의 〈진학해(進學解)〉에 "《시경》의 시야말로 바르면서도 꽃처럼 아름답다.〔詩正而葩〕"라는 말이 나오는 데에서 유래하였다. 《韓昌黎集 卷12》 파(葩)나 영(榮)이나 그 속에 꽃이라는 화려한 이미지가 공통적으로 들어 있기 때문에, 번암이 이렇게 시어를 엮은 것이다.

겨울밤에 달을 보며

冬夜見月

겨울 하늘에 떠오르는 밝은 달	冬天明月上
누가 발을 걷고 맞이하려 할까	誰肯捲簾迎
혼몽이 원래 자네들의 일이지만	昏蒙元爾輩
어찌 달의 광명을 훼손하겠느냐[86]	何損月光明

86 겨울……훼손하겠느냐 : 발〔簾〕이라는 것이 원래 빛을 덮어 가려서 어둡게 하는 것임에도 불구하고, 사람들은 그 발을 걷어치우고서 실체 그대로 보려고 하지 않는 경향이 있는데, 그렇다고 하더라도 본래의 사실은 결코 왜곡되거나 훼손될 수 없다는 말이다. 여기에서 발은, 내부적으로는 한쪽에 치우친 이념이나 선입견, 외부적으로는 불순한 정치적 의도에서 나온 잡다한 가짜 정보를 상징하는 비유로 쓰였다.

권손 영직이 책 보따리를 짊어지고 홍천사(興天寺)로 떠날 적에 상 아래에서 나에게 하직 인사를 하였다. 여기는 내가 70년 전에 글을 읽던 곳이라 예전의 일을 추억하노라니 늙은이의 심회가 창연해지기에 이렇게 써서 작별 선물로 주다

權孫永稷負笈貞陵寺床下拜辭此余七十年前讀書之所撫念前事老懷愴然書以贈之

네가 가매 예전에 내가 갈 때가 떠오르나니	爾去依然我去時
동성의 산길이 꿈속에 아직도 어른거린단다	東城山路夢猶疑
감실의 부처에게 나 대신 한마디 물어보아라	一言憑問龕中佛
총각머리 드리운 채씨 성의 아이 기억하느냐고	能記垂髫蔡姓兒

눈 내리는 밤에 침실의 온돌이 매우 따스하기에 그 느낌을 시로 읊다

雪夜寢堗溫甚感吟

가동이 비싼 장작 마구 불 때는 것은	家僮濫爇桂
늙은 내 몸뚱이를 따뜻하게 해 주려고	吾老爲溫身
밤에 눈보라 친들 나하고 무슨 상관이랴	風雪何關夜
이부자리가 봄을 따로 만들어 주었는걸	衣衾別作春
빈한한 선비에게 미안한 생각이 미치면	愀然念寒士
이 점 인인[87]에게 부끄럽기도 하다마는	於此愧仁人
평등하게 사랑해 주시는 황천이 계시나니	溥愛皇天在
그분의 큰 화로는 본디 빈약하지 않나니라	洪鑪本不貧

87 인인(仁人) : 인덕을 행하는 사람을 말하는데, 여기서는 북송(北宋) 범중엄(范仲淹)의 〈악양루기(岳陽樓記)〉에 나오는 인인을 가리킨다. 범중엄은 〈악양루기〉에서 "옛 인인은, 묘당에 있을 때에는 백성을 근심하고 강호에 있을 때에는 군주를 근심하였으니, 어느 때에 즐거울 수 있었겠느냐."라고 반문하고는, 필시 "천하 사람들이 걱정하기에 앞서 걱정하고, 천하 사람들이 즐거워한 뒤에 즐거워했을 것이다.〔先天下之憂而憂, 後天下之樂而樂歟!〕"라고 결론지었다. 《范文正公集 卷7》

금년의 추위가 매서워서 사람들이 근래에 보기 드문 일이라고 말하였는데, 대한을 지나자마자 날씨가 홀연히 청명하고 온화해져서 지팡이를 짚고 뜰에 나갔더니, 기분이 흔연해지면서 마치 땅속에 숨어 있던 벌레들이 기지개를 켜는 것과 같은 기분이 들다

今年寒甚人以爲挽近罕有纔經大寒日候忽爾晴溫倚杖庭際欣然若蟄蟲動股

사랑스러워라 하늘 동쪽 떠오르는 붉은 태양	可愛天東日彩紅
정원에 걸어 나가니 바람도 없이 안온하네	步來庭院穩無風
인간 세상에 기동하는 새와 물고기 몇이나 되랴	人間幾許飛潛動
생기의 발동이 먼저 하나의 나충[88]으로부터	生意先從一裸蟲

88 나충(裸蟲) : 몸을 보호할 비늘이나 깃털, 껍데기 같은 것이 없이, 완전히 발가벗겨진 동물이라는 뜻으로, 인간을 말하는데, 여기서는 인간의 하나인 번암 본인이라는 의미로 쓰였다.

달밤에 함경 감사 공회(公會)를 생각하며
月夜懷北伯

매년 겨울날 긴 밤이 오면	每歲冬之夜
환호하면서 그대와 함께 했더랬지	歡呼與子同
금방금방 따라오는 맑은 술동이요	淸樽隨造次
동쪽 서쪽 주고받는 멋진 시구였네	佳句遞西東
벼슬의 흔적이 정처 없는 구름이라면	宦跡雲無定
이별의 회포는 공중 가득 눈발이로세	離懷雪滿空
낙정[89]에서 달님에게 물어보게나	樂亭須問月
이 번옹을 잘 알고 있을 터이니	應識此樊翁

89 낙정(樂亭) : 함홍의 지락정(知樂亭)을 말한다.

매선당의 입춘 첩자
每善堂春帖

북두 자루 돌고 돌아 시절을 알려 주나니	璇杓廻斡正天時
원자의 춘추가 지금 어느덧 아홉 살	元子春秋九歲爲
앉은 곳에선 이소의 단정함이 저절로 이루어지고	坐處自成泥塑儼
강독하는 자리에선 비범한 옥 소리가 점잖게 나온다네	講筵徐出玉聲奇
어느 산 굽이에 굴러가는 포륜[90]의 그림자요	蒲輪影轉何山曲
소해의 물가에 흐르는 운한의 광채로세[91]	雲漢光流少海湄
매번 상신이 성상에게 문후를 올릴 때마다	每度相臣承候地
용안에 웃음 번지며 봄날이 점점 길어지네	龍顔帶笑日舒遲

이때 원자(元子)의 강학(講學)을 돕기 위해 상이 임하(林下)의 선비들을 초청하였다. 그리고 원자가 소시(小詩) 등 여러 작품을 지을 때마다 나에게 보여 주었다. 그래서 제5구와 6구에서 이렇게 말하였다.

90 포륜(蒲輪) : 바퀴를 부들로 감싸서 덜컹거리지 않게 한다는 뜻으로, 현사(賢士)를 공경히 영접하기 위해 보내는 수레를 말한다.

91 소해(少海)의……광채로세 : 원자의 문장에서 벌써 제왕의 기상을 엿볼 수 있다는 말이다. 운한(雲漢)은 은하수 같은 아름다운 문장을 뜻하는 말로, 특별히 제왕의 필묵을 가리키기도 한다. 소해는 세자를 가리킨다. 임금을 대해(大海)라고 할 때 세자는 소해라고 할 수 있다는 말이다.

두 번째 其二

베 이불과는 안 어울리는 표식고구[92]의 복장이여　豹飾羔裘異布衾
내가 거하는 곳에 즐거운 일이 날마다 찾아오네　吾居樂事日相尋
부녀는 등불을 걸며 꽃이 피었다 칭하고　燈懸婦女稱花發
아동은 잠에서 깨어 쌓인 눈에 놀라누나　眠起兒童訝雪深

속언(俗諺)에 의하면, 소아(小兒)가 알지 못하게끔 밤중에 눈이 오는 것이 가장 풍년이 들 징조라고 한다.

단발로 외람되이 받았나니 국로의 표창이요　短髮濫紆褒國老
장요[93]는 실로 임금님이 내린 마음의 선물이라　長腰實荷貺君心
내일 아침 미력이나마 《춘추전》을 바치려 하니　明朝欲獻春秋傳
천향이 조복에 스며들 것이 지금부터 기쁘도다　豫喜天香襲佩簪

92 표식고구(豹飾羔裘) : 염소 갖옷의 소매를 표범 가죽으로 꾸민 것으로, 보통 용력(勇力)이 있는 것을 비유하는 말인데, 《시경》 〈정풍(鄭風) 고구(羔裘)〉의 "염소 갖옷 소매를 표범 가죽으로 두른 분이여, 매우 굳세고 힘이 있도다.〔羔裘豹飾, 孔武有力.〕"라는 말에서 유래하였다.

93 장요(長腰) : 낟알이 길쭉하다는 장요미(長腰米)의 준말로, 품질이 가장 좋은 쌀의 별칭이다.

세모의 느낌을 시로 읊다

歲暮感吟

가는 세월 못 막는다 말하지 말지니	休道年華去莫遮
명년에도 여전히 또 세월은 올 테니까	明年依舊又年華
어찌하여 군자는 청명한 기상을 지니고도	如何君子淸明氣
한번 늙으면 꽃 같은 얼굴 회복하기 어려운지	一老難回映肉花

기로소에 새로 들어온 상서 권공저에게 우스개 시를 지어 증정하다

戲贈耆社新僚權尙書公著

옛날에 어떤 사람이 신선술(神仙術)을 좋아하더니 정기(精氣)를 단련하는 자를 찾아내어 교우 관계를 맺고는 도에 대해서 꽤나 열심히 물어보았는데, 얼마 있다가 그 벗이 홀연히 신선이 되어 하늘로 올라가 버렸다. 하지만 그로서는 너무도 까마득하여 올라갈 수가 없었으므로 밤낮으로 부러워하면서 마음속으로 '나의 벗은 청천(靑天)에서 마음대로 노닐고 있으니 그 즐거움은 이루 말로 표현할 수 없을 것이 분명하다.'라고 생각하였다. 그러던 어느 날 우연히 깊은 산 속에 들어갔다가 산 정상에 있는 그 벗을 발견하고는 뛸 듯이 기뻐하면서 앞으로 달려가 손을 잡고 물어보기를,

"선가(仙家)의 즐거운 일이 과연 어떠하던가?"

하니, 그 벗이 이마를 찡그리면서 말하기를,

"자네는 부디 신선이 되려고 하지 말라. 신선의 고달픔은 견뎌낼 수가 없다. 내가 신선이 된 이래로 안기생(安期生)과 선문자고(羨門子高) 등 여러 노선(老仙)이 내가 신입(新入)이라는 이유로 마치 노예처럼 부려먹고 있다. 무릇 북해(北海)와 삼신산(三神山)을 오고 갈 때면 으레 나로 하여금 좋은 술 단지를 어깨에 둘러메고 옥돌 바둑판을 등에 짊어지고서 따라오게 하는데, 가장 힘든 것은 난학(鸞鶴)이 그 노선들을 태우고 순식간에 천 리를 날아가니 내가 아무리 숨을 몰아쉬고 땀을 뻘뻘 흘려도 어떻게 따라갈

수가 없다는 점이다. 이 때문에 책벌(責罰)을 네 번이나 받았으니, 나는 한시도 한가로이 쉴 틈이 없다. 이번에 여기에 온 것도 약초를 캐어 바쳐야 하기 때문인데, 그 고달픔이 이와 같을 줄 미리 알았더라면 내가 어찌 신선술을 배웠겠는가. 바라건대 자네는 부디 신선이 되려고 하지 말라."

하였다. 이 이야기를 내가 일찍이 민간의 재담을 잘하는 자에게 얻어 듣고서는 배꼽을 잡고 웃은 지 오래되었다. 금년 무오년(1798, 정조 22) 1월에 상서 권공저(權公著 권엄(權𥾂))가 정경(正卿)으로 70세가 되어 기로소에 들어왔는데, 기로소의 관례에 의하면 무릇 일이 있을 때마다 모두 새로 들어온 자가 떠맡아서 여러 노선생(老先生)에게 이바지하게 되어 있다. 노부의 성명이 기로소 명단에 들어 있은 지 지금 벌써 10년이 되었고 보면, 공저에게 일을 시킬 적에 꼭 안기생이나 선문자고처럼 하지 말라는 법이 없으니, 이 또한 유쾌하지 않을 수 있겠는가. 하지만 공저로 말하면 예전에 벗으로 지낸 인연이 있는 만큼, 그가 숨을 몰아쉬고 땀을 뻘뻘 흘리는 정상을 보고서도 긍휼히 여기는 마음을 내지 않는다면, 이것도 윗자리에 있으면서 너그럽게 대하는 도리가 아니겠기에, 우선 시 한 수를 지어서 그 일을 감당할 수 있을지 물어보기로 하였다. 그 시는 다음과 같다.

영성[94]이 밤마다 하늘 남쪽 비추더니 靈星夜夜照天南

94 영성(靈星) : 농사를 주관하는 별로, 천전성(天田星) 혹은 용성(龍星)이라고도 한다. 옛날에 기곡(祈穀) 즉 풍년을 기원할 때 이 별에 제사를 지내며 후직(后稷)을 배향(配享)했다.

수각[95]의 은혜의 물결이 잇따라 적셔 주네　　壽閣恩波次第涵
황발의 노선생이 노닐며 감상하는 곳에　　黃髮先生遊賞地
술 단지와 바둑판 떠메고 올 수 있을는지　　瓊壺棋局可能擔

이 시는 성상 즉위 22년이 되는 무오년(1798), 기로소의 노선생(老先生) 채번암(蔡樊巖)이 79세 되던 해에, 1월 상신일(上辛日)의 기곡대제(祈穀大祭)를 배행(陪行)하고 나서 그 이튿날에 지었다.

95 수각(壽閣) : 기로소 안에 어첩(御帖)과 초상화를 보관하기 위해 설치한 영수각(靈壽閣)을 말한다. 기로소에는 70세가 넘는 정2품 이상의 문관(文官)들이 들어갔는데, 혹 나이 많은 임금이 들어가는 경우도 있었다.

상서 권공저가 영수각의 왕명에 감사하며 감회를 적은 시에 차운하여 태평 시대의 성대한 일을 찬미하다
次權尙書公著謝命靈壽閣識感韻以賁昇平盛事

기신의 눈썹과 머리털 빛나는 은혜로운 자급을　　耆臣眉髮煥恩資
영수각 정원 앞에서 무릎 꿇고 배수(拜受)할 적에　靈壽庭前拜跪之
선왕이 친림(親臨)하시던 날을 슬피 추억하며　　愴憶先王臨幸日
흡사 선조가 맨 먼저 기록될 때처럼 여겼으리라　　怳如名祖創題時

공의 14대조(代祖)인 정간공(靖簡公 권희(權僖))이 기로사 명부의 첫머리를 장식했기 때문에 이렇게 말한 것이다.

뛰어난 후손들 줄지어 푸른 당나귀 탔나니　　森羅玉樹靑驢背

자손 4인이 모두 나귀를 타고 따라왔기 때문에 이렇게 말하였다.

해학의 자태로 솟아오른 옥서(玉署)의 반열이로다　標出瓊班海鶴姿
성상을 축하해 드릴 일 지금 기대가 되오마는　　請祝聖躬方有待
이 마음은 오히려 이 년의 세월도 더딘 느낌이오[96]　此心還似二年遲

영조가 일찍이 보령(寶齡) 50세에 기사(耆社)에 들어왔다. 금상 전하는 지금 춘추가 2년만 지나면 오순(五旬)에 꽉 차기 때문에 시어(詩語)가 이렇게 되었다.

96 성상을……느낌이오 : 무오년(1798, 정조22)의 이듬해인 기미년(1799)에 번암이 죽었고, 번암이 죽은 이듬해인 경신년(1800)에 정조가 죽어서, 결국 정조는 기로소에 들어가지 못하였다. 기로소에 들어간 왕은 태조, 숙종, 영조, 고종 등 네 명이다.

충주로 돌아가는 이 첨추 세연 를 전송하다
送李僉樞 世延 還忠州

자기가 서쪽에서 와서 관문을 꽉 채울 듯[97]	紫氣西來欲滿關
고향 산에 봄이 와도 돌아간단 말 못했네	故山春至未言還
팔순의 나이에 삼동의 잠자리가 안온하신 분	八旬安穩三冬寢
한 번 헤어진 십 년 동안 얼굴이 아련하였어라	一別依俙十載顔
성세에 노인을 우대한 당상관의 자급이요	聖世銀緋優及老
한거하며 약간 희끗해진 머리와 수염이라	閑居鬚髮略成斑
자손들이 언제나 뵐지 무릎 꿇고 여쭤 보니	兒孫跪問前期在
한강에 날랜 배 타면 길이 험하지 않노라고	江漢輕舟路不艱

97 자기(紫氣)가……듯 : 호서(湖西) 지방에서 올라온 이세연의 유의(儒醫)로서의 명망이 내의원(內醫院)의 다른 유수한 의원들을 압도했다는 말이다. 자기는 보라색 운기(雲氣)라는 뜻으로, 옛날에 성군이나 성현 등 걸출한 인물이 출현할 상서로운 기운으로 여겨졌는데, 춘추 시대에 윤희(尹喜)가 지키는 함곡관(函谷關)에 자기가 부옇게 떠 있더니 과연 노자(老子)가 푸른 소를 타고 왔더라는 고사가 전한다.《史記 老子韓非列傳 註》《일성록》 정조 18년(1794) 7월 16일 기사에 정조가 "내의원의 의관(醫官)들은 의견이 모두 진부할 뿐이니, 지방의 의관 중에 혹 물어볼 만한 자가 있는가?"라고 묻자, 번암이 "유의 중에 이세연이라는 자가 꽤 이름이 높습니다."라고 대답하여, 그를 데려와 진료하게 한 기록이 보인다.

2월 1일 을미일에 어가가 화성부에 도착하다
二月一日乙未御駕到華城府

난여(鑾輿) 소리 가까워지매 숙연히 쥐죽은 듯	鑾聲漸近肅無喧
백 리 길 먼지 사라지고 햇볕도 따스해라	百里塵消日色暄
당마[98]는 대궐의 봉서(封書)를 날래게 전달하고	塘馬飛騰長樂札
곤복(袞服)의 무늬는 패궁[99]의 술잔에 밝게 비치네	山龍輝映沛宮樽
역 마을에 자욱이 번지는 밥 짓는 연기요	驛村煙火環圍盛
망질[100]도 드높은 봉수산의 의젓한 자태로다	鳳岫儀容望秩尊
공연히 〈풍가〉[101] 부르면서 용사를 생각하기보단	多事風歌思猛士
태평성대 사면하는 조서가 훨씬 낫지 않겠는가	爭如聖代霈恩言

98 당마(塘馬) : 정조가 현륭원에 행차하는 의절과 관련하여 현장에 대궐의 지시를 전달하고 다시 답신을 받기 위해 당(塘)마다 배치해 둔 기마병을 말한다.

99 패궁(沛宮) : 패리(沛里)에 있는 궁실이라는 말로, 정조가 부친의 영원한 안식을 위해 조성한 화성의 현륭원을 비유하는 말로 쓰였다. 패리는 한 고조(漢高祖)의 고향인 패현(沛縣) 풍읍(豐邑) 중양리(中陽里)를 말한다. 한 고조가 고향을 그리워하는 부친을 위해 옛 진(秦)나라의 여읍(驪邑)을 풍읍의 거리로 조성하고 고향 백성들을 이주시켜 신풍(新豐)이라고 명명한 고사가 전하는데, 정조가 화성의 편액에는 모두 의미가 있다면서 중양문(中陽門)과 신풍루(新豐樓)는 패리의 옛 이름을 취한 것이라고 설명한 기록이 보인다. 《弘齋全書 卷177 日得錄17 訓語4》

100 망질(望秩) : 망제(望祭)를 지내는 산천(山川)의 등급을 말한다.

101 풍가(風歌) : 한 고조가 천하를 통일하고 천자가 된 뒤에 고향인 풍패(豐沛)에 들러 주연을 베푼 자리에서 즉흥적으로 부른 〈대풍가(大風歌)〉를 말한다. 그 노래 가사에 "어떻게 하면 용사를 얻어 사방을 지킬거나.〔安得猛士兮守四方〕"라는 구절이 나온다. 《史記 高祖本紀》

신축일에 귀경하는 길에 채로헌에 들러 창연한 심정으로 읊다

辛丑復路過采露軒悵吟

내 집을 내가 간수하지 못하고서	吾廬吾不守
누구에게 내 집을 봐 달라고 한단 말가	誰使主吾廬
흰머리는 해가 갈수록 늘어만 가고	白髮年年進
황폐한 울은 날이 갈수록 엉성해지네	荒籬日日疎
용퇴하기 어려움을 역시 알겠노니	亦知難勇退
초심을 저버린 것이 끝내 부끄럽기만	終愧負心初
조물의 무진장[102] 동쪽 누대 저 달빛은	無盡東臺月
밤중에 집이 텅 빈 것을 아쉬워하리라	應愁夜閤虛

102 무진장(無盡藏) : 아무리 써도 다함이 없는 보물 창고를 말한다. 소식(蘇軾)의 〈적벽부(赤壁賦)〉에 강가의 맑은 바람과 산간의 밝은 달빛은 조물자의 무진장이라는 명구가 나온다. 《東坡全集 卷33》

돌아오며 동작강(銅雀江)을 건너다

還渡銅江

탈 없이 봄날의 돛이 하구 건너 옮겨 가니	無恙春帆渡口移
갈대 가득 물가에서 친지들이 날 맞으며	蘋洲迎我見親知
다투어 말하기를 대가가 환궁하는 날에	爭言大駕還宮日
말 위의 용안이 가실 때보다 낫더라고	馬上天顔勝昔時

자식 아이가 죽은 아내의 장지(葬地)를 마련하려고 용인과 죽산 사이에 산지를 둘러보러 갔는데, 기한이 지나도 돌아오지 않기에 울음에 대신하는 노래를 문에 기대어 흘려 보다

兒子營婦葬往龍仁竹山間求山地過期不還當泣之歌倚門以洩

살아서는 화려한 집 죽어서는 산언덕으로[103]	生存華屋死山丘
더구나 산언덕도 쉽게 구할 수 없음에랴	況是山丘未易求
흰머리로 지팡이 짚고 대문 밖에 서서	白首杖藜門外立
한강 떠다닐 배에 바람 걱정 비 걱정	愁風愁雨漢江舟

103 살아서는……산언덕으로 : 위(魏)나라 조식(曹植)의 〈공후인(箜篌引)〉에 "살아서는 화려한 집에 살다가, 죽어서는 산언덕으로 돌아가네.〔生在華屋處, 零落歸山丘.〕"라는 시구가 있다. 진(晉)나라 양담(羊曇)이 자기를 무척 아껴 주던 외숙 사안(謝安)이 세상을 떠나자 다시는 사안이 살던 서주(西州) 땅을 밟지 않다가, 어느 날 술에 취해 자기도 모르게 서주의 문까지 갔다가 조식의 이 시구를 읊고 통곡했던 고사가 있다. 《晉書 謝安列傳》

조 참판 무범 에 대한 만사
趙參判 武範 挽

오두막집 아궁이 차가워도 가난을 말하지 않고	蝸屋煙寒不道貧
성 근교에서 꽃과 보리에도 즐거워 하였네	近城花麥亦娛神
이웃집에서 이 노인의 얼굴을 어찌 알았으리오	隣家詎識斯翁面
세상길에 처자의 몸도 꼭꼭 숨겨 두었는걸	世路深藏處子身
늙어 가며 높은 벼슬은 잠깐 지나는 구름이요	老去貂金雲暫過
한가로이 고서(古書)와 날마다 친하게 지냈다오	閑來蠹簡日相親
중국 사행(使行) 때 외람되이 받은 멋진 시 선물	燕槎濫被瓊琚贈
궤 속에 열 겹으로 싸서 지금도 보관 중이라오	塵篋于今十襲珍

꽃과 보리는 공의 시에 나오는 말이다. 그래서 기구(起句)에서 언급하였다.

4월 중순에 배리의 집으로 피신하여 우거하였다. 집이 공조의 뒤에 있었는데, 그 동네가 매우 정결하여 흐뭇하였다

四月中旬避寓裵吏家家在工曹後洞甚精潔可喜

영예와 치욕 슬픔과 기쁨 모두 하늘에 맡기고	榮辱悲歡一任天
흰머리 늙은이 먹기도 잘하고 잠도 잘 잔다오	白頭能食又能眠
시가 이뤄져도 이 세상에서 누가 나를 알아줄까	詩成海內誰知己
신세가 편안해 호로병 속에 따로 선경이 있네[104]	身逸壺中別有仙
약 시렁이 조용하니 바둑돌 소리 어울리고	藥檻靜宜碁子響
석류꽃이 끼어들어 흰 담장 더욱 산뜻해라	榴花添作粉墻鮮
가마 타고 하릴없이 산이나 찾아가는 이 몸	籃輿只自尋山去
밤낮으로 수고하는 비변사 관리가 부끄러워	慙愧籌司夙夜賢

104 신세가……있네 : 신선처럼 별천지에서 지락(至樂)의 삶을 누리고 있다는 말이다. 후한(後漢) 때 시장을 관리하는 비장방(費長房)이 약을 파는 선인(仙人) 호공(壺公)의 총애를 받아 그의 호로병 속으로 들어가 보니, 그 안에 일월(日月)이 걸려 있는 등 선경이 펼쳐져 있었다는 이야기가 전한다. 《後漢書 方術列傳 費長房》

우사(寓舍)의 벽에 제하다

題寓壁

나에 앞서 어느 누가 편액에 제하면서	先我何人額扁題
안한한 집 속에서 살기 좋다 칭했을까	安閑堂裏稱安棲
이따금 더위 피하려 정원 북쪽을 순회하고	有時逃暑巡庭北
일 없이 책을 보노라면 어느덧 해가 서쪽에	無事看書到日西
궁궐이 가까워서 맑은 기운이 처마를 두르고	淑氣繞簷雙闕近
기와집들이 낮아서 봉화 불빛이 방을 비추네	晴烽照室萬甍低
큰길이 다행히도 정릉동과 접했는지라	通街幸接貞陵洞
시사(詩社)의 제현과 차례로 손잡고 찾는다오	社裏諸賢取次提

육각산정에서 더위를 피하다

避暑六閣山亭

애석하도다, 봄 경치 즐겨 보려고	悵悵三春事
육각에서 노닐 계획 차질을 빚어	差池六閣遊
다시 오니 계절의 경물은 달라졌어도	重來異節物
정루는 예전과 같아서 한번 웃었소	一笑舊亭樓
산새들은 기뻐하며 다가와서 장난치고	幽鳥歡相狎
때 지난 꽃은 담담하여 더욱 발길 붙잡네	餘花淡更留
청랭하여라 바위 구멍의 샘물이여	清冷巖竇水
오늘도 마음 비추며 흘러가는구나	長作照心流

산정의 주인이 바뀌었으므로 창연한 심정으로 이 시를 짓다
山亭易主悵然書此

앵두 열매 둥글어지고 홰나무 잎이 돋는 때	櫻實初團槐葉新
흰 모래밭은 마치도 달이 담요 깔아 놓은 듯	明沙如月藉爲茵
우습구나, 이 세상에 일정한 주인이 없다지만	笑他世上無恒主
바위 앞에서 날 맞는 이 옛사람이 아닌 것이	迎我巖前非舊人
오직 익숙히 듣던 일백 가지 새소리에	惟是慣聽百鳥語
거문고 하나 썰렁하게 걸려 있을 뿐	蕭然挂在一龍脣
좋은 날 늙은이 흥치 끝없이 밀려와야	良辰老興來無盡
명승의 이름 진짜라고 인정해 줄 텐데	方許名區領得眞

우사에서 감회를 읊다

寓舍感吟

아침에도 묵묵히 앉아 있고	朝亦坐默默
저녁에도 묵묵히 앉아 있네	暮亦坐默默
어찌 내가 원해서 묵묵히 앉아 있으리오	默默豈吾欲
우거하는 여관에 찾아오는 객이 없으니까	旅寓少來客
우뚝 높이 서 있는 광화문이여	峨峨光化門
우러러 바라보면 지척에 있나니	瞻仰在咫尺
그동안 우리 역대 임금님들이	疇昔我列聖
이 안에 앉아 무위의 정치를 행하실 적에	垂衣坐此中
현능한 정승이 빛나는 운세 보좌하여	賢相佐熙運
조정이 성대하게 드높이 솟구쳤어라[105]	廊廟鬱穹崇
광화문이 새벽을 기다려 활짝 열리면	光化待曉開
햇빛에 비치는 백관의 붉은 슬갑 푸른 패옥	赤芾照蔥珩
종용히 국가의 큰 계책을 의논드리면	從容獻訏謨
화기가 온 누리에 흘러넘쳤는데	協氣扇八紘
미친 불길에 소실되다니 어찌된 하늘인가	狂燹奈何天
수문장이 지금 홀로 지키고 있네	衛將今獨守

105 조정이……솟구쳤어라 : 사마상여(司馬相如)의 〈장문부(長門賦)〉에 "정전이 높게 하늘까지 잇닿아서, 성대하게 함께 일어나 우뚝 드높이 솟구쳤네.〔正殿塊以造天兮, 鬱竝起而穹崇.〕"라는 표현이 있다. 《文選 卷16》

나란히 서 있는 경회루(慶會樓) 기둥이여 離立慶會柱
흡사 우주를 떠받쳐 주려는 듯 似欲撑宇宙
영조대왕이 매양 여기에 임어하시어 英考駕每臨
문소전(文昭殿)의 옛터를 추억하실 적에 撫玆文昭基
소신이 배종하는 은혜를 입어 小臣獲陪從
옛날의 일을 앞에서 설명드렸는데 古事前說之
지금은 떠나신 하늘나라 아득히 멀어 雲鄕今渺邈
흰머리로 눈물 콧물 흘릴 따름이라 白首徒涕洟
인재의 수준이 날로 낮아져서 人才日以降
이 몸이 승상 자리를 더럽히고 있다마는 此物玷台司
광화문아, 너는 응당 보았겠지 光化爾應見
황허[106] 그리고 네 분 이씨를 黃許與四李

동고(東皐 이준경(李浚慶)), 오성(鰲城 이항복(李恒福)), 한음(漢陰 이덕형(李德馨)), 완평(完平 이원익(李元翼))이다.

어떡하면 이런 인물을 기용하여 安得起此人
우리 임금님을 기쁘게 해 드릴거나 使我元首喜

106 황허(黃許) : 황희(黃喜)와 허목(許穆)을 가리킨다.

옛 창의궁을 지나가면서 감회를 읊다
過彰義舊宮感吟

궁궐 숲엔 여전히 붉게 물든 채색 구름 宮林猶帶彩雲紅
구오의 용의 광채가 해동을 비추누나[107] 九五龍光照海東
빛나고 빛나도다, 오십 년 사이의 일이여 熙熙五十年間事
공덕과 교화의 맹아가 여기에서 싹텄느니 功化權輿在此中

두 번째 其二

붉은 대문 굳게 닫힌 채 황혼을 향하는데 朱門深鎖向黃昏
백관의 패옥 소리 대신 새들만 재잘거리네 劍珮無聲鳥雀喧
오직 정원 아래 영산홍 나무만이 惟有杜鵑庭下樹
눈물 적신 옛날의 자취 그대로일세 猶霑玉淚舊時痕

영조대왕이 여기에 임어하여 매양 섬돌 앞의 영산홍 나무를 가리키면서 "내가 왕년에 여기에서 친상을 당하여 이 나무 아래에서 울부짖으며 통곡하였다."라고 하였으며, 그 뒤에 이 나무를 볼 때마다 쓰다듬고 어루만지며 눈물을 금치 못하면서 소리가 새 나가지 않게 목소리를 줄이곤 하였는데,

107 구오(九五)의……비추누나 : 용의 덕을 갖춘 성인이 천위(天位)에 거하며 동방을 다스린다는 말이다. 《주역》 〈건괘(乾卦) 구오〉에 "나는 용이 하늘에 있다.〔飛龍在天〕"라고 하였는데, 구오는 양기가 왕성하여 하늘에까지 잇닿았으므로 비룡재천이라고 했다는 공영달(孔穎達)의 해설이 있다.

당시 보령(寶齡)이 이미 팔순이었다.

세 번째 其三

궁궐 담장이 경희궁과 가까이 붙어 있어서	宮墻近接慶熙宮
느릅나무 그늘 속으로 가마가 왕래했었지	枌樹陰中步輦通
당일의 시종신을 누가 기억이나 할까	當日侍臣誰記取
흰머리로 텅 빈 거리 종종걸음 지나가네	白頭趨過巷門空

집으로 돌아가다

還家

오늘 바람과 햇빛이 좋아서　今辰風日好
일찍 일어나 흰머리를 빗질하고　晨起白頭梳
다른 데 옮겨 산 지 이십 일 만에　遷次二十日
호연히 내 집으로 돌아간다오　浩然歸吾廬
내 집은 정말로 알기 쉽나니　吾廬誠易知
은행나무 홀로 우뚝 서 있는 곳　銀杏表獨立
천진난만한 어린 손녀가　驕癡小孫女
혹시 놓칠까 봐 바짝 따라오고　相隨如不及
집사는 벌써 집에 먼저 도착해서　傔人已先至
덕지덕지 낀 섬돌 이끼 말끔히 청소했네　剔盡階苔澁
아담하도다, 저 매선당 건물이여　宛彼每善堂
한번 웃고는 쪽문 열고 들어가서　一笑以開閤
옷을 벗고 곧장 쓰러져 누웠나니　解衣便頹臥
경이 멀어지매 심소가 화협하네[108]　境遠心所協
정원의 홰나무는 내가 걷기를 기다려서　庭槐待我步

108 경(境)이……화협하네 : 세상일과 멀리 떨어져 있다 보니 마음이 절로 안온해진다는 말이다. 경은 인식 대상이 되는 세계를 뜻하는 불교 용어이다. 예컨대 육경(六境)은 안이비설신의(眼耳鼻舌身意)에 상응하는 색성향미촉법(色聲香味觸法)을 가리킨다. 심소(心所) 역시 심왕(心王)에 의지하여 일어나는 여러 가지 심리 현상을 의미하는 불교 용어이다.

주위를 빙 둘러 무성한 그늘을 보내 주고　　繁陰送匼匝
꾀꼬리는 내가 듣는 것을 기뻐하여　　黃鳥喜我聽
맑은 목소리로 서로 문답하는 듯　　淸音如問答
걱정되는 것은 좀 벌레가 야금야금　　所畏蠹魚黠
궤 속에 보관한 서책 갉아먹는 것　　損我藏書篋
동복을 불러 책갈피 점검하게 하고　　呼童檢牙籤
정원 햇볕에 늘어놓아 말리게 한 뒤　　秩秩曬庭除
객이 와도 알리지 말라 당부했나니　　有客且勿報
나는 당분간 내 글을 읽을 테니까　　吾且讀吾書

금년에 가뭄이 심해서 기우제를 두 차례나 지냈는데, 6월 초에 이르러 비로소 비가 크게 쏟아지다

今年旱甚圭璧再擧六月初始大霔

황천께서 이 비를 보내 주셔서	皇天送此雨
머리 조아리고 현묘한 작용 우러르나니	稽首仰玄機
늦긴 해도 안 오는 것보단 낫고말고	雖晩猶賢已
아침부터 멈추지 않고 빗발을 날려 주네	終朝不盡飛
삼각산 꼭대기에서 빚어내어	釀從三角岫
곤룡포 옷자락에 뿌려 대는 비	灑向袞龍衣
보도에 의하면 개울가의 집들이	報道川邊屋
거센 물결에 문이 잠기려 한다나	洪波欲上扉

반가운 비가 처음 내렸을 때에 상이 필시 나가서 맞았을 것이기에 제6구[109]에서 이렇게 말하였다.

109 제6구 : 대본에는 '第四'로 되어 있다. 문맥에 근거하여 '四'를 '六'으로 바로잡아 번역하였다.

6월 2일 정승의 직임에서 해면되다

六月初二日解相

사람이 형모와 기질 갖추고 나왔나니	人生形氣具
귀중하게 여길 것은 오직 자적하는 것	所貴惟自適
그런데 어찌하여 나의 몸뚱이는	奈何吾有身
십 년 동안 항상 속박을 받았는지	十年常局促
깊숙하고 드넓은 승상의 부서는	潭潭丞相府
내가 원한 곳이 결코 아니었네	亶非我所欲
시름 속에 지는 해를 뒤돌아보니	愀然撫頹景
내년이면 내 나이 벌써 여든 살	來歲爲八十
책을 펴고 읽어도 금방 잊어버리고	開卷讀且忘
붓을 잡고 써 봐도 거칠고 껄끄럽기만	搖筆荒以澁
말하는 것도 어찌 조심하지 않으랴만	言語豈不愼
나중에 점검해 보면 잘못된 것이 수두룩	追檢多顚錯
더군다나 높은 자리를 차지한 탓에	況復據高位
뭇 시샘이 잠시도 뜸한 적이 없어	群猜無暫釋
권문세가에서 걸번[110]을 끌어모아	權門募乞墦
사람을 물리치고 밤낮으로 모의한다나	屛人謀日夕
내가 이 말을 듣고는 껄껄 웃었나니	我聞輒大笑

110 걸번(乞墦) : 공동묘지에서 음식을 구걸한다는 뜻으로, 부끄러운 줄도 모르고 여기저기 기웃거리며 권세가에게 빌붙어 벼슬자리를 구하는 자를 가리킨다. 《孟子 離婁下》

뜬구름 같은 벼슬 저 멀리 지나갔다만	浮雲度遼廓
나는 본래 나이가 많아 퇴직한 것일 뿐	吾本引年者
당신들 때문에 그만둔 것이 아니니라	匪以爾輩故
지극히 간절한 뜻이 골수에 사무쳤는지라	至懇緘骨髓
한마디 말이 성주의 마음을 돌린 덕분에	一言回聖主
나를 중서성의 직함에서 해면하시고	解我中書銜
나에게 중추부 자리를 주신 것이니라	畀我西樞府
내 몸뚱이 이제 막 해방이 되어	吾身試自放
툭 터진 마음으로 사방을 돌아보니	恢恢却四顧
연꽃 못은 빗속에 향기를 보내 주고	蓮池雨送香
탐스러운 봉오리는 벌써 반쯤 벙그레	艷萼已半吐
남영의 폭포는 마침 물이 부쩍 불어	南營瀑正肥
푸른 벼랑에 하얗게 눈발을 날리네	雪吹蒼崖白
여기에서 내가 있을 곳을 찾았나니	於焉得我所
모든 일이 또한 만족스럽다 하리로다	萬事亦云足
꾀꼬리의 노래 그리고 온갖 새소리들	鶯歌與鳥聲
축하하는 말을 나에게 들려주려는 듯	似欲呈賀語
그동안 비좁았던 이 하늘과 이 땅이	天地向來窄
이렇게 드넓을 줄 누가 생각했으리오	孰謂寬如許
평화로운 태고 시대 어찌 멀다 할까	羲皇豈伊遠
이 일이 늦어진 것이 유감이긴 하다마는	此事恨不早
그래도 임금님 연모하는 나의 마음만은	獨有戀君心
죽으나 사나 성상의 은혜에 감읍할 따름	生死感恩造

공회가 병이 들었으니, 누구와 담소하겠는가. 복날에 집회가 없다니, 우리 시사(詩社)에서 10년 동안 이처럼 적막한 적은 일찍이 있지 않았다. 그래서 처창한 심정이 절로 시에 드러났는데, 공회가 이 시를 보면 그도 분명히 이런 심회를 똑같이 가질 것이다

公會病矣誰與語笑庚日無會集吾社十年來未曾有如許寂寞悵然之情自發於詩公會覽之亦必同此懷也

몇 년 동안 내가 무슨 재주로 승상부에 있었던가　經年台閣我何才
관직 그만두고 청주 즐기며 술잔 들 것만 생각했지[111]　官罷思銜樂聖杯
꾀꼬리는 복날이 지난다고 벌써 재촉하는데　黃鳥已催庚日過
푸른 나귀 타고 묘교[112]를 누가 찾아오리오　青驢誰訪卯橋來

111 관직……생각했지 : 격렬한 권력투쟁 속에서 정승 자리에 있을 당시 번암의 불안했던 심리를 표현한 듯하다. 청주 즐기며 술잔 든다는 것은 당나라 이적지(李適之)의 "현인을 피해 승상 자리 지금 막 그만두고, 청주 즐기며 술잔을 입에 대곤 한다네. 한번 물어보세 문 앞에 오던 손님들, 오늘은 몇 분이나 찾아오셨는지.〔避賢初罷相, 樂聖且銜杯. 爲問門前客, 今朝幾個來.〕"라는 시를 인용한 것이다. 여기에서 현인은 문자 그대로 현능한 인재를 뜻하는 것이 아니라, 맑은 술 즉 청주를 성인에 비유하고 혼탁한 술 즉 탁주를 현인에 비유하는 고사를 은근히 암시하면서, 바르지 못한 사인(邪人)을 의미하는 말로 쓰였다. 이적지는 권간(權奸)인 이임보(李林甫)의 모함에 걸려 재상의 직책에서 파면되었는데, 당시 조정에서는 그의 무죄를 알면서도 그를 찾아와 위로해 주는 이가 거의 없었다. 그래서 더욱 울분에 차서 날로 술만 마시다가 이 시를 지었는데, 이임보가 이 시를 보고는 더욱 성을 내며 핍박을 가하자 끝내는 독약을 마시고 자결하였다.《全唐詩 卷109 罷相作 竝註》

112 묘교(卯橋) : 정묘교(丁卯橋)의 준말로, 시인 묵객이 머무는 곳을 뜻하는데, 여

정이 끌리는 서쪽 성곽엔 나무숲에 연무가 자욱	關情西郭煙沈樹
일 없이 조용한 앞 정원엔 홰나무에 빗줄기 가득	無事前庭雨滿槐
유두 명절이 앞으로 또 머지않은데	佳節流頭仍不遠
둥근달 짝하여 웃는 얼굴 펼 수 있을는지	笑容能伴月輪開

기서는 번암의 거소를 비유하는 말로 쓰였다. 만당(晩唐)의 시인 허혼(許渾)이 강소성(江蘇省) 단도현(丹徒縣)의 정묘교 근처에 정묘장(丁卯莊)을 짓고 살았던 고사에서 유래하였다.

일이 있어서 궐외의 조방에 나아가다
因事赴闕外朝房

도성 거리에 닷새 동안 삼대 같은 빗줄기	天街五日雨如麻
거마가 진창에 빠져 감히 지나지 못하는데	車馬泥深不敢過
우스워라, 상군은 진짜로 노망이 들었나 봐	堪笑相君眞老妄
가마 타고 반쯤 삐딱하게 억지로 앉았으니	肩輿强坐半欹斜

지금 막 사직소(辭職疏)를 진달하면서 노망했다고 말했기 때문에 시어(詩語)가 이렇게 되었다.

단구산인 오경삼[113]이 산에 들어간 지 5년 만에 처음으로 서울로 나를 찾아왔다. 지금 그의 나이가 어느새 일흔이 되었는데, 손을 잡고 이야기를 나누다 보니 흡사 꿈속의 일만 같아서, 너무도 놀랍고 기쁜 나머지 그 심정을 시로 드러내다

丹丘山人吳景參入山五載始訪京師今其年居然爲七十握手敍話怳如夢境驚喜之極情發於詩

서로 그리워해도 그저 꿈속에서나 왔다 갔다	相思只許夢魂飛
오늘 돌아온 그대를 보니 내 얼마나 기쁜지	喜事今朝見爾歸
가슴속에 쌓인 말들 보자마자 쏟아져 나오고	言語積來初脈脈
얼굴 모습 가까이 접하니 되레 긴가민가하네	顏容襯接反依依
참동계(參同契)를 깨달아서 신선에 근사한데	參同悟解神仙近
뜬세상 광음 속에 옛 벗의 나이 고희로세	浮世光陰故舊稀
성남의 신혼의 모임 어찌 차마 추억할까	忍憶城南花燭會
작은 동산 대나무 숲 완전히 달라졌으니	小園叢竹已全非

작년은 노부가 결혼한 지 60년이 되는 해이다. 그런데 죽음당(竹陰堂)의 주인이 지금 몇 번이나 바뀌었는지 모르겠으니, 이 마음이 어떻게 처창해지지 않을 수 있으리오. 경삼 처남 역시 필시 여기에서 눈물을 머금을 것이다.

113 오경삼(吳景參) : 오대익(吳大益)으로, 자는 경삼, 번암의 처남이다.

중복에 탄신을 경하하며 문후하는 반열에서 돌아와 듣건대, 무호암과 기천과 오사와 학록[114]의 무리가 자기들끼리 연락하여 모임을 가지면서 내가 알지 못하게 했다고 하였다. 이는 참람한 일이기에 우선 시로써 그 죄를 묻다

中庚日自慶辰候班歸聞無號菴岐川五沙鶴麓輩各自招邀不使我知僭也第詩以問罪

소년들에게 시와 술 양보해 줄까 하였는데　　妄意詩樽讓少年
참람하게 모이는 장소 어디에다 정했는고　　僭成團會定何邊
오늘이 바로 중복이라고 사람들이 말하기에　　人言今日中庚是
내가 남산 북두의 자리 앞에서 내려왔노라[115]　　吾自南山北斗前

이날은 바로 혜경궁(惠慶宮)의 탄신일인 6월 18일이었다.

쓸어 놓은 빈 뜰에는 오직 새들만 내려앉고　　掃罷虛庭惟下鳥
남은 꿈 흔들어 깨우는 매미 소리만 요란해라　　攪來殘夢不禁蟬
한가한 문에 방문객 왔는지 자꾸 물어보나니　　閑門剌紙頻回問
세태가 옛날의 현인을 증명해 준다 하리로다　　世態惟應證昔賢

당인(唐人)의 〈파상시(罷相詩)〉에 "위문문전객(爲問門前客)" 구절이 있는데,[116] 제군(諸君)은 일찍이 이 시를 읽어 보지 못했는가.

114 무호암(無號菴)과……학록(鶴麓) : 무호암은 윤필병(尹弼秉), 기천은 채홍리(蔡弘履), 오사는 이정운(李鼎運), 학록은 이익운(李益運)의 호이다.

115 오늘이……내려왔노라 : 혜경궁의 탄신일을 기념하는 자리에서 남산과 북두성처럼 장수하시라고 축원하고는, 문인들과 중복을 보내기 위해 집으로 내려왔다는 말이다.

116 당인(唐人)의……있는데 : 344쪽 주111 참조.

달이 밝으면서 비 내리는 광경이 절묘하기에 지은 시
月明而雨光景絶奇

수목으로 어둠침침한 그윽한 정원에서	樹木朧朧庭院幽
황혼에 혼자 일어나 서루에 기대었네	黃昏自起倚書樓
하늘 동쪽의 달빛이 비와 무슨 상관이랴	天東月色何關雨
풀 밑의 벌레 소리는 벌써 가을이 되려나 봐	草底蟲聲已欲秋
마음 바탕이 태고 시대와 문득 이웃하게 하며	心地頓令隣太古
눈자위에 세상 걱정이 감돌지 않게 해 주누나	眉稜不許滯時憂
중추부의 일들 모두 한가롭기만 하니	西樞事事皆閑暇
몸과 이름 은퇴자에게 뒤질 것이 없어라	未必身名讓退休

입추
立秋

내가 늙어 찌는 더위에 시달리면서	吾老困炎熱
가을 기운 이르기만 날로 기다렸으니	日待秋氣至
입추를 맞아 어찌 기쁘지 않으랴만	秋至豈不喜
쉽게 가는 세월은 또 어떻게 하나	將奈徂歲易
금년은 비가 전혀 오지 않다가	今年雨極無
유월에야 비로소 주룩주룩 쏟아져서	六月始霈然
농사짓는 집은 모두 애처롭게도	田家儘可矜
웃자란 모를 가까스로 옮겨 심었으니	老秧權宜遷
억조창생이 그나마 바라는 것은	億兆所倖望
단지 서리가 뒤늦게 내리는 것	只在霜候退
내가 어찌 나의 몸뚱이만 생각하여	吾何爲吾身
늦더위를 참지 못할 것처럼 여기는가	晩暑如不耐
내 몸뚱이는 작고 민천[117]은 크니	身小民天大
나의 욕심이 그동안 잘못되었도다	吾願向來錯
정말 벼농사가 제대로 되기만 한다면	誠使禾稼成
더위에 쪄 죽는다 해도 나는 만족하리라	熱死吾亦足

117 민천(民天) : 백성의 하늘이라는 뜻으로, 양식(糧食)을 가리킨다. 《사기(史記)》 〈역생육가열전(酈生陸賈列傳)〉의 "제왕은 인민을 하늘로 삼고, 인민은 양식을 하늘로 삼는다.〔王者以民人爲天, 而民人以食爲天.〕"라는 말에서 유래하였다.

입추에 시사(詩社)의 제군과 옛 용호영에서 만났는데, 이때 시를 읊어서 오사 이공회에게 보여 주다

立秋日與社中諸君會龍虎舊營吟示五沙李公會

전년에 피서하고 금년에 또 피서하고 前年避暑又今年
하삭[118]의 유풍을 우리들이 전하는구나 河朔遺風我輩傳
늙어 가니 봄가을 쉽게 절서가 바뀌는데 老去春秋輕代序
누각에 앉았노라니 완연히 신선이로세 坐來樓閣儼如仙
공중을 나는 화살은 현신한 과녁을 기뻐하고 晴空矢喜呈身鵠
깊은 정원 홰나무는 때 만난 매미 소리를 전하네 深院槐傳得意蟬
군이 부절을 인수하여 내가 짐을 벗었나니 君已納符吾釋負
시사의 일이 어찌 모두 원만해지지 않으리오 社中何事不成圓

118 하삭(河朔) : 하삭음(河朔飮)의 준말로, 매년 피서(避暑) 목적으로 마련하는 주연(酒宴)을 말한다. 후한(後漢) 말에 유송(劉松)이 원소(袁紹)의 자제와 함께 하삭 즉 하북(河北)에서 삼복(三伏) 무렵이 되면 항상 더위를 피할 목적으로 밤낮으로 술자리를 베풀고는 인사불성으로 술에 취해 지냈던 고사에서 유래하였다. 《初學記 卷3 歲時部》

각 관아에서는 모두 선생안을 비치하였는데, 이 세상에 있지 않은 자에 대해서는 '선' 자를 써서 구별하였으니, 이는 관례였다. 시랑 오경삼이 '양쪽이 서로 버린 군평'[119]이 된 지 오래되었는데, 총부의 선생안에서 경삼의 성명 위에 '선' 자가 쓰여 있었다. 목여와 유선[120]이 부중에서 숙직을 하다가 우연히 이를 발견하고는 크게 놀라 얼른 지워 버리게 하고는 시를 지어서 경삼에게 부쳤다. 내가 이 말을 듣고는 반어법의 시를 지어 경삼의 마음을 풀어 주려고 한다

各省皆有先生案就其不在世者書仙字以別之例也吳侍郎景參爲兩棄君平久矣摠府案於景參姓名書以仙睦餘窩幼選寓直府中偶閱之大驚駭亟令剔去有詩寄與景參余聞之以詩反其意以廣景參之心云爾

창힐이 당년에 귀신처럼 글자를 만들 적에	蒼頡當年刱智神
선은 다름 아니라 산사람이라는 의미이니	仙非異物卽山人
신선의 땅에서 십 년 살며 휴직한 나그네에게	丹丘十載休官客
장부에 새 이름 넣은 것도 이상할 게 없어라	無怪瑤編錫號新

119 양쪽이……군평(君平) : 나는 세상을 버리고 세상은 나를 버린 군평의 신세라는 뜻으로, 벼슬을 버리고 세상을 피해 숨어 사는 것을 말한다. 군평은 한(漢)나라 고사(高士) 엄준(嚴遵)의 자이다. 벼슬을 하지 않고 숨어 살면서 성도(成都)에서 점을 치며 살아갔다. 남조(南朝) 송(宋)나라의 시인 포조(鮑照)의 시에 "촉(蜀) 땅의 엄군평(嚴君平)은 유독 적막하였나니, 자기와 세상 양쪽이 서로를 버렸다네.〔君平獨寂寞, 身世兩相棄.〕"라는 구절이 나온다. 《文選 卷21 詠史詩》

120 목여와(睦餘窩) 유선(幼選) : 목만중(睦萬中)으로, 자는 유선, 호는 여와이다.

두 번째 其二

미명이 걸린 걸 서슴없이 깎아 내 버리다니	公然剔去美名懸
세속의 계루에 이끌린 여와가 우습구나야	堪笑餘窩俗累牽
나처럼 홍진 속에서 흰머리로 변한 자는	如我紅塵頭白者
만금을 줘도 신선 이름 잠시도 못 사는데	萬金難買片時仙

말복에 시랑 이계수[121]가 술을 들고 와서 모였다. 이때 모인 자는 상서 조카 사술과 시랑 윤이중과 시랑 이공회[122]이다
三庚日李侍郎季受携酒來會會者尙書姪士述尹侍郎彝仲李侍郎公會

나는 육가의 돈 보따리[123]가 없으니 吾無陸賈橐
풍악을 어떻게 음미할 것이며 歌瑟何由得
나는 소부[124]의 황금이 없으니 吾無疏傅金
먹고 마시며 어떻게 즐기리오 飮食何以樂
이씨 집안의 두 분 시랑이 李家二侍郎
내가 고독하게 지낼 것을 염려하여 念我坐幽獨
여러 명사를 불러 모아 招呼諸勝流
남산의 누항을 찾아 주었네 爲訪南巷曲

121 이계수(李季受) : 이익운(李益運)으로, 자는 계수이다.

122 상서……이공회(李公會) : 사술은 채홍리(蔡弘履), 이중은 윤필병(尹弼秉), 공회는 이정운(李鼎運)의 자이다.

123 육가(陸賈)의 돈 보따리 : 육가분금(陸賈分金)의 고사를 인용한 것이다. 육가가 한(漢)나라 사신으로 남월왕(南越王) 조타(趙佗)를 설득하고 얻어 온 수천 금의 뇌물을 아들 5형제에게 나누어 주고는 차례로 다섯 집을 돌아다니며 친구들과 한껏 즐겼던 일화가 전한다. 《漢書 陸賈傳》

124 소부(疏傅) : 한 선제(漢宣帝) 때의 태자태부(太子太傅) 소광(疏廣)과 그의 조카인 태자소부(太子少傅) 소수(疏受)를 가리킨다. 소광이 부귀영화가 극도에 이르렀다면서 병을 핑계로 소수와 함께 사직을 청하자, 황제가 허락하며 황금 20근을 하사하고 태자가 또 50근을 주었는데, 이 황금을 가지고 고향인 동해(東海)로 돌아가서 날마다 친지를 불러다가 잔치를 베풀며 노년을 즐긴 고사가 전한다. 《漢書 疏廣傳》

오늘이 무슨 날인가 하면	今辰是何辰
세 번째로 맞는 이른바 말복	云是三庚日
홰나무 그늘 옆에 줄지어 앉았나니	列坐傍槐陰
때때로 일어나는 맑은 바람 피리 소리	有時淸籟發
조금 있으니 비녀 꽂은 하녀들이	須臾衆叉鬟
머리에 한 상 가득 이고 왔나니	戴得髹盤至
향기롭고 맛깔스러운 제철 음식들	時羞芳以馨
하나하나 모두 신경 써서 장만했다네	物物皆用意
술 많이 못 마신다 말하지 마오	莫道無酒戶
향내만 맡아도 기분이 좋아지는걸	聞香亦可喜
내가 말하기를 진솔한 우리 술자리는	吾言眞率飮
이렇게 풍성하게 안 해도 될 터인데	不宜豐如是
군이 말하기를 음식 맛이 천박해서	君言味淺薄
공의 입에 맞지 않을지 모르겠다고	恐不適公口
이미 술에 취하고 덕에 배가 불렀는데	旣醉又旣飽
이번에는 찻잔이 또 차제로 나오누나	茗椀次第授
그런데 나는 성상의 은혜를 입어	而我被聖恩
한가히 지내며 하는 일이 없지만	優閑無所事
여러분은 이 세상의 인재들로서	諸君當世彦
조정의 중책을 떠맡을 그릇이니	儘是廊廟器
즐겁게 노니는 것은 여가에나 하는 일	歡讌是餘事
요순의 다스림 보좌하기를 소원하노라	願補堯舜治

단양으로 돌아가는 오경삼을 전송하며

送吳景參還丹山

야윈 말 비리비리하고 장맛비 몰려오는데　　羸馬蕭蕭暑雨侵
산 나귀는 솔 그늘에서 또 잘 기다려 줄는지　　山驢能復待松陰
지금 속인은 모두들 있을 처소를 아는데　　如今俗子皆知處
군은 오직 단애가 깊지 않을까 걱정일세　　秖恐丹崖便不深

군이 일찍이 사슴을 기르면서 그 이름을 산 나귀〔山驢〕라고 하였다.

두 번째 其二

엄숙한 대궐 섬돌에서 임금님 알현하던 날　　肅穆天墀舞蹈辰
은자의 옷 벗어던지고 군이 조복 갖춰 입자　　蘿衣脫下强簪紳
육경 반열 옛 벗들이 놀라서 서로 돌아보며　　卿班舊友驚相顧
《황정》[125]이 그동안 독서인을 그르쳤다 말하였네　　道是黃庭誤讀人

세 번째 其三

안기생(安期生) 선인이 책망하며 군이 떠남을 조소했는데
安期指點笑君行
지금 나무숲 우거진 서울에 몸을 드러냈으니　　現在身呈綠樹京

125 황정(黃庭) : 도교의 선술(仙術)을 기재한 《황정경(黃庭經)》을 말한다.

많이 걱정되네 삼청의 선궁(仙宮)도 양부처럼　　多恐三淸如兩府
신선 명부에서 옛날의 이름 남겨 두지 않을까 봐　不留瑤籍舊時名

총부(摠府)와 금부(禁府)의 선생안(先生案)에서 모두 군의 이름 위에 '선(仙)' 자를 써넣었다가 지금 비로소 지워 버렸다고 한다.

네 번째 其四

일찍이 말하길 나귀 타고 곡구에 자주 갔더랬는데　曾說靑驢谷口頻
바위 구름이 영상처럼 옥호춘 술병을 둘렀더라고　巖雲映帶玉壺春
유감일세 참동의 비결 빌려 쓰지 못한 채　　恨君不借參同訣
정자진의 풍류의 기회 잃어버리고 말았으니[126]　　坐失風流鄭子眞

다섯 번째 其五

번옹이 매미 허물 벗듯 승상 인끈 집어던졌나니　樊翁相印蛻如蟬
하늘에 치닫는 너희 서강의 물결[127] 우습구나야　　笑爾西江浪拍天

126 유감일세……말았으니 : 번암의 처남 오대익(吳大益)이 선도(仙道)를 닦으면서 정자진(鄭子眞)처럼 이 풍진 세상을 떠나 유유히 숨어 사는 삶을 누리지 못한 것이 유감이라는 말이다. 참동은 후한(後漢)의 위백양(魏伯陽)이 지은 《참동계(參同契)》를 말하는데, 도가(道家)에서 장생불사의 선술을 수련하는 대표적 경전 중의 하나이다. 정자진은 한(漢)나라 때의 은사(隱士)인 정박(鄭樸)을 말한다. 성제(成帝) 때 대장군 왕봉(王鳳)의 초빙에도 응하지 않은 채 곡구(谷口)에 집을 짓고 살면서 곡구자진(谷口子眞)이라고 호를 지은 뒤 수묵(守默)하며 도를 닦았다고 한다. 《漢書 王貢兩龔鮑傳序》

127 서강(西江)의 물결 : 세상의 풍파를 말하는데, 여기서는 극성을 부리며 못살게 구는 권신들의 횡포를 뜻하는 말로 쓰였다. 송나라 황정견(黃庭堅)이 시어머니의 구박

수운정 위의 달님에게 돌아가서 말해 주오　　　　歸語水雲亭上月
모년에 분화[128]한다는 옛 맹약 굳건하다고　　　　暮年分華已盟堅

을 받고 죽어 간 여동생이 죽은 뒤에까지 폄훼당하는 것을 묘사한 〈훼벽(毁壁)〉 시에 "돌아가 이제 소요하려는데, 서강의 물결은 언제나 잠잠해지려나.〔歸來兮逍遙, 西江波浪何時平.〕"라는 구절에서 유래하였다. 《古今事文類聚 後集 卷11 毁壁》《晦庵集 別集 卷1 林井伯》

128 분화(分華) : 화산(華山)을 나눈다는 뜻으로, 산에 들어가 숨어 사는 것을 말한다. 송나라의 괴애(乖崖) 장영(張詠)이 포의의 신분일 적에, 태화산(太華山)에 은거 중인 희이선생(希夷先生) 진단(陳摶)을 찾아가서 "화산의 반쪽을 나누어 살고 싶은데, 그럴 수 있겠습니까?〔願分華山一半居之, 可乎?〕"라고 묻자, 진단이 그의 풍모를 가상하게 여겨 "공에게는 내가 물론 그렇게 해 줄 수 있다.〔於公固可及〕"라고 허락한 고사에서 유래하였다. 《事實類苑 卷37 詩賦歌詠 張乖崖》 여기서는 번암이 처남인 오대익과 함께 수운정이 있는 단양에 은거하고 싶다는 소원을 피력한 것이다.

서사관 박춘근이 나의 시 한 수를 얻어서 자기 시고에 올려 그 이름이 오래가게 해 달라고 청하였다. 박춘근은 내 시문을 정서(正書)하는 일을 담당하였으므로, 내가 웃으면서 이렇게 써 주다

寫官朴春根請得一詩登諸詩藁中以壽其名春根是余書手笑以書贈

나의 시 수중에서 빠져나오자마자	吾詩脫得手中纔
군은 벌써 붓을 잡고 책상 앞으로	君已操毫近案來
우열을 군이 안 따지고 마구 써 내려가니	優劣不須論製寫
허공의 구름이 지나가다 웃으며 배회하네	太虛雲過笑徘徊

두 번째 其二

임시로 합해진 이 형해 우연히 한때인데	假合形骸偶一時
죽어서 이름과 성씨 남겨서 무엇 하려나	死留名姓欲何爲
우스워라 왕륜[129]과 함께 살지 못하여	笑渠生不汪倫竝
청련에게 칠언시를 청하지 못했으니	未乞青蓮七字詩

129 왕륜(汪倫) : 청련거사(青蓮居士) 이백(李白)이 경현(涇縣)의 도화담(桃花潭)에서 노닐었는데, 당시에 항상 좋은 술을 빚어 두었다가 이백이 올 때마다 대접했다는 마을 사람 이름이다. 이백이 그의 후의에 감사하는 뜻으로 〈증왕륜(贈汪倫)〉 시를 지어 주었다. 《李太白集 卷11》

사절을 따라 연경에 들어가는 이종빈을 전송하다
送李宗賓隨使節入燕

해마다 이별하며 증정하는 시를 보면 진부하기만	陳腐年年贈別詩
계주와 요주의 구름과 눈 표현 피곤하기 그지없어	薊雲遼雪不勝疲
지금 그대를 보내며 다른 말은 할 것 없이	如今送子無他語
그저 이별의 정이 말 따라간다고 말하리라	只說離情去馬隨

한가히 거하며

閑居

흰 판때기 거친 사립 밀치고 오는 객이 적어　　荒扉白板少人推
감기는 눈자위 게슴츠레 낮에도 떠지지 않네　　倦睫朧朧午未開
때때로 아득한 옛날에 혼자서 마음 노닐며　　時自游心在三古
그저 천 번을 목표로 배를 문지를 따름일세　　但能摩腹準千回
관직이 한가하니 남은 날도 즐길 만한데　　官閑餘日猶堪樂
가을 곡식 익어 가니 동풍은 시샘하지 말 것　　秋熟東風莫謾猜
철 따라 오는 기러기 떼 응당 깃털 갈았을 터　　期至冥鴻應刷翮
소상강에서 먹이 때문에 날아오진 않았으리라　　瀟湘不爲稻粱來

자조하며 지은 시

自嘲

좌선하는 사람 마냥 몸을 까딱도 하지 않고	形骸兀兀坐禪如
문을 열고서 때때로 텅 빈 하늘 바라보네	開戶時時看太虛
밤에는 자주 놀라 깨어 낮잠을 달게 자고	夜寢易驚酣午寢
옛 책 다 못 읽고는 새 책만 좋아한다나요	舊書未了喜新書
열심히 빗질하니 두풍은 줄어든 것 같다마는	勤梳漸似頭風減
베개를 높이 괴어도 폐병은 없애기 어려워라	高枕終難肺病除
이불 속에서 아침에 그래도 얼굴이 피어났나니	衾裏朝來猶色喜
양서[130]의 소식에 국화가 이제 막 피어났다네	瀼西消息菊花初

130 양서(瀼西) : 양수(瀼水) 서쪽이라는 뜻으로, 번계(樊溪) 근처에 있는 번암의 집을 가리킨다. 양수는 중국의 기주(夔州) 봉절현(奉節縣)을 지나는 냇물이다. 기주 사람들은 산골에서 장강(長江)으로 흘러가는 냇물을 양(瀼)이라고 불렀다. 두보(杜甫)가 그곳의 경치를 좋아하여 한동안 그 주변에서 우거하며 양서, 양동(瀼東)이라고 불렀다. 두보가 〈기주가(夔州歌)〉 10수 중 제5수에서 "양수 동쪽 양수 서쪽은 일만의 가호요, 장강 북쪽 장강 남쪽은 봄 겨울에 꽃이로다.〔瀼東瀼西一萬家, 江北江南春冬花.〕"라고 하고, 〈양서한망(瀼西寒望)〉에서 "구당에 봄빛이 이르려 하매, 양서에 살려고 터를 정하였다.〔瞿唐春欲至, 定卜瀼西居.〕"라고 하는 등 양(瀼)이라는 글자를 사용한 시어가 산견(散見)된다. 《杜少陵詩集 卷15, 卷18》

와병 중에 공회가 금수정의 승경을 탐방하는 유람을 즐겼다고 하기에 "몸은 날아가고 싶지만 병들어 침상에 누워 있네."[131]라는 시구를 암송하면서 그냥 이렇게 지어 보다
病臥聞公會作金水亭探勝之遊暗誦身欲奮飛病在床之句聊書此

가을도 끝난 남산에 병들어 이불 속에서	秋盡終南病在衾
동쪽 하늘 한없이 바라보는 모년의 마음	東天一望暮年心
그동안 벼슬살이 서로 누를 끼친 듯한데	向來簪笏如相累
가는 곳마다 구름 숲은 얼마나 깊숙할까	行處雲林幾許深
들국화도 아쉬워하리 혼자서 향내 맡으니	山菊悵然成獨嗅
산새도 웃지 않겠나 외로이 중얼거린다고	野禽能不笑孤吟
하늘의 현묘한 작용은 제일 말하기 어려운 경지	玄機最是難言境
자연의 소리가 거문고를 능가함을 누가 알겠는가	誰識希音度玉琴

131 몸은……있네 : 두보(杜甫)가 간의대부(諫議大夫) 한주(韓注)에게 부친 시인 〈기한간의주(寄韓諫議注)〉에 나오는 말이다. 《杜少陵詩集 卷17》

병상에서 밤이 긴 것을 괴로워하며 답답한 심회를 토로하다
病枕夜苦長悶鬱書懷

침상과 돗자리 왔다 갔다 뒤척거리다가	轉輾床東與簀西
야심해서야 약 순갈 드는 게 느슨해졌네	夜深方始懈刀圭
어디선가 오두막에서 다듬이 소리 들리는데	何邊小屋猶鳴杵
어떤 집도 닭을 기르지 않는 것이 의아해라	還訝千家不養鷄
창문이 깜깜해 등불 깜박이는 것을 이따금 보고	牕黑時看燈掩映
인적이 드물어 달의 높이를 물어보기도 어렵구나	人稀難問月高低
신음하는 와중에도 간간이 생각나는 것은	吟呻亦有間思慮
필운대의 비단 잎이 얼마나 가지런해졌는지	幾許雲臺錦葉齊

시사(詩社)의 여러 벗이 필운대(弼雲臺)에 가서 단풍을 감상했다고 들었기 때문에 이렇게 말하였다.

병들어 밤중에 창연한 심정으로 읊다
病夜悵然有吟

바람에 낙엽 분분히 그림자 지며	風葉紛爲影
창 사이 달빛과 함께 흔들거리네	牕間月幷搖
요즘 들어 나의 병세 심해지는데	近來吾病甚
무슨 일로 고인은 멀리 떠나 있나	何事故人遙
하얀 누각은 가을에 휑뎅그렁하고	白閣秋空闊
누런 국화는 만년에 고즈넉하도다	黃花晩寂寥
부러워라, 그 사람 동쪽 바닷가에서	羨他東海上
날랜 말 타고 사선을 맞을 터이니	飛騎四仙邀

이때 계수(季受 이익운(李益運)) 태(台)가 왕명을 받들고 관동(關東) 9개 군(郡)을 순력(巡歷)하였다. 베갯머리에서 생각해 보니 등선(登仙)한 것과 다를 것이 없기에, 시어(詩語)가 자연히 이렇게 되지 않을 수 없었다.

상이 《영남인물고》를 찬술하라고 명하면서 천신에게 그 일을 총괄하게 하였다. 그리고 경재와 시종 등 20여 인에게 사무를 맡겼는데, 이들은 모두 친지에 속한 사람들로서 상이 특별히 차임한 자들이었다. 무고가 멀지 않은 거리에 가까이 있는 데다가 건물이 크고 널찍하여 많은 사람을 수용하기에 적합하였으므로, 이 점을 감안해서 여기를 역소로 삼았다. 10월 12일에 모두 모였을 때에 시를 지어 이날을 기념하다

上命述嶺南人物考使賤臣總之卿宰侍從二十餘人任其事皆親知中人而上所特差也武庫不遠而近又宏敞合受多人於是以是爲役所以十月十二咸集詩以記之

천 리 떨어진 누항도 문정(門庭)으로 여기시는　千里窮閻視戶庭
성조의 말씀이 족히 사림을 경청하게 해서　聖朝言足士林聽
경사에 조회하러 가는 맑은 기운이 영남에 전개되었나니
朝天淑氣開南嶺

영남 사람들이 모두 이름난 선조(先祖)의 사적(事蹟)을 싸 들고 와서 도성 거리를 메웠으므로 이렇게 말하였다.

미천한 자도 천거하게 한 깊은 은혜가 북명에 비교되네[132]

132 미천한……비교되네 : 북명(北溟) 즉 북쪽 바다 깊숙이 어두운 심연에 감춰져 있던 곤(鯤)이라는 물고기가 붕(鵬)이라는 큰 새로 변화하여 하늘 높이 날아올랐다는 이야기처럼, 그동안 묻혀 있던 영남의 인물들이 임금의 특별한 배려로 세상에 환히 드러나게 되었다는 말이다. 곤과 붕의 이야기는 《장자(莊子)》 〈소요유(逍遙遊)〉에

揚側深恩較北溟

무기고는 백 년 세월 자전[133]이 삼엄한 곳　武庫百年嚴紫電
도성 거리 하룻밤에 문사들이 모였으니　通衢一夕聚文星
논하며 필삭하고 마음을 세밀히 써야 할 터　論當筆削心應細
공정하다는 평가를 어떻게 하면 얻을는지　評騭何由得稱停

나온다. 미천한 자도 천거하게 했다는 것은, 요(堯) 임금이 신하들에게 제위(帝位)를 인수할 사람을 추천하라고 하면서 "이미 현위(顯位)에 있는 자도 드러내어 밝히고, 숨어 있는 미천한 사람도 천거하라.〔明明揚側陋〕"라고 한 말을 인용한 것이다.《書經 堯典》

133 자전(紫電) : 검광(劍光)을 보랏빛 번갯불에 비유한 것으로, 예리한 무기 혹은 그와 같은 절조의 소유자를 가리킨다. 당(唐)나라 왕발(王勃)의 〈등왕각시서(滕王閣詩序)〉에 "솟아오르는 교룡 같고 날아오르는 봉황과 같나니 그 글은 맹 학사 같은 문장의 대가에 비길 만하고, 자줏빛 번개 같고 차가운 서릿발 같나니 그 절조는 왕 장군의 삼엄한 무기고에 비길 만하다.〔騰蛟起鳳, 孟學士之詞宗; 紫電淸霜, 王將軍之武庫.〕"라는 말이 나온다.《王子安集 卷5》

10월 16일 밤 자시에 월식이 일어난 것을 보고
十月十六夜子時月食

내 의관을 정제하고 하늘을 우러러보았나니	整我衣冠仰太淸
둥근달의 밝은 빛을 누가 거두게 하였는고	月輪誰使斂光晶
노동은 괜히 걱정하며 애를 태웠나니	盧仝枉費憂心切
외물이 본체의 광명을 어떻게 하리오[134]	外物其如本體明

134 노동(盧仝)은……하리오 : 권간(權奸)이 아무리 국권을 농단하려 해도 임금이 항상 밝게 살펴보고 있으니 하등 염려할 것이 없다는 말이다. 당(唐)나라 시인 노동이 장편의 〈월식시(月蝕詩)〉를 지으면서, 두꺼비가 달을 좀먹어 들어가 큰 달덩어리를 배 속에 삼킨다고 전제하고는 "서캐와 이처럼 보잘것없는 땅 위의 신하인 제가 옥황상제님께 고해 올립니다. 신의 가슴속에 들어 있는 한 치의 단검을 가지고 요망한 두꺼비의 창자를 갈라 버릴까 합니다.〔地上蟣蝨臣仝, 告訴帝天皇. 臣心有鐵一寸, 可刳妖蟆癡腸.〕"라고 하는 등 비분강개한 심회를 토로하였다. 《古今事文類聚 前集 卷2》 여기에서 달은 종묘사직을, 두꺼비는 간신이나 역적을 비유하는데, 이에 대해서 "노동이 일찍이 〈월식시〉를 지어서 원화 연간의 역당을 조롱하였다.〔嘗爲月蝕詩, 以譏切元和逆黨.〕"라고 한 사평(史評)이 전한다. 《新唐書 韓愈列傳 附盧仝》

오사[135]가 선영에 일이 있어서 신창으로 급히 달려갔다는 말을 듣고 창연한 심정으로 읊다
聞五沙有事先壟忙赴新昌悵吟

동호에서 하나의 길로 내달려 신창으로	銅湖一路走新昌
듣자니 날랜 말로 석양을 무릅썼다고	聞說輕驂犯夕陽
군이 떠나며 고별의 글을 쓸 여유도 없었나 봐	君去未遑書告別
인간 세상 일에는 원래 급박한 경우가 많으니까	人間本自事多忙
고향 동산 주금의 일은 웃으며 머리 돌리고[136]	鄕園晝錦回頭笑
묘지의 새벽 서리만이 차갑게 눈을 채우리라	墟墓晨霜滿目涼
서로 짝지어 사는 칩충들에게 부끄러운 한편으로	堪愧蟄蟲相伴住
저들이 외려 속진의 굴레 벗은 듯해 부러워지기도	羨渠猶似脫塵韁

135 오사(五沙) : 이정운(李鼎運)의 호이다.

136 고향……돌리고 : 귀한 신분으로 고향에 돌아온 그에게 향하는 사람들의 부러워하는 시선이나 축하하고 찬미하는 따위는 웃고 가볍게 받아넘기며 겸양하는 자세를 취할 것이라는 말이다.

무제

無題

대궐에서 절하며 남극성 그림 돌려드리고	殿裏拜呈南極耀
위수 물가 후거의 먼지 뒤돌아보며 웃는다[137]	渭濱回笑後車塵

살펴보건대 무신년(1788, 정조12) 섣달그믐에 선생이 영수각(靈壽閣)에서 숙배(肅拜)하려 할 적에, 상이 남극노인성(南極老人星)의 그림을 하사하였는데, 상의 뜻은 대개 기구(祈求)하며 축도(祝禱)하는 뜻을 부친 것이었다. 그리고 선생이 무오년(1798) 동지(冬至)의 문후하는 반열에 참석했을 적에, 상이 동조(東朝)[138]를 문안하고 오는 길에 선생을 불러 접견하고는 "경이 내년에 80이 되니, 응당 영상(領相)으로 궤장(几杖)을 받아야 할 것이다."라고 유시(諭示)하며 매우 축하하는 뜻을 보였다. 그런데 이듬해인 기미년(1799) 1월에 선생이 병세가 위독해지자 문인(門人)인 이정운(李鼎運)을 마주하고는 이 1연(聯)을 읊어서 보여 주었는데, 그 뜻은 대개 남극노인성의 그림을 대전(大殿)에 돌려드리고 영상의 궤장은 스스로 감당할 수 없다는 뜻을 보인 것이었다. 선생이 일념(一念)으로 충애(忠愛)한

137 위수(渭水)……웃는다 : 번암이 이제 곧 생을 마감할 때를 맞이하여, 옛날 정승의 직책에 발탁되었을 때의 일을 회상하며 임금의 은혜에 감사하는 뜻을 표한 것이다. 주 문왕(周文王)이 사냥을 나가서 위수 가에서 낚시질하는 태공망(太公望) 여상(呂尙)을 만나 후거(後車)에 싣고 돌아와 재상으로 삼았다. 《史記 齊太公世家》

138 동조(東朝) : 태후의 거처를 말하는데, 여기서는 영조의 계비 정순왕후(貞純王后) 김씨와 정조의 생모인 혜경궁(惠慶宮) 홍씨를 가리킨다. 한(漢)나라 태후의 거처인 장락궁(長樂宮)이 황제의 거처인 미앙궁(未央宮)의 동쪽에 있었던 데에서 유래하였다.

정성과 평생 퇴양(退讓)한 절조를 여기에서 모두 볼 수 있으니, 아, 그 훌륭한 점은 아무도 따를 수 없다고 하겠다.

번암집

제20권

소차 1
疏箚一

검열을 사직하는 상소[1] 무진년(1748, 영조24)

辭檢閱疏 戊辰

삼가 아룁니다. 신은 재주로 보자면 지극히 용렬하고 가문으로 보자면 참으로 한미합니다. 어찌 벼슬하려는 생각을 조금이라도 염두에 두었겠습니까. 그런데도 전하께서 용렬하다 하여 버리지 않으며 한미하다 하여 내치지 않고 조용한 밤 편전에서 온화하고 맑은 천안(天顔)으로 심지어 신의 조부와 종조부를 거명하시며 조용히 조곤조곤 타이르셨습니다. 더욱이 다음 날 예문관 대제학이 입시하였을 때 애석한 뜻의 하교와 세상에 없는 칭찬으로 용렬하고 한미한 신을 굽어살펴 드러내 주신 것은 또한 미천한 신이 마땅히 얻을 바가 아니었습니다. 신은 감동이 마음 깊이 사무쳐 스스로 "나처럼 천한 자가 이런 곤룡포의 무늬보다 화려한 칭찬을 받으니 비록 이것만을 손으로 받들고 생을 마친다 해도 여한이 없을 것이다."라고 말하였습니다. 그런데 직접 붓을 잡고 특별히 한림 권점(翰林圈點)이 종료된 이후에 친히 권점을

1 검열(檢閱)을 사직하는 상소 : 1748년 12월 12일에 올린 것이다. 번암은 11월 22일과 24일 사변가주서가 되어 입시하였는데 영조가 그를 특별히 알아보고 그의 가계(家系)에 대하여 상세히 묻는 등 매우 자별하게 대하였다. 11월 26일 영조는 한림 권점(翰林圈點)에서 1점을 받은 번암에게 공개적으로 2점을 직접 더 주어서 정시(庭試)에 응시할 수 있도록 하였다. 이어 12월 1일 한림 소시(翰林召試)에 번암이 장원하자 자신의 감식안이 틀리지 않았다고 자찬한다. 이튿날 검열에 제수되었지만, 고변(告變) 사건의 친국(親鞫)에 기사관으로 입시하게 되어 일반적인 규례에 따른 사직소를 올리지 못했다. 마침 모친의 병환으로 말미도 내지 못한 채 12월 8일 도성을 떠났으며, 11일 패초(牌招)가 내리자, 그제야 이전에 올리지 못한 상소를 올린 것이다.

쳐 주신 일은 꿈에도 생각지 못한 것이니, 이런 특별한 은총은 천고(千古)를 거슬러 올라가도 비할 데가 없습니다. 이에 신은 너무도 황공하여 감격의 눈물이 온 얼굴을 적셨으며, 어떻게 죽어야 이 은혜를 갚을지 더욱 알지 못하였습니다.

아아, 선비에게 명절(名節)과 충의(忠義)는 비록 작록과 은혜가 아니더라도 더욱 힘써야 하는 것인데 이제 전하께서 천고에 없는 은혜를 내리셨으니 신 또한 천고에 없는 보은을 기약해야만 티끌만큼이나마 갚을 수 있을 것입니다. 따라서 전하를 위하여 뼈가 가루 되고 간이 문드러져도 사양하지 않을 것이며, 끓는 물에 뛰어들고 타는 불을 밟는 것 또한 거절하지 않을 것입니다. 하물며 한림원(翰林院)에서 붓을 귀에 꽂고 어사대(御史臺)에서 이불을 옆구리에 끼는 것[2]이야 신에게는 더없는 영광이며 더없는 행운이니 어찌 고통스럽게 머뭇거리며 물러날 생각을 하겠습니까.

다만 생각해 보니, 일이 일반적인 규례를 벗어난다면 듣는 이들은 쉬이 의아해할 것이며, 은혜가 혹여 지나치다면 당사자는 스스로 편안하지 못할 것이니, 이는 진실로 이치나 형세상 피할 수 없는 것입니다. 그런데 이제 없던 권점이 생겨나서 응당 응시하지 말아야 할 시험에 응시하였으며, 그것도 외람되이 장원의 자리를 더럽히고 말았습니다. 비록 전하께서 신의 용렬함을 모르고 신 집안의 한미함을 불쌍히 여겨 반드시 신을 도와주고 격려해 주려고 이처럼 이전에 없는 과분한 은혜

2 한림원(翰林院)에서……것 : 모두 임금을 곁에서 모시는 것을 뜻한다. 한림원이나 어사대는 모두 시종하는 신하들이 있는 곳이다. 이불을 옆구리에 낀다는 것은 숙직하는 것을 말한다.

를 내리셨으나 홍문관의 규례가 제대로 시행되지 않는 것이 실로 신에게서 시작되었습니다. 그러니 신이 어찌할 줄 몰라 웅크리고 멈칫거리며 뒷걸음치면서 두려움에 가득한 마음을 조속히 상소하여 말씀드려야겠다는 생각을 어떻게 하지 않을 수가 있겠습니까.

그런데 때마침 친국(親鞫)의 명[3]이 내려서 부득이 염치 불고하고 나와서 숙배(肅拜)하느라 감히 사의(私義)에 편치 않음을 말씀드리지 못하였습니다. 하지만 그대로 자리를 차지할 수 있을 리가 단연코 없는 것입니다. 더욱이 그때 노모의 관격증(關格症)이 조금 덜하다가 다시 심해지기를 무시로 하였습니다. 곁에 있어 간병할 사람은 다만 신 한 사람인데 이제 말미가 다하여 천패(天牌)가 엄히 당도하니 새로 벼슬길에 나선 미천한 신이 어떻게 패초를 어기는 것이 만번이라도 죽어 마땅함을 모르겠습니까. 그러나 나아가야 하는데 나아가지 않는 것은 진실로 신이 감히 하지 못하지만, 나아가지 말아야 하는데 나아가는 것 또한 신이 더욱 감히 하지 못하겠습니다. 이제 감히 패초를 따라 궐문 밖에 이르러 상소를 올리고 지레 돌아갑니다. 삼가 바라건대 천지부모와도 같은 성상께서는 급히 신의 관직을 삭탈하여 홍문관의 규례를 보존하고 병든 모친을 간병할 수 있게 해 주소서. 이어 오만하게 머뭇거린 신의 죄를 다스려 조정의 기강을 엄숙히 하신다면 매우 다행이겠습니다.

답하기를,

3 친국(親鞫)의 명 : 여천군(驪川君) 이증(李增)이 투서를 고변한 사건을 말한다. 《英祖實錄 24年 11月 9日》

"상소를 살펴보고 잘 알았다. 권점을 준 것은 공적인 것이다. 왕자(王者)가 사람을 쓸 때 다만 인재를 취할 뿐이니 애초에 사사로움이 없는 것인데 소관(小官)이 되어서 어찌 나오지 않겠다고 버티는가. 그대는 사양하지 말고 속히 직무를 살피도록 하라."

하였다.

송영중이 연석에서 무함한 것에 대하여 변백하는 상서[4] 기사년(1749, 영조25)

辨宋瑩中筵誣書 己巳

왕세자가 대리(代理)할 때 한림(翰林)으로서 패초를 어겨 파직 중에 있을 때 올린 것이다.

삼가 아룁니다. 신은 가문이 고단하고 인척도 잔약하여 사방에 울타리가 없습니다. 단지 대조(大朝 영조)의 하늘과 같은 큰 은혜를 믿고서 천에 하나도 가당치 않은 자리에서 머뭇거리고 있으니 먼 길 떠난 나그네처럼 고독하고 외로워 그림자를 돌아보며 스스로 불안해하였습니다. 진실로 화씨(和氏)처럼 보물을 가지고 있는 것이 죄가 되고, 복이 지나치면 재앙을 만든다고 생각하였지만, 이렇게 터무니없이 망극한 무함이 신의 아비[5]에게 미칠 줄은 생각지도 못하였습니다. 마음이 고통스러운 사람은 말을 천천히 할 겨를이 없는 것입니다. 이제 신이 당한

4 송영중(宋瑩中)이……상서 : 1749년 8월 28일에 올린 것이다. 당시 번암은 대교(待敎)로 재직 중에 패초를 어겨 파직당한 상태였다. 사도세자(思悼世子)의 대리청정(代理聽政)이 시작되자 같은 해 8월 15일 송영중은 정언(正言)으로서 상소를 올려 이조참의에 제수된 권상일(權相一)을 논핵하고 영조의 탕평책을 비판하였다. 아울러 한림권점에 영조가 직접 간여하여 발탁한 번암을 잡류(雜流)라고 논핵하였다. 이에 영조가 그 상소를 문제 삼아 송영중을 부르자, 송영중은 번암의 부친 채응일(蔡應一)의 이름이 옥사(獄事)의 초사(招辭)에 나왔다고 언급하였다. 역적과 연루된 사람의 자식을 발탁한 것은 잘못이라는 뜻이다. 이 글은 이에 대응하여 올린 것이다.《英祖實錄 25年 8月 15日, 21日》

5 신의 아비 : 채응일(1686~1765)로, 본관은 평강(平康), 자는 경언(敬彦)이다.

일은 얼이 빠지게 하고 뼛골이 시리게 하니, 단지 마음이 고통스러운 정도가 아닙니다. 비록 파직된 상태이지만 명철하신 저하께 급하게 아뢰지 않을 수가 없습니다. 불쌍히 여겨 살펴 주시기를 바라니 여타의 사항은 감히 구애받지 못합니다. 신의 죄는 더욱 죽어 마땅합니다.

저 대신(臺臣)이 신의 아비의 이름이 일찍이 국문(鞫問)의 공초(供招)에 나왔다고 하는데, 모르겠습니다만 어느 해의 국문이며, 어떤 역적의 공초입니까? 또 그 말의 내용이 어떤 것이며, 조정에서는 어떻게 처리하였습니까? 아아, 이름이 국문의 초사(招辭)에서 나왔는데 도리어 감출 수가 있겠습니까. 신의 아비도 모르고 자식인 신도 모르며, 세상의 수없이 많은 이목 또한 모두 모르는데, 유독 대신만이 알고 있고 또 말을 하여 심지어 하늘 같은 전하의 귀에 들리게 하였으니, 저 대신은 과연 눈으로 보았다는 것입니까, 아니면 귀로 들었다는 것입니까? 만약 눈으로 보았다면 반드시 문안(文案)이 있을 것이며, 귀로 들었다면 반드시 그 말을 전한 사람이 있을 것입니다. 이것이 얼마나 악명(惡名)인데 별안간 남의 부형을 무함하며 멋대로 군부(君父)를 기만하였으니, 세상의 모든 사람들이 자신을 몹시 미워하는 경우가 있으면 모두 장차 이것으로 그 부형을 지목하여도 조금도 어려울 것이 없고, 전혀 안 될 일도 없을 것입니다.

신의 아비는 무신년(1728, 영조4) 이후에 벼슬길에 나와서 교관(教官)과 금오랑(金吾郎)을 두루 지냈고, 남쪽의 읍에 수령으로 나갔다가 지난해 가을 비로소 임기를 채우고 돌아왔습니다. 대신의 말이 완전히 허황되다는 것은 저절로 쉽게 밝혀지겠지만, 신이 통한이 맺혀 슬피 우는 까닭은 어리석고 한미한 신이 천고에 없는 지나친 성은을 입고도 작은 보답조차 하지 못한 채 한갓 근거도 없는 망측한 치욕이 머리가 센 아비에게까지 미치게 하였기 때문입니다. 하늘을 우러르고 땅을 굽어보아도 실로 살고 싶지 않습니다. 신의 이런 심정은 하루를 억누르면 하늘 아래 설 낯이 하루가 없는 것이며, 이틀을 억누르면 하늘 아래 설 낯이 이틀이 없는 것입니다. 삼가 바라건대 저하께서는 신을 법사(法司)에 내려 송영중과 더불어 변백하고 대질하여 천고에 없는 원통함을 풀 수 있도록 해 주소서. 그리해 주신다면 결초보은하기를 훗날 기약할 수 있을 것입니다. 신은 이루 말할 수 없이 두렵고 떨리며, 피눈물로 간절히 호소합니다.

답하기를,

"글을 살펴보고는 그 내용을 잘 알았다. 대조께서 이미 하교하셨다." 하였다.-글이 들어가자 대조께서 가져다 보시고 입시한 승지에게 "말이 간략하면서도 그 뜻이 곡진하다."라고 하교하였다. 이어 다음과 같이 전지(傳旨)를 쓰라고 명하였다. "송영중이 소시(召試)에 불만을 품고 채제공에게 협잡을 부려서 그를 잡류로 몰아붙이려 하였는데, 그 또한 이런 망측한 명목으로는 차마 할 수 없을 터인데 감히 남을 함정에 밀어 넣으려 하였으니 그 마음속이 훤히 들여다보인다. 지금 세자에게 아뢴 글을 보니 송영중이 공공연하게 사실을 날조하여 무함한 것이 저절로 남김없이 드러났다. 채응일이 무함을 받은 내용은 임금도 모르는 사실이고 사람들도 모르는 사실이며 이름이 실려 있지도 않으니 눈처럼 녹아 없어진 것이다. 채제공에게 더 이상 한 터럭만큼이라도 무슨 원통함이 있겠는가. 그 임금에게 엄숙하게 하고 그 아비를 위하는 도리로 볼 때 어찌 감히 고집을 부리면서 버틴다는 것인가. 이런 뜻으로 엄정하게 신칙하라." 전지의 말씀이 대략 이와 같았다. 또 "패초를 어긴 한림은 서용(敍用)하라."라고 전지를 쓰도록 명하였다.-

지평을 사직하는 상서[6] 경오년(1750, 영조26)

辭持平書 庚午

삼가 아룁니다. 신은 지난가을 망극한 일을 만나서[7] 외람되이 피눈물로 쓴 글을 아뢰어 비통한 신의 심정을 살펴 주시기 바랐습니다. 곧바로 우리 대조(大朝 영조)께서 해와 달처럼 비추어 주셨으니 그 은혜가 하해와 같았습니다. 열 줄의 윤음[8]을 내려 명백하게 밝히고 도타이 위로하여 주셨는데, 그 윤음은 비록 신이 스스로 말을 만들어도 이보다 나을 수 없습니다. 신과 신의 아비는 수백 번 외우면서 감격의 눈물을 끝없이 흘렸습니다. 결초보은하는 정성과 물불도 가리지 않는 의리는 비록 이미 신명(神明)에게 질정하고 뼛골에 새겼지만 어찌 족히 그 큰 은혜에 만에 하나라도 보답하겠습니까. 이에 뒤를 이은, 6품에 올리라는 전교[9]는 일반적인 격례에서 크게 벗어난 것입니다. 심지어 칭찬하

6 지평(持平)을 사직하는 상서 : 번암은 1750년 6월 25일 지평에 제수되는데, 당시 사도세자가 대리청정하고 있었으므로 이는 세자에게 올린 것이다. 특별한 내용이 없이 지평에 제수된 것을 사양하는 상서로, 《승정원일기》 영조 26년 6월 29일에 전문이 수록되어 있다.

7 지난가을……만나서 : 1749년 송영중(宋瑩中)이 상소를 올려서 번암의 아버지 채응일(蔡應一)을 무함한 것을 말한다. 379쪽 〈송영중이 연석에서 무함한 것에 대하여 변백하는 상서〔辨宋瑩中筵誣書〕〉 참조.

8 열 줄의 윤음 : 영조가 번암에게 전교한 것으로, 바로 앞의 글에 주석으로 붙인 부분에 나온다.

9 뒤를……전교 : 번암이 무함을 받은 것에 대하여 1749년 8월 28일 변백하는 상서를 올리자 영조는 즉시 서용하라는 명을 내리고, 이어 9월 17일에는 번암이 자신의 문제로

고 아끼는 말씀을 총재(冢宰)에게까지 내리셨으니[10] 어느 것 하나 미천한 신에게 넘치는 영광이 아닌 것이 없습니다. 지나친 복에 두려움이 깊은데 오늘에 이르러 백부(柏府 사헌부)에 제수하는 명이 내리니, 총애와 영광은 극도에 달했으며 황공하고 두려운 마음은 절박합니다.

아아, 근일에 저하께서 보신 바와 같이 나라에서는 대각(臺閣)을 천대하고 조정에서는 대각을 경시합니다. 또 대각이 된 이들도 자중하지 못하여 왕왕 저 천대와 경시를 스스로 불러들입니다. 이런 까닭에 대각이 정말로 천해지고 정말로 낮아지니, 비록 신과 같이 용렬한 사람에게 주어도 전혀 아깝지가 않습니다. 그러나 대각을 설치한 뜻은 진실로 이렇지가 않습니다. 옛날의 이른바 전폐(殿陛)에 서서 시비를 다투던 것이니 지금 그런 사람은 비록 매우 적지만 그 요구는 진실로 여전합니다. 요구가 큰 까닭에 맡은 일이 무겁고 맡은 일이 무거운 까닭에 어렵게 선발하는 것이니, 구차히 해서는 안 되는 것이 이와 같습니다.

삼가 생각건대 신은 자질이 천박하고 역량은 부족하며, 말씨는 부드럽고 의론은 나긋합니다. 비록 온 힘을 다하여 갈고닦아 맑은 조정에서 여러 관원의 말석에 끼고 싶어도 오히려 부응하는 점이 한 가지도 없어

부친이 무함을 받았으므로 특별히 그 점을 위로하여 6품으로 올리라는 명령을 내렸다. 이 때문에 뒤를 이었다고 언급한 것이다. 《承政院日記 英祖 25年 9月 17日》

10 칭찬하고……내리셨으니 : 영조는 1750년 1월 9일 야대(夜對)에서 이조 판서 원경하(元景夏)에게 번암의 현재 관직에 대해 묻고 이런 사람이라면 오래전에 이조나 병조의 낭청이 되었어야 한다고 칭찬하면서, 6품직에 올렸는데 왜 아직 의망(擬望)하지 않느냐고 하였다. 이에 대하여 원경하는 자신이 새로 이조 판서가 되어서 미처 의망하지 못하였다고 대답하였다. 이어 영조는 친히 한림 권점에 점수를 주어서 번암을 발탁하였는데, 결국 한림 소시(翰林召試)에서 장원하였으니 자신의 천거가 틀리지 않았다고 하며 커다란 관심을 표명하였다. 《承政院日記 英祖 26年 1月 9日》

두려운데, 하물며 풍헌(風憲)의 직책[11]이 신에게 어찌 터럭만큼이나마 비슷하겠습니까. 그런데도 신에게 그 직임을 맡기는 데 조금도 아까워하지 않으니 신은 삼가 저하를 위하여 개탄할 뿐입니다.

무릇 사지(四肢)와 백체(百體)는 어느 것 하나 사람에게 무관한 것이 없습니다. 그런데도 사람들이 반드시 밝은 귀와 밝은 눈을 장부(丈夫)의 가장 귀한 것으로 여기는 까닭은 눈과 귀가 매우 요긴하고 극히 긴절하기 때문입니다. 대각은 저하의 눈과 귀입니다. 지금 저하께서 용렬하고 어두운 신에게 눈이 되기를 요구하고 막히고 답답한 신에게 귀가 되기를 요구하시니, 이는 저하의 사방의 귀와 사방의 눈이 신 때문에 어둡고 막히는 데 가까워지는 것입니다. 따라서 기자(箕子) 〈홍범(洪範)〉의 귀와 눈이 밝아지고자 해야 한다는 뜻과는 전혀 비슷하지도 않은 것입니다. 만약 나라의 병을 고치는 의사가 있어 꺼풀을 벗겨 내는 화타(華陀)의 기술을 사용하여 실타래처럼 얽힌 벼슬자리를 정리한다면, 용렬하고 어두운 눈과 꽉 막히고 답답한 귀를 가진 신 같은 사람은 반드시 저하의 눈과 귀를 가리는 자 중에서 가장 먼저 벗겨야 할 대상에 들어갈 것이 분명합니다. 저하께서 참으로 걱정이 이에 미쳤다면 신의 말이 끝나기도 전에 반드시 신을 처분하셨을 것입니다. 그러나 이는 단지 신이 이 관직에 맞지 않는 실상에 대해서만 말씀드린 것일 뿐입니다.

신의 절박한 심정과 위태로운 행적은 오직 저하께서 이미 밝게 굽어 살펴 주셨습니다. 신은 본래 외로이 벼슬길에 들어서서 죽음으로 도리

11 풍헌(風憲)의 직책 : 풍헌은 풍기(風紀)와 법도(法度)를 지킨다는 뜻으로, 백관(百官)의 감찰을 담당하는 사헌부의 관원을 말한다.

를 지켜 왔습니다. 만 마리 말들이 다투어 달리는 틈에서 넋 놓고 있다가 차이거나 물리기도 하였으며, 구당협(瞿塘峽)처럼 거친 협곡의 다투어 노 젓는 물길에서 팔짱을 끼고 있다가 소용돌이에 빠지기도 하였습니다. 만약 신에게 관대(冠帶)를 갖추고 나오게 하여 당세의 대부들과 더불어 모든 일을 주선하게 하신다면 뜻밖의 화란이 일어나 마침내 어떻게 될지 알지 못할 것입니다. 비록 우리 성상께서 시종일관 사랑하고 아끼는 마음으로도 또한 어찌 넘어질 때마다 일으켜 세워서 온전하게 해 주시겠습니까.

아아, 신이 임금을 섬긴 것은 불과 몇 년이며, 나이도 아직 서른둘이 되지 않았습니다. 험난한 벼슬길에서 몇 번의 좌절을 겪었고, 무섭고 두려운 세상에 마음을 상해서 속이 다 타 버려 재가 된 지 이미 오래입니다. 조정의 기풍을 진작하고 관리의 부정을 탄핵하는 임무를 맡겨 주신 큰 뜻을 저버리지 않기를 도리어 어떻게 바라겠습니까. 지난번 낭서(郎署)[12]로 근무할 때는 오히려 근력으로 성은에 보답하는 직책이므로 감히 사양하여 피하려고 하지 못하였습니다. 그러나 대간(臺諫)이 되는 한 걸음은 곧 신이 능력이 안 되어 스스로 제한한 것입니다. 이에 패초로 부르시매 대궐 문 밖으로 와서 대략 신의 급박하고 간절한 마음을 아룁니다. 삼가 생각건대 저하께서는 아랫사람을 깊이 사랑하고 무엇이든 이루어 주시니, 어찌 유독 신에게만 억지로 해서는 안 될 일을 강요하여, 위로는 대간의 직무가 방치되게 하고 아래로는 필부

12 낭서(郎署) : 육조(六曹)의 정5품 및 정6품의 낭관직(郎官職)을 말한다. 번암은 이에 앞서 1750년 1월 17일 예조 좌랑에 제수되었고, 이어 3월 5일 병조 좌랑에 제수되었다. 《承政院日記 英祖 26年 1月 17日, 3月 5日》

의 절조를 빼앗으시겠습니까. 삼가 바라건대 용렬하고 노둔한 신의 실상을 살피고 조속히 삭직을 허락하여 조정의 관작을 중히 여기시며, 신의 절박하고 고통스러운 마음을 불쌍히 여기고 이름을 조적(朝籍)에서 삭제하여 신이 분수에 편안하도록 해 주시기를 천만번 기원합니다.

부교리를 사직하는 상서[13] 임신년(1752, 영조28)

辭副校理書 壬申

삼가 아룁니다. 하늘이 종묘사직을 도와 저하께서 쾌차하시고 빈궁(嬪宮)과 원손(元孫)도 차례차례 회복하시니[14] 군신과 백성의 기쁨이 어찌 이보다 더하겠습니까. 잇달아 생각하니 신하로서 임금에게 지우(知遇)와 은총을 받은 이가 셀 수 없이 많지만 지금 신과 같은 경우는 없었습니다. 신은 본래 자질이 용렬하고 가문 또한 보잘것없습니다. 어려서부터 분수를 지켜서 영달하려는 마음을 영원히 끊어 버렸는데, 우리 대조(大朝)께서 일찍이 친히 붓을 잡고서 권점(圈點)을 더하고 발탁하여 문한의 반열에 두시니[15] 이것이 어찌 신이 얻을 만한 것이겠

13 부교리를 사직하는 상서 : 1752년 11월 20일에 올린 것이다. 번암은 1751년 사헌부 집의 이훈(李塤)의 탄핵을 받아서 7월에 삼척(三陟)으로 귀양 갔다가 풀려난 직후인 1752년 10월 30일 사간원 정언에 제수되었다. 미처 숙배도 하기 전인 11월 2일 부교리에 제수되면서, 당시 경상도 비안현(比安縣)에 있다가 급히 상경하여 이 글을 올린 것이다. 번암은 1751년 부인 동복 오씨(同福吳氏)의 상을 당하는데, 장례를 치르면서 중인(中人) 신분의 방가(方哥)와 산송(山訟)을 벌인다. 이때 번암이 구타를 당하는 등 시종신의 체통이 크게 훼손되었다. 이후 이 사건의 처리 과정에서 방가의 어머니가 죽었으며, 당시 지평이던 번암은 사적인 일로 공권력을 동원하였다는 의심을 받고 탄핵되어 삼척에 유배되었다.

14 저하께서……회복하시니 : 1752년 10월 궐내에 홍역이 번져서 화협옹주(和協翁主), 사도세자, 세자빈 혜경궁(惠慶宮) 홍씨(洪氏), 그리고 이해 9월 22일에 태어난 원손 정조까지 모두 홍역에 걸렸는데, 당시 화협옹주는 죽고, 사도세자와 혜경궁 홍씨, 그리고 정조는 회복되었다. 《한중록, 정병설 역, 문학동네, 2010, 50~52쪽》

15 대조(大朝)께서……두시니 : 당시 사도세자가 대리 중이었으므로 대조는 영조를

습니까. 우러러 생각해 보니 성상께서, 신의 조부 형제[16]가 숙종께 특별한 지우를 입은 것을 신이 잊지 않고 있을 터이니 신도 지금 주상께 충성을 바치리라고 생각하신 까닭에 일부러 이렇게 신에게 베푸신 것입니다. 덕스러운 뜻이 산보다도 높고 바다보다도 깊으니, 그 은혜를 갚으려는 신의 티끌 같은 마음은 귀신이 알고 있을 것입니다.

그런데 도리어 신은 매우 불초한 사람으로서 처를 장사 지낼 때 산송(山訟)이 일어나 심지어 먼 곳으로 귀양 보내라는 엄한 견책을 받았으니, 대조를 저버린 죄는 만번 죽어도 갚지 못할 것입니다. 다만 그것이 본래 풍문으로 촉발되어[17] 결국 사람이 죽기까지 하였으며, 그 후에 대간의 상서에서 이미 신을 위하여 혐의를 깨끗이 벗어나게 하는 증거를 제시하였으니 일이 일단락된 지금 다시 해명할 필요는 없습니다. 그러나 신의 언행이 평소에 미더웠다면 어찌 동료로부터 이런 의심을 받았겠습니까. 가만히 생각해 보면 모두 신의 죄가 아닌 것이 없습니다. 그러나 오히려 우리 대조께서는 심지어 신을 염려하여 배소(配所)를 맑고 서늘한 지역으로 가려 보내라는 하교를 연석에서 내리셨으

말한다. 1748년 11월 26일 한림 권점(翰林圈點)에서 영조가 직접 2개의 권점을 쳐 주어서 번암이 한림 소시(翰林召試)에 응시할 수 있도록 하였으며, 장원으로 뽑히자 예문관 검열에 제수하였다.

16 신의 조부 형제 : 번암의 조부인 채성윤(蔡成胤)과 종조부인 채팽윤(蔡彭胤)을 말한다. 채성윤(1659~1733)의 자는 중미(仲美), 호는 구봉(九峰)이다. 채팽윤(1669~1731)의 자는 중기(仲耆), 호는 희암(希菴)·은와(恩窩)이다.

17 풍문으로 촉발되어 : 사헌부와 사간원은 근거 없이 떠도는 소문을 가지고도 관리를 탄핵할 수 있는 권한이 있었다. 여기서는 번암 자신이 한 것이 아니라 사헌부에서 풍문에 의거하여 방가(方哥)의 문제를 조사하여 처리했다는 말이다.

며,[18] 이어 신이 버려져서 벼슬길이 막힐까 염려하셨으니, 깊은 속마음이 드러난 것입니다. 아아, 이것이 얼마나 큰 은총이며 얼마나 특별한 지우입니까.

옛날 군자 중에 가의(賈誼) 같은 경우는 쫓겨난 것이 또한 청명한 세상에서 일어난 일입니다. 무릇 가의 같은 인재가 한(漢)나라 문제(文帝) 같은 어진 군주를 만났지만 남쪽의 거친 땅에서 수만 번 죽을 고생을 했는데도, 당시 임금이 불쌍하고 가엽게 여겼다는 말을 들어 보지 못했습니다. 하물며 어느 겨를에 벼슬길이 막히는 것까지 생각하겠습니까. 그렇다면 신의 재주는 감히 가생(賈生)에 비할 바가 아니지만 임금으로부터 받은 은혜는 도리어 훨씬 컸습니다.

귀양 온 집에서 깊은 밤마다 임금께서 연석에서 내리신 하교를 외우며 두 뺨 가득 눈물을 흘리지 않은 적이 없었습니다. 이어 마음속으로 말하기를 '지금 세상을 거슬러서 이 한 몸 죄인이 되었노라. 조정에는 구원해 줄 만한 당여(黨與)가 없으니 누가 다시 나를 위해 말해 줄까. 스스로 위로하고 스스로 슬퍼하며 살아 돌아갈 생각을 끊어 버렸네. 그런데 정중한 임금의 말씀이 홀로 천고에 밝게 빛나니 이로써 내 죽어 황천에 있는 가생에게 자랑하기에도 부족함이 없도다.'라고 하였습니다. 이어 우리 대조께서 특별히 "이미 신칙하였으니 내가 풀어 주려고

18 대조께서는……내리셨으며 : 영조는 1751년 7월 18일 연석에서, 번암을 유배 보낸 것에 대하여 다음과 같이 언급하였다. "채제공의 일에 대해 여러 신하는 동궁이 처리한 것이 바로 내가 처분한 것이라는 점을 반드시 알아야 한다. 채제공이 한림이 된 것은 내가 그를 아껴서 임명한 것이며, 이제 삼척으로 유배 가는 것도 내가 그 땅의 풍토가 나쁘지 않다는 것을 듣고 그리로 보낸 것이니 이 또한 내가 그를 아껴서 그런 것이다." 《承政院日記 英祖 27年 7月 18日》

한다."라고 하교하고 이어 석방하라는 명을 내리셨습니다. 신은 곧바로 아비가 부임해 있는 영남 고을의 임소[19]로 돌아가 거듭하여 칠순의 노부모를 만나 서로 손잡고 눈물을 흘리면서 성상의 은혜에 목숨 바쳐 갚을 것을 기약하였습니다.

그런데 천만뜻밖에 꿈에서조차 생각지도 못한, 대조께서 직첩을 돌려주고 관직에 서용하라는 명을 내리시어 특별히 언관(言官)에 제수하였으며, 며칠이 지나지 않아서 또 특별히 경악(經幄)의 직책에 제수하였습니다. 제수하는 교지가 연달아 내려오니 온 집안이 영광스러웠는데, 신은 명을 듣고는 정신이 없어서 마치 안개 속에 떨어진 듯하였으니, 이 큰 은혜에 더욱 죽을 곳을 모르겠습니다. 특별히 조속히 올라오기를 재촉하는 하교가 내리니 도리상 감히 편안히 있을 수가 없어서 어제 겨우 올라와서 집에 엎드려 있습니다.

아아, 2년 동안 유배지에서 부는 바람에 읊조리고 내리는 비에 탄식한 것이 모두 대궐을 그리고 임금을 사모하는 한 맺힌 마음이었으니, 이제 다시 도성의 문을 들어가며 어찌 일찍이 대궐의 섬돌 아래 나아가 천지간에 없는 은혜에 사례하고 아울러 일월 같은 성상을 뵈려고 하지 않았겠습니까. 다만 생각해 보니 계옥(啓沃)과 논사(論思)의 직무[20]는 그 책임이 지극히 무겁고 그 임무가 지극히 중요합니다. 그래서 고인은 이를 신선이 되는 것에 비유하기까지 하였으며, 우리 조선에서도 선발

19 아비가……임소 : 번암의 아버지 채응일(蔡應一)은 1750년 5월에 경상도 비안 현감(比安縣監)에 제수되고 7월에 임소로 내려갔다.

20 계옥(啓沃)과 논사(論思)의 직무 : 홍문관의 관원으로 경연관을 겸하는 관직의 임무를 설명한 것이다.

을 더욱 신중하게 하여 홍문관의 선발에 도당 회권(都堂會圈)을 한 것은 반드시 널리 공론을 수렴하게 한 것이니, 대개 일대의 인재를 선발하는 것이 완벽하지 않아서 극선(極選)한 인재들 사이에 용렬한 범부가 끼어들지 않을까 걱정했기 때문입니다. 홍문관의 규례가 대대로 전해져서 곧 400년의 금과옥조가 되었으니, 비록 경술(經術)과 학업(學業)이 넉넉하여 임금의 물음에 대비하고 임금의 정사에 도움을 주기에 충분한 사람이라도 모두 머뭇거리며 사양하지 않은 적이 없었습니다.

도리어 신은 천박하고 용렬하며 재주가 없으니 어찌 조금이라도 이 직무에 비슷한 점이 있겠습니까. 선발은 성상의 마음에 달려 있으나 일이 일반적인 격례와 다르니 조정의 관작이 신으로 인하여 이가 빠지고 홍문관의 규례가 신 때문에 금이 갔습니다. 신이 어떻게 감히 관대를 띠고서 벼슬자리에 나아가, 자신의 분수를 헤아린 다음에 들어가라는 고인의 경계를 저버리겠습니까.

이제 패초가 내리매 그를 따라 대궐의 문 밖으로 와서 대략 간절한 심정을 말씀드리니 눈앞의 이 직책이 전혀 신과 맞지 않은 것이 곧 신이 나가기 가장 어려운 이유입니다. 그런 까닭에 앞서의 여러 가지 정황은 이제 감히 자세히 말씀드리지 못합니다. 삼가 바라건대 저하께서는 부디 굽어살피시어 신에게 새로 제수한 홍문관의 직책을 삭탈하고 이어 신이 향촌으로 물러나 늙어 죽을 때까지 한가롭게 지낼 수 있도록 해 주소서. 그렇게 해 주신다면 신은 마땅히 "이 몸과 이 마음을 다 바쳐 이 세상을 받드니, 이는 곧 부처의 은혜에 보답하는 뜻이다."[21]

21 이 몸과……뜻이다 : 임금의 은혜에 보답하는 길은 세상에 나아가 벼슬하여 충성을

라는 구절을 가지고 조석으로 스스로 반성하여 훗날 보은하기를 도모하겠습니다. 신은 피눈물을 흘리며 간절히 기원하는 마음을 가눌 수 없습니다.

바치고 공업을 이루는 것이지만, 자신은 향촌에 숨어서 벼슬하지 않는 것으로 임금의 은혜에 보답하겠다는 말이다. 주희(朱熹)가 임금이 불렀는데도 출사하지 않는 논리로 제시한 말에 나온다. 《晦庵集 卷36 答陳同甫》

옥당에서 옹주의 사저에 행행하는 것을 중지하라고 요청하는 차자[22]

玉堂請寢主第行幸箚

삼가 아룁니다. 듣건대, 옹주궁에 오늘 행행하시겠다는 명을 내렸다 합니다. 삼가 생각하니 성상의 체후가 지금 한창 조섭 중에 계시며, 비록 일전의 하교로 볼 때도 현기증이 때때로 일어나니, 신민(臣民)들이 우러러 걱정하는 것이 참으로 적지 않습니다. 그런데 지금이 어찌 평상시처럼 수고로이 거둥을 하실 때입니까. 아, 옛날 송나라 신하 소옹(邵雍)은 한낱 필부의 몸인데도 바람이 불면 나가지 않았고, 비가 와도 나가지 않았으며, 크게 덥거나 추워도 나가지 않았다는 말이 있습니다. 하물며 지존이야 말할 것이 있겠습니까. 걸음 하나 손짓 하나에 모두 마땅한 법칙이 있으니 반걸음이라도 혹여 소홀하게 해서는 안 되는 것입니다. 따라서 신중히 하여 보중(保重)하는 것이 어찌 다만 필부와 같은 소옹에 비하겠습니까.

22 옥당(玉堂)에서……차자 : 1752년(영조28) 11월 25일에 올린 것이다. 당시 궐내에 홍역이 크게 돌아서 사도세자, 세손, 혜경궁(惠慶宮) 홍씨(洪氏) 등이 앓았으며, 화협옹주(和協翁主)는 이로 인해 11월 27일에 죽었다. 영조가 11월 25일 화협옹주의 거처에 거둥한 사실이 있는데, 이 차자는 영조의 건강을 염려하여 그 거둥을 막기 위해 올린 것이다. 이어서 2개의 차자가 수록되었는데, 첫 번째는 비답을 받지 못한 것에 대한 내용이며, 두 번째는 옹주가 죽은 일과 관련하여 영조에게 자중하고 궐로 돌아갈 것을 청하는 내용이다. 《영조실록》에 의하면 이날 화협옹주의 집에 갔다가 밤늦게 돌아왔으며, 다음 날 새벽 부음을 듣고 옹주의 집에 갔다가 밤늦게 어가(御駕)를 돌렸다고 한다.

지금 겨울이 이미 깊어서 바람이 매섭고 날씨가 차가우니 비록 여염집의 백성이라도 또한 모두 방으로 들어가 각각 자신의 몸을 천금처럼 아끼고 보양하는데, 평소의 거둥이 법도가 되는 성상께서 어찌하여 여러 의견을 기다리지 않고 창졸간에 거둥을 명하여 질병에 조심하는 성인(聖人)의 경계를 스스로 어기시는 것입니까. 구구한 신의 마음은 단지 오늘의 거둥이 혹 하나라도 법도에 맞지 않을까 하는 것만 걱정할 뿐이 아닙니다. 신이 참으로 끝없는 은혜를 입고도 보답할 길이 없으니, 마음에서 떠나지 않는 한 가지 생각은 오직 애군(愛君)에 있을 뿐입니다. 이 명을 듣자마자 마음속이 타는 듯 절박하여 호위하는 가운데서 아뢰니 길게 말씀드리지 못합니다. 삼가 바라건대 성상께서는 다시 재삼 고려하여 특별히 옹주궁에 행행하겠다는 명령을 멈추어 주신다면 천만다행이겠습니다. 재결하여 주소서.-당시에 소차(疏箚)는 모두 소조(小朝)[23]에게 올렸다. 그러나 이 차자는 행행의 명에 관련되므로 직접 대조(大朝)에게 올린 것이다. 비답을 내리지 않았다.-

23 소조(小朝) : 동궁이 청정(聽政)하게 되면 당저(當宁)는 대조(大朝)라 하고 동궁은 소조라 하였다. 당시 사도세자가 1749년부터 대리청정을 하였으므로, 영조를 대조, 사도세자를 소조로 구분하였다. 《明義錄諺解》

같은 날 어가를 배종하면서 또 올린 차자

同日陪駕又箚

삼가 아룁니다. 조금 전에 차자를 올려 옹주 사저(私邸)로의 거둥을 멈추어 달라고 청하였으나 끝내 한 글자의 비답도 받지 못하였습니다. 신은 부끄러움과 두려움이 마음을 번갈아 찌르매 몸 둘 바를 모르겠습니다. 어제 뵈었을 때 신이 외람되이 요순(堯舜)의 일이 아니면 아뢰지 않는다는 도리로 감히 연석에서 아뢰었습니다.[24] 말은 비록 진부하지만 오도(吾道)는 불과 이와 같을 뿐입니다. 삼가 요순 시절을 살펴보면 군신 상하가 같은 자리에서 의논하면서 이치에 합당한 말이면 맞장구치면서 허락을 하고 비록 불평한 마음이 있더라도 손을 저으며 안 된다고 하여 화목한 기운이 가득하였습니다.[25] 천년이 지난 지금에도 상상해 볼 수 있으니 신은 매번 이 대목을 읽을 때마다 군신 상하가 모두

24 요순(堯舜)의……아뢰었습니다 : 1752년(영조28) 11월 23일 극수재(克綏齋)에서 인견(引見)할 때 번암은 다음과 같이 아뢰었다. "성인의 혈기는 때로 노쇠해지지만, 지기(志氣)는 노쇠해지지 않습니다. 요순의 정치를 오히려 스스로 기약할 만하니 위(衛)나라 무공(武公)은 90세에도 억계(抑戒)의 시를 지어 또한 신하를 얕잡아 보는 것을 경계하였습니다. 만약 성상께서 마음으로 분발하고 면려하신다면 나라의 일에 큰 다행일 것입니다."《承政院日記 英祖 28年 11月 23日》

25 요순……가득하였습니다 : 이 대목은 임금과 신하가 서로 의논하면서 의견을 개진하는 모습을 말한 것이다. 《서경》〈익직(益稷)〉에 "우(禹)가 말하기를 '아, 훌륭합니다. 황제시여, 지위에 있을 때를 삼가소서.' 하니, 순 임금이 '아, 너의 말이 옳다.' 하였다."라고 하였으며, 또 〈요전(堯典)〉에 "사악(四岳)이 곤(鯀)을 추천하니, 요 임금이 말하기를 '아, 너희 말이 옳지 않다.' 하였다."라고 하였다.

한마음이 된 것을 찬탄하며 흠모하지 않은 적이 없습니다.

신은 비록 매우 용렬하고 우둔하지만 그 직임을 돌아보면 경악(經幄)의 신하입니다. 품은 생각이 있어 차자를 올렸는데 옳다 그르다 비답을 내리지 않으셨습니다. 요순 시절에는 응당 이런 일이 없었으니 신은 전하를 위하여 삼가 깊이 탄식합니다. 앞으로 신은 더욱더 감히 유신(儒臣)으로 자처하지 못하나 마음속 가득한 근심을 스스로 그치지 못하여 다시 성상을 번거롭게 합니다.

오늘 추위와 바람을 무릅쓰고 밤에 거둥하시니 실로 옥체를 보중하는 도리가 아닙니다. 밤이 이미 깊고 추위와 바람이 매서운데도 돌아간다는 명령은 오히려 더디기만 하니, 황황한 신의 마음을 어찌 형용할 수 있겠습니까. 귀한 옹주의 환후가 뜻밖에 심해지니 전하께서 차마 버리고 가지 못하시는 것이 참으로 지극한 자애에서 나온 것임을 신이 모르는 바 아닙니다. 다만 생각건대 전하의 일신은 천지의 종사가 기대고 있으며, 억조의 창생이 의지하고 있습니다. 전하께서 비록 스스로 가볍게 하려 해도 그렇게 할 수 있겠습니까. 우러러 생각건대 동조(東朝)[26]께서 굽어 근심하시고 춘궁(春宮)[27]이 우러러 걱정하여 밤새도록 동동거리며 어찌할 바를 몰랐습니다. 전하께서 진실로 생각이 이에 미친다면 신의 말이 끝나기를 기다릴 필요도 없이 어가를 돌리실 것입니다. 삼가 바라건대 전하께서는 더욱 재삼 생각하여 바로 어가를 돌리라고 명하여 대소 신민의 정성스러운 바람에 부응하여 주소서. 재결하

26 동조(東朝) : 숙종의 계비 인원왕후(仁元王后)를 말한다. 당시 궐내의 가장 큰 어른이었다.

27 춘궁(春宮) : 당시 대리 중이던 사도세자를 가리킨다.

여 주소서.

답하기를,

"차자에서 청한 것을 따르겠다."

하였다.-차자가 들어가자 특별히 비답을 내리고 즉시 어가를 돌리라고 명하였다.-

옹주의 사저에서 어가를 배종하면서 환궁하기를 청하는 차자
主第陪駕請回鑾箚

삼가 아룁니다. 귀한 옹주가 세상을 떠났으니 우러러 생각건대 성상께서 놀란 마음을 어떻게 제어하고 깊은 슬픔을 어떻게 추스르시겠습니까. 오늘 어가(御駕)가 상차(喪次)에 임하신 것은 전례(典禮)를 상고하건대 진실로 정리(情理)에 합당합니다. 조섭하시는 가운데 연이어 거둥하시어 매우 걱정이 되지만, 신은 감히 우러러 거둥을 멈추시라고 전날에 했던 것과 같이 아뢰지 못합니다.

아아, 오늘날 끝없이 많은 일은 모두 성상께서 옥체를 보중하시는 일만 한 것이 없습니다. 밤은 깊어 가는데 환궁하시는 일은 더디기만 합니다. 옥후가 분명 많이 손상되었을 것이니 신민(臣民)들은 타는 마음을 이기지 못합니다. 《중용》에 이르기를 "희로애락(喜怒哀樂)이 발하여 모두 절도에 맞는 것을 화(和)라고 한다."라고 하였습니다. 전하의 이 거둥은 바로 칠정(七情) 중에 애(哀)에 속한 것이며, 부음을 듣고 상차에 임하신 것은 애(哀)가 절도에 맞은 것입니다. 그러나 상차에 머물며 밤이 깊도록 돌아가지 않으시는 것은 바로 애(哀)가 지나쳐서 천하의 중화(中和)가 될 수 없는 것입니다. 그동안 공부를 쌓아 오신 전하께서 어찌 여기에 유념하지 않으시는 것입니까. 너무나 걱정스러운 나머지 전하를 번거롭게 해 드리는 것도 피하지 않고 다시 이렇게 아뢰니, 삼가 바라건대 즉시 궁으로 돌아가시어 정의를 펴는 것과 옥체를 보중하는 도리에 모두 마땅하게 하소서. 재결하여 주소서.

답하기를,

"차자를 살펴보고 잘 알았다. 아뢴 대로 시행하겠다."

하였다.-소조(小朝)가 대리한 이후로 대조께서 신하들에게 비답을 내리는 데 "차자를 살펴보고 잘 알았다.〔省箚具悉〕"라는 네 글자를 내리신 것은 실로 처음 있는 일이다.-

부수찬을 사직하며 아울러 세자의 학업을 면려하는 상서[28]

계유년(1753, 영조29)

辭副修撰仍勉睿學書 癸酉

삼가 아룁니다. 신의 어미가 올해로 71세가 되었습니다. 신의 아비를 따라 영남에 있는 고을의 임소에 갔으니 노인의 근력으로 편안한 날이 항상 적습니다. 신은 끝내 형제가 없어서 아플 때는 신이 약을 마련하고 춥고 더울 때는 신이 옷을 준비하여 드렸습니다. 그래서 신은 일찍이 어미 곁을 떠난 적이 없고 신의 어미 또한 하루도 신을 떠나지 아니하였습니다. 밤새도록 잠 못 이루는 신의 사정이나 도리로 볼 때 벼슬길을 따라 멀리 떠나는 것이 어찌 가당하겠습니까만, 지난겨울에 은혜롭게 벼슬에 제수하고 대조(大朝)와 소조(小朝)께서 연이어 특별한

28 부수찬(副修撰)을……상서 : 1753년 4월 10일에 올린 것으로 《승정원일기》에 수록되어 있다. 이 글은 두 가지 주제를 다루고 있는데, 하나는 번암이 모친의 병환을 이유로 4월 2일에 새로 제수된 홍문관 부수찬의 직책을 사양하는 것이고, 둘째는 당시 대리 중인 사도세자에게 학업을 권면하는 것이다. 1753년 및 1754년경에 사도세자는 장인인 홍봉한(洪鳳漢)에게 비밀 편지를 보내어 자신의 울화증에 대하여 호소하였으며, 세자빈 혜경궁 홍씨도 《한중록(閑中錄)》에 사도세자의 병증이 점점 심각해지고 있다고 기록하였다. 특히 1752년에 사도세자가 홍역을 앓았으므로 이 글에서 사도세자의 섭생에 대하여 언급한 것은 이런 배경에서 이해된다. 그런데 매우 특별한 언급이 있어서 주목된다. 즉 사도세자가 지나치게 과묵하다고 비판한 것이다. 번암이 어떤 점을 이렇게 표현하여 지적하였는지 이 글만 가지고서는 분명히 알 수 없지만, 일반적인 사례로 볼 수 없으며, 따라서 사도세자의 대리청정에 어떤 문제가 있었다는 것을 짐작할 수 있다.

하교를 내리시니 분수를 지키고 의리를 공경하여 역마로 오라는 부르심에 따라 급히 올라왔습니다. 따라서 신의 집안에는 더할 수 없는 영광이지만 신의 어미는 오히려 이별이 아쉬워 연연하며 차마 신의 소매를 잡은 손을 놓지 못하였습니다. 눈물을 머금고 빨리 돌아오라고 당부하였으니 늘그막에 마음이 약해지는 것은 저절로 그럴 수밖에 없는 것입니다.

사은숙배한 이후로 연달아 나라에 일이 생겼으며, 그 사이에 명을 받아 호서(湖西)로 내려가게 되어[29] 돌아가고픈 마음을 억누르고 왕명에 따라 동분서주하느라 감히 돌아가서 부모를 봉양하고픈 소망을 아뢰지 못하였습니다. 그러는 사이 멀리 부모를 떠나 있은 지 꼭 반년이 되었습니다. 신의 어미가 떠나올 때 했던 말을 생각할 때마다 그리운 나머지 저도 모르는 사이에 마음이 아파 찢어지는 듯합니다. 그런데 방금 사람이 와서 소식을 전하기를 신의 어미가 환절기에 조섭을 잘못하여 숙환이 더쳐 심해져서 방바닥을 뒹굴며 음식은 모조리 물리치고 정신은 혼미해져서 실로 기력이 소진되어 버릴까 걱정이며, 아들을 부르는 소리가 신음하는 사이에 터져 나온다고 합니다. 신이 이런 소식을 들은 다음부터는 혼비백산하고 마음이 착란되어 진실로 한순간도 진정할 수가 없습니다. 이에 감히 짧은 소장을 올리고 지레 고향으로 돌아갑니다.

29 사은숙배한……되어 : 번암이 삼척의 유배에서 풀려나 돌아온 것은 대략 1752년 11월 중순 이후로 보인다. 이때 부교리에 제수되었으며, 10월에 세자, 세자빈, 세손이 모두 홍역에 걸리고, 11월 27일에는 화협옹주(和協翁主)가 죽었다. 또 12월에는 영조가 양위의 뜻을 밝히기도 하였다. 이런 상황에서 번암은 1753년 초에 호서 암행 어사로 나갔다가 2월 26일에 복명하였다.

삼가 바라건대 저하께서는 신의 사적인 형편을 불쌍히 여기시어 신이 띠고 있는 홍문관의 직책을 속히 체차하여 주소서. 이어 이조에 명하여 다시는 의망(擬望)하지 말도록 하여 신이 편안히 간병할 수 있도록 해 주시고, 아울러 멋대로 돌아간 죄를 다스려서 조정의 기강을 엄숙히 하소서.

신이 길을 떠나면서 간곡한 마음으로 거친 말씀을 대략 올리니 오직 저하께서는 못난 사람의 말이라고 하여 버리지 마시기 바랍니다. 무릇 학문의 도리는 제왕과 필부 간에 차이가 없이 모두 궁리(窮理)가 우선입니다. 이(理)라는 것은 고원하고 아득하여 손에 잡을 수 없는 물건이 아닙니다. 곧 임금과 신하 간에는 임금과 신하의 당연한 이치가 있으며, 아비와 자식 간에는 아비와 자식의 당연한 이치가 있는 것입니다. 그 나머지 일상의 모든 일에서 자연히 그렇게 되며 마땅히 그렇게 해야 하는 이치가 없는 것이 없습니다. 이 이치에 밝으면 그것을 가지고 모든 일에 대응하여 저절로 지나치거나 틀리게 될 근심이 없는 것입니다.

그러나 사람마다 성인(聖人)이 아니며 누구나 생이지지(生而知之)할 수가 없습니다. 만약 이치를 연구하고자 한다면 독서를 빼놓고 무엇으로 하겠습니까. 무릇 이른바 독서란 경서를 외우고 문장을 짓는 것을 말하는 것이 아닙니다. 이 책을 통해서 이 이치를 연구하고, 이 이치를 연구하여 이 일에 대응하니 무릇 나의 수신제가(修身齊家)와 치국평천하(治國平天下)의 도리가 모두 여기에서 구해지는 것입니다.

그러나 독서하는 방법에는 두 가지 근심이 있으니, 곧 책을 읽는 횟수가 많지 않은 것과 공부를 거르는 날이 있는 것입니다. 읽는 횟수가 많지 않으면 의리가 마음속에 무젖지 않아서 책이 나의 쓰임이 되지 못합니다. 하루라도 공부를 거르면 마음이 방종하여 학문을 성취하지 못합니다. 무릇 이 두 가지 근심은 책을 읽는 사람이라면 누구나 간절하게 기피하는 것이지만, 그중에서도 공부를 거르는 것을 더욱더 기피하니 무슨 까닭이겠습니까?

자사(子思)께서 말씀하기를, 성(誠)이 아니면 되는 일이 없다고 하였습니다. 대개 천하의 일은 형식이나 갖추고 겉치레나 하면서 능히 그 실효를 누리는 경우는 없습니다. 필부도 그러한데 하물며 제왕의 학문이야 말할 것이 있겠습니까. 참으로 공부를 거르게 되면 이루 다 셀 수 없는 갖가지 기기음교(奇技淫巧)[30]가 그 사이를 파고듭니다. 재물을 불릴 수도 있고, 예쁜 여자를 즐길 수도 있으며, 내시와 궁녀를 가까이 둘 수도 있으니, 이 몇 가지가 한 번이라도 저하의 앞에 나오면 성인과 현인의 책과 글은 나날이 멀어지고 다달이 서먹해져서 거의 모두가 마침내는 잊어버리게 되고 맙니다. 이 때문에 맹자(孟子)가 일폭십한(一曝十寒)의 근심을 둔 것이며, 성학(聖學)의 공부에서 쉼 없이 꾸준히 하는 것을 귀하게 여기는 것입니다.

삼가 생각건대 저하께서는 천고에 드문 총명과 예지를 지니고서 일념으로 학문에 뜻을 두어 비록 홍역에서 막 회복한 즈음이지만 대신들이 권면하는 소리를 한번 듣고는 즉시 경연(經筵)과 서연(書筵)을 모두 여셨으니 무릇 신하라면 누군들 흠탄하고 송축하지 않겠습니까. 다만 근래에 저하께서 가벼운 병환이 있어 서연과 소대(召對)를 열기

30 기기음교(奇技淫巧) : 군주로서 마음을 빼앗기기 쉬운 것들을 말한다. 기기란 여러 가지 재주이고, 음교란 기묘하게 만들어진 물건이다. 주 무왕(周武王)이 은(殷)나라를 치러 가기 전에 군사들 앞에서 훈시한 말 가운데 주왕(紂王)의 잘못을 꾸짖으며 "괴상망측한 기교를 부리고 물건을 만들어서 부인 달기(妲己)를 즐겁게 하였다."라고 한 것에서 나왔다. 《書經 泰誓下》

도 하고 거르기도 하시니 비록 형식이나 갖추고 겉치레나 한다고 말해도 안 될 것이 없습니다.

모르겠습니다만, 저하께서 구중궁궐에 깊숙이 계시면서 소일하는 것이 무슨 일이며 공부하는 것이 무슨 책입니까? 우리 조가(朝家)의 엄한 법도와 저하의 높은 수신(修身)으로 볼 때 앞서 말씀드린 재물이나 여자와 같은 오락(娛樂)에 대해서는 근심할 일이 없다는 것을 신은 분명하게 알고 있습니다. 그러나 마음은 양쪽으로 쓰지 못한다고 고인이 말하였습니다. 저하께서 능히 서연의 학과(學課)에 마음을 다하지 못하시니 또한 어떻게 다른 곳에 마음을 방종하고 있지 않다고 장담하겠습니까. 질병은 성인(聖人)도 조심하는 바입니다. 따라서 마땅히 조섭(調攝)과 절선(節宣)은 참으로 지극하지 않음이 없게 해야 합니다.

신은 죽을죄를 무릅쓰고 아래와 같이 말씀드립니다. 삼가 동궁의 궁료(宮僚)를 초빙할 때는 몸가짐과 말씨가 예법을 갖춘 사람을 선발하여 의심나거나 모르는 것을 질정하며 변석하고 고금의 역사에 대해서 담론하시기 바랍니다. 이것을 일상으로 삼아서 싫증을 내지 않고 자주자주 만나신다면, 몸과 마음이 크게 안정되고 눈과 귀가 활짝 열릴 것이니 조섭과 절선을 할 때 이에 더할 것이 없습니다. 그러나 이는 다만 정양(靜養)할 때를 들어서 말한 것일 뿐입니다. 이제 해가 점점 길어지고 기후가 맑고 화창합니다. 평소의 상태로 회복되기를 조금 기다렸다가 서연의 일정을 엄히 세우되, 글은 여러 번 반복하여 읽어서 충분히 무젖도록 하고 일과는 거르지 않도록 경계하소서. 대단한 일이 아니라면 결코 일과를 거르거나 폐하지 말고 오로지하고 한결같이 하는 성인의 성(誠)을 다하는 것이 어찌 오늘날의 가장 시급한 일이 아니겠습니까.

아아, 지금 말씀 올리는 것은 모두 저하께서 지나치게 침묵하여 말씀하지 않으시는 것을 경계하기 위해서입니다. 과묵한 것이 진실로 아름다운 일이 되지 않는 것은 아니나 만약 지나치게 과묵하다면 아름다운 일이 될 수 없습니다. 이런 까닭에 신이 독서 한 가지 일로써 구구한 심정으로 우러러 권면하는 것이니, 진실로 저하께서 능히 경전(經傳)에 침잠하여 이치를 완전하게 터득하신다면, 모든 일에서 하지 말아야 할 말은 하지 않으며 해야 할 말은 하여 반드시 기약하지 않아도 저절로 그렇게 될 것이기 때문입니다. 바로잡아 변화하는 것을 어찌 다른 데에서 구하겠습니까. 신의 이 말씀은 비록 매우 진부하지만 저하께서 학문에 나아가는 공부에 있어 만약 살피어 받아들이신다면 또한 보탬이 없지 않을 것입니다. 삼가 유념하시기 바랍니다.

답하기를,

"올린 글을 살펴보고 잘 알았다. 아뢴 바가 긴절하니 유념하지 않을 수 있겠는가. 그대는 사양하지 말고 어미를 구호하도록 하라."

하였다.

수찬을 사직하는 상서[31]

辭修撰書

삼가 아뢰니다. 신은 지난번 은혜롭게 말미를 받아 헤어진 지 반년만에 병든 어미를 뵈었습니다. 모자가 서로 마주하여 천은(天恩)에 두 손 모아 축원하며 다만 감격의 눈물만을 흘렸습니다. 그런데 사관(史館)의 체직(替直) 시정기(時政記) 중에 수찬(修撰)되지 않은 부분이 약간 있어서 대조(大朝)께서 특별히 지방에 있는 사람들은 올라와서 직접 납부하라고 명을 내렸습니다. 몹시 황공하고 너무 두려워 감히 오래 머물지 못하고 사정(私情)을 억누른 채 즉시 상경하는 길에 올랐습니다. 오는 도중에 홍문관의 관직에 제수하는 교지를 삼가 받드니 신은 한편으로는 놀라고 한편으로는 감격하여 더욱더 몸 둘 바를 몰랐

31 수찬(修撰)을 사직하는 상서 : 1753년(영조29) 7월 8일에 올린 것이다. 이에 앞서 4월 10일 번암은 글을 올리고 허락을 받기 전에 부모가 있는 경상도 비안으로 떠난다. 이후 4월 28일 북평사(北評事)에, 6월 9일 수찬에 제수된다. 다음 날인 10일에 역마를 타고 조속히 올라오라는 하유(下諭)가 있었으며, 7월 2일에는 궐직에 대한 추고(推考)와 함께 패초의 명령이 내린다. 번암이 패초에 응하지 않자, 7월 3일에는 대리 중인 사도세자가 "근일에 패초를 어긴 것이 심하다. 여러 번 신칙하는 영을 내렸는데도 끝내 응하지 아니하니 사체로 볼 때 매우 한심하다. 모두 엄하게 추고하고 즉시 다시 패초하라."라고 하였다. 이후 7월 7일까지 계속 패초를 하였으나 응하지 않았으며, 7월 8일에야 이 글을 올리게 된다. 따라서 이 글의 내용은 여러 번의 패초에도 불구하고 자신이 관직에 나아갈 수 없는 것을 건강상의 문제를 들어 변명한 것이다. 본집에는 비답이 수록되지 않았으나, 《승정원일기》에는 "글을 살펴보고 잘 알았다. 신칙을 하였는데 어찌 이렇게 하는가. 그대는 사양하지 말고 조속히 직무를 살피도록 하라."라는 비답이 실려 있다.

습니다. 서울로 올라와 객사(客舍)에 머문 지 이미 며칠이 되었으며 날마다 패초가 내렸으나 한 번도 받들어 응하지 못했으니, 이것이 어찌 신이 응할 만한데도 응하지 않은 것이겠습니까.

돌아보건대 먼 길을 오며 계속되는 비를 만났고 무더위가 또 극심하여, 오는 곳곳에서 머물며 기다리다가 비가 그치면 조금이라도 걸었습니다. 길에 오른 지 한 달 만에 비로소 서울 초입에 들어서니 힘들고 피곤한 나머지 피를 토하는 오래된 증세가 크게 발작하였습니다. 비린내는 목구멍에 가득하고 골골하는 소리는 가슴에서 울립니다. 하루에 토하는 피가 많게는 석 되나 되고 적어도 한 되는 넘습니다. 기진맥진하여 혼몽한 상태로 엎어져 있으니 죽음이 마치 문지방 너머에 있는 듯하였습니다. 또 어제부터는 뒷골에 종기가 생겨서 찌르는 듯 아프고 땅겨서 침상에 기댄 채 새벽을 맞고 있습니다. 종기가 난 부위가 뒷골이라 의술로도 치료가 어렵고, 그림자를 벗 삼아 객사에 머물고 있으니 간호해 줄 사람도 없습니다. 살아서 왔다가 죽어서 돌아가는 것이 아닌가 하는 두려움에 관대(冠帶)를 갖추고 공무를 보는 것은 논할 거리도 못 됩니다. 그런데 승정원이 이런 사정을 헤아리지 않고 사양하는 글을 물리쳐 버려 마침내는 은혜로운 부름이 여러 번 이르니 나라의 체모는 부질없이 손상되고, 법령을 어기는 일이 날마다 쌓이니 신하의 분수는 모조리 어그러졌습니다. 병중에 두려워 헛소리하며 날마다 견책이 내리기를 기다리고 있습니다.

삼가 보건대 어제와 오늘 내리신 영지(令旨)는 홍문록(弘文錄)을 거행하기 위한 것이며, 일의 체모와 군신간에 지켜야 할 분수로써 가르치신 것입니다. 이어 엄하게 추고하고 패초하라고 명령하시니, 신은 이에 몸을 웅크리고 무서워 떨면서 정신을 놓치고 말았으며, 밝으신 저하께서 혹 신의 형편과 마음을 살펴 주시지는 않을까 두려워하였습니다. 아아, 신은 본래 학문이 없으며, 또 후원도 없습니다. 단지 대조(大朝)께서 세상에 없는 은총으로 이끌어 주고 길러 주시어 홍문관에 오르게 되었으니 그 특별한 은혜에 감격하고 있습니다. 비록 한두 번 홍문관에서 숙직하였으나 실로 한 번도 유신(儒臣)으로 자처하지 않았습니다.

무릇 신이 사랑하는 바는 임금이고 신이 충성하고자 하는 바는 나라일 뿐입니다. 동관(同官)들을 뒤좇아 다니며 인물을 평가하는 것은 진실로 신이 맹세코 달가워하지 않는 일입니다. 무릇 홍문록은 그 얼마나 중요합니까. 널리 당세의 학자를 구하여 성조(聖朝)의 논사(論思)에 대비하는 까닭에, 가려서 뽑을 때에 그저 숫자나 채우려고 달려온 사람이라고 하더라도 진실로 감식(鑑識) 능력이 명실상부하여 한 세상을 누르고 승복시킬 사람이 아니라면 또한 양양하게 들어와 염치를 무릅쓰고 끼어서는 안 되는데, 신 같은 사람이 도리어 이와 같은 임무에 의망(擬望)할 만하겠습니까. 하물며 지금 대조께서 대면하여 내린 명령을 직접 받은 신하 가운데 인원을 갖추어 일을 완수할 만한 사람이 없는 것도 아닙니다. 따라서 군하(群下)를 사랑하시는 저하께서, 억지로 할 수 없는 일을 신에게 강요해서는 안 되는 것이 분명합니다.

신이 비록 불초하지만 대략 옛사람의 책을 읽었으니, 임금의 명에는 수레가 준비되기를 기다리지 않는다는 의리와 일의 체모와 군신간의 의리가 마땅히 이와 같아서는 안 된다는 것을 알고 있습니다. 따라서 저하께서 엄히 깨우치고 책망하지 않으시더라도 신이 또한 스스로 알고 있지만, 오히려 먼 곳으로 귀양 가고 무서운 처벌을 감수하면서도 감히 명령을 받들지 못하는 이유는 진실로 필부의 지조(志操) 역시 빼앗기는 어렵기 때문입니다. 그렇다면 일의 체모와 군신간의 분수가 신 때문에 갈수록 더욱 훼손되니 신의 죄는 만번 죽어도 갚기 어려운데, 나라에서는 어찌하여 일찍이 엄정하게 처분하지 아니하고 신이 일의 체모와 군신간의 의리를 스스로 무너뜨리도록 내버려 두며 왜 그렇게 하는지 묻지 않는 것입니까.

아아, 신이 조정을 떠나 있은 지 이미 서너 달이 되었습니다. 조정에 대한 그리움이 가슴에 맺혀 있으니 은혜로이 제수하는 명에 달려 나와 사은숙배하고 아울러 저하를 뵙는 것이 어찌 신의 커다란 소원이 아니겠습니까. 그러나 앞서는 이미 아뢰었듯 불행하게도 병에 걸려 뼛속까지 스며들었는데, 뒤에는 또 불행하게도 감히 감당할 수 없는 일이 눈앞을 가로막았습니다. 신령하신 하늘의 도움으로 혹여 병이 호전되더라도 홍문관의 관직을 새로 뽑는 일이 마무리되기 전까지는 신에게는 사은숙배할 날이 없으니 이 또한 신의 운수입니다. 더 이상 무슨 말을 하겠습니까. 특별히 부르시매 들것에 실려 대궐 아래 이르러 다급한 목소리로 슬피 호소합니다. 삼가 바라건대 저하께서는 절대 억지로 일어나기 어려운 병을 불쌍히 여기고 참으로 나가기 어려운 처지를 살펴 조속히 신의 직책을 체차하여 편안한 마음으로 조리하여 위태로운 목숨을 이어 가게 해 주시고, 이어 명령에 따르지 않은 신의 죄를 다스려 일의 체모와 군신간의 의리가 무너지지 않도록 해 주소서. 그렇게 해 주신다면 천만다행이겠습니다.

옥당에서 올린, 재이에 경계하기를 면려하는 차자[32] 갑술년 (1754, 영조30)

玉堂陳災異勉戒箚 甲戌

교리 남태회(南泰會)와 연명으로 올렸다.

삼가 아룁니다. 재이(災異)가 발생하는 것은 예로부터 한정이 없었습니다. 그러나 오늘날 호랑이가 경덕궁(慶德宮)[33]에 들어온 것처럼 매우 경악스러운 경우는 없었습니다. 아아, 호랑이는 산중에 사는 나쁜 짐승입니다. 낮이면 엎드려 있다가 밤이면 돌아다녀서 감히 백성들과 섞이지 않는 까닭에 옛날 사람들은 절대 생기지 않는 일을 비유하여 "호랑이가 저잣거리에 있다."라고 말하였습니다. 저잣거리에 호랑이가 있는 것도 오히려 절대 없을 일인데 하물며 도성 안의 거리를 지나서 구중궁

32 옥당에서……차자 : 번암은 1754년 1월 부교리로 재직 중 북평사에 임명되었다가 5월 7일 교리에 제수되었다. 이 차자는 그해 5월 11일에 올린 것이다. 당시 경덕궁에 호랑이가 들어온 재이가 있었는데, 5월 10일 영조는 "고려 공민왕(恭愍王) 때 호랑이가 성안에 들어온 변이 있었다. 지금 만약 사가(史家)가 이것을 쓴다면 필시 '호랑이가 대궐에 들어왔으니 이것은 바로 음기(陰氣)가 성할 조짐'이라고 할 것이다. 옛날 사람들이 그 현상을 보지 않고 그 그림자를 살펴보고 싶어 한다고 하였으니 어찌 그림자를 살필 방도가 없겠는가."라고 하면서 이것이 무슨 조짐인지를 물었다.《英祖實錄 30年 5月 10日》 이 글은 영조의 이런 요청을 배경으로 작성한 것이다.《승정원일기》에는 "지금 이 호랑이가 대궐에 들어온 재앙에 실로 매우 경악스럽다. 이는 모두 내가 불민해서 생긴 일이다. 나라를 걱정하고 임금을 사랑하는 마음에 경계를 아뢴 것이니 말이 매우 간절하고 지극하다. 마땅히 깊이 유념하겠다."라는 비답이 실려 있다.《承政院日記 英祖 30年 5月 11日》

33 경덕궁(慶德宮) : 지금의 경희궁(慶熙宮)이다. 1760년에 개명하였다.

궐 깊고 삼엄한 곳까지 느닷없이 뛰어든 것이야 말할 필요가 있겠습니까. 높은 담장과 깊은 궐문이 있고 천지신명의 가호를 받는데 이 짐승이 어떻게 해서 이르게 된 것입니까. 신들은 매우 놀라 서로 바라보면서 그 까닭을 알지 못하였습니다.

이것이 좋은 징조인지 재앙의 조짐인지는 신들이 감히 한(漢)나라 유자(儒者)처럼 이전의 여러 가지 사례를 들어서 자세히 설명하지는 못합니다. 다만 이전의 역사를 가지고 상고해 보면 실로 속여서는 안 되는 점이 있습니다. 옛날 당(唐)나라 대력(大曆) 4년에 호랑이가 서울에 들어왔고, 송(宋)나라 건중(建中) 3년에는 호랑이가 선양리(宣陽里)에 들어왔습니다. 고려 충렬왕(忠烈王) 때에 호랑이가 수령궁(壽寧宮)에 들어왔고, 신우(辛禑) 때에는 개경에 들어와 사람을 많이 해쳤습니다. 화란이 뒤따르는 것은 하늘이 보이는 조짐이 틀림없으니 저하께서는 그 세상을 보시기에 어떤 세상이라고 생각하십니까? 송나라는 마땅히 당나라를 거울삼아야 하는데 그럴 줄 몰랐고, 신우는 당연히 충렬왕을 거울삼아야 하는데 그럴 줄을 몰랐던 것입니다. 황천이 경고를 하는데도 두려워하지 않고 편안히 여겨 마침내 서로 잇달아 위망한 데로 빠져드니 어찌 대단히 애처롭지 않겠습니까.

아아, 말세의 혼란한 조정에 재이가 오는 것은 진실로 당연합니다. 지금 우리 성상께서 위에 계시고 저하께서 대리하시니 정치를 베푸심에 마땅히 재이를 없애서 상서를 이르게 해야 하는데 오히려 이런 비상한 변고가 있으니 거기에는 반드시 이유가 있습니다. 삼가 보건대 저하께서 학문을 잘하려는 정성이 간곡하지 않은 것은 아니지만 서연(書筵)과 소대(召對)를 거르시는 날이 많고, 잘 다스리려는 마음이 간절하지 않은 것은 아니지만 신료들을 불러 만날 때 지나치게 과묵하시니 문서는 적체되고 온갖 일이 지연됩니다.

대리하신 지 수년 만에 이미 점점 처음의 뜻을 잘 계승하지 못하고 있으니, 이 때문에 서리(胥吏)들은 공무를 태만히 하여 서무(庶務)가 해이해졌습니다. 정사를 보는 대청에는 먼지가 쌓이고 간쟁하는 신하들은 아첨이 풍습을 이루었으니 오늘날의 조정을 알 만합니다. 풍속은 날마다 나빠지고 인심은 매일같이 무너집니다. 공부하는 선비들은 책이라고는 읽지 않고 글이나 능한 사람들을 키워서 과거에 합격하려고만 하고,[34] 조정의 벼슬아치는 염치라고는 모르고 권세 있는 곳에 연줄을 대어 자급(資級)이나 다투니 오늘날의 세도를 알 만합니다. 백성의 휴척(休戚)과 국가의 대계, 그리고 기강과 명분에 이르러서는 백 가지가 근심스럽고 믿을 만한 것은 하나도 없습니다. 그런데도 저하께서는 예사롭게 여겨 일찍이 조금도 두려워하지 않으시니 이는 하루 이틀 후에 닥쳐올 위기를 앉아서 기다리는 것입니다. 이것으로 말하자면 오늘날의 재앙이 어찌 그 연유가 없어서 그런 것이겠습니까.

비록 그렇다 하더라도 옛날의 명군(明君)과 의벽(誼辟)[35]이 재이를

34 공부하는……하고 : 과거 부정행위 방법 중 답안의 대리 작성자를 고용하는 것을 말한다. 이익(李瀷)은 과거의 폐단에 대하여 논하면서 이런 상황을 다음과 같이 묘사하였다. "문과(文科)나 진사(進士)에 합격한 사람 중에는 글씨를 대신 쓰게 하는 차서(借書)나 글을 대신 짓게 하는 대술(代述)을 한 자가 반이 넘는데, 재주가 좋은 사람은 한 번에 네다섯 가지의 답안을 작성해 내기도 한다. 혹은 너 나 할 것 없이 옆 사람을 훔쳐보며, 혹은 집에서 미리 지어 가지고 오는 사람도 있다. 또 이른바 외장(外場)이라는 것도 있는데 몰래 땅속으로 구멍을 파서 비밀리에 시권(試券)을 밖으로 내보내거나 안으로 들인다. 혹은 아전들에게 뇌물을 써서 깨끗이 베낀 시권을 들여오기도 한다. 회시(會試)에서는 변장을 하고 대신 들어오며, 혹은 여러 사람을 데리고 섞여서 들어오는 자도 있다."《星湖全集 卷45 論科擧》

만나 자신을 닦고 반성하여 화를 복으로 바꾼 경우가 지난 역사를 살펴보면 또렷하여 볼만하니, 상상(祥桑)이 말라 죽고 형혹(熒惑)이 물러간 것[36]이 바로 그 증거입니다. 지금 이 맹수가 들어온 것이 또한 자애롭고 인자하신 하늘이 경고하여, 저하를 단련하여 옥(玉)으로 만들어 주시려는 뜻이 아닌 줄을 어떻게 알겠습니까. 이런 재이를 소멸시켜야 하는 저하의 도리로 볼 때 마땅히 하늘의 뜻에 빨리 순응하는 것보다 앞서는 것이 없습니다. 대조(大朝)는 저하의 하늘이시니, 대조의 마음이 기쁘면 하늘의 마음이 기쁠 것이고 대조의 마음이 기쁘지 않으면 하늘의 마음도 필시 기쁘지 않을 것입니다. 삼가 바라건대 저하께서는 면려하라는 대조의 가르침을 체인(體認)하시기 바랍니다. 그리하여 날마다 서연을 열어 먼저 다스림을 내는 근본을 세우고, 관리들을 신칙하여 모든 일이 결과를 맺도록 책임을 지우십시오. 풍속은 먼저 예의와 염치로써 권면하고 세도는 명절(名節)과 문학(文學)으로 북돋아서 성

35 명군(明君)과 의벽(誼辟) : 명군은 명철한 군주이고 의벽은 의리 있는 임금이라는 뜻으로, 모두 현명한 임금을 말한다.

36 상상(祥桑)이……것 : 상상은 나무 이름이고 형혹은 별 이름으로 모두 재변의 발생을 의미한다. 은나라 태무(太戊) 임금 때에 뽕나무와 닥나무가 한 등걸에서 자라는 재변이 생겼는데, 태무가 재상 이척(伊陟)의 간언을 듣고 덕을 닦자 그 나무가 말라 죽었다고 한다. 《史記 殷本紀》 송나라 경공(景公)이 형혹성이 나타나자 두려워하였는데, 천문을 맡아보는 관원인 자위(子韋)가 재상에게 허물을 돌릴 수 있다고 하니, 경공이 "재상은 나의 팔과 다리이다." 하였고, 백성에게 허물을 돌릴 수 있다고 하니 "임금은 백성이 있어야 한다." 하였으며, 다시 농사에 허물을 돌릴 수 있다고 하니 "농사가 흉년이 들면 백성들이 곤궁해지는데 내가 누구와 더불어 임금 노릇을 하겠는가." 하였다. 그러자 자위가 말하기를 "하늘은 높이 있으나 낮은 데에서 듣습니다. 임금께서 임금다운 말 세 마디를 하였으니, 형혹성이 물러갈 것입니다." 하였다. 이에 다시 관측해 보니 과연 30리를 옮겨 갔다고 한다. 《史記 宋微子世家》

상의 마음을 힘써 기쁘게 해 드릴 것을 생각하여 우러러 하늘의 꾸지람에 응답하신다면 하찮은 한 마리 짐승 따위가 어찌 족히 재앙이 되겠습니까.

신들이 논사(論思)의 반열에 끼어 있어 나라를 걱정하고 임금을 사랑하는 마음을 이기지 못하여 감히 거친 말로 아룁니다. 삼가 바라건대 저하께서는 불초한 사람의 말이라고 폐하지 말고 유념하여 성찰하소서. 재결하여 주소서.

수찬을 사직하는 상서[37]

辭修撰書

삼가 아룁니다. 신이 지난번에 은혜를 입고 벼슬에서 벗어나 돌아가서 아비의 임소에서 병든 어미를 만나 문을 닫고 모여 앉아서 더할 수 없이 크나큰 은혜에 감격하였습니다. 그런데 뜻밖에 우리 대조(大朝)께서 신을 우대하시는 것이 날이 갈수록 신의 분수에 넘칩니다. 대간(臺諫)에 발탁하신 것도 이미 일반적인 규례가 아니었는데, 홍문관에 새로 제수한 것도 직접 뽑으신 것이었습니다. 역마로 올라오라는 명령이 멀리 영남의 한 귀퉁이에까지 이르니 명을 들은 신은 너무도 감격하여 더욱 몸 둘 바를 몰랐습니다.

37 수찬을 사직하는 상서 : 번암은 1754년(영조30) 7월 20일 수찬에 제수되었다. 이에 앞서 7월 11일 헌납 송덕중(宋德中)이 글을 올려 "중비제직 본비미사(中批除職本非美事)"라고 영조를 강력하게 비판하였다. '중비제직(中批除職)' 혹은 '중비제지(中批除旨)'라는 말은 왕이 특지로 특정인을 특정한 관직에 의망하라고 명하는 것으로서 이는 전조(銓曹)의 인사권을 침해하는 중대한 일이다. 당시 송덕중의 비판은 조재홍(趙載洪)을 두고 한 것인데, 번암 역시 영조가 특별히 발탁한 인물이므로 피혐할 수밖에 없어 그날로 글을 올리고 부친의 임소인 비안(比安)으로 내려갔다. 이에 대해 영조는 지나치다고 언급하였고, 또 사도세자가 여러 번 패초했는데도 응하지 않아 결국 7월 17일에 체직되었다. 그 후 7월 20일 이조의 정사(政事)를 통해 다시 수찬에 제수되었으나, 10월 11일에 글을 올려 부모의 병을 이유로 허락도 받지 않은 채 지방으로 내려간 후 이듬해 2월 이른바 나주괘서 사건인 을해옥사(乙亥獄事)가 발생하여 영조의 친국에 참여할 때까지 거의 올라오지 않았던 듯하다. 따라서 이 글은 대략 1755년 1월경에 올린 것으로 보인다. 참고로 이 글은 《영조실록》과 《승정원일기》에 모두 수록되어 있지 않다.

아아, 신이 망극한 은혜를 받았으나 보답할 길이 없으니 구구하게 스스로 힘쓰는 바는 오직 정성을 다해 부지런히 책무를 다하는 것일 뿐이었습니다. 하물며 삼가 대조께서 내린 전교를 읽어 보니 "늘그막에 소일하느라 다만 유신(儒臣)을 불러서 고금의 서적을 읽으려는 것이다."라고 하셨습니다.[38] 이에 보령(寶齡)이 높아졌다고 하여 조금도 싫증 내지 아니하고 시종일관 학문에 뜻을 두신 대성인(大聖人)의 공력(功力)을 볼 수 있습니다. 신은 비록 몽매하여 학문을 중도에 그만두어 고문(顧問)에 대비하기에도 부족한데 경악(經幄)의 직책에 임명하시니 공경히 하교를 받들매 그 기쁜 마음은 실로 남들보다 만배나 더합니다. 그러니 이런 때에 진실로 비통한 심정과 절박한 도리가 아니라면 어찌 감히 글을 올려서 말미를 청하려고 했겠습니까.

여든을 바라보는 신의 노모가 오랫동안 병석에 누워서 약으로 연명하고 있습니다. 지난달에 또 친상(親喪)을 당하여 때도 없이 가슴을 치며 울어서 기력이 너무나 소진되었으며 원래 앓고 있던 병에 백 가지 증세가 더해졌습니다. 노인의 기력으로 아침에 저녁을 알 수 없으니 실로 마음이 서늘합니다. 신은 다른 형제가 없어 홀로 부호(扶護)하고 있으니 눈물 흘리고 애태우느라 머릿속이 온통 까맣습니다. 아아, 신의 한 몸이 위로는 임금의 부름을 받드느라 정신이 허공중에 흩어지고 아래로는 애태우며 노모를 간병하느라 형편이 애처롭습니다. 한편은 은혜이고 한편은 의리이니 이러지도 저러지도 못합니다. 신의 사정이 이러하니 어찌 곤궁하고 옹색하지 않겠습니까.

38 대조께서……하였습니다 : 1754년 12월 2일 숭문당(崇文堂)에서 인견할 때 내린 전교이다.

삼가 생각건대 저하께서 대리(代理)하시면서 효를 다스림의 요체로 삼아, 신이 전후로 진정(陳情)할 때마다 곧 저하께서 불쌍하게 여겨 주셨습니다. 그 감격을 마음속 깊이 새겼으니, 진실로 이미 살아서나 죽어서나 보답하기 어렵습니다. 그러나 오늘의 애달픈 마음과 간절한 심정은 또한 전일에 비할 바가 아닙니다. 신이 어찌 감히 저하를 번거롭게 한 데 대한 주벌(誅伐)만을 두려워하여 속마음을 드러내 말씀드리려고 생각하지 않겠습니까. 이에 감히 저하께 눈물로 슬피 호소합니다. 삼가 바라건대 저하께서는 특별히 신의 애처로운 사정을 살펴 주시어 조속히 신이 맡은 홍문관의 직책을 체차하도록 명하소서. 아울러 이조에 다시는 신을 의망하지 말라 명하여 노모를 돌아가시는 그날까지 봉양하고픈 신의 소망을 이룰 수 있도록 하여 주소서. 지난번에 유신이 현(縣)과 도(道)를 통하여 올리는 상소는 받아들이지 말라는 명이 있었습니다. 그러나 신의 형편이 매우 절박하고 결코 묵묵히 눌러 있어서는 안 되기에 가동(家僮)을 시켜서 직접 승정원에 올리게 하였으니 신은 더욱 죽을죄를 지었습니다. 하늘을 우러러 비는 간절한 마음과 떨리는 두려운 심정을 이기지 못하겠습니다.

역적 권소가 사람을 무함하여 정법을 받은 후에 좌승지를 사직하는 상서[39] 을해년(1755, 영조31)

賊卲誣人正法後辭左承旨書 乙亥

삼가 아룁니다. 하늘이 우리 동방을 보우하여 경복(慶福)이 강물처럼 모여들어 삼전(三殿)께 휘호(徽號)를 올리는 성대한 예식[40]이 장차 거

39 역적……상서 : 1755년 12월 13일에 올린 것이다. 이에 앞서 7월경 정원달(鄭遠達)의 집에 투서 사건이 발생하였는데, 그 투서의 작성자는 권소(權卲) 등으로 밝혀졌다. 당시 번암의 진술에 의하면 권소가 자신을 얽어 넣기 위하여 박세검(朴世儉)을 시켜서 자신의 노비가 연루되게 하였다는 것이다. 이 일로 번암은 10월 23일 영조가 친국(親鞫)하는 데 좌승지로 나가서 직접 변백하였으며, 25일에는 피혐하고 출사하지 않아 체직되었다. 당시 정황을 살펴보면 다음과 같다. 1755년 2월 19일 광릉(光陵)에서 친제를 지내고 돌아올 때 의장(儀仗)이 전도(顚倒)되고 반행(班行)이 착란(錯亂)되어 홍문관 교리 남태회(南泰會)·홍명한(洪名漢), 수찬 채제공이 연명 차자를 올려서 시종한 신하들을 비판하였고, 이에 어가를 시종한 동부승지 권항(權抗)은 피혐하는 한편 2월 20일에 차자를 올려서 연명 차자를 올린 유신들을 강하게 비난하였다. 이후 번암과 권항은 서로 대립하는 사이가 되었으며, 권항의 아들인 권소가 이 때문에 번암을 얽어 넣으려고 했다는 것이 당시 국청 기사의 개략적인 내용이다. 이 사건으로 권소는 복주(伏誅)되고 권항은 흑산도에 정배되었다.

40 삼전(三殿)께……예식 : 삼전은 대왕대비, 영조, 대비를 말한다. 대왕대비는 숙종의 제2 계비(繼妃)인 김주신(金柱臣)의 딸 인원왕후(仁元王后)로서 당시 칠순이 되었는데 융화(隆化)의 존호가 올려졌다. 대비는 당시 중궁전인 서종제(徐宗悌)의 딸 정성왕후(貞聖王后)로서 강선(康宣)의 존호가 올려졌다. 그리고 영조에게는 체천건극성공신화(體天建極聖功神化)의 존호가 올려졌으며, 아울러 영조가 직접 숙빈(淑嬪) 최씨(崔氏)의 사당인 육상궁(毓祥宮)에 나아가 휘덕(徽德)의 시호를 올렸다. 존호를 올린 날은 이 글을 지은 다음 해인 1756년 1월 1일이다.《英祖實錄 32年 1月 1日》

행되려 하니 온 누리의 기쁨이 어찌 그 끝이 있겠습니까. 이에 생각건대 신은 세상길에 어두워 소경처럼 지팡이에 의지하여 마음 가는 대로 살다 보니 남들로부터 비방과 분노를 불러들인 일을 이루 다 손꼽을 수가 없습니다. 평범한 자가 가당치도 않은 임금의 총애를 받으니 어떻게 그렇지 않을 수가 있겠습니까. 아아, 신은 본래 어리석고 졸렬하며 처지도 고단하여 깊은 산속이나 시골의 밭고랑이 곧 신의 분수에 마땅합니다. 다만 명철하신 대조 전하(大朝殿下)께서 우연히 잘못 보시어 신에게 전후로 은혜로이 제수하신 명은 모두 하늘에서 떨어진 것이었습니다. 지나친 복이 화가 되는 것은 선민(先民)이 경계하였고 대궐에 들어가서 질투를 받는 것[41]은 고인(古人)이 슬퍼하였다는 것을 신 또한 알고 있습니다. 그래서 방황하며 주저하고 백 가지로 근심하고 두려워하였습니다만, 또한 사납고 매서운 독사가 옆에서 혀를 날름거리며 반드시 깨물어 뜻을 통쾌히 하려는 것이 단지 신 한 사람에 그치지 않을 것입니다.

생각해 보니 신은 사리 판단이 늦어서 지척에 불구덩이를 두고도 눈을 뜬 채 그것을 보지 못하였으며, 창졸간에 화살을 쏘려 하는데 어리석게도 피해야 한다는 생각조차 들지 않았습니다.[42] 무고한 신을 얽어 넣으려는 재앙의 그물이 깊은 밤 목전에 닥쳤는데 그리로 기어들

41 대궐에……것 : 임금의 총애가 과분하여 남들의 질투를 받았다는 뜻이다.

42 사리……않았습니다 : 투서한 자들에게 기만을 당했다는 뜻이다. 변암의 자술에 의하면 투서의 작성자인 권소의 동조자 박세검이 와서 교자를 메고 갈 노비 한 명을 빌려 달라고 하여 빌려주었는데, 이를 빌미로 권소 등이 내응한 자로 모함한 것이며, 결국 자신은 아무 관련이 없는데 기만을 당하여 연루되었다고 하였다. 《承政院日記 英祖 31年 10月 23日, 24日, 25日》

어 갔으니, 마치 갓난아기가 엉금엉금 기어 우물로 들어가려는 것과 같았습니다. 만약 그때 밝으신 성상께서 굽어살펴 주시지 않고 귀신들이 곁에 줄지어 있지 않았다면 신의 종족은 거의 재앙에 빠졌을 것입니다. 이제 요망한 적들이 사실을 실토하고 왕법(王法)이 극히 펴지니 신의 마음은 매우 통쾌하여 마땅히 사양할 만한 단서가 없습니다.

다만 스스로 생각해 보니, 신이 악을 미워하는 것이 너무도 심하여져 요흉(妖兇)을 불러들여 마침내 군부(君父)께서 며칠에 걸쳐 장전(帳殿)에서 추위를 무릅쓰고 수고로이 움직이시게 하였으니 모두 신의 죽을죄입니다. 연유를 깊이 따져 보면 그 잘못이 신이 벼슬이 높아지는 것에 눈이 먼 데 있습니다. 그때 이후로 문을 닫아걸고 칩거하여 세상에 대한 생각은 모조리 비워 버렸습니다. 마음으로 맹세하기를 '수레를 부수고 말을 없애며 종적을 감추고 향촌에서 늙어서 온전히 성명(性命)을 보존하리라.'라고 하여 자신이 커다란 환란의 원인이라는 것을 더 이상 모르기를 바랐습니다.

그런데 이번에 뜻밖으로 지난번에 지낸 승정원의 자리[43]가 다시 신의 몸에 미치니, 모르겠습니다만 성상께서는 일찍이 신을 오랫동안 부리셨기 때문에 차마 끝내 버리지 못하는 것이 아니겠습니까. 아니라면 다시는 벼슬길에 들어서고 싶지 않은 신의 처지를 가련하게 여겨 격려하고 위로하여 주시려는 것입니다. 신은 진실로 우러러 성상의 뜻에 감격하여 저도 모르게 눈물이 흘러 옷깃을 적셨습니다. 아아, 신이 위태로운 일을 겪은 이후로 근심과 두려움이 맺혀서 병이 되었으니

43 지난번에……자리 : 투서 사건이 발생한 당시에 번암은 우승지였고, 지금 다시 좌승지에 제수되었으므로 이렇게 말한 것이다.

벼슬길로 나아가는 한 걸음은 마치 함정에 빠지는 것과 같아서 전사(田社)에 새롭게 맹세하기를[44] 금석처럼 굳게 하였습니다. 신이 이런 심정과 처지로 어떻게 관대(冠帶)를 띠고 갓끈을 날리며 들어가기를 바라겠습니까.

때마침 며칠간 청재(淸齋)하는 때를 만나서 호소하려 해도 길이 없었으며, 곤전(坤殿)의 탄일이어서 문안하는 예법이 중한지라 외람되이 한번 나가려 해도 그렇게 할 수가 없었습니다. 그대로 자리만 차지하고 있으니 어찌 이런 도리가 있겠습니까. 이에 감히 신의 간절한 속마음을 모두 드러내어 우러러 밝으신 저하의 귀를 더럽힙니다. 삼가 바라건대 저하께서는 부디 불쌍하고 가련히 여겨 조속히 신이 가지고 있는 직명을 체차하고 이어 향촌으로 물러나도록 허락하여 주소서. 그리하여 분수에 맞도록 밭고랑을 일구며 임금의 지극한 은택을 노래하여 영원히 성세(盛世)의 무지렁이 백성이 되게 하여 주소서. 이야말로 진정 신의 지극한 바람이자 더없는 행운이며, 저하께서도 하찮은 필부의 뜻조차 빼앗지 않으시는 성덕이 또한 반드시 더욱 빛나게 될 것입니다. 신은 흐르는 눈물을 참지 못하며 간절히 비는 마음 그지없습니다.

44 전사(田社)에 새롭게 맹세하기를 : 전사는 사적인 사(社)이다. 한 동네의 다섯 집이나 열 집을 한 단위로 하여 전사를 만들고 각각 그 토질에 알맞은 나무를 심었다. 《記言 卷23 戒懼》 벼슬길에 다시는 나가지 않겠다고 동네의 사(社)에 맹세했다는 뜻이다.

자급이 오른 이후 한성부 우윤을 사직하는 상서[45] 무인년 (1758, 영조34)

陞資後辭漢城右尹書 戊寅

삼가 아룁니다. 예로부터 임금의 총애를 받은 이 중에 어찌 신과 같은 사람이 있었겠습니까. 신은 겨우 스무 살이 넘어 갑자기 장원을 훔쳤으니 이것은 총애로 급제한 것입니다. 서울서 객지 생활을 하는 처지에 조정에는 끌어 주는 사람이 없으며, 성격 또한 자리에 나아가는 것을 달가워하지 않아 문을 걸고 스스로를 지키며 세상에 대한 뜻을 끊어 버렸습니다. 그런데 생각지도 않게 우리 대조 전하께서 뭇사람 중에서 뽑아내어 세상에 없는 은혜[46]를 베푸셔서 청요직을 두루 거쳐 당상관에까지 오르게 되었으니 이는 총애로 벼슬한 것입니다. 한성부 우윤의 벼슬은 덕이 있는 자에게 명하여 주는 것으로 관계된 바가 더욱 중하니 그 어려움과 신중함이 도리어 어떠하겠습니까. 그런데 마침내 천만뜻

45 자급이……상서 : 1758년 7월 2일에 올린 것이다. 영조는 1755년 3월 21일 이른바 을해옥사인 나주괘서 사건으로 문사랑(問事郎)에 임명된 번암을 특별히 승지에 제수하였다. 이후로 번암은 잠시 다른 직책을 맡기도 하였으나 1762년 3월 모친상을 당할 때까지 주로 승정원에서 승지로 영조를 시종(侍從)하였다. 1758년 6월 26일 한성부 우윤에 제수되었으나, 8월 10일 다시 도승지에 제수되었다. 그리고 본집에는 수록되어 있지 않으나 《승정원일기》에는 "글을 살펴보고 잘 알았다. 경은 조속히 직무를 살피라." 라는 사도세자의 비답이 달려 있다.

46 세상에 없는 은혜 : 1748년 11월 26일 한림 권점(翰林圈點)에서 1점을 받은 번암에게 영조가 공개적으로 2점을 더 주어서 정시(庭試)에 응시하게 하여 한림(翰林)의 벼슬을 할 수 있도록 한 것을 말한다. 375쪽 〈검열을 사직하는 상소〔辭檢閱疏〕〉 참조.

밖에도 전혀 가당치 않은 신에게 내리시니 또한 어떠하겠습니까.

신은 너무도 놀랍고 너무도 두려워 오장이 떨어져 나가는 듯하여 실로 이 명이 어떻게 해서 신에게 이른 것인지 알지 못하겠습니다. 재주와 능력으로 보자면 보상할 만한 것이 없고, 노력과 수고로 보아도 기록할 만한 것이 없으며, 자격과 경력으로 보자면 오래 하지도 열심히 하지도 않았습니다. 이 몇 가지로 볼 때 신이 이 벼슬을 받을 만하다고 말할 수가 없으니 이에 신이 총애로 받은 것이 더욱 드러나고 신의 두려움은 또한 전날에 비할 바가 아닙니다. 아아, 신이 비록 불초하지만 또한 일찍이 군자에게서 가르침을 받들어 대략이나마 요행으로 벼슬하는 것이 부끄러운 줄을 알고 있습니다. 공도 없고 능력도 없는데 하늘에서 벼슬이 뚝 떨어지니 신이 입신하여 벼슬살이한 이래 오늘까지 총애가 아닌 것이 없었는데 어찌 아경(亞卿)의 높은 작질을 아무런 명분도 없이 잡아챌 줄 생각이나 했겠습니까. 이것이 신이 두려워 등에 땀이 흐르고 부끄러워 얼굴이 붉어지며 차라리 명을 거역한 데 대한 벌을 받을지언정 감히 높은 벼슬에 나아가려는 엄두를 내지 못하는 이유입니다.

그러나 이는 다만 신의 일신상 염치에 대하여 말씀드린 것일 뿐입니다. 무릇 나라의 작상(爵賞)은 요행을 억제하는 것이 중요하며, 명철한 군주가 사람을 쓰는 데는 빈소(嚬笑)조차 아끼는 법입니다. 이렇게 하지 않는다면 대개 벼슬자리가 세상을 갈고 다듬는 도구가 되지 못할 뿐만이 아닙니다. 지금 저하께서 만약 신을 염려해 주지 않아 요행으로 벼슬하는 부끄러움에서 스스로 벗어날 수 없도록 하신다면, 단지 성명(聖明)한 세상에서 신 한 사람으로 말미암아 요행을 바라는 습속이 날로 불어나게 될 것이니 그렇다면 관계된 바가 또한 크지 않겠습니까.

신의 말이 끝나기를 기다릴 것도 없이 반드시 신을 처리하셔야 합니다.

어제 패초로 부르시는데, 마침 청재(淸齋)를 만나서 호소하여 아뢸 방법이 없어 오만하게도 패초를 어기는 잘못을 범하였습니다. 이제야 비로소 글을 올려 속마음을 모두 열어 보입니다. 삼가 바라건대 저하께서는 굽어살피시어 우선 한성부 우윤의 직책을 체차하고 이어 새로 제수한 자급을 거두어 위로는 요행을 억누르는 정사를 밝히고 아래로는 졸렬한 신의 분수를 지키게 해 주소서. 그리해 주신다면 천만다행이겠습니다.

경기 감사를 사직하는 상서[47] 경진년(1760, 영조36)

辭京畿監司書 庚辰

삼가 아룁니다. 신이 3년 사이에 은대(銀臺)의 장을 세 번 맡았지만 한 번도 사직하는 글을 올리지 않은 것은 감히 그 자리를 본디 신의 것처럼 여겨서가 아닙니다. 신이 하늘과 같은 은혜를 입었지만 보답할 방법이 없었으며, 이른 아침부터 늦은 밤까지 지키는 승지의 직책은 오히려 공순히 따를 수 있다고 생각했기 때문입니다. 지난번에 특별히 경기 감사에 제수하는 명이 갑자기 은대에서 복무하고 있는 가운데 내리니 신은 놀랍고 황망하여 오장이 떨어져 나가는 듯 진실로 그 까닭을 깨닫지 못하였습니다.

무릇 나라에서 인재를 쓰는 것은 장인이 재목을 쓰는 것과 같습니다. 장인은 재목을 쓰면서 지도리와 문설주로 대들보를 지탱하게 합니다. 나라에서 인재를 쓰면서 난쟁이에게 천균(千鈞)의 무게를 지우면 일을 망치리란 것은 지혜 있는 자가 아니더라도 알 것입니다.

신의 장단점에 대해서는 스스로 매우 밝게 알고 있습니다. 신은 성품

47 경기……상서 : 도승지로 재직 중이던 번암은 1760년 12월 7일 경기 감사에 제수되었으며, 이 글은 12월 11일에 올린 것이다. 번암은 12월 16일 하직하였고, 경기 감사로 재직하던 중 1761년 10월 6일 내직에 의망하라는 영조의 특별한 명령에 따라 10월 7일 공조 참판에 제수되었고, 이어 10월 17일 동지의금부사에 제수되었다. 번암은 10월 20일경 상경하였고, 11월 6일 도승지에 임명되었다. 그리고 본집에는 수록되어 있지 않지만, 《승정원일기》에는 "글을 살펴보고 잘 알았다. 경은 지나치게 사양하지 말고 조속히 가서 명을 받들도록 하라."라는 사도세자의 비답이 있다.

이 본디 엉성하여 세상일은 전혀 모르며 전곡(錢穀)이나 갑병(甲兵)은 무슨 물건인지조차 살펴보지 않았습니다. 비록 지내 온 이력으로 말하더라도 지방관으로 봉직한 것은 근년에 동쪽의 읍을 한번 다녀온 것[48]이 전부입니다. 규례에 따라 미봉하여 구차하게 무사할 수 있었으니 이런데도 오히려 주군(州郡)의 무거운 임무를 맡기는 자리에 신을 의망해서야 되겠습니까. 《시(詩)》에서 "기내(畿內) 천 리는 오직 백성들이 안주하는 곳이다."라고 하였는데, 기내는 바로 나라의 근본이라는 말입니다. 그 임무의 중차대함이 다른 지방에 비하여 더욱 특별합니다. 더욱이 지금 거듭하여 흉년이 들어 백성들의 원망이 곳곳에서 들리니 내년에 진휼해야 할 일은 마땅히 새는 항아리에 물을 담아 벌겋게 단 솥에 붓는 것처럼 다급합니다. 그런데 이제 한 도(道)를 들어서, 세상일에 어둡고 경력이 짧아 벌레처럼 미미하기 짝이 없는 일개 천신에게 맡기시니 국가 통치의 핵심인 인사가 마땅히 이처럼 어긋나서는 안 될 것입니다.

아아, 길보(吉甫)가 중산보(仲山甫)를 찬양하여 말하기를 "강하여도 뱉지 않고, 유하여도 삼키지 않는다." 하였고,[49] 한(漢)나라 역사서

48 근년에……것 : 번암은 1756년 5월 29일 이천 부사(伊川府使)에 임명되고 6월 9일에 하직하였으며, 임기를 마치고 1758년 2월 좌승지에 임명되어, 4월에 조정으로 돌아왔다.

49 길보(吉甫)가……하였고 : 길보는 윤길보(尹吉甫)로, 주 선왕(周宣王)의 신하이고, 중산보는 명재상이다. 중산보가 제(齊)나라로 성을 쌓으러 갈 때 그를 전별하며 윤길보가 읊은 것이 《시경》 〈대아(大雅) 증민(烝民)〉이다. 이 시에서 "중산보는 연약하여도 삼키지 않고 강해도 뱉지 않는다."라고 하였는데, 주희(朱熹)는 이 구절에 대해 "부드러운 것을 삼키지 않기 때문에 홀아비와 과부를 업신여기지 않고, 강한 것을 뱉지 않기 때문에 강포한 자를 두려워하지 않는 것이다."라고 하였다.

에서 범맹박(范孟博)을 칭송하여 말하기를 "개연히 고삐를 잡고는 천하를 맑게 하려는 뜻을 두었다." 하였습니다.[50] 이처럼 옛사람이 나라를 위해 근심을 나누어 사체(四體)를 펴 다스리는 것이 반드시 풍교(風教)를 받들어 숭상하고 은택을 베풀어 백성을 교화하는 지방관의 자리에 있습니다. 신이 비록 불초하지만 일찍이 가당하지도 않게 큰 뜻을 펴 보려는 마음을 가지고 있었는데 이제 다행히 성명한 세상을 만나서 한 방면을 맡게 되었습니다. 오직 마땅히 마음과 힘을 다하여 조금이라도 성상의 은혜에 보답하기를 도모해야 하지만, 나약하고 무능하여 한 지방을 맡아 다스릴 만한 가망이 없으며 하루도 되지 않아서 엎어지고 넘어질 것입니다. 따라서 그 자리를 감당하여 받들어서는 안 되는 이유가 단지 위에서 말씀드린, 재주가 모자라고 경력이 짧은 것뿐이 아닙니다. 여러 날을 두려운 마음으로 엎드려 간쟁하는 신하들의 논박을 기다리며 공손히 있었지만 아직까지도 아무런 소식을 듣지 못하였습니다. 만약 자애로 덮어 주시는 저하에게 호소하지 않는다면 감히 벼슬을 받지 못하는 구구한 신의 마음을 어떻게 드러내 보이겠습니까.

또한 지금 양주 목사(楊州牧使) 이지억(李之億)은 곧 신의 외삼촌입니다. 만약 신 때문에 외삼촌이 체직된다면 비록 나라의 법전에 의거한 것이라고 하지만 신의 마음이 어찌 편안하겠습니까. 이 점은 더욱 신이 반드시 체직되어야 하는 까닭입니다. 삼가 바라건대 저하께서는 부디

50 범맹박(范孟博)을……하였습니다 : 범맹박은 범방(范滂)을 말한다. 맹박은 그의 자이다. 후한(後漢) 환제(桓帝)와 영제(靈帝) 때 사람이다. 《후한서(後漢書)》에서 "당시에 기주(冀州)에 기근이 들었는데 도적들이 여기저기서 일어났다. 이에 범방을 청조사(淸詔使)로 삼아서 조사하고 대처하게 하였다. 범방이 수레에 올라 고삐를 잡으며 개연히 천하를 맑게 하려는 뜻을 두었다."라고 하였다. 《後漢書 黨錮列傳 范滂》

굽어살피시어 신에게 새로 제수한 경기 감사의 직임을 우선 체차하여 관직을 무겁게 여기고 미천한 신을 편안하게 해 주소서. 그렇게 해 주신다면 이루 말할 수 없는 다행이겠습니다.

경기 감사로 재직 중에 허물을 인책하여 사직하는 상서[51]

신사년(1761, 영조37)

畿伯時引咎辭免書 辛巳

삼가 아룁니다. 어진 하늘이 묵묵히 도와 성상의 체후가 빨리 회복되시니 손뼉 치며 기뻐하는 마음은 온 세상이 하나같습니다. 생각해 보니 신은 재주가 가장 낮은데도 은우(恩遇)가 지나치게 높아서 노쇠한 나이에 이르지도 않았는데 질병이 먼저 이르니, 지나친 복은 재앙이 뒤따르는 법이라 신 또한 스스로 위태롭게 생각하였습니다. 마땅히 조속히 물러나서 남은 생을 마쳐야 하는데 요순 같은 성상을 만나서 차마 급하게 이별하지 못하였으며, 직임도 벗어나기 어려워 차지해서는 안 될 자리에 웅크리고 있은 지 반년이 되었습니다. 성상에 대한 충성이나 사랑은 남들에게 뒤지지 않지만 한갓 조그만 충심만을 품었으며, 평소에 일 처리를 강구하지 않았으니 끝내 분란으로 돌아가고 말았습니다. 지나온 곳마다 마음속으로 점검해 보니 죄 아닌 것이 없습니다. 책망을 받음에 도리상 의당 사죄를 해야 하니 어찌 용서를 받고 안 받고를 논하여 억지로 스스로 밝히기를 도모하겠습니까.

거취에 관한 일은 지금 논할 만한 것이 없습니다. 소명(召命)이 있으면 성심껏 달려갔고 민사가 생기면 정색하며 긴급 대처했는데, 밖에서 볼 때는 제가 참으로 이른바 세상에 염치가 있다는 것을 모르는 자였을 겁니다. 마음속에서는 얼음과 물이 서로 싸우고 근심과 부끄러움은

51 경기……상서 : 1761년 6월 2일에 올린 것이다.

병이 되었으며 하늘과 땅 사이에 용납되지 못하니 이것이 대체 어떤 사람입니까. 하물며 올해 보리농사는 전에 없는 흉작이어서 백성들의 목숨이 얼마 남지 않았다는 탄식이 있고, 천한 신의 병세는 날로 심해져서 공무가 방치되는 근심이 많은데도 오히려 저하께서는 일찍이 변통하라는 명을 내리지 않으시니, 신의 몸이 낭패를 보는 것이야 우선 따지지 않는다고 하더라도, 한 도의 백성이 장차 어떻게 될지 알지 못하니 급박한 사정이 이와 같습니다.

이에 감히 번거로움을 무릅쓰고 세자 저하께 혈성(血誠)으로 호소합니다. 바라건대 신이 띠고 있는 지방관의 직임을 조속히 체차하고, 이어 밭두둑 사이에 엎드려서 저하의 덕망을 노래할 수 있도록 허락하여 만물을 생성해 주는 은택을 이루어 주소서. 그리해 주신다면 천만다행이겠습니다.

답하기를,

"지난날의 특별한 명령은 실로 내 깊은 마음에서 나온 것이다. 경은 어찌하여 이해하지 못하는가. 경은 사직하지 말고 조속히 직임을 살피도록 하라."

하였다.

도승지로 재직 중에 지방관으로 나가기를 청하는 상서[52] 임오년(1762, 영조38)

都承旨時乞郡書 壬午

삼가 아룁니다. 커다란 복록이 강물처럼 흘러들어 천연두를 앓던 왕세손께서 쾌차하고 육례(六禮)[53]가 순조로이 이루어지니 손뼉 치며 기뻐하는 신민들의 마음이 어찌 그 끝이 있겠습니까. 이어 생각해 보니, 전하는 말에 백성들이 하고자 하는 것을 하늘이 반드시 따른다고 했습니다. 무릇 하늘과 사람은 그 높고 낮음이 천양지차이니 마땅히 서로 간여해서는 안 됩니다. 그러나 백성들이 하고자 하는 것이 있으면 반드시 하늘에 호소하고, 호소하면 하늘이 반드시 따르니, 그 이치가 서로 따르는 것은 마치 부절(符節)을 가지고 기다리는 것과 같습니다. 대개 하늘은 바로 백성의 부모입니다. 부모가 자식에 대해서 아껴 주고 덮어 주니 무릇 자식이 원하는 것을 차마 떨쳐 내어 거절하지 못하는 것입니다. 지금 저하께서는 바로 신의 하늘이며 부모입니다. 신에게 지금

52 도승지로……상서 : 1762년 3월 3일에 올린 것으로, 임오화변(壬午禍變)이 발생하는 5월 13일을 얼마 남겨 두지 않은 시기였다. 1761년 12월 세손이 두후(痘候)를 앓다가 회복되었으며, 이어 1762년 2월에는 청풍 김씨(淸風金氏) 김시묵(金時默)의 딸과 가례(嘉禮)를 올렸다. 그리고 본집에는 없으나, 《승정원일기》에는 "글을 읽고 잘 알았다. 이 글은 해당 조로 하여금 규례를 상고하여 품처하도록 하라."라는 사도세자의 비답이 달려 있다. 이 글로 인해 번암은 이해 3월 16일 영변 부사(寧邊府使)에 제수되었으나, 직후에 모친상을 당하였으며, 따라서 복상(服喪) 중에 임오화변을 만나게 된다.

53 육례(六禮) : 혼인의 여섯 가지 의식인 납채(納采), 문명(問名), 납길(納吉), 납징(納徵), 청기(請期), 친영(親迎)을 말한다.

지극히 고통스러운 간청과 지극히 간절한 사정이 있지만 단지 경외하는 까닭에 가슴에 맺힌 채 머뭇거리며 끝내 자애로운 저하께 한번 호소하지 않는다면 이는 진실로 인정이 아니라고 할 것이니 신이 어찌 차마 이렇게 하겠습니까.

신의 아비는 지금 일흔일곱이고, 어미는 여든입니다. 서산에 해가 지니 남은 빛이 많지 않습니다. 공자께서 말씀하시기를 "부모의 나이는 몰라서는 안 되니, 한편으로는 오래 사시어 기쁘기 때문이고 한편으로는 살날이 많지 않아 두렵기 때문이다."라고 하였습니다. 천고에 그 많은 자식들이 글을 읽다 이에 이르면 누군들 눈물을 훔치지 않았겠습니까. 이제 신은 두려움이 기쁨보다 더욱 깊습니다. 후회해도 소용없는 때가 오기 전에 자식의 직분을 다하고자 하는 구구한 마음이 어찌 끝이 있겠습니까. 신의 가문은 세록(世祿)을 받아 대대로 염치와 정절을 돈독히 지켜 조손간에 서로 전하여 왔으며, 별다른 재산 없이 오직 소박하게 살아왔을 뿐입니다. 더욱이 신은 본래 게으르고 태만하여 한가한 때에도 생계를 도모하지 않아서 아침저녁으로 부엌은 비고 아궁이에 불은 자주 꺼졌습니다. 그러니 맛있는 음식과 약이(藥餌)로 봉양하는 것은 논할 필요도 없습니다. 그러나 신은 대궐에 직숙하느라 드나들면서 배불리 먹고 놀며 한갓 음식을 가져오게 하는 것으로 부모님께 근심만 끼쳤으니, 매번 이런 생각이 날 때마다 이마와 등에서 땀이 흘러내립니다.

돌아보건대 지금 회혼례(回婚禮)까지 다만 몇 달이 남아 있습니다. 우리 대조 전하께서 지난번에 연신(筵臣)이 이 일을 아뢴 것을 계기로 귀한 일이라는 하교를 내리시기까지 하였으니 신의 사적인 마음에 기쁨이 마땅히 어떠하겠습니까. 자식으로서 부모의 회혼을 만나 그 잔치를 베푸는 예절에 정성을 다하려고 하는 것은 천리와 인정으로 볼 때 저절로 그만둘 수 없는 일입니다. 그러나 신은 두 손 놓고 빈둥거리고 앉아서 세월만 보내며 부모님의 잠자리 한번 제대로 보아 드리지 않았으니 신의 사정이 또한 진실로 급합니다. 생각해 보니 신은 고단한 신세로 조정에는 아주 먼 친척도 없으니 오직 우러러 믿을 이는 오직 군부(君父)뿐입니다. 이런 지극한 마음을 가슴에 품고서 아뢰지 않는다면 다시 어디에 호소하겠습니까.

삼가 생각건대 세자 저하께서 대리하여 팔도를 두루 살피시니 모든 백성들이 삶을 이루었습니다. 신의 사정은 긍휼히 살펴 주시는 데 달려 있으니 삼가 바라건대 특별히 이조에 명하여 신에게 한 군(郡)을 맡기게 하여 남은 녹봉으로 작으나마 정성을 펴게 해 주시기 바랍니다. 후일의 보은은 마땅히 살아서는 목숨으로 할 것이고 죽어서는 결초로 할 것입니다. 아, 신은 세상에 없는 은혜를 입어 지위가 재신의 반열을 더럽혔지만, 일찍이 계책 한 가지 올리지 못하고 좋은 말 한 마디 드리지 못하여 성조(聖朝)의 교화에 도움이 되지 못하였으니 시위소찬(尸位素餐)의 부끄러움이 또한 이미 많았습니다. 그런데 또 신의 개인적인 사정으로 우러러 특별한 은혜를 바라니, 비록 다른 것을 돌아볼 겨를 없이 너무도 간절하지만 스스로 돌아보매 너무도 부끄러워 몸 둘 곳을 모르겠습니다. 다시 바라건대 저하께서는 신의 심정을 불쌍히 여겨 번거롭게 하는 죄를 용서하여 주소서. 신은 이루 다할 수 없는 마음으로 하늘을 우러러 간곡히 기원합니다.

복을 마친 후 대사헌을 사직하는 상소[54] 갑신년(1764, 영조40)
闋服後辭大司憲疏 甲申

삼가 아룁니다. 신의 죄가 신명(神明)께 통하여 그 화가 노모에게 옮겨졌습니다. 천지간에 원통하여 울부짖으니 이치로 보아 마땅히 죽어야 하는데 오히려 어름어름 세월만 보내며 오늘에 이르러서 선왕(先王)께서 제정한 복(服)이 끝났습니다. 이 드넓은 세상에서 누구를 믿고 살겠습니까. 오직 우리 성상께서 상중에 구차한 이 목숨을 돌아보고 도성의 서쪽으로 묘소에 행행하실 때[55] 신의 집이 어느 곳에 있는지를 묻고, 한 달 전쯤 승선(承宣)이 모시고 있을 때 특별히 대상(大祥)의 기일이 얼마나 남았는지를 물어 주시니, 예로부터 상복을 입고 있는 신하로서 군부에게 이런 지우를 받은 자가 몇이나 있었는지 모르겠습니다. 신은 눈물이 다하여 핏물이 흐르니 어디서 죽어야 할지 모르겠습니다. 계속하여 형조 참판에 제수하는 명과 사헌부 대사헌에 제수하는 명이 중월

54 복(服)을……상소 : 1764년 6월 4일에 올린 것이다. 번암은 이해 5월 19일 대사헌에 제수되었는데, 이때 모친의 상사에 대상은 마쳤지만 아직 담제(禫祭)를 지내기 전이므로 출사하지 못하였다. 그러다가 6월 4일에 패초하자 이에 올린 것이다. 이 상소를 올린 뒤 6월 5일 출사하여 경희궁(慶熙宮)의 경현당(景賢堂)에서 영조를 알현하였다. 이후 6월 11일 영조를 만난 자리에서 다시 사직의 의사를 표명하여 얼마 후에 체직되었다.

55 도성의……때 : 서쪽의 묘소는 영조의 친모 숙빈 최씨의 능원인 소령원(昭寧園)을 말한다. 숙빈 최씨는 1718년(숙종44) 3월 9일 창의동 사가에서 49세로 사망하였고, 5월 양주의 고령동 옹장리 서쪽 언덕에 장사를 지냈다. 1744년에 소령묘(昭寧墓)로 하였다가 1753년 소령원으로 다시 승격시켰다. 영조는 임오화변 직후인 1762년 8월 이곳에 거둥하여 제사를 올렸다.

(中月)[56]이 지나기도 전에 내리니 신이 대체 어떤 사람이기에 천지의 우로(雨露) 같은 큰 은총이 이토록 지나치게 내리는 것입니까.

아아, 신이 과분한 은혜로 계속 승진하여 지위가 아경(亞卿)에까지 이르렀습니다. 매번 새로 제수되어 사은숙배하고 돌아올 때마다 신의 어미가 앞에서 인도하는 소리를 기다리며 대문에서 엿보다가 기뻐 돌아보며 웃고는 두 손을 모아 하늘을 향해 "우리 임금님 천세 만세 누리소서."라고 축원하였습니다. 그 소리가 여전히 낭랑하게 귓전을 맴돌고 있습니다. 이제 신의 미련한 명줄은 실낱처럼 이어지고 은혜로운 특지는 예전과 같지만, 황량한 언덕의 한 줌 흙속으로 모든 일이 사라져 버렸습니다. 기뻐하며 웃는 모습은 어디에서 다시 보며 임금님을 축원하던 목소리는 어디에서 다시 듣는단 말입니까. 신이 제수하는 전지를 두 손 모아 받들매 실로 오장이 찢어지는 듯 절통합니다.

아아, 신이 성상의 곁을 떠나 있은 지가 이미 몇 년이 되었습니다. 비록 상복을 입고서 피눈물을 흘리며 죽고 싶었지만, 그런 가운데서도 또한 하루아침에 눈을 감고 죽어 버려 다시는 천안(天顔)을 우러러 뵙지 못하고 영원히 눈을 감지 못하는 원귀(冤鬼)가 될까 두려워하였습니다. 그러니 지금 어찌 차마 대궐로 나아가 공경히 사양하며 한번 성상을 뵈어서 견마(犬馬) 같은 신의 가슴에 맺힌 회포를 쏟지 않겠습니까. 다만 신에게 절통하고 비통한 사정이 있으니 부득이 고개를 들고 호소하지 않을 수가 없습니다.

신의 아비가 금년에 79세입니다. 숙환인 풍담(風痰)이 여러 해 동안

56 중월(中月) : 대상을 지낸 달의 다음 달을 말한다. 즉 대상을 지내고 한 달을 사이에 두고 그다음 달에 담제를 지내므로 그 사이에 있는 달을 중월이라고 한다.

쌓여 화가 되고 말았습니다. 침상에 누워 죽에 의지하니 편안한 날이 거의 없습니다. 얼마 전에는 방이 너무 더워 문 열고 바람을 쐬다가 조섭을 잘못하여 독감에 걸리고 말았습니다. 더욱이 가래까지 끓어서 여러 날을 혼미한 상태로 있었으니 실로 돌아가시는 줄로 알았습니다. 다행히 용약(用藥)이 효험이 있어 비록 조금 나아지긴 하였지만, 워낙 기력이 노쇠하여 마치 급류로 내려가는 배처럼 한번 나빠지면 회복하기 어렵습니다. 신이 항상 곁에서 부지(扶持)하며 한순간도 떠나기 어렵습니다. 이런 실정이니 천지 부모와 같은 어진 성상께서 어찌 측은하고 불쌍하게 여기시지 않겠습니까. 간절한 마음이 절박하여 말미를 청하려고 하였으나, 대사헌의 책임은 막중한데 신의 재주와 능력이 걸맞지 않아 미처 모두 아뢰지 못하였습니다. 삼가 바라건대 자애로운 성상께서는 조속히 신의 직책을 삭탈하도록 명하여 신이 안심하고 간병할 수 있도록 해 주시어 효성으로 천하를 교화하는 성세(聖世)의 다스림을 빛나게 하소서. 신은 지극히 간절한 마음으로 기원합니다.

답하기를,

"상소를 살펴보고 잘 알았다. 경을 만난 지가 이미 3년이 되었으며, 연석(筵席)에서 경에 대해 물은 것이 한두 번이 아니었다. 이제 팔십을 바라보는 나이에 경의 소장을 보니 그 또한 특별한 일이다. 충심으로 호소한 소장에서 효자의 마음이 드러나니 경을 위하여 걱정하노라. 지금 이 자리는 아침저녁으로 바쁜 자리는 아니니 경은 사직하지 말고 우선 직임을 살핀 후에 간병하도록 하라."

하였다.

개성 유수를 사직하는 상소[57]

辭開城留守疏

삼가 아룁니다. 성상의 보령이 팔십을 바라보는데도 하늘을 대하시는 정성은 더욱 돈독하였습니다. 교단(郊壇)의 제사는 경건하고 정성스러워 이미 성상의 정성이 비를 내리게 하였는데, 김맨 후에 가뭄을 더욱 걱정하여 다시 기우제를 지내려 교외로 거둥하시니 염천(炎天)의 시절에 옥체가 상할까 두려워 구구한 신의 마음은 타들어 가는 듯합니다.

생각해 보니, 신은 복상(服喪)하고 남은 목숨으로 다시 대궐로 나아가 천안(天顔)을 우러러 뵈니 예전보다 나아지신 모습에 기뻐하였으며, 홀연히 부리나케 의관을 차리고 나아가 친제한 글을 받들었습니다.[58] 비록 그 즉시 구덩이에 묻혀 버리더라도 더 이상 여한이 없으니 벼슬길에 대한 한 가닥 생각은 식어서 재가 된 지 이미 오래입니다. 그런데 송경(松京)에 거류하는 직임이 또한 어떻게 신에게 미친단 말

57 개성……상소 : 1764년(영조40) 7월 11일에 올린 것이다. 번암은 이해 7월 3일에 개성 유수에 제수되었다. 그리고 7월 9일 영조가 면복을 갖추어 입고 남단(南壇)으로 나가서 재숙(齋宿)하고 10일에 기우제를 지냈는데, 11일 아침에 비가 왔다. 서두의 언급은 이에 대한 것이다. 본집에는 없으나 《승정원일기》에는 "상소를 살펴보고 잘 알았다. 오늘 개성 유수에 제수한 것은 대개 뜻한 바가 있어서이다. 경은 지나치게 사양하지 말고 조속히 직임을 살피도록 하라."라는 비답이 실려 있다.

58 친제한 글을 받들었습니다 : 1764년 7월 3일 번암이 편차인으로 입시하였을 때 영조가 번암을 앞으로 나오게 하여 직접 지은, 자신을 반성하고 스스로 부끄러워하는 것으로 군신(群臣)을 경책하는 글 한 편을 교정하여 들이도록 명하였다. 《承政院日記 英祖 40年 7月 3日》

입니까.

아아, 나라의 보장(保障)을 중히 여기는 것은 그 유래가 오래되었습니다. 성왕(成王)이 필공(畢公)에게 명한 것이나 당나라와 송나라에서 상신(相臣)을 대우한 것은 물론이거니와 가까운 시대의 제도로 말해 보더라도 중신(重臣)이나 재신(宰臣)의 국량과 능력을 가지고 한 시대의 커다란 추앙을 받는 사람이 아니라면 한 번도 그 자리에 앉히지 않았습니다. 그러니 묘당(廟堂)에서 얼마나 이 임무를 어렵게 여기어 신중하게 하였습니까.

돌아보건대 신은 본래 한미한 가문 출신으로 요행히 황극(皇極)을 세우시는 치세(治世)를 만나 인정을 받은 것이 가장 깊었으며 은혜를 입은 것은 끝이 없었습니다. 문한(文翰)을 담당하는 직무로부터 백성을 다스리는 벼슬에 이르기까지 모두 우리 전하께서 성덕으로 만들고 빚어 주신 것이니 보은에 대한 신의 일념은 귀신이 내려다보아 알고 있습니다. 그러나 재주는 짧고 식견은 오활하며, 지혜는 없고 사려는 얕으니 어찌하겠습니까. 평소에 스스로 생각하는 것이나 남들이 평가하는 것은 그저 무지몽매한 한 선비에 지나지 않을 뿐이니, 보장의 책임을 맡으리라고 어찌 꿈속에서라도 생각했겠습니까. 그런데 묘당의 섬지(剡紙)[59]에는 홀연히 잘못된 천거가 있었고, 천성(天聖)의 낙점(落點) 또한 추천에 부응하여 뽑으시니 신은 당황하고 떨려 진실로 그 이유를 깨닫지 못하였습니다.

하물며 송경은 고도(古都)입니다. 요충지인 데다가 백성까지 많습니

59 섬지(剡紙) : 섬계(剡溪)에서 생산되는 상품(上品)의 종이를 말한다. 이 종이가 공문서에 많이 사용되었다. 여기서는 묘당에서 천거한 공문서를 가리킨다.

다. 그 풍속은 이익을 중요시하는데 백성의 진휼에 사용할 부고(府庫)는 텅 비어 빈 장부만 있을 뿐입니다. 크게 변혁하고 모두 정리하여 나라에서 서쪽을 돌아보는 근심을 잊도록 하는 일을 신 같은 사람이 너끈히 할 수 있다고 말하며 억지로 책임을 지우는 것이 가당하겠습니까.

신의 아비 나이를 성상께서 물어보아 주시는 은혜를 입기까지 하였으며, 오직 뽑아 주신 마음은 진실로 곡진한 뜻에서 나온 것이니, 신은 진실로 감격하여 눈물이 옷깃을 적십니다. 살아서는 목숨을 버리고 죽어서는 결초를 한다 해도 갚기 어려울 것입니다. 다만 개인적인 형편이 다급하다는 이유로 공기(公器)인 관작의 중요함을 생각지 않는 것은 실로 성세(聖世)에 모든 일을 총괄하여 핵심을 관통하는 정사가 아닙니다. 신이 어찌 염치를 무릅쓰고 받들어, 위로는 인물을 감별하는 성상의 뛰어난 식견에 누를 끼치고 아래로는 자신을 아는 지혜를 저버리겠습니까. 백번을 생각해 보아도 감당하여 받들 가망이 전혀 없습니다. 연이어 청재해야 하는 날을 만나 이제야 비로소 상소를 올려 천지부모의 앞에 아뢰니다. 삼가 바라건대 자애로운 성상께서는 신에게 새로 제수한 관직을 조속히 삭탈하여 명기(明器)를 중히 하고 신의 분수에 맞도록 하여 주소서. 신은 숨죽여 간곡히 기원합니다.

송경에 부임한 후에 성묘하러 가기를 청하는 상소[60]

松京赴任後乞省墓疏

삼가 아룁니다. 원릉(園陵)에서 예를 펴시니 성상의 효성이 더욱 밝아지고, 옥체가 미령하였는데 조화로운 원기가 곧바로 회복되니 구구한 신은 두 손 모아 기원하는 지극한 심정을 가눌 길이 없습니다. 생각해 보니, 불초한 신은 외람되이 서울에 버금가는 송경의 유수가 되어 아비와 함께 임지로 오니 큰 소원이 이미 이루어졌습니다. 그저 은혜에 감격하는 눈물이 대궐을 바라보는 신의 옷깃을 적시니 어찌 감히 다시 개인적인 사정으로 지엄하신 성상을 번거롭게 하겠습니까. 그러나 가슴에 맺힌 지극한 마음 때문에 죽음을 무릅쓰고 눈물로 호소하지 않을 수가 없습니다.

신의 어미의 분묘가 경기도 죽산(竹山) 땅에 있습니다. 연고가 없는 땅에 새로 들어가다 보니 한 뼘의 땅도 의지할 곳이 없습니다. 그런데다 신은 형제도 없어서 대신하여 성묘할 사람이 없습니다. 상기(喪期)가 겨우 끝나자 그 즉시 벼슬에 매여서 오래도록 가서 살필 수가 없었습니다. 지금의 직임을 맡은 이후로 도리상 공(公)을 우선시해야 하므로 오히려 영소(榮掃)[61]를 할 겨를이 없었으니 가슴에 맺힌 한을

60 송경(松京)에……상소 : 1764년(영조40) 9월 1일에 올린 것이다. 이 글에는 수록되어 있지 않지만, 《승정원일기》에는 "상소를 살펴보고 잘 알았다. 경은 청한 대로 가서 성묘하도록 하라."라는 비답이 실려 있다.

61 영소(榮掃) : 자기 또는 아들에게 과거나 벼슬 등 경사로운 일이 있을 때, 선조의 무덤에 고하고 제사 지내는 일을 말한다. 영(榮)은 영광, 소(掃)는 소분(掃墳)의 뜻이다.

풀지 못해 방황하며 먼동이 트도록 잠을 이루지 못한 것이 여러 날입니다. 하물며 이제 장차 서리가 내릴 터이니 처량한 마음 더욱 간절합니다. 만약 신이 이런 슬프고 고통스러운 마음을 품고서 단지 임금을 두려워하는 도리만을 알아서 말씀드리지 않는다면 이는 부모처럼 자애롭게 백성을 구원해 주시는 전하의 앞에서 스스로를 막아 버리는 것입니다. 신이 어찌 차마 이렇게 하겠습니까. 이에 감히 인자하게 감싸 주시는 성상을 믿고 눈물로 상소를 올립니다. 삼가 바라건대 자애로운 성상께서는 신에게 열흘의 말미를 허락하여 남은 녹봉을 가지고 가서 이제까지 녹봉으로 봉양하지 못한 포한을 풀게 하여 주소서. 그리해 주신다면 저승과 이승에서 모두 감격할 것이니, 어찌 그 끝이 있겠습니까. 신의 사정이 절박하여 말이 번다합니다. 오직 성명께서는 애처롭게 여기고 너그러이 살펴 주시기 바랍니다.

예문관 제학을 사직하는 상소[62]

辭藝文提學疏

삼가 아룁니다. 신이 외람되이 천지와 같은 큰 은혜를 입어 과분하게도 개성 유수의 직책을 맡으니 책임은 크고 임무는 무거워 아침저녁으로 전전긍긍하며 실로 높은 곳에 올라간 듯 깊은 물 앞에 있는 듯 경계하고 조심하였습니다. 그런데 새로이 문원(文垣)의 벼슬이 문득 천만뜻밖에 내리니 아아, 이 무슨 연고입니까. 신이 비록 불초하나 평소에 손에 잡고 전하를 섬긴 것은 오직 성실(誠實) 두 글자일 뿐이니 지금 어찌 감히 억지로 으레 하는 겸양을 본받아서 거짓으로 꾸미며 사실대로 말씀드리지 않겠습니까. 오직 인사가 마땅함을 잃으면 의리상 반드시 사양해야 하니, 이에 부득이 그 본말을 모두 말씀드리지 않을 수가 없습니다. 오직 전하께서는 살피시기 바랍니다.

우리나라가 천지에 문교(文教)가 창명해지는 운수를 만나니 우문(右文)의 치교가 전고(前古)에 뛰어납니다. 그런데 관각(館閣)의 소임은 실로 문병(文柄)을 주관하는 것이니 그 선발에 있어 어렵고 신중해야 하는 것이 어떤 직책에 비하겠습니까. 시험 삼아 본조 400년의 황각록(黃閣錄)[63]을 가지고 말씀드리자면, 그중에 이름이 인몰되어 알 수

62 예문관……상소 : 1764년(영조40) 12월 22일에 올린 것이다. 이해 7월 개성 유수에 부임한 번암은 11월 30일 예문관 제학에 제수된다. 반년도 되지 않아 중앙의 관직에 임명된 것인데, 이어 12월 8일에는 한성부 우윤, 12월 25일에는 한성부 좌윤에 제수되었다. 《承政院日記 英祖 40年 11月 30日, 12月 8日·22日·25日》

63 황각록(黃閣錄) : 역대 삼정승을 지낸 사람의 인명록을 말한다.

없는 자가 또한 많습니다. 그러나 유독 관각록(館閣錄)만은 비교도 안 되게 사람들의 이목에 비추어져 비록 어린아이를 잡고 물어보아도 그 이름을 외우지 않는 이가 없어 마치 동시대의 사람 같습니다. 진실로 불후의 공업을 세워서 당세에 영광되고 후세에 전해지는 자가 아니라면 논의의 대상이 되겠습니까.

생각건대 신은 본래 재주가 노둔하고 성품 또한 거칠고 가벼워 육예(六藝)의 학문 중에 하나도 통달한 것이 없습니다. 다만 부형의 엄한 감독으로 대략 공령 문자(功令文字)나 해득할 정도입니다. 나이 스물이 넘어 요행히 과거에 합격하였지만, 가문은 한미하고 세상과도 뜻이 맞지 않아 이미 당세에 진출하려는 생각을 접어서 더 이상 마음을 쓰지 않았습니다. 이에 기교나 부리는 문장의 작은 기예에 정신을 소진해 버려 민간에서 풍요(風謠)나 지을 정도인데 이것 역시 능하지는 않고 그저 배우기를 원한다고 할 뿐입니다. 그런데 지난 십수 년간에 문득 우리 성상의 특별한 지우로 현달하여 청요(淸要)의 직책과 아름다운 벼슬에 제수하는 교지가 문득 많아졌습니다.

신은 스스로 돌아보건대 그 가운데에서 보답할 만한 것이 없었으니 오직 주야로 부지런히 따르는 것으로 분수와 의리를 다하느라 책과는 담을 쌓고 말았습니다. 세월이 신을 기다려 주지 않아서 공부는 하지 못한 채 나이만 먹고 말았습니다. 묵묵히 초심을 생각하고 때때로 슬프게 탄식하였습니다. 공자께서 말씀하시기를 "40, 50세가 되어도 그 이름이 알려지지 않는다면 이 또한 두려워할 것조차 없다."라고 하였습니다. 신은 처음부터 이름이 알려지지 않을 사람으로 자처하였으니 세상에서 신을 어떻게 대할지는 쉽게 알 수 있습니다. 성상께서 위에 계시며 오랜 세월 인재를 배양하셨으니 많은 재사와 선비 들이 옛날 성세

(盛世)에 비하여 볼 때 비록 어떠한지는 모르겠습니다만, 신보다 뛰어난 사람을 논하자면 진실로 수레에 싣고 말〔斗〕로 될 만큼 매우 많으니 문한(文翰)의 직임에 어찌 사람이 부족할까 근심하겠습니까. 대신이 신을 잘못 천거한 것은 물론이고 성상께서 신을 잘못 제수하신 것에 대해서도 신은 실로 그 까닭을 깨닫지 못하겠습니다.

아아, 신의 백고조(伯高祖) 채유후(蔡裕後)[64]는 인조, 효종, 현종의 세 조정을 두루 섬기어 성대하게도 양관(兩館)의 태학사가 되었고, 종조(從祖) 채팽윤(蔡彭胤)[65]은 숙묘(肅廟)와 당저(當宁)를 두루 섬겨 호당(湖堂)을 거쳐서 예문관 제학에 올랐습니다. 삼가 생각해 보니 전하께서 아마도 궁인(弓人)의 아들이니 궁(弓)을 만들 만하며 기인(箕人)의 아들이니 기(箕)를 만들 만하다고 여겨 이런 자리에 제수하셨을 것입니다. 그렇다면 도연명(陶淵明)의 아들은 어찌하여 시문을 즐기지 않았고 한퇴지(韓退之)의 아들은 어찌하여 금은(金銀)의 글자를 틀렸다고 기롱을 받았겠습니까.[66] 예전부터 가문의 명성은 믿을 것이 못 되었습니다.

신은 이 명령을 들은 이후로 부끄럽고 두려워서 속으로 간쟁하는

64 채유후(蔡裕後) : 1599～1660. 자는 백창(伯昌), 호는 호주(湖洲)이다. 시호는 문혜(文惠)이다.

65 채팽윤(蔡彭胤) : 1669～1731. 자는 중기(仲耆), 호는 희암(希菴)·은와(恩窩)이다.

66 한퇴지(韓退之)의……받았겠습니까 : 한유(韓愈)의 아들 한창(韓昶)이 집현전 교리(集賢殿校理)로 있으면서 서책을 교정할 때 금근거(金根車)를 금은거(金銀車)로 잘못 고쳐서, 사람들이 훌륭한 아버지를 두고도 그런 실수를 했느냐고 비웃었던 고사이다. 금근거는 황제가 타는 수레이다. 《尙書故實》

신하들이 반드시 비판하고 바로잡는 논박을 하리라 생각했지만 아직까지 듣지 못하였으니 이 또한 괴이한 일입니다. 유수의 부절(符節)은 이미 교체하였으니 형편상 더 머물러 있기가 어려워 병든 아비를 부축하여 한 걸음 한 걸음 내려왔습니다. 도성 문에 이르지 못한 채 상노인의 약한 기력으로 혹독하게 추위를 겪고 숙환까지 더치니 길 가운데에서 신은 간병하느라 한순간도 곁을 떠나기 어렵습니다. 분수가 아닌 직임은 애초에 무릅쓰고 나가서는 안 되는 것이었고, 사람의 자식 된 정리가 또 이와 같이 절박합니다. 대궐의 문이 멀리 보이는데도 어떻게 나아갈 방도가 없어 이에 편비(褊裨)를 시켜서 대신 어부(御符)를 들입니다. 신의 죄가 이에 이르러 숨을 곳이 없습니다. 삼가 바라건대, 자애로운 성상께서는 조속히 신이 겸대한 직책을 체차하여 관방(官方)을 중히 여기고 이어 신의 태만한 죄를 다스려 기강을 바로잡으소서. 그리하신다면 천만다행이겠습니다.

답하기를,

"상소를 살펴보고 잘 알았다. 경의 선조 양대(兩代)는 문장으로 후세에 이름을 전하였다. 석년(昔年)의 어시(御詩)[67]와 밝고 빛나는 어제(御製)가 있으니 경의 문재(文才)는 아뢰지 않아도 내가 이미 알고

67 석년(昔年)의 어시(御詩) : 숙종의 시를 말한다. 숙종은 1714년(숙종40) 심한 병으로 조섭 중이었는데, 이때 당시 연잉군(延礽君)이던 영조에게 명하여 채유후의 문집인 《호주집(湖洲集)》을 가져오라고 하였다. 숙종은 《호주집》을 보고 "삼조를 두루 모셔 예우가 특별했고, 평생에 술과 시로 스스로를 즐겼네. 글을 보매 문장이라는 것을 더욱 알겠으니, 이 사람이 어떠한지 상상이 되는구나.〔歷事三朝禮遇殊, 平生詩酒自爲娛. 觀文益覺文章信, 於此其人可想夫!〕"라는 시를 지어 주었다. 《歸鹿集 卷17 蔡湖洲諡狀》

있다. 대신이 천거한 바에서 공심(公心)을 알 수 있는데 어찌하여 장황하게 사양하는가. 경은 지나치게 사양하지 말고 조금 낫기를 기다렸다가 직무를 살피도록 하라."

하였다.

주사 당상을 사직하는 상소[68] 을유년(1765, 영조41)

辭籌司堂上疏 乙酉

삼가 아룁니다. 새해가 시작되었으니 성스러운 보령(寶齡) 더하시고, 장수를 축원하는 노랫소리 울리니 상서로운 기운이 천지를 덮습니다. 이에 신은 이루 다할 수 없는 기쁨으로 손뼉을 치면서 축원합니다.

생각건대 신이 분수에 넘치게 문임(文任)을 맡아서 자리를 더럽히니 피 끓는 마음으로 간절히 아뢰어 삼가 소원을 들어주는 하늘을 기대하고 거의 잠 못 이루는 심정을 살펴 주시기를 바랐는데, 이제 비지(批旨)[69]를 받들고 보니 은혜로운 말씀을 간곡히 여러 번 하며 신의 선조들을 거론하고 이어 사양하지 말라고 타이르셨습니다. 두 손으로 받들고 백번 절하니 다만 감격의 눈물만 흐릅니다. 그런데 연이어 연상시(延祥詩) 첩자(帖子)[70]의 운자를 내고 과차(科次)를 매기는 일로 천패(天牌)가 거듭하여 내렸는데 두 번이나 뒤로 미루며 불경하게 어겼으니 그

68 주사……상소 : 1765년 1월 6일에 올린 것이다. 이에 앞서 1764년 12월 25일 한성부 좌윤에 제수되었는데도 사진하지 않자 여러 번 패초하였으나 나오지 않았다. 이듬해 1월 4일 주강하는 자리에서 홍봉한(洪鳳漢)이 비변사 당상에 궐원이 있다고 하자, 그 자리에서 번암을 특차(特差)하라고 명하였다. 이 상소는 이에 따라 올린 것이다. 《承政院日記 英祖 41年 1月 4日, 6日》

69 비지(批旨) : 바로 앞의 상소에 연이은 것이므로 여기서는 앞의 상소에 첨부된 비지를 말한다.

70 연상시(延祥詩) 첩자(帖子) : 연상시는 정월 초하루를 축하하는 시로, 문신(文臣)이 시를 지어 올리면 등수를 매기고 종이에 써서 궁전 기둥에 붙이는 것이 관례였는데, 기둥에 붙이는 것을 첩자라고 하였다.

죄를 용서받을 수가 없습니다.

그러나 성상의 도량은 하늘처럼 넓으사 죄주지 않으셨을 뿐 아니라 하루 안에 세 번이나 패초로 부르시니 이에 신은 분수와 의리에 무섭고 두려워 미천한 소신마저 지키지 못하고 부득이 염치 불고하고 나와서 숙배하였습니다. 마음 가득히 창피하여 몸 둘 곳이 없는데 주사(籌司)의 제조(提調)에 임명하는 명이 또 어찌하여 신에게 이르는 것입니까. 《서(書)》에 이르기를 "하늘의 일을 사람들이 대신하는 것입니다."[71]라고 하였으니 나라에서 벼슬을 설치하고 직무를 나눈 것 가운데 무릇 어느 하나 하늘의 일을 대신하지 않는 것이 있겠습니까. 다만 유사(有司)라고 이름한 것은 오히려 각각 스스로 담당한 직분이 있지만, 주사의 경우는 곧 옛날의 낭묘(廊廟)입니다. 기밀로 말하자면 나라의 기무가 모두 여기에 모여 있으며, 중요성으로 말하자면 군민(軍民)의 통할과 관리가 모두 여기에 달려 있습니다. 이 책무를 맡은 이는 삼공(三公)을 받들어 보좌하며, 국정을 모획(謀劃)한다고 명칭하여 조정에 관여해서는 안 되는 일이 없으니 마땅히 한 가지 일로 유사를 이름해서는 안 되는 것입니다. 〈주관(周官)〉에 이르기를 "모든 관직을 반드시 구비할 것이 아니라, 오직 적임자를 등용할 뿐이다."라고 하였습니다. 삼가 신이 들으니, 지난날 조종조에서 제조는 해당하는 관서에 겨우 7, 8명에 불과하였지만 오히려 국정을 모획하는 사람이 이처럼 너무 많아서는 마땅하지 않다는 하교가 있었다고 하였습니다. 아름답습니다! 성인이 나라를 다스리는 규범이 〈주관〉의 아름다운 법을 깊이 체득하였으

71 하늘의……것입니다 : 《서경》 〈고요모(皐陶謨)〉에 "모든 관리들의 일을 폐하지 말게 하소서. 하늘의 일을 사람들이 대신하는 것입니다."라고 하였다.

니 분명히 오늘날 본보기가 될 것입니다.

아아, 품성이 지극히 용렬하고 문벌이 참으로 한미한 신이 평소에 꿈에라도 어찌 생각이 이에 미쳤겠습니까. 이제 선발은 성상의 마음에 달려 있으니 어려워하고 조심하는 바가 없다면 이것이 어찌 황극(皇極)을 세우고 정신을 진작하여 정치하는 데 누를 끼치지 않겠습니까. 옛날 우리 부자(夫子 공자)께서 네 과목으로 문인을 취하였는데, 덕행, 정사, 언어, 문학이었습니다. 천고에 많은 인재가 있었지만 어찌 공자의 문하만 한 경우가 있었습니까. 그러나 자유(子游)와 자하(子夏)의 문학으로도 정사를 겸하지 못하였고, 염유(冉有)와 계로(季路)의 정사로도 문학을 겸하지 못하였습니다. 대개 사람의 재주는 잘하는 것도 있고 못하는 것도 있으니, 비록 시우(時雨)와 같은 교화로도 그 못하는 것을 잘하게 만들어서 억지로 통하게 하지 못하는 법입니다.

지금 우리 성상께서는 애초에 신에게 임금이며, 또 스승이기도 합니다. 앞에서 이미 신에게 문학으로 책임을 지우셨는데 이제 또 정사로 벼슬을 주신다면 이는 자유, 자하, 염유, 계로의 장점을 한 사람의 몸에 모이게 하는 것입니다. 성상께서 사람을 만들어 주시는 방법이 공문(孔門)과 어찌 이다지도 같지 않으며, 신이 대체 어떤 사람인데 감히 편안하게 이 직임을 맡는다는 말입니까.

오늘 조참(朝參)은 바로 신년의 큰 모임입니다. 백관들은 조정으로 달려 나오고 앉은뱅이나 절름발이라도 모두 기뻐 뜁니다. 그러나 신은 홀로 분수에 맞지 않는 벼슬로 인해 두려움이 마음에 가득히 맺혀 있어서 감히 대궐로 나아가 예전보다 좋아지신 천안(天顔)을 우러러보지 못하였습니다. 이와 같으니 신은 살아도 죽은 것만 못합니다. 이에 감히 다급한 소리로 호소하니, 삼가 바라건대 자애로운 성상께서는 조속히 신이 겸하고 있는 직책을 체차하라고 명하여 인재의 선발을 무겁게 하고 신의 분수를 편안히 해 주소서. 그리해 주신다면 천만다행이겠습니다.

답하기를,

"상소를 살펴보고 잘 알았다. 주사에 제수하는 새 명령은 숙고하여 선발한 것이다. 이 또한 황극을 세우는 일이니 경은 지나치게 사양하지 말고 조속히 직임을 살피도록 하라."

하였다.

예문관 제학으로 재직 중에 지방관으로 나가기를 요청하는 상소[72]

藝文提學時乞郡疏

삼가 아룁니다. 신의 머리에서 발끝까지는 모두 전하의 교화 속에 들어 있고, 신이 아침부터 저녁까지 사는 것은 모두 항상 전하의 두터운 은혜 가운데 있습니다. 오매불망 가슴에 맺혀 있는 것은 다만 은덕에 보답하려는 마음뿐이니 어찌 생각이 다시금 신 개인에게 미칠 여유가 있겠습니까. 그러나 오직 절박하고 슬픈 심정은 실로 천천히 말할 때가 아닙니다. 우러러 부모처럼 돌보아 주시는 성상이 가까이 있음을 믿고 이에 감히 눈물로 아룁니다. 오직 성명께서는 불쌍히 여겨 살펴 주시기 바랍니다.

신이 늙은 아비를 떠나서 봉직할 수 없는 형편이라는 것은 성상께서 이미 굽어살피셨습니다.[73] 그리고 시관(試官)의 의망(擬望)을 전후하여 여러 차례 간곡하게 은혜로운 가르침을 내려 차마 신으로 하여금 아비의 곁을 떠나서 하루라도 금중(禁中)에서 직숙하지 않도록 하셨으

72 예문관……상소 : 1765년(영조41) 4월 11일에 올린 것이다. 이 상소는 봉양을 위해 지방관으로 나가기를 요청한 것으로, 번암은 4월 25일 안악 군수(安岳郡守)에 제수되고 5월 21일 임지로 부임하였으며, 부임한 지 얼마 안 되어 부친상을 당했다.

73 늙은……굽어살피셨습니다 : 영조는 여러 차례 패초하여 번암을 입시하게 하였는데, 1765년 3월 27일 문묘(文廟)에 거둥하여 작헌례(酌獻禮)를 마치고 나서는 "경이 아비의 곁을 떠나기 어려운 형편임에도 또한 패초를 받들었으니 가상한 일이다."라고 언급하였다. 《承政院日記 英祖 41年 3月 27日》

니,[74] 임금께 이런 지우를 받은 신하가 옛날에 어찌 있었겠습니까.

생각해 보니, 신의 아비는 풍담(風痰)이 빌미가 되어 병이 심해졌으며, 이미 나이가 매우 많아 수시로 발작을 합니다. 조금만 추워도 발작을 하고 조금만 피곤해도 발작을 합니다. 옷을 갈아입어도 발작을 하며 조금이라도 체하면 발작을 합니다. 밤에는 평온하여 괜찮지만 저녁에는 혹 돌아눕지 못하기도 합니다. 아침에 사람들과 담소하다가도 점심에는 혹 옆 사람도 알아보지 못하니 신은 그럴 때마다 애간장이 녹아내립니다. 한창 그 병이 발작하면 급히 삼(蔘) 달인 물을 넣어 드리는데 처음에는 신통한 효험을 보았으며, 마치 차를 마시듯 계속 복용하니 비로소 조금 깨어나기를 기대하게 되었습니다. 만약 이것이 없다면 비록 화타(華陀)와 편작(扁鵲)이라도 그 의술을 펴지 못했을 것입니다.

신은 10년 동안 많은 국록(國祿)을 도적질하였습니다. 비록 이것을 가지고 조석으로 늙은 아비의 끼니를 이었지만 생계 꾸리는 것이 졸렬하여 빈한한 것이 예전과 같으니 무슨 힘이 남아서 약이(藥餌)를 마련

74 아비의……하셨으니 : 번암은 부친을 간병하기 위하여 시관(試官)을 면제해 주기를 청하는 상소를 올렸는데, 본집에는 수록되지 않았다. 그 상소는 이해 2월 26일에 한성부 좌윤의 직함으로 올린 것이다. 당시 번암은 "아비의 나이가 마침 팔십이 되었습니다. 평소 죽에만 의지하니 기력이 매우 쇠약합니다. 풍담이 숙환이 되어서 무시로 발작하는데 비록 반나절만 관아에 나오거나 잠깐 등대하는 사이에도 돌아가기 전에는 도리어 소식이 올까 두려우니 신의 마음이 또한 걱정으로 가득합니다. 도리어 이번 시험에서는 육칠 일 동안을 갇혀 지내며 까마득히 집과 소식을 주고받지 못하니 신의 마음이 편안할 수 있겠으며, 능히 미친병이 생기지 않고서 시험을 끝내는 데까지 갈 수가 있겠습니까."라고 하였다. 이에 대해 영조는 "상소를 살펴보고 잘 알았다. 경이 상소를 했다는 것을 듣고는 이미 내가 모두 이해하였다. 정리로 볼 때 당연한데 어찌 지나치게 스스로 인책하는가. 경은 사양하지 말고 직임을 살피도록 하라."라고 하였다.

하여 늙은 아비의 목숨을 늘리겠습니까. 눈물을 훔치며 방황하여도 방도가 없습니다. 신의 형편이 이러하니 또한 슬프다 할 것입니다.

삼가 생각건대, 지극히 인자한 하늘은 백성이 원하는 것을 반드시 따라 주며 성인은 세상을 효로써 다스리는 것을 우선시합니다. 신이 만약 성상의 지엄함만 두려워하여 마음속 간곡한 사정을 드러내지 않는다면 평생의 포한은 이 세상이 끝나도 풀리기 어려울 것이고 불효한 죄는 성군의 세상에서도 용서받지 못할 것이니 신이 어찌 차마 이렇게 하겠습니까. 삼가 바라건대, 자애로운 성상께서는 신이 돌아가서 늙은 아비를 끝까지 봉양하게 허락하고 이어 한 지방의 군수 자리를 주어 그 남은 늠료로 약이를 마련하여 사람의 자식 된 지극한 정리를 펼 수 있게 해 주소서. 그리해 주신다면 죽어서 결초의 보은을 마땅히 온 집안사람들과 함께 할 것입니다.

아, 비록 천안(天顔)이 옛날 같지 않다는 탄식은 없지만 성수(聖壽)가 이미 팔십을 바라보는 나이에 드셨으니, 견마 같은 신이 임금을 사랑하는 정성에 어찌 잠시라도 임금 계신 조정을 떠나고 싶겠습니까. 그러나 심정은 간절하고 형편은 절박하니 머리 들어 눈물로 호소하지 않을 수가 없으며 하늘을 바라보매 억장이 무너져 무어라 해야 할지 모르겠습니다. 신은 끝없이 눈물을 흘리며 간절히 기원합니다.

답하기를,

"상소를 살펴보고 잘 알았다. 경의 정리는 내가 이미 모두 살펴 알고 있다. 이제 경의 소장을 보니 〈진정표(陳情表)〉라 할 만하다. 특별히 이조에 명하여 좋은 자리가 나거든 베풀도록 허락하여 경이 간병하기에 편리하도록 하겠다. 아아, 경은 옛날의 이밀(李密)[75]과 더불어 특별하니, 내 팔십을 바라보는 나이에 깊이 경을 그리노라."
하였다.

75 이밀(李密) : 224~287. 진(晉)나라 때의 문인이다. 본래 촉(蜀)나라 사람으로 촉한(蜀漢)에서 상서랑(尙書郎)을 지낸 적이 있다. 뒤에 진 무제(晉武帝)가 조서(詔書)를 내려 태자세마(太子洗馬)로 초빙하자, 90세가 넘은 조모(祖母)의 곁을 잠시도 떠날 수 없다는 간절한 내용의 〈진정표〉를 올려서 사양하였다.

복을 마친 후 대사간 겸 홍문관제학을 사직하는 상소[76] 정해년(1767, 영조43)

闋服後辭大司諫兼弘文提學疏 丁亥

삼가 신이 지난 4년 사이에 부모를 거듭하여 여의니 도리상 죽음으로써 신(神)의 노여움에 대답해야 합니다. 그러나 실낱같은 목숨이 끊어지지 않는지라 세월이 흘러 선왕의 제도에 따라 어느덧 복(服)을 마칠 때가 되었습니다. 땅을 굽어보아 고통스럽고 하늘을 우러러 부끄러우니 오래전에 죽은 목숨보다 못합니다. 오직 우리 성상께서 신을 불초하고 불효하다고 여기지 않고 연민의 뜻을 여러 번 하교에서 드러내고, 복상의 기간에도 매양 연석에서 말씀하셨으며, 심지어는 복을 입고 여막(廬幕)에 있는 상서롭지 못한 신이 외람되게도 대궐의 맑은 꿈에까지 들어갔고, 꿈이 깨고 나서 은혜로운 말씀을 마치 자애로운 아버지가 어린 자식을 그리듯 간곡하게 하셨습니다. 그리고 특별히 신의 외삼촌에게 명하여 하나하나 직접 말씀하고 이어 잘 있는지 여부까지 물으시니[77] 이는 실로 이 세상에 군신이 생긴 이래 보지도 듣지도 못한,

76 복을……상소 : 1767년 11월 9일에 올린 것이다. 번암은 부친을 봉양하기 위하여 1765년 5월 안악 군수로 나간 지 얼마 되지 않아 부친상을 당하였다. 따라서 상기(喪期)가 끝날 때를 즈음하여 영조는 번암에게 많은 관심을 보이며 6월 24일 외삼촌인 이지억(李之億)에게 상기를 물었다. 상기가 8월에 끝난다고 하자 10월 17일 군직(軍職)에 붙이고, 이어 10월 20일 대사간에, 23일 홍문관 제학에 제수하였다.

77 심지어는……물으시니 : 1766년 1월 28일 영조는 번암의 외삼촌인 한성부 판윤 이지억을 불러 보았다. 그때 영조가 이지억과 나눈 대화는 다음과 같다. "낮에 생각한

이 세상에 있지 않은 특별한 대우였습니다. 보고 듣는 이와 친지 들이 모두 감격의 눈물을 흘렸으니 하물며 신의 마음은 어떠했겠습니까. 비록 살아서 목숨을 바치고 죽어서 결초를 한다고 하더라도 어찌 그 만분의 일이라도 갚을 수가 있겠습니까. 오직 연곡(輦轂)을 바라보며 의지하여 남은 생을 마칠 것입니다.

때때로 한직을 받아 임금님을 수레 곁에서 바라 뵐 수 있어 견마의 정성을 풀 뿐이니 부모 여읜 실낱같은 목숨이 어찌 더 이상 벼슬길에 생각이 있겠습니까. 그런데 대사간에 제수하고 문원(文苑)에 임명하는 명령이 중월(中月)의 기간에 연이어 내려왔습니다.[78] 신은 두 손으로 교지를 받들어 어루만지며 옛날을 생각하니 실로 오장이 찢어지는 아픔을 견디지 못하겠습니다.

아아, 신이 명부에 이름을 올려 벼슬에 나아간 것은 아비를 위해 벼슬한 것에 지나지 않습니다. 그런데 이제 아비가 계시지 않습니다. 이 세상에서 남은 삶은 오직 효도를 옮겨서 충성하는 것이니 무릇 은혜로운 제수에 어찌 감히 의례적으로 사양하겠습니까. 다만 자리만 채우고 있다는 기롱에는 능력에 넘치는 큰 벼슬에 대한 부끄러움이 깊으니

것은 밤에 반드시 꿈을 꾼다. 내가 지난밤에 채제공과 평소처럼 어제(御製)를 편차하였다. 불러 보고 싶지만 그가 입시할 방도가 없는 까닭에 경을 불러 유시하니 그에게 전하도록 하라. 채제공은 잘 있는가?"라고 하자, 이지억이 잘 있다고 대답하였다. 그러자 상이 "가까이 부리던 신하를 잊어버린다면 신하를 부리는 도리가 아니다. 홍명한(洪名漢)은 어디에 있는가?"라고 하자, 이경호(李景祜)가 나주 목사로 있다고 대답하였다. 상이 말하기를 "채제공이 이 하교를 듣는다면 반드시 감읍할 것이다."라고 하였다. 《承政院日記 英祖 42年 1月 28日》

78 대사간에……내려왔습니다 : 중월은 대상(大祥)과 담제(禫祭) 사이의 1개월을 말한다. 여기서는 상기가 끝나기도 전에 관직에 제수된 것을 말한다.

또한 어찌 편안히 받고 말 수가 있겠습니까. 아아, 사간원의 장관 자리도 진실로 신에게 걸맞지 않습니다. 그런데 오히려 이미 지낸 관직이니 맡길 만하다고 하여 관각(館閣)에까지 임명하시니 이는 또 무엇 때문입니까?

신이 몇 년 전에 걸맞지 않은 예원(藝苑)의 직임을 맡았을 때 엄한 명령에 두려워 능력도 없으면서 명을 받아 한번 나아갔으니 지금에 와서 생각해 보아도 더욱 후회가 마음에 사무칩니다. 한 번 나간 것도 잘못인데 두 번 나가는 것이 가당하겠습니까. 비록 양관(兩館)은 서로 통하여 의망한다고는 하지만 직임으로 보면 각각 맡은 바가 있습니다. 이제 이 홍문관의 임무는 나라의 과시(科試)를 관장하니, 그 책임이 더욱 무겁습니다. 신에게는 실로 처음 제수되는 것인데, 정사의 의망을 통하지 않고 특지에 따라 선발되었으니 문원의 고사(故事)가 이렇지는 않습니다. 신이 비록 무릅쓰고 나가서 명을 받든다고 한들 이런 규례가 없는데 어찌하겠습니까. 하물며 신은 6년 동안 상복을 입고 여막에서 마음껏 통곡하였으니 몰골은 비록 있지만 정신은 모두 나갔습니다. 맑은 조정의 백집사의 반열에 들기에도 부족한 데다가 독감에 걸려서 숙환인 담증이 덧나니 천안을 뵙기도 전에 무덤이 가까이 있습니다. 병석에 누워서 고통으로 신음하며 오직 눈물만 흘리고 있습니다.

삼가 바라건대 자애로운 성상께서는 굽어살펴 불쌍히 여기고 신의 본직과 겸직 모두를 빨리 삭탈하여 편안하게 조리할 수 있게 해 주시어 천지를 생성하는 은혜를 완성하소서. 신은 두려워 떨며 간절히 바라는 마음 이기지 못합니다.

답하기를,

"상소를 살펴보고 잘 알았다. 아아, 경의 상소가 이에 이를 줄은 진실로 생각하지 못하였다. 비록 문원의 고사가 그렇지만 처음에 이 의망에 들었기 때문에 낙점을 한 것이다. 아, 지금의 글이 또한 굳은 뜻이니 새로 지은 어제를 어찌 말하겠는가. 최근에 지은 어제를 들이라 명하였는데 아직도 거행하지 않았으니, 이는 신하의 직분으로는 마땅히 그리해야겠지만 이미 지은 글은 교정하지 않아서는 안 된다. 그러나 이 직임은 입시하는 데 편하지 않으니 본직은 체차를 허락하고 마땅히 불러서 교정하게 하겠다.

아아, 효자의 마음이 비록 한정이 없지만 팔십을 바라보는 임금 또한 생각해야 할 것이니 경은 사양하지 말고 군직을 띠고 즉시 명을 받들도록 하라."

하였다.

번암집

제21권

소 2
疏二

홍문관 제학으로 재직 중에 강지환[1]이 무욕한 데 대해 변백하는 상소[2] 무자년(1768, 영조44)

弘文提學時辨姜趾煥誣辱疏 戊子

삼가 아룁니다. 새해가 시작되어 성스러운 보령(寶齡)을 더하시니, 팔도가 춤추며 기뻐하는 소리가 온 나라에 가득합니다. 이어 생각해 보니, 신은 무턱대고 높이 올라가기만 하였지 만족할 줄 알아야 한다는 가르침은 몰랐습니다. 마땅히 조정을 떠나야 하지만, 멀리 떠날 때가 아니어서 서성거리며 있노라니 군색하였으며 몹시 걱정스럽고 두려웠습니다.

그런데 문임(文任)이란 두 글자에 이르러서는 지금 세상에서 재앙의

1 강지환(姜趾煥) : 1715～? 본관은 진주(晉州), 자는 백린(伯麟)이다. 1768년 1월 번암을 탄핵한 일로 거제도로 유배되었다가 그해 7월에 방면되었다. 1769년 1월 직첩을 돌려받았으며, 1774년에는 군직을 받았고, 1775년에는 사간을 거쳐 동부승지, 우부승지에 제수되는 등 영조 말년까지 주로 시종신으로 활동하였다.

2 홍문관……상소 : 1768년 1월 13일에 올린 것이다. 이에 앞서 1월 5일 헌납 강지환이 상소하였는데 그 내용에 번암을 비판하는 말이 있었다. 그 내용은 번암이 복상(服喪) 중 여막(廬幕)에 있으면서, 과거를 흉내 내어 '사백일장(私白日場)'이라고 하면서 글을 가르쳤으며, 또 마치 연회를 베풀듯 음식을 마련하여 함께 먹었다는 것이다. 이를 들은 영조는 몹시 화를 내며 그 즉시 강지환을 사판(仕版)에서 삭제하고 거제도로 유배를 보냈다. 그러나 영조가 화를 낸 진짜 이유는 그 상소의 내용 중 신하들을 함부로 대하지 말라는 지적이 있었기 때문이다.《英祖實錄 44年 1月 5日》이 글의 말미에는 강지환의 상소에 대한 영조의 언급이 주석으로 인용되어 있는데, 이 글이 이 문집을 편찬할 당시에《승정원일기》에서 전재한 것인지, 아니면 저자가 생전에 기록해 놓은 것인지는 분명하지 않다.

빌미가 된 지 오래되었습니다. 몇몇 조정을 지나는 동안 이 자리에 있으면서 그 몸을 보전한 자가 과연 몇이나 있었습니까. 더구나 신은 위로 마음을 알아주는 임금을 만났지만 아래로는 무시하는 눈초리를 끌어들였고, 가슴에는 세상을 개탄하는 생각을 품었지만 망녕되이 공도(公道)를 넓히는 직임을 맡았습니다. 덫과 함정은 촘촘히 펼쳐 있고 활과 쇠뇌는 빈틈을 노리고 있으니, 이는 신만 아는 것이 아니라 신을 아는 자들도 모두 신을 위해 근심하지 않는 이가 없습니다.

그런데 정말로 강지환(姜趾煥)의 상소가 늦지도 이르지도 않게 나왔습니다. 아아, 그 상소를 제때에 올리지 못하여 늦기라도 할까 급히 올린 모양이 어떠합니까. 신은 다만 가소로울 뿐 화도 나지 않았습니다. 그러나 신으로 하여금 더 이상 문원(文苑)에 한 걸음이라도 더 가까이 가지 못하게 하려 했다면, 죄로 얽매고 화로 빠트리는 데 쓸 말이 없을까 걱정했겠습니까. 지금 그 말이 오로지 더럽히고 모욕하는 데 힘써 윤리는 돌아보지도 않으니 신이 어찌 족히 말할 것이 있겠습니까. 성세(聖世)를 욕되게 할까 봐 신은 차마 그와 더불어 시끄럽게 떠들지는 못하겠습니다만, 또한 성명(聖明) 앞에서 모든 사실을 털어놓지 않아서야 되겠습니까.

신에게는 아주 가까운 친척인 스무 살 남짓의 젊은이와 어린아이 네다섯 명이 항상 신의 집에 머물면서 신에게 구두(句讀)나 떼는 것을 배웠으며, 이웃에 사는 소년 일고여덟 명이 그저 신이 나이를 조금 더 먹었다는 이유로 와서 글자를 묻곤 한 지가 이미 몇 년이 되었습니다. 그래서 지난 갑신년(1764, 영조40) 여름 심상(心喪)을 입고 있던 때[3]에 신의 집에서 거접(居接)[4]하는 것을 허락하여 공거문(公車文)의 각종 문체를 과제로 내주고 잘잘못을 논하며 등급을 정해 주었습니다.

그러나 그 후로는 삼년복을 입는 내내 이런 일이 없었습니다.[5] 한 세상의 이목이 모두 보고 듣는데 어찌 속이겠습니까.

삼가 신이 듣건대 유명한 선배 중에는 복상 중에 문자의 고열(考閱)까지 한 경우가 또한 많았지만, 상(喪)에 관한 일이 아니면 말을 하지 않는다는 도리를 가지고 의심했다는 이야기는 들어 보지 못하였습니다. 그런데 지금 유독 신에게만 급하게 호호 불어 가며 손톱만 한 흠집이라도 찾아내어 그것을 가지고 신의 죄를 성토하여 사백일장(私白日場)을 열었다고 억지로 가져다 붙였습니다. 이른바 사백일장이란 지방의 수령들이 유생(儒生)을 과시(課試)할 때 쓰는 명칭입니다. 그런데 오히려 자질(子姪)과 문생(門生) 들을 공부하도록 독려하는 데 그 명칭을 써서야 되겠습니까. 음식을 차리고 사람을 모아 잔치를 하였다는 것에 대해서는 더 이상 할 말이 없습니다. 사람은 모두 부모가 있으며, 사람은 모두 부모상을 당합니다. 그 또한 성세(聖世)의 교화를 받은 한 사람인데 차마 어떻게 이런 말을 입에 올린단 말입니까. 비록 이렇기는 하지만 이것이 어찌 강지환이 스스로 만든 말이겠습니까.

3 갑신년……때 : 번암은 1762년 3월 모친상을 당했다. 예법에 따르면 부재모상(父在母喪)의 경우 기년복을 입되 삼년상에서 남은 기간은 심상을 입도록 되어 있다. 따라서 만으로 27개월이 되는 1764년 5월까지는 심상 기간이다.

4 거접(居接) : 과거 시험을 준비하기 위하여 한집에 모여서 공부하는 것을 말한다. 《牧民心書 禮典六條 課藝》

5 그 후로는……없었습니다 : 삼년복은 부친상을 말한다. 번암은 1765년에 부친상을 당했다. 여기서 이 말을 언급한 것은 위의 모친상에서 입은 심상과 지금의 부친상에서 입은 삼년복은 차등이 있으므로 모친상 기간 중에 학동을 지도한 것은 크게 문제가 되지 않는다는 뜻을 보이기 위해서이다.

신은 지금 세상에서 눈엣가시입니다. 애초에 뽑아 버리지 않아서는 안 되었으니, 반드시 그럴듯한 방법으로 속여야지만, 혹시라도 위로는 성상의 밝은 귀를 미혹시키고 아래로는 군하(群下)를 현혹할 수 있으리라 생각한 것입니다. 그래서 이제 곧 삼척동자도 믿지 않을 말을 가지고 해와 달처럼 밝으신 성상을 속이려고 하니, 강지환에게 가르쳐 준 계략이 또한 엉성하다고 할 만합니다.

신은 삼가 스스로 속상하고 아픈 점이 있습니다. 생각해 보니 신이 갈옷을 벗고 전하를 섬긴 지가 이제 26년입니다. 산 같은 은혜와 바다 같은 덕택은 하늘처럼 끝이 없습니다. 그러나 신은 일찍이 성상을 위하여 한 치의 노력도, 한 줌의 보답도 하지 못했습니다. 그런데 이제 신 때문에 성조의 풍교에 누를 끼치니 신이 비록 수만 번 죽어서 뼛골이 흩어진다 해도 어찌 조금이나마 속죄가 되겠습니까. 그러나 천만다행으로 마치 조마경(照魔鏡)[6]을 높이 달아 놓은 것처럼 천감(天監) 같은 성상께서 밝게 비추어 저 참소하는 정상을 남김없이 열어젖히셨습니다. 열 줄의 사륜(絲綸)과 연일 내린 연교(筵教)에서 시기하는 연유를 통절히 살피고 억울함을 밝게 풀어 주는 뜻을 간곡하게 보이셨습니다. 비록 신으로 하여금 스스로 말하게 하더라도 이 이상 더할 수는 없을 것입니다.

신의 일문 족속은 너무도 감격하여 눈물이 모두 피가 되었으니, 살아서는 목숨을 바치고 죽어서는 결초한다는 것이 오히려 헐후한 말이

6 조마경(照魔鏡) : 진 시황(秦始皇) 때에 큰 거울이 하나 있었는데, 그 거울은 물건의 본색을 밝혀 주는 것이므로 아무리 변형하여도 본색 그대로 나타난다고 하여 조마경이라고 불렀다.

될 뿐입니다. 그러나 저잣거리에 호랑이가 나타났다고 세 사람이 말하자 모두들 믿었고, 증자(曾子)가 살인을 하였다고 여러 번 와서 말하자 그 어머니도 베 짜던 북을 던지고〔投杼〕 도망하였으니, 옛사람들이 슬퍼하였습니다. 앞으로 신을 내치려는 곳에 깜짝 놀랄 만한 덫이 얼마나 더 감추어져 있을지 알지 못하겠습니다. 비록 신에게는 부모와 같은 전하이시지만 또한 북을 던져 버린 증자의 어머니와 같이 하지 않으리라 어떻게 장담하겠습니까. 차라리 조속히 신이 고신(告身)을 봉납하도록 허락하시는 것이 좋지 않겠습니까.

벼슬길에서 멀리 떠나서 때때로 전하의 어가가 지나는 길에 달려나와 깃발 곁에 엎드려서 천안(天顔)을 우러러보며 맺힌 마음을 위로한다면, 미천한 목숨은 살이 해어지고 뼈가 부서지는 근심에서 벗어나고 지우(知遇)도 끝까지 온전히 지킬 것이니, 이를 책에 기록한다면 또한 아름다운 이야기가 되지 않겠습니까. 이에 감히 애끓는 마음으로 상소를 써서 절박한 심정을 모두 말씀드립니다. 삼가 바라건대 자애로운 성상께서는 신의 본직과 겸직을 모두 삭탈하고, 이어 이조에 더 이상 의망하지 말라고 명하여 천지를 생성하는 은택을 완성하시기 바랍니다. 그렇게 하신다면 이루 말할 수 없는 다행일 것입니다. 신은 너무도 두렵고 떨려서 눈물을 흘리며 간절히 바랍니다.

답하기를,

"상소를 살펴보고 잘 알았다. 옛날부터 유빈(柳玭)의 〈계자서(戒子書)〉[7]를 항상 마음속으로 외우고 있다. 자양(紫陽)의 서문(序文)에

7 유빈(柳玭)의 계자서(戒子書) : 유빈은 당(唐)나라 유공작(柳公綽)의 손자로, 가

서 언급된 것으로 말하자면 송(宋)나라는 덕이 융성하던 시대인데, 그때에도 역시 범질(范質)의 시가 있었으니,[8] 하물며 말세야 말할 것이 있겠는가. 비록 그렇지만 부수(膚受)의 참소[9]가 옛날이라고 하여 어찌 없었겠으며, 그 말세에 그런 일이 없다고 하여 인사(人事)가 옛날보다 나아졌다는 것인가. 비록 아주 천한 노비라도 어찌 이런 일이 있겠는가.

경이 올린 소장(疏章)에서 비록 북을 던진다고 말했으나, 아아 내가 노쇠했지만 이런 이간질은 하루에 백번을 한들 어찌 감히 성공할 수 있겠는가. 이는 유빈의 말과 같은 것일 뿐이다.[10] 비록 많은

풍을 이어 효제(孝悌)와 예법(禮法)을 준수하였다. 자제들을 경계시킨 다섯 가지 조목이 《소학(小學)》 〈가언(嘉言)〉에 실려 있는데 모두 분수를 지키고 근신하라는 내용이다.

8 자양(紫陽)의……있었으니 : 자양은 주희를 말하고, 서문에 언급된 것이란 《대학장구》 서문의 "천운이 순환하여 가서 오지 않는 것이 없다. 송나라의 덕이 융성해지니 정치와 교화가 아름답고 밝아졌다."라는 구절을 가리킨다. 범질의 시 역시 《소학》 〈가언〉에 나오는데, 그의 조카가 재상인 범질에게 좋은 벼슬자리로 옮겨 달라고 부탁하자 이 시를 지어 경계로 삼도록 했다고 한다. 모두 분수를 지키고 수신하라는 내용이다.

9 부수(膚受)의 참소 : 부수란 피부에 느껴진다는 뜻으로, 매우 절실하여 누구나 들으면 믿게끔 만드는 근거 없는 고자질을 말한다. 자장(子張)이 총명한 사람에 대해서 묻자, 공자가 "점차로 젖어들듯 하는 참소와 피부로 절박하게 느끼게 하는 고자질을 해도 효과가 없다면 그런 사람은 총명하다고 이를 만하다.〔浸潤之譖, 膚受之愬, 不行焉, 可謂明也已矣.〕"라고 대답하였다. 《論語 顔淵》

10 이는……뿐이다 : 유빈의 〈계자서〉 세 번째 조문에 다음과 같은 말이 있다. "자기보다 나은 자는 싫어하고 자기에게 아첨하는 자를 좋아하며 오직 희언과 농담을 즐기면서 고도(古道)를 생각하지 않고 남의 선행을 듣고는 질투하며 남의 악행을 듣고는 부추겨서 점점 악에 물들고 빠져서 덕과 의를 깎아 없앤다면 한갓 의관을 갖추었다 한들 노복과 무엇이 다르겠는가." 《小學 嘉言》

사람들이 시기하여 근거 없는 소문이 떠돈다고 하더라도 강지환이 그런 마음이 없다면 어찌 말을 늘리고 붙일 수가 있었겠는가. 이것은 삼척동자라도 속일 수가 없는 것인데, 내가 비록 노쇠하지만 어찌 감히 나를 속이겠는가. 이자는 입으로 이런 말들을 외워서 스스로 명의(名義)의 죄에 빠진 것에 불과하니 경에게 무슨 누가 되겠으며, 내가 어찌 그 말을 믿겠는가. 비록 그렇지만 만약 보통 사람의 마음이 있다면 저 소옹(邵雍)의 가르침이 멀지도 않은데 무슨 마음으로 그런 습속을 주워다가 경에게 풀어 버리려고 한 것인가? 이것이 내가 평소에 통한스럽게 여긴 까닭이다. 그러나 경에게는 무슨 관계가 있겠는가. 경에게 무슨 관계가 있겠는가. 내가 경을 버리지 않을 것이다. 내가 경을 버리지 않을 것이다. 경은 지나치게 사양하지 말고 직임을 살피도록 하라."

하였다.-처음에 강지환의 상소가 들어오자 상이 다음과 같이 말씀하였다. "아무리 어리석은 사람이라도 모두 제 몸 위할 줄은 안다. 채제공이 어찌 이런 일을 할 리가 있겠는가. 이는 다름이 아니라 제학(提學)의 자리에다 큰 불길을 일으킨 것이니 뱃속 가득히 시기하는 마음이 들어 있기 때문이다. 어찌 불초하지 아니한가. 문임(文任) 세 명 중에 두 명이 모두 욕을 당한 것이다. 반드시 '사백일장'이란 말을 쓴 다음에야 채제공을 함정에 빠트릴 수 있고, 또 기왕에 '백일장'이라는 말을 썼기 때문에 '봉권(捧劵)'이니 '작축(作軸)'이니 하는 과장(科場)에서 사용하는 말을 쓴 것이니, 그 심술이 극히 잘못되었다. 비록 거상(居喪) 중에 있더라도 볼만한 좋은 글이라면 으레 붉은색으로 비점(批點)하는 것은 특별한 일이 아닐 듯하니, 붉은색으로 등급을 매겼다는 말 또한 근거가 없다. 음식을 차리고 사람을 모았다는 등의 말은, 수저를 들고 밥을 먹는 사람이라면 어찌 이렇게 할 리가 있겠는가.[11]

이 사람은 벼슬에 처음 나올 때부터 내가 익히 알고 있다. 이 사람이 어찌 이 참소에 비슷한 점이 터럭 하나만큼이라도 있는가. 이는 다름 아니라 홍 영부사(洪領府事) 같은 사람이 문한(文翰)에는 정해진 가격이 있다고 말한 까닭에 저 또한 사람이니 비록 감히 기롱하며 배척하지는 못한 것이다.[12] 내가 하고 싶지 않은 것은 남에게도 베풀지 말라는 것은 곧 성인의 교훈인데, 강지환이 상복을 입고 있었을 때 그 역시 백일장이니 봉권이니 하는 말로 논박을 당했던가? 다만 시기하는 마음 때문에 이렇게 꾸미고 만들어 글을 지은 것이다. 강지환을 영원히 사판에서 삭거하고 향리로 쫓아내도록 하라."-

11 수저를……있겠는가 : 아무리 무식하고 모자라는 사람이라도 상복을 입고 있으면서 음식을 차리고 사람을 불러서 잔치를 하지는 않을 것이라는 뜻이다.

12 홍……것이다 : 홍 영부사는 홍봉한(洪鳳漢)을 말한다. 문한에 정해진 가격이 있다는 말은, 문장은 본래 객관적인 평가가 매겨지게 마련이라는 뜻이다. 홍봉한이 번암의 문장이 문형(文衡)을 맡을 만하다고 언급한 것을 지칭한다. 기롱하여 배척하지 못했다는 것은 번암의 문장은 공론의 평가가 있었기 때문에 그것을 문제 삼지 못하고 번암이 상중에 글을 가르치며 음식을 베푼 것을 문제로 삼았다는 것이다. 《영조실록》 46년 5월 23일 기사를 보면 영조가 "채제공은 곧 외롭고 잔약한 사람이다. 봉조하(奉朝賀)가 일찍이 말하기를 '서명응(徐命膺)과 채제공의 문학은 값이 정해져 있다.' 하였는데, 서명응은 먼저 욕을 당하였고 채제공은 또 쫓겨났으니, 서글픈 일이다."라고 하였고, 이에 대하여 사신(史臣)이 "이렇게 말한 것은 홍봉한이 일찍이 서명응, 채제공, 황경원(黃景源)의 문학이 문형을 맡을 만하다고 아뢴 바 있었기 때문이다."라고 설명하고 있다.

또 홍상직[13]이 무욕한 데 대해 변백하는 상소[14]

又辨洪相直誣辱疏

삼가 아룁니다. 신은 끝없는 참소와 무함으로 명예가 떨어지고 행실이 무너졌습니다. 눈물로 한 장의 글월을 올려 대략 상하고 아픈 심정을 드러내었는데, 열 줄로 된 성상의 비답은 간곡하고 절절하여, 글자마다 위로하고 깨우치며, 구절마다 밝히고 풀어 주셨습니다. 모르겠습니다만 찌들고 더러운 천한 이 몸이 어디에서 이런 대우를 받겠습니까. 이 세상에서는 보은할 길이 없고 오직 이 은혜로운 교지(敎旨)를 가슴에 품고서 죽은 아비 어미의 산소를 찾아 결초보은하기를 바라는 일 말고는 할 것이 없습니다.

그런데 이번에 홍상직의 상소가 또 나왔습니다. 구천(九泉)에 있는

13 홍상직(洪相直) : 1723~? 본관은 남양(南陽), 자는 경이(敬以)이다. 1760년(영조36) 지평으로서 이조 참판 조명채(曺命采), 한성 우윤 이태화(李泰和) 등을 탄핵하였고, 1766년 장령으로 있으면서 대제학 황경원(黃景源)을 탄핵하였다. 그 후 성인의 예율(禮律)을 어겼다는 이유로 번암을 탄핵하는 상소를 올려 영조의 미움을 사기도 했으나 이어 집의를 거쳐 사간을 역임하였다.

14 또……상소 : 1768년 2월 5일에 올린 것으로, 바로 앞의 상소에 이은 것이다. 홍상직은 가계 등으로 볼 때 뚜렷한 색목(色目)을 가진 사람이 아닌 듯하다. 더불어 처음 문제를 제기한 강지환(姜趾煥)과 정치적 연결점을 찾기 어렵다. 따라서 홍상직이 번암을 탄핵하는 상소는 풍문으로 논박한다는 대간의 임무에 충실한 데서 나온 것으로 보인다. 홍상직은 강지환의 상소 내용을 그대로 인용하였으며, 강지환에 대한 영조의 처사가 부당하다고 지적하였다. 번암의 입장에서 보면 대간으로부터 거듭하여 탄핵을 당했으므로 사퇴하지 않을 수 없었으며, 따라서 이 상소를 올림과 동시에 허락을 받지 않고 그대로 선영(先塋)으로 떠났다.

사람이 내는 것처럼 미미한 신의 소리[15]는 신의 입장에서 보자면 슬프기도 하고 부끄럽기도 합니다. 대신(臺臣)이 이것을 가지고 어떻게 입에 거품을 물고 떠든다고 하는 것입니까.[16] 입에 거품을 물고 떠드는 것은 본래 합당한 도리가 아닙니다. 그러나 그것도 그 세력이 오히려 상대와 대적할 수 있을 정도로 비슷해야 할 만한 것입니다. 지금 신은 객지에 있습니다. 외로운 한 몸이 사방에 의지할 사람이 없는데 누구를 믿고서 입에 거품을 물고 떠들어 한창 성한 노기를 건드리겠습니까. 신이 스스로의 언행을 점검해 보니 당로자(當路者)들에게 죄를 얻을 만한 것이 별로 없었습니다. 이 때문에 조정에 있은 지 거의 30년이 되었지만 위태롭거나 치욕스러운 일이 가까이 오지 않았습니다. 그런데 이제 갑자기 왼쪽에서는 주먹질하고 오른쪽에서는 발길질하며, 앞에서 두드리고 뒤에서 받아쳐서 번갈아 때리고 교대로 공격하여, 반드시 마음을 시원하게 풀고야 말려고 하는 것은 첫째도 문임(文任) 때문이고 둘째도 문임 때문입니다.

신이 앞서 올린 상소는 진실로 지극히 험난해진 세도를 걱정하고 지극히 위태로워진 자신을 염려하여 나온 것인데, 그것이 도리어 취모

15 구천(九泉)에……소리 : 이 상소를 올리기 바로 이전인 1768년 1월 13일에 올린 상소를 가리킨다. 바로 앞에 수록되어 있다.

16 대신(臺臣)이……것입니까 : 홍상직의 상소에는 다음과 같이 언급되어 있다. "이번에 번암이 자신을 탄핵하는 상소에 대하여 올린 변백 상소는 기세를 세우고 성을 내면서 오로지 비난과 모욕으로 점철했으니 조리가 없기로는 근년에 보지 못한 것입니다. 비록 대간의 상소에 혹 변백할 만한 것이 있다 하더라도 그가 스스로 밝히는 도리상 오직 당연히 겸손한 말로 도리에 의거하여 사실만을 진술하면 되는데, 어찌 감히 입에 거품을 물고 떠들면서 싸우듯이 말하는 것입니까."《承政院日記 英祖 44年 1月 17日》

멱자(吹毛覓疵)하는 대상에 들어가서 입에 거품을 물고 떠드는 정도의 사람으로 지목될 줄은 생각하지 못하였습니다. 비록 그렇지만 이것이 어찌 족히 저 사람과 비교하고 따져서 거듭 조정을 욕보일 일이겠습니까. 다만 그 가당치도 않은 말로 강지환(姜趾煥)이 한 말을 주워 모아 인륜을 상하게 하니, 신은 눈물로 자세히 변백하지 않을 수가 없습니다.

신이 심상(心喪) 기간 중에 맞은 두 번째 주기는 실로 갑신년(1764, 영조40) 3월에 있었고, 후생들에게 문자를 가르친 것은 바로 5월입니다. 신은 그때 형조 참판으로 있다가 대사헌으로 옮겨 제수되었습니다.[17] 당시에 담월(禫月)이 끝나지 않았기 때문에 비록 은명에 사은숙배하지는 못했지만, 선왕의 제도로 보면 복은 이미 마친 것입니다. 무릇 상제를 마치고 관직에 제수된 사람이 자질(子姪)에게 문자를 짓게 하고 등급을 매긴 것이 성인의 예법을 어긴 것이 됩니까, 아니면 시왕(時王)의 헌법을 어긴 것이 됩니까? 이는 참 알 수가 없습니다. 여전히 그때를 기억합니다. 당시에 고(故) 중신(重臣) 이익보(李益輔)[18]가 마침 신을 찾아왔는데 연소배가 모여서 공부하는 것을 보고는 칭찬을 하고 갔습니다. 만약 저 사람의 말과 같이 신이 과연 묘소 곁의 여막(廬幕)에서 문장의 재주를 시험했다면 어찌 중신이 보고서 놀라지 않고 도리어 칭찬하는 말을 했겠습니까. 신이 앞의 상소에서 차마 주절주절 해명하지 못하고 갑신년 여름의 심상이라고만 칭한 이유는, 대개

17 형조……제수되었습니다 : 번암은 1764년 5월 2일 형조 참판이 되고, 5월 19일 대사헌이 되었는데, 5월이 바로 담월이므로 출사하지 않았다. 6월 4일에 패초를 받고, 6월 5일에 출사하여 조강에 참여하였다. 《承政院日記 英祖 40年 5月 2日・19日, 6月 4日・5日》

18 이익보(李益輔) : 1708~1767. 본관은 연안(延安), 자는 사겸(士謙)이다.

알고 지내는 사람들이 보면 의당 그때가 담제를 지내는 달인 줄을 저절로 알 터이고, 비록 모르는 사람이 보더라도 본래 예법을 어긴 것이 없기 때문입니다. 지금 대신이 자기 마음대로 이런저런 말들을 가져다가 강지환의 말을 사실로 만드니 유독 옆에 있는 공론은 두려워하지 않는 것입니까.

범중엄(范仲淹)은 송(宋)나라의 어진 신하였습니다. 그가 대리시승(大理寺丞)으로 있으면서 모친상을 당하였는데, 안수(晏殊)가 남경유수(南京留守)로 있으면서 범중엄에게 임시로 남경부의 학교를 맡아 달라고 청하였습니다. 범중엄은 항상 학교 안에 유숙하며 학도들을 가르쳤습니다. 밤이면 학도들에게 과제를 내주고는 가끔 몰래 재사(齋舍)로 가 살펴보다가 먼저 자는 사람을 보면 꾸짖었습니다. 시제(試題)를 내어 생도들로 하여금 부(賦)를 짓게 하였는데, 반드시 난이도를 알아보려고 스스로 먼저 지었으며, 마음을 기울여 지은 부분에 미쳐서는 마땅히 또한 생도들이 표준으로 삼아서 따르도록 하였습니다. 이 때문에 후학들이 몰려들었습니다.

무릇 거상(居喪) 중에 후학들의 문자를 고과(考課)하는 것이 진실로 예법에 마땅한 바가 아니라면, 범중엄 같은 어진 이에게 어찌 이러한 일이 있었겠습니까. 또 주자(朱子)와 같은 대현인(大賢人)이 이를 뽑아다가 《명신언행록(名臣言行錄)》에 편입하여 밝게 드러내 놓은 것은 또 무슨 까닭입니까. 범중엄의 경우는 학도를 가르친 일이 상중에 있었지만 대현인에게 허여를 받았습니다. 그런데 지금 신의 경우는 애초에 범중엄처럼 상중에 있었던 일도 아니며 더구나 상제를 끝마친 뒤에 있었던 일인데도 저렇게 분개하며 말하니, 이는 아마도 오늘날 사람들이 옛 책을 읽지 않은 데에 말미암았을 것입니다. 신은 이 때문에 통한

스럽게 여깁니다.

그리고 "북을 던졌다.〔投杼〕"라는 두 글자로 죄목을 삼은 것[19]은 더더욱 각박한 법망으로 얽은 것입니다. 감무(甘茂)가 왕에게 고하기를 "대왕께서 북을 던지실까 염려스럽습니다."라고 하였는데,[20] 유독 감무와 진왕(秦王)의 사이는 군신간이 아니란 말입니까. 송나라 신하 소식(蘇軾)이 등보(滕甫)를 대신해서 지어 준 글[21]에 "자꾸 사람들이 가서 말하니까 북을 던지게 되는 것입니다."라고 하였는데, 소식의 재주와 식견이 과연 오늘날 대신보다 못해서 이를 상소에다 썼단 말입니까. 신은 옛사람의 진부한 말을 그대로 답습한 것을 부끄럽게 여겼는데, 도리어 저들이 보물이라도 찾은 양 가져다가 신의 죄목으로 삼았습니다. 그러나 아마도 신의 입을 막고 신의 마음을 굴복시키기에는 어림도

19 북을……것 : 번암이 바로 앞의 상소에서 투저(投杼)라는 말을 사용하자, 이에 대하여 홍상직(洪相直)이 상소를 올려 "북을 던졌다는 두 마디는 더더욱 아랫사람이 성명께 우러러 아뢸 말이 아닌데 버젓이 상소에 써서 벼슬자리를 얻는 계기로 삼으려고 하니, 이렇게 하는데도 그냥 내버려 두면 훗날의 폐단을 막기 어려울 것입니다."라고 비판하였다. 《承政院日記 英祖 44年 1月 17日》

20 감무(甘茂)가……하였는데 : 군주가 신하를 신뢰하지 못한다는 뜻이다. 감무는 전국 시대 진(秦)나라 무왕(武王) 때의 장군이다. 무왕이 감무를 시켜서 한(韓)나라 의양(宜陽)을 치게 하자, 감무가 말하기를 "무릇 증삼의 현명함과 그 어미의 믿음으로도 세 사람이 의심하자 그 어미가 두려워하였습니다. 지금 신의 현명함은 증삼보다 못하고 왕께서 신을 믿으시는 것은 증삼의 어미가 증삼을 믿는 것만 못하니 신을 의심하는 자가 비단 세 사람뿐이겠습니까. 신은 대왕께서 북을 던져 버리실까 두렵습니다."라고 하였다. 《史記 甘茂列傳》 즉 무왕의 신하인 감무도 무왕에게 '투저'라는 말을 사용하였는데, 왜 자신은 임금에게 사용하면 안 되느냐는 말이다.

21 소식(蘇軾)이……글 : 〈대등보변방걸군장(代滕甫辨謗乞郡狀)〉이다. 《東坡全集 卷66》

없을 듯합니다.

만약 이것이 너무 옛날 일이라서 지금에는 맞지 않는다고 한다면, 근래의 일로 말씀드리겠습니다. 고 봉조하 원경하(元景夏)가 올린 전후의 상소에 '북을 던진다'는 말을 두세 번 쓴 것이 아니었는데, 그때 전하께서 하교하기를 "내가 어찌 북을 던지겠는가."라고 하셨습니다. 이는 신이 직접 연석(筵席)에서 들었습니다만, 중신(重臣)이 이 말에 대해 어떻다고 하는 것을 듣지 못하였습니다. 그런데 지금 갑자기 신에게 이것을 가지고 벼슬자리로 나아가는 계기로 삼으려 하였다고 말하니, 이는 신의 잘못을 찾는 데 다급하여 미처 자세히 생각해 볼 겨를이 없어서 그런 것이 아니겠습니까. 아니면 수십 년 사이에 인심이 더욱 험악해지고 세로(世路)가 더욱 위태로워져서 전에는 없었던 일이 오늘날에 생긴 것입니까?

신은 이에 대하여 통곡해야 할 특별한 점이 있습니다. 신은 죄악이 차고 넘쳐서 슬프게도 아비와 어미가 최근 4년 내에 모두 황천으로 돌아갔습니다. 신이 만약 고어(皐魚)처럼 서서 통곡하다가 죽었다면[22] 이런 말들이 어찌 신의 몸에 미치겠습니까. 오직 완악한 이 한 목숨을 실낱같이 이어 가느라 사람의 도리는 모두 꺼져 버리고 성상의 은덕으로 간신히 먹고 숨 쉬며 드디어 지금에 이르렀습니다. 그런데 곁에서 기회를 엿보는 사람들로 하여금 거상의 예법을 논하게 만들었으니 이

22 고어(皐魚)처럼……죽었다면 : 춘추 시대 공자가 길을 가는데 고어란 사람이 나무를 안은 채 슬피 울고 있기에 까닭을 물었더니, "나무는 고요히 있고자 하여도 바람이 그치지 않고 자식이 봉양하고 싶어도 어버이는 기다려 주지 않는다." 하고는 서서 울다가 말라 죽었다 한다. 《韓詩外傳 卷9》

는 실로 예의지방(禮義之邦)에서는 일찍이 듣지 못한 일입니다. 망망한 천지간에 통한이 어찌 그치겠습니까. 오직 돌아가 선영(先塋)을 지키며 남은 생을 마쳐서, 하늘에 닿는 불효한 죄를 조금이나마 갚고자 할 뿐입니다.

때마침 한식이 다가와 산소에 일이 있습니다. 이 위태로운 몸으로 감히 규례에 따라 휴가를 청하여 관복을 차려입고 대궐에 나가 인사도 드리지 못하니, 이에 피눈물로 쓴 상소에 멋대로 떠난 죄를 주벌해 주시기를 아울러 청합니다. 신의 죄가 이에 이르니 더욱더 도망할 곳이 없으며, 종이를 앞에 두고 눈물이 쏟아져 무어라 말씀드려야 할지 모르겠습니다. 신은 하늘을 우러르고 대궐을 그리며 지극히 두렵고 떨리는 마음을 이기지 못합니다.

답하기를,

"상소를 살펴보고 잘 알았다. 지난번 강지환의 상소에 내가 비록 속기는 하였지만 세도를 위해 개탄하였는데, 그 뒤에 듣고는 캄캄하게 몰랐다는 것을 크게 느꼈다. 예를 들어 홍상직이 강지환을 편들 줄은 정말 전혀 생각하지 못하였다. 처음에는 강지환에게 속고 두 번째는 홍상직에게 속았지만, 이것이 어찌 두 사람의 잘못이겠는가. 이는 내가 40년 동안 제대로 이끌지 못한 결과이다. 그러나 강지환은 그래도 용서할 만하지만, 홍상직은 임금의 은혜를 저버리고 사당(私黨)을 끼고 돌았으니, 어찌 그 임금을 저버렸다고만 하겠는가. 바로 자신의 아비를 잊은 것이다.[23] 아아, 어찌 단지 경만 시기를 받았겠는

23 홍상직은……것이다 : 홍상직이 부친인 병조 참의 홍득후(洪得厚)와 함께 영조의

가. 문임으로서 욕을 당한 자가 몇 사람이던가.

내가 근거가 없다고 이른 것은, 당하(堂下)의 소관(小官)이 무슨 시기를 해서 이런 일을 했겠는가 싶어서이다. 이는 다름이 아니라, 절대 이 사람의 마음이 아니다. 그렇지 않다면 당하의 자리에 있으면서 이런 일을 한다는 것이 어찌 다만 나루를 뛰어넘어 배를 타는 정도이겠는가. 심하도다, 인심이 옛날 같지 않구나. 아아, 경처럼 탄핵을 받은 자가 몇 사람이던가. 남들은 이렇게 할지라도 나는 경을 버리지 않겠다. 아아, 고인이 말하기를 '이밀(李密)의 〈진정표(陳情表)〉를 보고 눈물을 흘리지 않는 자는 효자가 아니다.'라고 하였는데, 지금 경의 상소를 어찌 〈진정표〉에 비하겠는가. 매번 이러한 글을 읽을 때마다 늘 눈물을 닦았는데, 지금 경의 상소를 보니 경의 마음을 본 것 같다. 경의 마음이 비록 이와 같지만, 마땅히 팔십을 바라보는 임금을 생각해야 할 것이다. 이는 바로 경이 지난날 어버이를 위하던 마음으로 임금을 섬겨야 하는 것이니 경은 지나치게 사양하지 말고 제사가 지난 뒤에 속히 올라오도록 하라."

하였다.

조정에서 벼슬하였으므로 이렇게 언급한 것이다. 아버지는 영조에게 충성하였는데 아들은 그렇지 않으니 바로 배부배군(背父背君)했다는 뜻이다. 실제로 영조는 홍득후와 홍상직의 부자 관계를 알고 이에 대해서 누차 언급한 바 있다.

도승지로서 삼수 부사에 출보되었다가 도중에 명을 거두자 돌아와 연로의 재황에 대하여 진술하는 상소[24]

以都承旨出補三水府使中路還寢歸陳沿路災荒疏

삼가 아룁니다. 나라에 전에 없는 경사가 있어[25] 축하하는 의례가 이미 거행되었으며, 선왕께서 보우하사 성상의 병환이 나으셨으니 팔도의 온 백성이 하나같이 손뼉 치며 기뻐 뛰었습니다.

이에 생각해 보니, 신이 모욕을 당한 이후로 문을 닫아걸고 세상을 피했으며, 벼슬길에 대한 생각도 끊어 스스로 성세(聖世)의 버려진 물건이라고 여겼습니다. 그런데 성은(聖恩)은 더욱 간곡하여 한시도 신을 잊지 않으셨으며, 은대(銀臺)의 특별한 제수가 서너 번이나 이르렀습니다. 마침내 한 달여 전에 창덕궁에서 돌아오시던 날 친히 정전

24 도승지로서……상소 : 1768년(영조44) 8월 7일에 올린 것이다. 앞의 2월 5일 자 상소의 비답에서 알 수 있듯이 영조는 번암을 매우 신임했던 것으로 보인다. 그러나 번암은 출사하지 않았으며, 4월 20일과 23일의 연이은 패초에도 역시 나오지 않았다. 그러자 영조는 5월 2일 마침 궐원이 발생한 도승지의 자리에 구전(口傳)으로 번암을 제수하고 즉시 대궐로 들어오도록 패초하였으나 이때도 역시 들어가지 않았으며 이후 몇 번 패초가 있었다. 6월 8일 영조는 다시 번암을 도승지에 임명하고 두 번이나 패초하였지만 오지 않자, 삼수 부사에 임명하고 당일로 하직 인사를 하라고 명하였다. 일종의 견벌(譴罰)인 셈이다. 6월 20일 영의정 김치인(金致仁) 등은 번암에 대한 조처가 지나치다고 진언하였고, 영조도 과하다고 생각하여 그 명을 환수하였다. 번암은 북청까지 갔다가 명령이 거두어졌다는 소식을 듣고는 8월 1일쯤 서울로 돌아온 것으로 보인다.

25 나라에……있어 : 영조가 66세에 정순왕후(貞純王后)와 가례한 것과 가례 이후 10년이 되었다는 이유로 왕세손이 백관을 거느리고 7월 1일에 하례를 올리게 한 것을 말한다.

(正殿)에 임어(臨御)하여 모든 것을 빠짐없이 밝게 소명해 주시니 그 은혜가 매우 특별하였습니다. 심지어는 지신(知申)이 들어오지 않으면 대내(大內)로 돌아가지 않겠다고까지 말씀하여 승정원 하례들의 재촉이 잇달았으니 임헌(臨軒)하여 부르시는 것과 다름이 없었습니다.[26] 그러나 신은 구구하게도 나아가기 어려운 의리에 매여 몽매하게도 소견을 바꿀 줄 모르고 금오의 문 밖에서 석고대죄하느라 끝내 명을 받들지 못하였습니다.

아아, 신하가 되어서 하늘과 같은 은혜를 받은 것이 어찌 신과 같은 경우가 있었겠습니까. 그런데도 끝내 그 은혜를 저버린 것 또한 신과 같은 경우가 없었습니다. 나라의 법으로 헤아려 볼 때 부월(斧鉞)의 형벌을 받더라도 오히려 가벼운데 변방의 고을로 내보내시니, 이것은 꾸지람이 아니라 영예이며 이런 일은 일찍이 한 번도 바란 적이 없었습니다. 또 그 명령조차 도로 거두시니, 신은 먼 길의 엄한 일정 중에 은혜로운 교지를 받들고는 성상이 계신 조정을 바라보며 감격의 눈물로 가슴을 적셨습니다. 말 머리를 돌려서 거듭 도성 문으로 들어왔으니, 이때부터 신은 멀리서 대궐을 바라보며 마음으로 의지하고 게딱지 같은 신의 집에서 거의 생을 마칠 듯하였습니다.

26 창덕궁에서……없었습니다 : 1768년 6월 8일은 숙종의 기일이었다. 따라서 경희궁에 거처하던 영조는 7일 재숙(齋宿)하기 위하여 창덕궁으로 갔다. 8일 인시(寅時)에 선원전(璿源殿)에서 제사를 지낸 후에 육상궁(毓祥宮)에 전배(展拜)하였으며 진시(辰時)에 경희궁으로 돌아왔다. 그때 영조는 도보로 경희궁의 정전인 숭정전(崇政殿)으로 가서 전좌(殿坐)하고 신료들을 입시하게 하였다. 이어 번암을 도승지에 제수하고 즉시 패초하도록 하였다. 영조는 번암의 집이 어디에 있는지를 묻는 한편 공무를 수행하도록 재촉하였다. 《承政院日記 英祖 44年 6月 8日》

그런데 어제 빈대(賓對)하는 자리에 입시하라는 명이 홀연히 내려왔습니다. 돌아보건대 예의염치를 지켜야 하는 신의 입장은 이전과 달라진 것이 없어 신칙하는 하교를 받고도 마침내 달려가 받들지 못하였으니 신하의 분수는 깨어지고 예법은 어그러졌습니다. 신하로서 이와 같이 하였으니 살아도 죽은 것만 못합니다. 조속히 위벌(威罰)을 내려 조정 신료들을 진작하고 신의 사분(私分)을 편안히 하여 주시기를 삼가 바랍니다. 신은 죄인입니다. 처음부터 전하의 앞에 나서서는 안 되었지만, 신이 진언한 말도 함께 폐기된다면 이번 생에서는 끝내 은혜를 갚을 수 없게 되니, 신이 어찌 차마 이렇게 하겠습니까. 더구나 그 드리려는 말은 백성들의 사정에 관계되는 일로 하루라도 늦춰서는 안 되는 것입니다. 그러니 어떻게 감히 이 한 몸이 위태롭고 관직이 없다고 하여 작은 일에 크게 근신하는 모양을 보이면서 한번 성상께 아뢰지 않겠습니까.

오직 우리 전하께서는 덕(德)은 군주에 합당하며 인(仁)은 하늘과 같아서 한결같이 백성을 근심하고 무릇 백성의 고통에 관계되는 것이면 마치 자신의 일처럼 아파하시니 온 세상의 백성들이 누군들 "부모 같은 임금님 바로 곁에 계시네."라고 하지 않겠습니까. 오직 그 '동동(憧憧)'[27] 두 글자는 진실로 술편(述編)[28]에 기록한 것과 같습니다. 한

27 동동(憧憧) : 마음이 안정되지 못하여 불안한 모양을 말한다. 영조가 백성들을 걱정하여 동동거리는 모습을 상징적으로 표현한 것이다.

28 술편(述編) : 영조의 여러 가지 훈계서(訓戒書) 중 《어제자성편(御製自省編)》을 말하는 것으로 보인다. 영조가 왕세자에게 교훈으로 남겨 주기 위하여 지은 것으로 1746년에 본편이, 1759년에 속편이 만들어졌다. 영조는 《자성편》을 만들면서 "나는 지나친 일을 하고 싶지 않지만 내가 만약 지나친 일을 한다면 《자성편》을 가지고 나를

번 백성들이 근심한다는 소식을 들으면 지나치게 성념(聖念)을 써 밤낮으로 애쓰시어 진실로 성궁(聖躬)에 누가 될까 하는 염려가 없지 않았으니, 신자(臣子)들은 마음으로 이를 두려워하였습니다.

근래 들어 재황(災荒)과 관련된 모든 일에 대해서 밖에서는 장계로 아뢰고 안에서는 경연에서 사뢰니다. 그런데 에둘러 완곡하게 말하는 경우는 많고 직접적으로 명백하게 말하는 경우는 적으니, 모르겠습니다만 전하께서는 과연 이를 알아차리셨습니까? 곁에서 들으니 근자에 경기도의 한 수재(守宰)가, 하룻밤 사이에 벌레들이 간 곳이 없으니 매우 기이한 일이라는 등의 말로 장황하게 보고하여 드디어 주상께 보고되었습니다. 신의 입장에서 보자면 일이 기이한 것이 아니고 그 말이 기이한 듯합니다. 이것이 어찌 성세(盛世)에 숭상할 바이겠습니까. 북도(北道)의 흉황(凶荒)은 도신이 계속하여 장계로 보고하고 대신(大臣)들 또한 이미 진달하여 사뢰었으니 신이 다시 번거롭게 할 필요가 없습니다. 다만 백문이 불여일견이라고, 신이 드리는 말씀은 곧 신이 눈으로 본 것입니다. 이에 송나라 신하 정협(鄭俠)의 예[29]에 의거하여 글을 그림으로 바꾸니 오직 전하께서는 시험 삼아 들어 보시기 바랍니다.

신은 지난 유월 보름 사이에 철령(鐵嶺)을 넘어 북도의 경계로 들어갔습니다. 거쳐 간 여러 고을을 보면 논바닥은 모두 갈라지고 곡식의

면려해야 옳을 것이다."라고 하였다. 《承政院日記 英祖 22年 3月 26日》

29 송나라……예 : 송나라 신종(神宗) 때 가뭄이 들자 정협이 소장(疏章)과 함께 백성들의 실상을 그림으로 그려 합문(閤門)에 나아가 올리니 신종이 그 그림을 보고 감동하여 백성을 구제하였다. 《宋史 鄭俠列傳》

줄기는 제대로 자라지 못하여 이미 가을걷이를 바랄 것이 없게 되었습니다. 백성들이 모두 사월 초하루부터 먼지를 적실 정도의 비가 내린 이후로 석 달 동안 비를 보지 못했다고 하였습니다. 신이 떠나기 전부터 이미 북도의 백성들을 위하여 걱정하고 있었는데 북청부(北青府)에 도착하여 공경히 지방관에 보임하는 명령을 환수한다는 하교를 받들고 며칠을 머물다 다시 돌아왔습니다. 돌아오는 길에 보니 그사이에 독충이 들끓어 산과 들을 가득 덮었으며, 심지어는 길에까지 가득하여 말과 사람의 발에 짓밟혀서 악취가 진동하였습니다. 해충이 벼를 갉아먹고 나서는 옆의 기장을 갉아먹고, 기장을 다 먹고 나서는 옆의 콩잎까지 갉아먹었습니다. 심지어는 먹을 만한 것이 없으면 산소의 사초 잎에까지 뻗쳤습니다. 아아, 옛날부터 벼를 해치는 벌레로는 모(蟊), 적(賊), 명(螟), 등(螣)을 일컫는 데 불과하였습니다. 명은 열매를 먹고, 등은 잎을 먹으며, 모는 뿌리를 먹고, 적은 줄기를 먹습니다. 그 해악이 다만 그중에 하나일 뿐이었는데, 지금 이 독충은 벌레는 하나인데 모, 적, 명, 등의 해악을 겸하여 뿌리, 잎, 줄기, 열매까지 가리지 않고 갉아먹습니다. 대개 북청에서 안변(安邊)에 이르기까지 600여 리의 사이에는 푸른색이 거의 없고, 다만 함흥(咸興)과 덕원(德源)의 부치(府治) 근방의 논 약간 경(頃)에만 벼가 자라고 있었습니다. 그 나머지 높게는 산전(山田)과 낮게는 평지까지 끝없는 붉은 땅이며 곡식이 익을 만한 곳이 보이지 않았습니다.

이상은 대개 신이 직접 눈으로 본 것을 말씀드린 것이며, 이 숫자에 포함되지 않은 북쪽 깊숙한 곳도 길에서 전하는 말로 미루어 보면 대개 크게 다르지는 않을 것입니다. 북도가 작년에 농사를 망쳐서 부황 든 백성들이 여전히 소생하지 못하고 있습니다. 겉으로 드러난 것을 말씀드리자면, 역인(驛人)은 굶주려서 말을 모는 소리조차 잇지 못하고, 고갯길에서 여졸(輿卒)은 기운을 차리지 못하여 한 걸음 걷고 한 번 넘어지곤 하니 그 정상이 너무도 애처롭습니다. 그런데 이제 또 전에 없던 재황이 겹치니 열읍의 군민들이 이미 대부분 유민(流民)이 되어 흩어졌습니다. 비록 유민이 되는 데 이르지 않았더라도 대부분은 아침에 저녁 끼니를 걱정해야 하는 처지입니다.

논이랑 사이에서 훌쩍이며 우는 소리가 이어지는데, 때마침 신의 행렬이 지나간다는 소식을 듣고는 열 명 혹은 백몇 명씩 무리를 지어 곳곳에서 길을 막고는 두 손을 모아 빌면서 "다만 바라노니 돌아가 우리 임금님께 아뢰어 우리 억만 백성의 목숨을 살려 주십시오."라고 하는데, 그 모습은 매우 비참하고 그 소리는 너무 슬펐습니다. 신은 말을 타고서 눈물을 감추며 따뜻하게 타이르되, 예전에 살던 곳으로 돌아가 안정하고 있으면서 조정에서 덕을 베풀기를 기다리라고 할 뿐이었습니다. 신은 도신들이 추수하기를 기다렸다가 각 고을을 돌아다니며 재차 조사하여 실정대로 장계를 올려 생민을 보호하고 품어 주는 방책을 충분하게 시행하라고 요청할 것을 본래 알고 있습니다. 다만 신은, 이와 같은 때에 겨울 준비는 코앞에 있고 바람은 날로 차가워지니 비록 조정에서는 곡식을 옮겨 구휼해 주려는 뜻이 있더라도 형세상 미처 곡식이 가기도 전에 백만 생령들은 이미 건어물 가게의 북어[30]가

30 건어물 가게의 북어 : 시급히 구원이 필요한 사람에게 근본적인 대책을 세워 준다고 늦장을 부리는 상황을 비유한 것이다. 《장자(莊子)》 〈외물(外物)〉에, 동해의 파신(波臣)을 자처하는 물고기 한 마리가 수레바퀴에 파인 얕은 물속에서 허우적대면서 한 말이나 한 되의 물이면 살아날 수 있겠다고 하소연을 했는데도, 서강(西江)의 물을 길어다가 구원해 줄 테니 조금만 참으라는 말을 듣고는 "차라리 나를 건어물 가게에서

되었을까 염려됩니다.

주자(朱子)가 말하기를 "천하에 마땅히 가장 급하게 여겨서 조금이라도 늦춰서는 안 되는 일은 바로 흉년에 백성을 구제하는 정사이다."라고 하였습니다. 어리석은 신이 죽을죄를 짓는 말씀입니다만, 삼가 바라건대, 전하께서는 조속히 따뜻한 윤음을 내리시어 도신으로 하여금 반시(頒示)하게 하여, 절대로 한 사람이라도 굶어 죽어서 길거리에 나뒹굴게 하지 않겠다는 전하의 뜻을 북도의 백성들이 알게 하소서. 또 급히 묘당을 신칙하여 기민(饑民)의 각종 부세를 견감하고 구휼하는 여러 방책을 강구하도록 하여 때를 놓쳐서 일을 망치지 않도록 하소서. 그리하여 풍패(豐沛)의 옛 백성들이 다시 살아나는 은덕을 입을 수 있도록 하시기 바랍니다. 북관(北關)의 급한 소요는 조정에서 전적으로 교제창(交濟倉)의 곡물에 의지하고 있습니다. 그런데 백성들이 혹 말하기를 "교제창에 저장된 곡물은 감관(監官)과 색리(色吏)의 농간으로 남은 것이 많지 않다. 만약 묘당에서 그 허부(虛簿)[31]를 살펴서 그것을 가지고 백성의 진휼미(賑恤米)로 떼어 준다면 백성들이 살 수가 없다."라고 합니다. 이는 길거리에서 들은 것에 불과하니, 그 말이 사실인지 아니면 백성들 사이에 도는 망녕된 말인지는 신이 명백하게 알지 못합니다. 그러나 또한 묘당이 몰라서는 안 될 것이니 이에 감히 아울러 말씀드립니다. 신은 두렵고 두려운 마음을 이기지 못합니다.

답하기를,

빨리 찾아보는 것이 나을 것이다."라고 했다는 이야기가 실려 있다.

31 허부(虛簿) : 숫자만 있고 실물은 없는 장부를 말한다.

"상소를 살펴보고 잘 알았다. 아아, 나는 늙은 나이에 한결같은 마음으로 선왕을 따르고 백성을 위하였다. 올해가 이미 반이 훨씬 지났는데 이 마음은 더욱 간절하여 근래에는 백성을 위하여 밤낮으로 동동거렸다. 그러나 이제 경의 상소를 보니 '백성의 아픔이 내 속에 있는 듯하다.'라는 내 말이 헐후하다고 하겠으며, 북관의 참상이 마치 눈앞에 있는 듯하다. 아, 금년의 농사는 한재(旱災)와 충해(蟲害)가 거의 모든 도(道)에 퍼졌으니, 슬프다 나의 백성이여 무엇을 의지하고 살 것인가. 아아, 슬프다. 벼가 장차 남는 것이 없을 것이다. 생각이 여기에 이르니, 어찌 참아 낸단 말인가. 어찌 참아 낸단 말인가. 지난번에 '어찌하여 내 살을 깨물고 내 피를 빨아 먹지 않는다는 말인가.'라는 하교를 내렸는데 그것이 어찌 내 마음이겠는가. 곧 석년(昔年)의 '무엇이 아깝겠는가.'라는 하교를 우러러 본받은 것이다. 지난번에 영상(領相)이 경이 전하는 말을 바탕으로 내게 아뢰는 것을 들어 보니 이 마음이 이미 경동되었다. 경의 소장이 이와 같으니 한 도의 상황을 마치 직접 보는 듯하다. 하물며 올해가 어떤 해이고 이 도가 어떤 도인가.[32] 이 말을 듣고 어찌 차마 일반적으로 품의하여 처리하겠는가. 마땅히 삼공 및 구관 당상(句管堂上)을 불러서 두루 물어보도록 하겠다. 지난번 일에 경이 버틴 것[33]은 내가 보기에 지나친 점이 있다. 지금 다시 부른 것이 승지에 불과하고, 하물며 지금

32 올해가……도인가 : 올해는 무자년(1408, 태종8) 태조가 죽은 해와 같은 간지이고, 함경도는 조선의 왕실이 태동한 곳이라는 뜻이다.

33 지난번……것 : 번암이 도승지의 벼슬을 거부하고 면직해 줄 것을 요청하며 출사하지 않고 버틴 것을 말한다.

내국(內局)의 직임을 띠고 있으니, 한 번도 오히려 지나친데 두 번이야 말할 것이 있겠는가. 또 이 일로 하문할 것도 있으니 경은 모름지기 즉시 명에 응하여 같이 들어오도록 하라."

하였다.

함경 감사를 사직하는 상소[34]

辭咸鏡監司疏

삼가 아룁니다. 신의 처지는 위태롭고 정신은 흩어졌으니 어찌 지금 세상에 남은 생각이 있겠습니까. 그러나 요순(堯舜) 같은 훌륭한 전하를 만나 차마 갑자기 떠나지 못하여 머뭇거리며 도성 가까이에 있었고, 약원(藥院)의 의리가 무거워 성상의 체후를 보호하는 일에 힘써 노력하며 입시할 때를 기다렸습니다. 그래서 잠시 나아갔다가 다시 물러나오니, 나간 것도 아니고 들어앉은 것도 아니었습니다. 영원히 맹세했던 처음의 마음을 스스로 돌아보니 실로 부끄러워 땀이 흘러 등을 흥건히 적십니다.

이번에 북관(北關)에 새롭게 제수한다는 명이 문득 새벽에 일어나 약원으로 달려 나가는 길에 내렸습니다. 신은 그 명을 듣고 너무도 두려워 도무지 몸 둘 곳을 몰랐습니다. 아, 우리나라의 북관은 왕업이

34 함경……상소 : 1768년(영조44) 11월 20일에 올린 것이다. 번암은 8월 1일경 삼수부(三水府)에서 돌아온 이후 약방 부제조에 임명되었으며, 당시 이미 도승지에 임명된 상태이므로 패초와 출사를 반복하고 있었다. 번암으로서는 출사할 의사가 없다는 것을 패초에 응하지 않는 것으로 표현하였지만, 영조는 끊임없이 새로운 벼슬로 번암에게 출사할 것을 요구하였다. 더욱이 약방의 제조를 맡긴 것은 출사를 회피할 명분이 없도록 한 것이며, 따라서 번암은 계속하여 출사할 수밖에 없었다. 특히 영조는 번암에게 어제(御製)의 편차를 맡기고 수시로 문의하는 등 조정에서 벗어날 수 없도록 각종 조처를 해 두고 있었다. 그런 중에 영조는 11월 17일 비변사의 천거에 따라 번암을 함경 감사에 제수하였는데, 비답에서도 느낄 수 있듯이 번암에게 지속적으로 충성하도록 요구한 것이다.

일어난 곳이니 실로 주(周)나라 왕실처럼 오이 덩굴이 뻗듯 번성하게 된 곳이며, 요새를 설치해야 하는 곳이니 바로 몇 겹으로 문을 두고 야경을 돌아야 하는 땅입니다. 이제 비록 백년의 태평성세를 구가하여 성상의 교화가 북쪽에도 미쳤지만 관방(關防)을 엄중하게 지키는 임무는 서생(書生)에게 맡길 만한 일이 아님이 명백합니다.

하물며 지금은 한 도 전체가 흉작이어서 백성의 곤궁함이 끝이 없습니다. 오직 우리 성상께서는 덕음(德音)을 널리 펼치시어 부세를 감면해 주는 정사와 기민을 구휼하는 의논을 하는 데 최선을 다하지 않은 적이 없었으며, 깊은 밤에 잠자리에서도 깜짝 놀라 오히려 북쪽의 백성에 대한 근심을 떨치지 못하셨습니다. 이런 때를 당하여 여망에 부응하는 인물을 선발하여 한 방면을 구제하도록 하는 일을 구차하게 그만두어서야 되겠습니까.

생각하면 신은 다만 썩은 유자(儒者)일 뿐이며 자리만 채우는 신하입니다. 이런 신이 이런 임무에 의망(擬望)된다면 다만 온 천지의 웃음거리가 될 뿐만 아니라 신 또한 스스로 웃을 것입니다. 아니 웃을 겨를도 없을 것이며, 삼가 성상께서 북도의 백성을 사랑하시는 은택이 신 때문에 북쪽의 끝까지 미치지 못하게 될까 스스로를 원망할 것입니다.

이에 신은 더욱 두려워 편치 못한 바가 있으니, 신이 모욕을 당한 이후로 모든 마음이 식어 버렸습니다. 간간이 신칙하는 하교가 매우 엄정하여 한두 번 약을 맛보는 자리에 나오라는 명에 응하여 조금이나마 의리와 분수를 지켰습니다다만, 벼슬길에 발을 끊고 싶은 신의 마음은 온 조정이 모두 분명하게 알고 있습니다. 그런데 이제 사방으로 다니며 진력하는 일을 맡기셨습니다. 은혜를 갚을 길이 이에 있으매 드디어 이전의 생각을 고쳐서 편한 마음으로 직임을 맡는다면 세상의 군자들이 빈한함을 사절하고 부유함을 차지한다고 의심할 것이니, 그렇다면 신이 장차 무엇으로써 후세에 이 마음을 변백하겠습니까. 이로 보나 저로 보나 신이 이 직임을 차지해서 안 되는 것은 신의 말이 끝나기를 기다릴 필요도 없이 성명께서 반드시 굽어보아 아실 것입니다. 이에 짧은 글월을 올려 속마음을 모두 드러내니, 삼가 바라건대 특별히 밝게 살펴 조속히 신의 직책을 체차하여 번곤(藩閫)의 선발을 중히 하고 미천한 분수를 편히 하여 주소서. 신은 숨죽여 간절히 기원합니다.

답하기를,

"상소를 살펴보고 잘 알았다. 아, 늘그막에 이 마음은 오로지 백성에게 있거늘 하물며 북도(北道)야 말할 것이 있겠는가. 경에게 이 임무를 준 것은 그 뜻이 깊다. 빈한함을 사절하고 부유함을 차지한다고 운운한 것은 너무 지나치다. 이런 흉년을 만나서 한 도를 맡기는 것이 경을 즐겁게 한 것인가, 아니면 고통스럽게 한 것인가? 더구나 이런 때 이 직무는 외직에 보임한 것과 다름이 없다. 아아, 내 나이 거의 팔십을 바라보는데 경에게 이 임무를 주고 또 약원으로부터 북관의 임무까지 맡겼으니 이는 진실로 경이 나라를 위해 충성을 바칠 기회이다. 사양하지 말고 부임하여 공경히 임무를 수행하도록 하라."

하였다.

자급이 오른 후에 한성부 판윤을 사직하는 상소[35] 기축년 (1769, 영조45)

陸資後辭漢城判尹疏 己丑

삼가 아룁니다. 신이 전하를 섬긴 지가 이미 27년입니다. 신의 모든 것은 사람을 알아보는 전하의 통찰에서 조금도 벗어나지 못하는데, 청명한 조정의 백집사 반열에서 자리를 채우는 것조차 감당하지 못하는 형편임을 어찌 신의 말을 기다려서 굽어살피시겠습니까. 커다란 교화가 만물을 빚어내어 무슨 일이든 이루어 주시는데, 우로(雨露) 같은 은택이 신에게만 편중되어서 출신이 한미한데도 선발하여 주고 재주가 용렬하고 우둔한데도 벼슬을 주었습니다. 차례대로 올려 주시어 드디어 고관(高官)이 되었으니 뼛속까지 전해지는 감격이 하늘처럼 끝이 없지만 자리만 차지하고 있다는 부끄러움에 또한 몸 둘 바가 없습니다.

그런데 이번에 특별히 자급(資級)을 올리는 명이 또 괴원(槐院)에서 인출하는 일[36]이 끝나면서 내려왔으며, 연이어 경조(京兆)에 제수하시

35 자급이……상소 : 1769년 12월 16일에 올린 것이다. 번암이 함경도 관찰사에서 갑자기 체직되어 돌아온 것은 6월경이며, 이어 8월 20일 도승지에 제수되었다. 그리고 12월 12일 한성부 판윤에 제수되었다.

36 괴원(槐院)에서 인출하는 일 : 《추감황은편(追感皇恩編)》을 편찬하여 인출한 것을 말한다. 《추감황은편》은 1392년(태조1)부터 1637년(인조15)까지 약 240년간 명나라에서 보내온 제문(祭文), 고칙(誥勅), 지장(誌狀) 및 예부의 자문(咨文) 등을 모아서 2책으로 묶은 것이다. 승문원에서 활자로 인행하였다. 영조가 지은 발문을 보면, 명나라

니 신은 오장육부가 다 떨려서 며칠이 지나도록 안정하지 못하였습니다. 아아, 자급을 올린 것은 특별한 예우이며, 팔좌(八座)의 하나인 판윤[37]은 높은 벼슬입니다. 비록 지모(智謀)가 평소부터 드러나고 명망(名望)이 이미 익숙한 자가 차지하더라도 오히려 떨며 두려워할 바가 있는데 하물며 신 같은 자야 어찌 이에 의망하는 것이 가당하겠습니까. 그리고 신이 교정하고 인출을 감독한 것은 다만 성상의 존주대의(尊周大義)를 본받은 것에 불과하며, 며칠간 감독하는 일로 거칠게나마 신의 분수에 따른 은혜를 갚은 것일 뿐입니다.

오직 전하의 풍천(風泉)의 감회[38]가 매우 지극한 것을 우러러 본받았을 뿐인데, 전하께서는 파격적인 은혜를 교정본 신에게까지 베푸시면서도 과도한 작상(爵賞)이 도리어 성인의 교화에 누가 된다는 것을 생각하지 않으신단 말입니까. 아아, 신은 하늘과 같은 은혜를 입었으니

황제로부터 받은 은혜가 지극하나 잘 받들지 못하였는데 《풍천록(風泉錄)》을 보고서 감복하여 이 책을 엮게 되었다고 밝히고 있다. 번암은 1769년 12월 4일 원인손(元仁孫)과 함께 이 책을 교정하라는 명을 받았다. 그리고 이 공으로 12월 11일 정2품 자헌대부(資憲大夫)에 가자(加資)되고, 다음 날 한성부 판윤에 제수되었다. 《承政院日記 英祖 45年 12月 4日, 11日》

37 팔좌(八座)의 하나인 판윤 : 일반적으로 고관을 의미하며, 시대에 따라 지칭하는 관직이 달랐다. 후한(後漢) 이래 육부(六部)의 상서와 좌우 복야(左右僕射), 또는 오부의 상서와 좌우 복야, 그리고 영(令)을 팔좌라 하였다. 우리나라의 경우는 대개 2품 이상의 당상관을 의미하는 것으로 보인다.

38 풍천(風泉)의 감회 : 풍천은 《시경》 〈회풍(檜風) 비풍(匪風)〉과 〈조풍(曹風) 하천(下泉)〉을 말한다. 모두 제후의 대부가 주나라 왕실이 쇠미해진 것을 탄식해 읊은 시인데, 망한 왕조(王朝)에 대한 그리움을 나타낸다. 여기서는 명나라의 멸망을 슬퍼하는 뜻으로 쓰였다.

오직 나라만을 생각할 뿐 자신은 잊었습니다. 갯버들같이 약한 자질이라 일찍 노쇠하였으나 병이 있다고 말하지 못하고 처지가 괴로우나 물러나겠다고 말하지 못한 채 힘을 다해 은혜에 보답하는 의리를 따랐습니다. 참으로 걸맞은 자리가 아니어서 비난이 사방에서 일어났으며 나무꾼의 지게에 만석을 지우면 반드시 넘어지게 마련입니다. 어찌 고통스럽게 규례에 따라서 사양하는 모양새나 꾸미는 시늉을 하여 스스로 임금께 성실하게 고하지 않는 죄에 빠지겠습니까. 신이 아뢰는 모든 것은 실로 충심(衷心)에서 나온 것으로 성상을 번거롭게 해 드리는 죄는 돌아볼 겨를이 없습니다. 삼가 바라건대 자애로운 성상께서는 특별히 밝게 살펴 신에게 새로 주신 자급을 함께 깎아 내어 바로잡아서 벼슬자리가 넘치지 않게 하고 신의 분수를 조금이나마 편안하게 해 주소서. 그리해 주신다면 이루 다할 수 없는 다행일 것입니다. 신은 피눈물을 흘리며 간절히 기원합니다.

답하기를,

"경의 상소를 살펴보았다. 일찍이 문임(文任)을 지냈으니 지금의 자급은 오히려 늦은 것이다. 어찌 다만 상으로 올려 준 것이겠는가. 이런 나의 뜻을 체득하여 즉시 공무를 보도록 하라."

하였다.-같은 날 비망기(備忘記)에서 "판윤의 이 임무는 그 또한 늦은 것이다. 이때에 직임을 비워 두어서야 되겠는가. 비답을 내리면서 패초하여 직임을 살피도록 하라."라고 하였다.-

병조 판서를 사직하는 상소[39] 경인년(1770, 영조46)

辭兵曹判書疏 庚寅

삼가 아룁니다. 정월이 되어 봄이 시작되니 보령이 더욱 높아지셨습니다. 마침 신이 성상의 건강을 보살피는 반열에 있기에 더욱 간절하고 정성스러운 마음으로 기뻐하였습니다. 이어 생각해 보니, 신은 본래 매우 불초하고 천한 사람으로 세상에 없는 은혜를 분에 넘치도록 받아서 전후로 지낸 벼슬이 하나같이 모두 신의 분수에 가당하지 않았는데, 오늘에 이르러 병조 판서에 제수하시니 그 가당치 않음이 극에 달했습니다.

무릇 나라에는 중요한 것이 있는데, 육조가 가장 중요하고, 육조 가운데에서도 병조가 더욱 중요할 뿐 아니라 핵심적 관서입니다. 모든 무관들을 전형하고 오영(五營)을 관할하니 《서경》에서 "방국(邦國)을 평정한다."라고 한 것이 바로 그 임무입니다. 진실로 지혜는 모든 일을 두루 꿰뚫기에 충분하고 재주는 임기응변을 하기에 충분한 사람이 아니라면 이 직무를 감당할 수 없습니다.

생각해 보건대 신은 글이나 짓는 썩은 유자(儒者)이니 어찌 너끈히 군사의 일을 알겠습니까. 황극(皇極)을 세우는 우리 성상의 교화 가운

39 병조……상소 : 1770년 1월 12일에 올린 것이다. 이해 1월 9일 영조는 병조 판서인 박상덕(朴相德)과 한성부 판윤인 번암을 서로 자리를 바꾸는 형식으로 번암에게 직임을 주었다. 이에 앞서 번암은 《추감황은편(追感皇恩編)》을 편찬・교정한 공로로 1769년 12월 11일 정2품 자헌대부(資憲大夫)에 가자(加資)되고 한성부 판윤에 제수되었는데, 갑자기 병조 판서에 제수한 것은 정2품에 걸맞은 자리로 옮겨 준 것으로 보인다.

데서 함영(涵泳)하며 순차에 따라 승진하다가 흘러서 숭반(崇班)에 이르렀습니다. 꿈속에서조차 두려워 몸 둘 곳이 없으며 오직 "한직에 머물면서 다행히 죄를 짓지 않는 것이 옳다.〔優遊散秩 可幸無罪〕"라는 여덟 글자를 부적으로 삼았습니다. 이제 만약 성상의 은총을 모른 체하기 어렵고 은혜를 갚을 곳이 있다는 이유로 인망(人望)도 없으면서 편안하게 명을 받들어 끝내 국사(國事)를 그르치고 성상의 인사(人事)에 누를 끼치는 결과를 면하지 못한다면, 신은 만번 죽더라도 스스로 속죄할 길이 없습니다.

또 생각해 보니, 이 한 몸 털끝 하나도 지금까지 온전히 보전해 온 것은 모두 전하께서 내리신 은택입니다. 그런데 출신이 한미한데도 함부로 권요(權要)의 자리를 차지하면 사람들은 그르다 하고 귀신은 시기하여 낭패가 뒤따를 것이니, 이때 전하께서 비록 깜짝 놀라 신을 불쌍하게 여기신다 한들 또한 돌이킬 수 없을 것입니다. 낳고 길러 주시는 은혜는 시종일관 변하지 않는 것이 중요하니, 깊은 통찰과 긍휼한 마음이 어찌 신의 말이 끝나기를 기다릴 필요가 있겠습니까.

며칠 전 내원(內院)에서 약을 맛보고 있을 즈음에 제수하는 명령이 갑자기 내려왔고, 이어서 당일로 동가(動駕)하겠다는 명이 내려왔으므로 어떻게 돌이킬 수가 없어서 창졸간에 나아가 숙배하여 마치 본래부터 병조 판서의 자리에 있었던 것처럼 하였습니다. 며칠이 지나도록 부끄럽고 참담하여 등줄기가 땀으로 흥건하였습니다. 이에 깊은 충심(衷心)으로 우러러 숭엄하신 성상의 귀를 더럽힙니다. 삼가 바라건대 신에게 제수하신 본병(本兵)의 직임을 단번에 삭탈하도록 허락하고 병판의 직무를 감당할 만한 사람에게 다시 내려 공기(公器)를 무겁게 하소서. 그리해 주신다면 천만다행이겠습니다. 신은 이루 말할 수 없는 마음으로 하늘을 우러러 간절히 기원합니다.

답하기를,

"상소를 살펴보고 잘 알았다. 이번에 이 직임을 내린 것이 어찌 사람이 없기 때문이겠는가. 내가 뜻한 바가 있으니 경은 지나치게 사양하지 말고 조속히 공무를 행하도록 하라."

하였다.

이원의 탄핵에 대하여 변론하는 상소[40]

辨李遠參論疏

삼가 아룁니다. 신의 지혜는 한 몸을 보호하기에도 부족하고 용기는 큰길을 피해 담장을 끼고 돌 만하지도 못합니다. 가당하지 않은 병조의 자리에서 우물거리며 국방의 기무에 소경처럼 더듬거리니 참으로 신의

40 이원(李遠)의……상소 : 1770년(영조46) 윤5월 5일에 올린 것이다. 이에 앞서 지평 이원은 이해 5월 21일 상소를 올려 번암을 비판하였다. 그 상소의 내용을 보면, 평안 감사 민백흥(閔百興)과 그의 아들 민홍렬(閔弘烈), 이창수(李昌壽)와 그의 아들 이병정(李秉鼎), 그리고 번암에 대하여 비판하였는데, 민백흥과 민홍렬에 대한 것이 주된 내용이며, 이창수와 번암에 대한 것은 말미에 붙였다고 할 정도로 내용도 부족하고 양도 적다. 특히 번암에 대해서는 "평소의 행실이 사정(私情)을 따르고 공익(公益)을 무시하는 데에서 벗어나지 못하고, 그 생각은 오로지 기회를 노리는 데에 있으며, 제자(弟子)라 일컬으면서 어리석고 무지한 부류들을 널리 사귀어 풍조(風潮)에 붙따라 가르침을 듣게 하였으니, 영남의 풍습이 순후(淳厚)하지 못한 것은 실은 이에서 말미암았습니다. 청컨대 척출(斥黜)하소서."라고 하여 구체적인 사실도 없이 남인(南人)에 대한 일반적인 비난을 덧씌워서 논핵하였다.《英祖實錄 46年 5月 21日》 이 때문에 영조는 "채제공이 문벌이 미약하여 지난번에는 강지환(姜趾煥)의 공격을 받더니 이번에는 이원이 공격하였구나. 어찌 탄핵할 만하겠는가. 이는 반드시 삼색(三色)의 당파를 갖추려고 그런 것이다."라고 하여 번암을 두둔하였다.《承政院日記 英祖 46年 5月 21日》 이어 5월 22일 번암을 체직하고 원인손(元仁孫)으로 대신하게 하였다. 윤5월 2일 "이원의 일은 비록 매우 잘못되었지만 특히 채제공의 일에 대해서는 앞의 두 사람에 비하여 다분히 내용이 맹랑할 뿐만 아니라 억지로 협잡한 것이니 많은 사람의 눈을 속이지는 못할 것이다. 거둥하는 것 때문에 비록 채제공의 체직을 허락하였으나 지금 편집 당상의 임무를 띠고 있으니 해당 조는 구전으로 군직에 붙이고 패초하여 직임을 살피게 하라."라고 전교하였다.《承政院日記 英祖 46年 閏5月 2日》

어리석음이 심합니다. 멀리서 신을 아끼는 자는 신을 위해 위태롭게 여기고 가까이서 신을 사랑하는 자는 신에게 빨리 벼슬자리에서 물러나기를 권유합니다. 그러나 신은 성상의 보령이 높으니 신자(臣子)로서 물러나 쉰다고 말씀드릴 때가 아니며, 은총이 더욱 간곡하니 청명한 세상에 갑자기 떠날 의리는 없다고 생각하였습니다. 따라서 은혜를 갚으려는 의지는 무겁고 구차히 보전하려는 계책은 도리어 가벼워져 우선 조정의 반열을 더럽히고 있었으니, 곁에서 엿보는 칼끝은 아침이 아니면 저녁에 닥치게 되어 있었습니다. 다섯 달이나 지난 지금에 이르리라고는 애초에 생각하지 못하였으니 이원(李遠)의 상소는 오히려 늦었다고 할 것입니다.

아아, 설령 이원이 신을 논박한 것이 진실로 근거가 있다 하더라도 신 또한 얼굴에 침을 뱉어도 닦지 않는다는 옛사람의 고사[41]를 들어 알고 있으니 충후한 풍속을 이루는 데 해가 되지 않을 것입니다. 어찌

41 얼굴에……고사 : 당(唐)나라 누사덕(婁師德)과 그의 아우 누후덕(婁厚德)의 고사를 말한다. 영화와 부귀를 누리는 사람은 남에게 모욕을 당해도 절대 대항하지 말고 그대로 받아들여야 한다는 뜻이다. 고사의 내용은 다음과 같다. 누사덕이 지방관으로 있다가 중앙관으로 들어오게 되고 그 자리를 동생이 맡게 되었다. 떠나기에 앞서 누사덕이 동생에게 "우리 형제가 받은 총애와 영화가 지나치게 많아서 사람들이 질시하니 장차 어떻게 하여 스스로 화를 모면하겠는가?"라고 하자, 동생은 "지금부터 설사 어떤 사람이 제 얼굴에 침을 뱉더라도 저는 닦아 내기만 하겠습니다. 아마도 형께 근심을 끼치지 않을 것입니다."라고 하자, 누사덕이 근심스러운 얼굴로 "그래서 내가 걱정하는 것이다. 남이 너의 얼굴에 침을 뱉는 것은 너에게 화를 내는 것인데 네가 그것을 닦아 낸다면 그의 뜻을 거슬러 그 화를 돋우는 것이다. 그가 뱉은 침을 닦지 말고 그대로 두어 마르게 해야 하니, 마땅히 웃으면서 받아들여야 할 뿐이다."라고 하였다. 《山堂肆考 卷115 唾面不拭》《資治通鑑 卷205 唐紀21》

차마 더불어 시끄럽게 떠들어서 조정의 체면을 손상하겠습니까. 하지만 지금 그 말이 전연 근거가 없으며, 또 실체도 없어서 마치 술 취해 잠든 사람의 잠꼬대 같기도 하며, 미친 사람이 왁자하게 떠드는 헛소리와도 같으니, 신이 비록 스스로 변백하려고 해도 실로 무슨 말을 해야 할지 모르겠습니다. 하물며 그 의도가 신에게 있는 것이 아니고 신의 직책에 있으니, 만약 신이 이 직책에서 체차될 수 있다면 도리어 신의 소원에 들어맞는다는 점을 전혀 모르는 것입니다. 그렇게 된다면 신은 다행스러워하기에도 겨를이 없을 것이니 또 무슨 여가에 그와 변백하여 다투겠습니까.

그러나 신은 스스로 슬퍼하는 바가 있습니다. 본래 조정에는 전혀 일이 없는데도 신 한 사람 때문에 매번 이런 지경에 이르게 되니, 만약 신이 없다면 전혀 없을 일입니다. 그러던 중에 성덕이 하늘과 같아 은혜롭게 체직의 명령이 내렸습니다. 마침내 감히 도성에서 배회하지 못하고 성문을 나서 집에서 문을 닫고 허물을 반성하였습니다. 스스로 성세(聖世)의 일개 백성이 되는 것을 분수라고 여겼는데, 은혜롭게도 우리 성상께서 미천한 옛 신하를 걱정하여 끝내 버리지 못하고 몇 행의 윤음으로 지극하게 깨우치고 가르쳐 주셨습니다.[42] 앞서 체직한 연유를 깨우쳐 준 다음에 또 기왕에 맡았던 임무를 완수해야 하는 의리로 책임을 지우시니, 신은 하늘이 내리신 패초를 우러러 받듦에 고개 숙여 흐르는 감격의 눈물을 닦으며 더더욱 죽을 바를 알지 못했습니다.

더럽고 천한 신이 이런 특별한 은총을 입으니 어찌 무릎 꿇고 명을 받들어 즉시 달려 나가 조금이나마 은혜에 보답하고 싶지 않겠습니까.

42 몇……주셨습니다 : 1770년 윤5월 2일에 내린 전교를 말한다. 495쪽 주40 참조.

그러나 책을 교정하는 자리는 드러낼 만한 것이 없어 면목이 없고, 예의와 염치를 지켜야 하는 일은 무거워 감히 스스로 무너뜨리지 못하니, 마침내 명에 따르지 못하는 죄를 범하고 말았습니다. 황공하고 두려워서 며칠간을 안정하지 못하다가 이제 감히 짧은 글월을 대략 갖추어 천지 부모이신 성상께 다급한 목소리로 호소합니다. 삼가 바라건대 자애로운 성상께서는 은혜를 저버리고 명령을 소홀히 한 죄를 다스리고 이어 신이 전야로 물러나는 것을 허락하여 함정을 멀리 피해 낳아 길러 주시는 은택을 온전히 하도록 해 주소서. 그리해 주신다면 천만다행이겠습니다. 신은 깊은 두려움과 가득한 눈물로 간절히 기원합니다.

답하기를,

"상소를 살펴보고 잘 알았다. 아아, 경이 한림(翰林)의 권점(圈點)에서 뽑힌 뒤로 정경(正卿)에 이르기까지 그동안 내가 관심을 쏟은 것이 어찌 다른 사람에게 비하겠는가. 그러나 갖은 고난을 겪은 것으로 보자면 경이 실로 가장 심하다. 이번에 이원의 일은 진실로 천만뜻밖이며, 교묘하고 치밀하게 날조하였으니 더욱 말할 가치조차 없는 일이다. 비록 그렇지만 다른 두 사람과 비교할 때 경이 가장 가볍다. 구차한 작태와 두서도 없는 말을 또한 어찌 족히 입에 올리겠는가. 사마(司馬 병조 판서)는 체직을 허락하여 경이 염치를 펴도록 하겠다. 그러나 막중한 편집의 직무는 배전(陪箋)이 머지않았으니 경은 지나치게 사양하지 말고 조속히 공무를 보도록 하라."

하였다.-처음 이원의 상소가 들어오자 이원에게 입시하라고 명하였다. 상이 "그대가 어떻게 차마 이런 일을 하는가. 병판이 되고 싶은 자가 그대에게 부탁을 하였느냐? 그대는 두건덕(竇建德)을 위하여 원수를 갚는 자[43]이다. 그대는 절대 이 상소를 쓴 사람이 아니며, 반드시 시킨 자가 있을 것이다. 비록 이 사람을 논박한다고 해서 그대가 어찌 병판이 되겠는가. 그대의 상소에서 제자(弟子) 운운한 것은 강지환(姜趾煥)이 언급했던 일인데 그대가 다시 하니 비루하구나. 부자(父子)를 논박하면서 오히려 고단함을 염려하였으니 역적 권소(權邵)[44]를 비호하는 계책이고 강지환이 했던 말을 주워 모은 것이다. 채제공은 지금 고단한 사람인데 당파를 배분하여 셋을 만들려고 이 사람을 끼워 넣었으니, 이것을 참을 수 있다면 무엇인들 못 참겠는가."라고 하였다.–[45]

43 두건덕(竇建德)을……자 : 전혀 엉뚱한 사람을 위하여 원수를 갚는 것을 말한다. 수(隋)나라 말엽 사람인 두건덕은 어수선한 정국을 틈타 기병(起兵)하였다가 후에 당 태종이 되는 진왕(秦王) 이세민(李世民)의 군대에 패하여 참수(斬首)되었는데, 후에 태종의 형 이건성(李建成)과 아우 이원길(李元吉)이 권력을 다투어 태종을 죽이려고 하니, 태종은 이들이 두건덕의 원수를 갚기 위하여 자기를 죽이려 한다고 하였다. 《新唐書 竇建德列傳》

44 역적 권소(權邵) : 1755년 10월 27일 이른바 투서 사건으로 복주되었다. 이에 앞서 이해 7월경 정원달(鄭遠達)의 집에 누군가 투서하였는데, 이 투서의 작성자가 권소 등으로 밝혀졌다. 정원달은 일성위(日城尉) 정치달(鄭致達)의 형이며, 정치달의 부인은 바로 정처(鄭妻)로 불리는 화완옹주(和緩翁主)이다. 당시 우승지였던 번암은 권소가 자신을 얽어 넣기 위하여 박세검(朴世儉)을 시켜서 자신의 노비가 연루되게 하였다고 진술하였다. 418쪽 〈역적 권소가 사람을 무함하여 정법을 받은 후에 좌승지를 사직하는 상서〔賊邵誣人正法後辭左承旨書〕〉 참조.

45 처음……하였다 : 이 주석은 1770년 5월 21일 영조가 직접 한 말을 인용한 것처럼 되어 있는데, 이는 죄인을 심문하기 위해 마련한 연화문(延和門)의 장전(帳殿)에서 영조가 하교한 것 중에 번암과 관련된 부분만을 발췌·축약하여 첨부한 것이다.

호조 판서를 사직하는 상소[46]

辭戶曹判書疏

삼가 아룁니다. 신이 지난번에 은혜롭게 휴가를 받아서 어버이의 묘소를 가서 살폈습니다. 이어 분황(焚黃)의 예법을 거행하였으니 영예는 구천(九泉)에 미쳤고 감격은 유명(幽明) 간에 지극했습니다. 이 은혜를 갚을 길 없으니 더욱 어디서 죽어야 할지 모르겠습니다. 제사를 마치고 그 즉시 돌아와 뵈어야 하는데, 찬 바람을 무릅쓰고 길을 떠나다 보니 평소에 앓던 치통이 극심해져서 미친 듯이 비명을 질러 대며 객사에서 거의 죽을 뻔하였습니다. 늦게서야 풍문으로 전해져, 문득 성상께서 친히 국문에 임어하셨다[47]는 소식을 들었습니다.

46 호조……상소 : 1770년(영조46) 12월 21일에 올린 것으로, 번암은 12월 17일 호조 판서에 제수되었다. 이에 앞서 번암은 말미를 얻어 선영에 분황하는 예를 올렸는데, 그 사이에 최익남(崔益男)이 상소하여 사도세자(思悼世子)를 거론하는 사건이 발생하였다. 이는 영조가 매우 기피하는 문제였으므로 당연히 친국으로 이어졌다. 조정으로 돌아와 당시 의금부 판사로 친국에 참여하고 있던 번암에게 갑자기 호조 판서를 제수하는 명이 내리자 상소를 올린 것이다.

47 친히 국문에 임어하셨다 : 최익남의 사건으로 영조가 친국한 것을 말한다. 최익남은 1770년 11월 10일 전직 이조 낭관의 자격으로 상소를 하였는데, 그 소에서 동궁이 사도세자에 대한 성묘와 전알을 오래도록 폐지한 것에 대해 말하면서, "아버지에게 효도를 하고 나서야 할아버지에게도 효도를 하며, 아버지에게 정성을 바치고 나서야 할아버지에게도 정성을 바친다."라고 비판하였다. 또 당시 영의정인 김치인(金致仁)의 죄상을 열거하면서 "공론을 저버리고 나라를 저버렸으며, 임금을 사랑하려는 성의는 전혀 없이 다만 임금을 속이려는 술책만 있었다."라고 논박하였다. 《英祖實錄 46年 11月 10日》 영조는 특히 세손이 사도세자를 참배해야 한다는 주장에 대해서 매우 민감

옥체가 수고로이 거둥하시는데 신자(臣子)의 분수와 의리로 볼 때 감히 누워서 병을 조리할 수 없기에 죽을힘을 다하여 길을 나서 겨우겨우 앞으로 나아가 간신히 도성에 도착하니, 대간의 논박이 준절하게 나와 죄로 삭직하라는 명이 있었습니다. 너무도 떨리고 두려워 몸 둘 바를 몰랐는데 며칠이 되지 않아 은혜로운 서용(敍用)의 명이 다시 내렸으며, 이어 금오(金吾)에 특별히 제수되었습니다.[48] 그때 마침 죄수를 신문하고 있어 다른 것을 돌아볼 겨를이 없었으므로 창졸간에 나아가 숙배하였습니다. 그 이후에 한번 올린 상소는 승정원에서 막혀서 신의 속마음을 드러내지 못하고 두려움과 부끄러움만 날로 쌓였습니다. 그런데 이번에 탁지(度支)에 제수하는 명이 문득 천만뜻밖에 내려왔습니다. 아아, 신이 전하를 오도한 것이 한결같이 어찌 이에 이른단 말입니까. 아아, 명철한 전하께서 신에게 속으신 것이 또 어찌 이다지도 심하단 말입니까. 며칠을 지내며 두려움에 땀이 흥건하여 실로 몸 둘 바를 몰랐습니다.

생각건대 신이 스스로 그 속을 들여다보니 어느 하나도 호조 판서에 가당한 것이 없으며, 전곡(錢穀) 등을 다루는 일에 이르러는 더욱 알지 못합니다. 평소에 집에 있을 때에도 친지들이 혹 가계를 꾸리는 것을 전혀 알지 못하는 신을 걱정하여 대강이라도 가사를 돌보아 주어, 위로는 부모를 섬기지 못하고 아래로는 자식을 기르지 못하는 지경에 이르

하게 반응하며 최익남을 친국하였다. 《英祖實錄 46年 11月 29日~12月 1日》 최익남은 결국 12월 4일 물고되었다.

48 은혜로운……제수되었습니다 : 번암에게 서용하라는 명이 내린 것은 1770년 12월 4일이고, 비망기로 판의금부사에 제수된 것은 12월 9일이다. 《承政院日記 英祖 46年 12月 4日, 9日》

지 않도록 하였습니다. 그러나 신의 심령(心靈)이 끝내 이런 문제에 대해서 제대로 깨닫지 못하여 비록 전심으로 노력하여도, 무엇은 있고 무엇은 없다는 말을 듣기만 해도 이맛살이 절로 찌푸려지고 귓구멍은 막히는 듯합니다. 일부러 그러는 것이 아니라 이는 실로 신의 품성이 그러한 것입니다. 가정을 다스리는 것도 이와 같거늘 하물며 천승(千乘)의 나라에서 이재(理財)의 직임에 의정(擬定)하는 것이 가당키나 하겠습니까.

무릇 육조의 장관이 어느 자리인들 어렵고 조심스럽지 않겠습니까. 더구나 대사농(大司農)의 직책은 나라의 계책과 백성의 생명이 더욱 긴밀하게 연관된 자리입니다. 《대학》의 평천하(平天下)는 바로 천하의 대사이며 성인의 큰일이지만, 혈구장(絜矩章)에서 논한 바는 다만 용인(用人)과 이재(理財) 두 사항일 뿐입니다. 돌아보건대 지금 창고는 비어 있고 나라의 경비는 모자랍니다. 비록 재주와 지혜가 일을 감당할 만한 신하를 얻어서 임무를 맡기고 성공을 독려하더라도 임시변통을 하기에도 오히려 어렵다고 할 것입니다. 밝은 조정에 인재가 많고 그중에 촉망받는 사람도 매우 많은데 신처럼 흐리멍덩하고 신처럼 미천한 자로 구차하게 채우시니 그 어려움을 조금도 견디지 못하여 마침내는 신이 낭패를 당하고 말 것입니다. 신의 한 몸이야 돌아볼 가치조차 없지만, 성상께서 치국평천하(治國平天下)하는 일에 《대학》의 가르침과 어긋나는 점이 있지 않겠습니까.

이뿐만 아니라, 신은 사방에 울타리가 없는데 외람되게 성상의 지우를 입어서 2년 동안 자급(資級)이 올라 높은 반열과 상등의 작질을 차지하고 있습니다. 밤낮으로 근심스럽고 두려워 먹고 자는 것이 편하지 않아 마치 깊은 연못 앞에 선 듯하고 살얼음을 밟는 듯하다는 말로도 신의 아슬아슬한 심정을 비유하기에 턱없이 부족합니다. 그런데 이제 또 전혀 가당치 않은 직책을 더하고 필시 하지 못할 일을 책임 지우시니, 사람이 시기하고 귀신이 질투하여 이치상 반드시 불행하게 될 것입니다.

삼가 바라건대, 오직 성상께서는 신에게 천지와 같고 부모와 한가지이니 만약 불쌍히 여기고 곡진히 보살펴 주려는 마음이 시종일관 같다면, 신이 관직에서 벗어나도록 허락하여 한가한 곳에서 소일하며 성명(性命)을 보전할 수 있게 해 주시는 것을 어찌 아끼시겠습니까. 이에 사랑으로 덮어 주시는 은혜로운 성상께 감히 다급한 목소리로 호소하니, 삼가 바라건대 신의 본직과 겸직을 모두 체차하고 성상을 번거롭게 해 드린 죄를 다스려 신의 분수를 편안하게 해 주시고 조정의 기상을 엄숙히 하소서. 그리해 주신다면 천만다행이겠습니다.

답하기를,

"상소를 살펴보고 잘 알았다. 지금 경을 호조에 임명한 것에 대해 나는 적당한 사람을 등용하였다고 생각한다. 중요한 임무를 비워 두어서야 되겠는가. 경은 지나치게 사양하지 말고 조속히 공무를 행하도록 하라."

하였다.

호조 판서로 재직 중에 숭록대부로 자급이 오른 것을 사양하는 상소[49] 신묘년(1771, 영조47)

戶判時辭崇祿陞資疏 辛卯

삼가 아룁니다. 신이 일전에 정업원(淨業院)의 옛터로 거둥하는 어가를 배행(陪行)하였습니다. 그때 갑자기 특별히 승자(陞資)한다는 명을 삼가 받았습니다. 명을 듣고 놀랍고 두려워 오장이 모두 떨어져 나가는 듯하였으며, 며칠이 지났는데도 스스로 안정하지 못하였습니다. 아아, 성상께서 사모하는 정이 끝이 없어 무엇이든 하시지 않는 일이 없는데,

49 호조……상소 : 1771년 9월 10일경에 올린 것으로 보인다. 영조는 왕실의 권위를 높이는 방안으로 후비(后妃)의 능에 표석(表石)을 세우게 하는 등 각종 보수 공사를 지시하였는데, 이 중의 하나가 사릉(思陵)이다.《承政院日記 英祖 46年 閏5月 9日》 사릉은 단종(端宗)의 후비인 정순왕후(定順王后) 송씨의 능이다. 정순왕후는 단종이 폐위되어 영월(寧越)로 유배된 뒤에 노비로 신분이 강등되어 서울의 창신동에 위치한 정업원에 살았다. 영조는 특별히 이곳을 기념하여 '정업원구기(淨業院舊基)' 다섯 글자를 내려 비석과 비각을 세우도록 하였으며, 1771년 9월 6일 직접 정업원을 방문하고 건립된 비각을 살펴보았다. 영조는 거둥한 그날 그 자리에서 비각 건립에 공이 있다고 하여 호조 판서인 번암에게 가자하였다.《承政院日記 英祖 47年 9月 6日》 이 상소는 그것을 계기로 자신의 빠른 승진이 가져올 후과를 우려하며 가자를 사양하는 내용이다. 그런데 이 상소는《승정원일기》에 수록되어 있지 않고, 비답은 전교로 되어 있다. 김치인(金致仁)은 입시한 자리에서 "호조 판서가 되면 가자가 잦습니다. 신사철(申思喆)이 호조 판서였을 때 1년 안에 보국(輔國)에 올랐으며, 채제공은 가자된 이후로 매우 불안하다고 합니다. 이 사람이 가자된 것이 지금 이미 숭정(崇政)이니 보국까지 몇 단계에 불과합니다. 만약 보국으로 올라간다면 나라에 쓸 인재가 없다고 할 만합니다."라고 하자, 영조가 "그렇겠다."라고 하며 전교하였는데, 그 전교의 내용이 여기에서는 바로 비답으로 되어 있다.

신이 이때에 마침 유사(有司)의 자리[50]를 차지하고 있어 명을 받들어 분주히 일한 것이 불과 며칠 안 되어 그쳤습니다. 그 공역이 너끈히 이루어진 것은 오직 낭관(郎官)과 아전 들의 노력에 힘입은 것이니 신이 무슨 힘을 썼겠습니까.

숭품(崇品)에 올리는 것은 나라의 큰 정사입니다. 윗사람은 공도 없이 올려 주어서는 안 되며, 아랫사람은 과분한 은혜를 요행으로 바라서도 안 됩니다. 만약 이와 상반된다면 위와 아래가 모두 잘못하는 것입니다. 하물며 신은 한미한 가문의 박복한 사람으로 지우(知遇)를 받은 것이 특별이 성대하였으니 깊은 연못 앞에 있는 듯 높은 나무에 올라간 듯 하루도 편안하지 않았습니다. 어찌 된 일인지 근년 이래 은혜로운 승자가 겹쳐서 2년도 되지 않아 세 번 네 번 이르니 이는 실로 조정에 없었던 일이고 고금에도 보기 드물었습니다. 비록 나라를 위하여 충성을 다하는 신하가 온몸을 바쳐서 일한 경우라도 오히려 옆으로 피해야 하는데, 신처럼 공을 세운 것도 없이 은총만을 훔친 자가 어떻게 두려워 떨며 움츠려 근심하지 않을 수가 있겠습니까. 귀신이 시기할 날이 머지않았으니 이치로 보아 반드시 불행해질 것입니다. 성상께서 신을 총애한 것이 바로 신에게 재앙이 되는 까닭입니다. 신의 한 몸이야 족히 아까울 것 없지만, 이 세상의 모든 만물이 각각 알맞은 자리에 있게 하시는 대성인(大聖人)의 교화가 참으로 이렇지는 않을 것이니, 이 점이 삼가 두렵습니다.

이에 감히 진심을 다 피력하여 고개 들어 울면서 호소합니다. 삼가 바라건대 자애로운 성상께서는 신의 말이 털끝만큼도 으레 하는 사양

50 유사(有司)의 자리 : 당시 번암은 호조 판서였다.

에서 나온 것이 아님을 속히 살피고 특별히 명을 내려 새 자급을 환수하여 조정의 작위를 무겁게 하며 신의 작은 바람을 이루어 주소서. 그리해 주신다면 천만다행이겠습니다.

전교하기를,

"어찌 사람을 위해 가자한 것이겠는가. 이 일이 중한 바가 있기 때문이다. 그러나 그 뜻이 가상하니 호조 판서에게 가자하라는 명은 특별히 거둔다. 숙마(熟馬) 1필을 면급(面給)하여 아름다운 뜻을 이루어 주도록 하라. 그리고 차대(次對)에 입시하게 하라."

하였다.

호조 판서로 재직 중에 사릉 비석 영건 당상을 사양하는 상소[51]

戶判時辭思陵碑石營建堂上疏

능침에 비석을 세우는 일을 감독한 당상은 으레 마땅히 승자되었다. 따라서 소를 올려서 벗어나려 한 것이다.

삼가 아룁니다. 신이 지금의 직책에 대해 어찌 반 푼이라도 감당할 만하기를 바라겠습니까. 주상의 은혜가 더욱 무거워져 제 한 몸 돌보지 않고 힘써 명을 받든 지 이제 열 달이 되었습니다. 봉공하려는 마음이 간절하지 않은 것은 아니지만 사업이 이루어지지 않고, 직무를 다하려는 바람이 깊지 않은 것은 아니지만 맡은 일은 더욱 허물어집니다. 따라서 맡은 바 직무에 온 힘을 다하다가 감당하기 버거우면 그만두는 것이 바로 오늘날 신의 도리입니다. 체직을 도모하는 한 생각이 꿈에서조차 마음에서 떠나지 않으니, 비록 목마른 사람이 물을 찾고 묶인 사람이 풀리기를 바라는 마음에도 비할 수 없을 정도로 훨씬 더 진실되고 간절합니다. 하늘과 땅의 분수는 비록 매우 엄정하지만 임금과 신하 사이의 정리는 서로 통하는 것을 귀히 여깁니다. 그러니 어찌 한번 신의 진정한 마음을 부모처럼 돌보아 주시는 성상께 드러내 보이고

51 호조……상소 : 1771년(영조47) 9월 27일에 올린 것이다. 이에 앞서 번암은 이해 9월 8일 사릉 비석 영건 당상(思陵碑石營建堂上)에 임명되었다. 당시 관례로 능침의 역사(役事)에 종사한 호조·예조·공조의 당상은 가자되었는데, 번암은 그것을 면하기 위하여 미리 영건청(營建廳)의 당상을 사양하는 상소를 올린 것이다.

싶지 않겠습니까.

정업원(淨業院)에 비각을 건립하는 역사를 감독하는 일이 겨우 끝나자 사릉(思陵)의 비각 건립이 또 시작되었습니다. 신의 직책이 바로 그 일을 감독하는 것이라서 개인적인 사정을 말할 겨를이 없었습니다. 명을 받든 이래 이미 석물(石物)을 마련하는 일이 시작되었고, 또 세울 곳을 정하기 위하여 땅을 보러 갔습니다. 구구한 신의 마음에 대개 이 일이 중한 바가 있기 때문에 우선 사릉으로 가서 능역에 정성을 다하고 일을 다 마친 다음에야 체직의 소원을 말씀드리려 하였습니다.

그런데 엊그제 입시하고 돌아가는 길에 갑자기 평소 앓던, 등줄기가 서늘해지는 증세가 발작하였습니다. 능역에 분주히 다니느라 조섭을 잘못한 나머지 발작한 것으로, 경각 사이에 온몸이 조여드는 듯하다가 다시 쏟아져 내리는 듯하여 거의 제대로 서 있을 수가 없었습니다. 부축을 받아서 급히 돌아와 그대로 이불을 쓰고 누워 버렸습니다. 오한이 나다가 열이 오르고 열이 오르다가는 오한이 나며, 눈앞이 캄캄하며 어지럽고 가슴은 답답하여 내려가지 않았습니다. 여러 가지 약물로 치료해 보았지만 끝내 효험이 없어 밤새도록 고통스레 비명을 지르니 죽을 날이 머지않은 것입니다. 이는 대개 쌓인 피로가 빌미가 되어 오래도록 앓던 병이 허한 틈을 탄 것이니 우연히 걸린 감기가 며칠 지나면 낫는 경우와는 다릅니다.

아, 신이 능력에 맞지 않는 큰 직임을 맡은 지 오래되었습니다. 귀신의 시기가 극에 달하여 병이 된 것이니, 이치로 볼 때 반드시 그런 것입니다. 신이야 원래 앓던 병이니 반드시 통한으로 여기지는 않습니다. 다만 능침에 역사(役事)가 있는 것을 생각하면 밝은 명령을 공경히 받들어 직분을 다하는 정성을 바쳐야 하는데, 그러지 못하고 갑자기

병을 핑계하는 말을 올리는 것은 신자(臣子)로서 감히 하지 못할 일입니다. 그러나 만약 지금 울며 호소하여 조속히 변통하라는 명을 내리시게 하지 않아, 마침내 하루 종일 감독해야 하는 관원의 자리가 비어 버려서 앞으로 능행하실 때에 숫자를 갖출 수 없게 된다면, 신의 죄가 만번을 죽어도 갚지 못할 것은 우선 논할 겨를도 없거니와 나라의 체모가 엄청나게 훼손되는 것은 장차 어떻게 하겠습니까.

오늘 가서 명을 기다려야 하는데 정신이 혼미하여 잠시 일어났다가는 다시 엎어져서 마침내 공경히 달려갈 수가 없었습니다. 나라의 법도로 보자면 커다란 견책을 받아야 마땅합니다. 이에 감히 피눈물로 글을 써서 숭엄하신 성상을 번거롭게 합니다. 삼가 바라건대 자애로운 성상께서는 신의 간절한 마음을 굽어살피시어 신이 가진 탁지(度支)의 직함을 우선 삭탈하고, 신이 맡은 영건(營建)의 임무는 거두어서 감당할 만한 사람에게 주어, 국사를 다행스럽게 하고 실낱같은 목숨을 이어가게 해 주소서. 그리해 주신다면 천만다행이겠습니다.

답하기를,

"상소를 살펴보고 잘 알았다. 참판이 거행하는 것은 이미 전례가 있다.[52] 경은 지나치게 사양하지 말라. 병은 편의한 대로 조리하도록 하라."

하였다.

52 참판이……있다 : 호조 판서가 수행할 수 없을 경우에 호조 참판이 영건청의 당상이 되어 일을 주관하는 것이 전례라는 말이다. 즉 영건 당상은 참판에게 넘기고 판서의 직임은 계속 수행하라는 뜻이다.

소회를 진달하는 상소[53]

陳所懷疏

상소가 미처 올라가지 않았는데 주상이 이미 장전(帳殿)으로 나갔으므로 상소의 뜻을 말로 진달하였고, 상소는 주상에게 올라가지 않았다.

삼가 아룁니다. 우리나라 종계(宗系)가 무함받은 것을 다행히 대명(大明) 황제께서 통쾌하게 씻어 주시어 역사책에 기록되고 천하에 반포되었습니다. 비유하자면 해와 달이 하늘에 뜨자 음울한 기운이 모두 깨끗이 씻겨 나간 것과 같습니다. 무릇 눈 있는 자라면 누군들 우러러보지 않겠습니까. 그런데 저 주린(朱璘)이 망녕되게 《강감(綱鑑)》을 기술

53 소회를 진달하는 상소 : 주린(朱璘)이 《명기집략(明紀輯略)》을 찬술하였는데, 여기에 이른바 종계변무(宗系辨誣)의 사실을 반영하지 않고 이전의 기록을 답습하였다. 그런데 이 책의 상당량이 역관을 통해서 조선에 수입·유통되고 있었다. 그러던 중 1771년(영조47) 5월 20일 전 지평 박필순(朴弼淳)이 이에 대해 상소하여 문제를 제기하였다. 연경(燕京)에서 온 《강감회찬(綱鑑會纂)》의 〈명사(明史)〉 부분은 바로 강희(康熙) 병자년(1696) 무렵에 주린이 지은 것을 수록한 것인데 종계의 내용이 잘못 기술되었다는 내용이다. 《承政院日記 英祖 47年 5月 20日》 이를 들은 영조는 마치 고변(告變) 사건을 대하듯 과도하게 반응하여, 책을 산 이희천(李羲天), 책장수 배경도(裵景度)를 즉시 효시(梟示)하였다. 《英祖實錄 47年 5月 26日》 이어 책을 중국에서 구입한 사람을 비롯하여 소지하고 있거나 열람한 사람들을 모두 조사하게 하는 한편, 그 사실을 알고도 아무런 조처를 하지 않은 신료들을 처벌하기 시작하였다. 심지어 이 일로 인하여 《청암집(青巖集)》을 바치지 않았다는 이유로 잡혀와 죽게 된 자가 100명에 가까웠다. 이렇게 되자 당시 약방 제조로 있던 번암은 영조의 과도한 처사를 멈추어 줄 것을 직접 요청하였다. 《英祖實錄 47年 6月 2日》 이 상소 역시 이런 영조의 과도한 처사에 대하여 조목조목 지적한 것이다.

하여 예전처럼 무함을 답습하였습니다.[54] 아아, 주린이 비록 변발을 하고 달갑게 청국(淸國)에서 벼슬하였지만, 돌아보면 그 선조는 또한 대명의 백성이 어찌 아니겠습니까. 그런데 어찌 무함한 내용을 조술(祖述)하여 아무런 거리낌 없이 명 황제께서 명백하게 내건 뜻에 배치되게 한단 것입니까. 저 주린 같은 자는 동국(東國) 신민의 불구대천 원수일 뿐 아니라 실로 대명의 도적입니다. 오직 우리 전하께서 한번 그 흉악한 책을 보시고 성심(聖心)이 놀라서 기필코 그 살을 씹어 먹고 그 가죽을 깔고 자겠다고 소원하였지만 형세상 불가하니 어찌하겠습니까. 연거푸 장전(帳殿)의 칼 쓴 죄수들 앞에 납시어 그 언제 어느 사행(使行)이며, 어느 역관이 이 책을 사 가지고 동쪽으로 압록강을 건넜는지를 반드시 밝혀내려고 하셨으니, 이는 성낼 만한 일에 성을 내는 성인의 절도에 알맞은 것입니다. 무릇 혈기가 있는 무리라면 누군들 감히 그 사이에 다른 의론을 내겠습니까. 그러나 신은 이에 특별히 하고 싶은 말이 있습니다.

이제 하늘 같은 성상께서 거듭하여 진노하시니 온 조정이 두려움에

54 주린(朱璘)이……답습하였습니다 : 주린은 청나라 강희(康熙) 연간의 인물로, 자는 청암(青巖)이다. 문제의 저술은 《명기집략》 16권으로, 이른바 종계변무를 통해서 《명회전(明會典)》에서 수정된 조선 태조의 종계를 잘못된 대로 간행한 책이다. 《강감》이란 왕세정(王世貞)이 저술한 《역조강감회찬(歷朝綱鑑會纂)》으로 왕세정의 호가 봉주(鳳洲)이므로 《봉주강감(鳳洲綱鑑)》으로도 불렸다. 그런데 《강감회찬》에 주린이 지은 《명기집략》이 인용되었기 때문에, 주린의 《명기집략》을 《강감》으로 호칭하기도 하고, 또 왕세정의 《강감회찬》과 주린의 《명기집략》이 합본되어 있다고 하여 혼칭하는 경향이 있었다. 더욱이 주린의 문집을 《청암집(青巖集)》으로 오해하여 이 책을 소지한 자도 있다고 하는 등 취조 과정에서 여러 가지 억측이 생겨났고, 그에 따라 잘못된 처벌도 발생하였다. 《英祖實錄 47年 5月 26日, 6月 2日・27日》

떨어 대관(大官)이든 소관(小官)이든 똑같이 입을 막고 혀를 붙들어 매고 있습니다. 이러한 때 신도 만약 물결치는 대로 묵묵히 있으면서 드리고 싶은 말을 가슴에 품고서 밝게 살펴보시는 전하께 스스로 아뢰지 않는다면, 이는 바로 성상의 은혜를 가볍게 보는 것이며 신의 마음을 저버리는 것입니다. 이에 감히 몽매함을 무릅쓰고 아뢰어 조금이나마 진노를 풀고 굽어살피시기를 바랍니다.

무릇 역관이란 이익을 보는 자입니다. 이익이 있는 곳이면 다른 것을 돌아볼 겨를이 없다는 것은 이치상 조금도 이상할 것이 없습니다. 한창 북경의 시장에서 물건을 매매할 때 새로 편찬한 《강감(綱鑑)》이 어디서 왔다는 소문이 들린 것입니다. 새것을 좋아하는 사람의 마음은 어떤 물건이든 그렇지 않은 것이 없고, 특히 책자에 있어서는 그 정도가 더욱 심합니다. 어떻게든 사다가 한 푼이라도 이익을 취하려고 조금이라도 먼저 사려고 다툽니다. 오직 사지 못할까 두려워하니 어느 겨를에 하나하나 뒤져 보아서 몇 권이 무함하는 내용인지 어떤 구절이 흉악한 말인지를 살펴보겠습니까. 일단 사기만 하면 묶어서 행낭 속에 넣었다가 귀국하면서 돌고 돌아 책장수에게 들어간 것입니다. 그 사실을 따져 보면 이와 같을 뿐입니다.

그런데 이제 늙었는지 젊었는지, 새것인지 옛것인지를 묻지도 않고 옷을 벗기고 오랏줄로 묶어서 궁궐의 밖에서 벌벌 기게 하고 뜨거운 태양 아래서 뒹굴게 하니, 울부짖는 소리와 가슴 치는 모습은 실로 차마 볼 수가 없고 차마 들을 수가 없습니다. 이것이 어찌 성세에 마땅한 일이겠습니까. 심지어는 유생(儒生)으로 원래 책 주인도 아니면서 남에게 빌려온 경우도 있고, 앞부분만 보고 끝까지 읽지 않은 경우도 있을 테니, 또한 종계가 무함되었다는 기록을 보고는 비분강개하였지만, 그것에 대해서 어떻게 할 수 없어서 가만히 있던 사람이 없다고 어떻게 장담하겠습니까. 따라서 이들을 일률적으로 삼강오륜의 천성이 없다고 여겨서는 안 되는 것이 분명합니다. 설사 불에 태워 버리지 않고 책상머리에 세워 두었다는 이유로 죽을죄로 삼아 용서하지 않는다고 하더라도 이는 부도한 역적과는 차이가 없을 수 없습니다.

이제 곧 곤장과 방망이로 번갈아 때리면서 끌어들이는 일이 서로 이어져서 형리(刑吏)들이 사방으로 흩어지니 온 성안이 벌벌 떨고 있습니다. 문왕(文王)처럼 장수하시는 이때를 만나 문왕처럼 인재를 육성하는 의리는 아마 이와 같지 않을 것입니다. 삼가 생각건대 우리 성상께서 임어하신 지 50년에 정책이 시행되고 명령이 펼쳐지니 어느 것인들 후대의 왕들이 본받지 않겠습니까. 그중에서도 이 호생(好生)의 덕은 백성의 마음에 가장 깊게 무젖으니 동토의 모든 곤충과 초목까지도 화락하게 각각 자기의 삶을 누리건만, 오직 저 서캐처럼 미천한 역관과 하찮은 유생만 유독 다스리지 않는 것으로 다스려서는 안 되는 것입니까.

신의 이 말씀은 손톱만큼도 사적으로 변호하려는 뜻에서 나오지 않았으며, 걱정하는 이 한마음은 진실로 전하에 대한 걱정과 사랑에 있습니다. 삼가 바라건대 온화하게 생각을 돌리고 덕스러운 말씀을 널리 반포하여 저 죄에 걸린 많은 미천한 목숨들이 모두 하늘처럼 어진 전하의 대화(大和) 가운데서 용서를 받게 해 주시기 바랍니다. 그리하여 그들로 하여금 개과천선하게 하여 천지 사이에 함께 살게 해 주려는 대성인의 뜻을 크게 보이시기 바랍니다. 신은 숨죽여 간절히 바라는 마음을 이기지 못합니다.

평안 감사를 사직하는 상소[55] 갑오년(1774, 영조50)

辭平安監司疏 甲午

삼가 아룁니다. 신은 재주가 박약한데도 벼슬은 더욱 현달하고, 은혜가 깊은데도 두려움은 더욱 간절합니다. 읊조리는 것은 고인의 만족할 줄 알라는 교훈이고, 경계하는 것은 천한 사내가 농단(壟斷)에 올랐다는 기롱입니다. 삼가 스스로 한직(閑職)에서 부침하면서 다만 성상의 곁을 차마 떠나지 못하는 마음을 붙여 두려 약원(藥院)에서 분주하며 항상 임금의 만수무강을 비는 정성을 바칠 뿐이었습니다. 그런데 꿈에도 생각하지 못한 평안 감사에 새로 제수하는 명이 홀연히 내려왔습니다. 명을 들은 이후로 온몸에는 두려움으로 땀이 흐르고 마음에는 비탄이 가득하여 실로 이 명령이 어찌하여 신에게 이르렀는지 이해하지 못하였습니다.

아, 국가가 관작을 베풀고 직임을 나눈 것이 모두 하늘의 일이 아니겠습니까만 그중에서도 중요한 것은 주군(州郡)입니다. 주군에 인재를 선발하여 성공을 바라매 어느 곳인들 어렵게 여기고 신중하게 하지 않겠습니까만 그중에서도 평안도가 으뜸이니, 대개 그 지경이 이웃 나라와 견아(犬牙)처럼 맞물려 있고 부고(府庫)에는 물화(物貨)가 구

55 평안……상소 : 1774년 4월 17일에 올린 것이다. 이해에 번암은 약방 제조로서 계속 궁중에 출입하여 영조를 접견하고는 있었지만, 이 외의 관직은 맡지 않았다. 4월 4일 영조는 약방 제조를 체차하고, 당시 평안 감사로 있던 홍인한(洪麟漢)이 병으로 체직을 요청하자, 4월 14일 그의 대신으로 번암을 평안 감사에 제수하였다.

름처럼 몰려들기 때문입니다. 그런즉 조정에서 이 자리를 다른 도에 비하여 반드시 더욱 신중히 정선(精選)하였으니 이것이 어찌 우연이겠습니까.

생각해 보니 신은 무지몽매한 일개 유자(儒者)일 뿐입니다. 그 재주와 그 지혜는 본래 맑은 조정의 여러 집사 중에 하나가 되기에도 부족하니, 아는 것이라곤 그저 국궁진췌(鞠躬盡瘁) 네 글자뿐입니다. 스스로 그 가운데를 돌아보건대, 진실로 소백(召伯)의 감당(甘棠)에서 쉴 만하고[56] 범방(范滂)의 고삐를 잡을 만하여[57] 위로는 주상께서 맡기신 뜻을 저버리지 말아야 하고 아래로는 조금이나마 은혜를 갚겠다는 소원을 이루어야 하니, 어찌 고통스럽게 많은 말을 허비하여 시끄럽게 떠드는 것으로 스스로 으레 사양하는 세속의 투식을 본받겠습니까. 진실로 헤아려 보고 들어가야 한다는 의리는 잊은 적이 없고 자리에 걸맞지 않은 실상을 깊이 생각하니 부득이 천지 부모 같은 성상의 앞에 호소하지 않을 수가 없습니다. 삼가 바라건대 성명께서는 조속히 신이

56 소백(召伯)의……만하고 : 《시경》 〈소남(召南) 감당(甘棠)〉의 "무성한 감당나무를 자르지도 말고 베지도 말라. 소백께서 그 그늘에 쉬셨더니라.〔蔽芾甘棠, 勿剪勿伐, 召伯所茇.〕"라고 한 데서 온 말이다. 주(周)나라 문왕(文王) 때 남국(南國)의 백성들이 지방관인 소백의 선정에 감사하는 뜻에서 그가 머물고 쉬었던 감당나무를 소중히 여겨서 이렇게 노래한 것이라 한다. 지방관이 선정을 베풀어 그가 떠난 뒤에 백성들이 그 은덕을 잊지 않음을 뜻한다. 여기서는 능력이 그 정도의 선정을 베풀 만해야 한다는 말이다.

57 범방(范滂)의……만하여 : 후한(後漢) 사람 범방이 기주 자사(冀州刺史)로 나갈 적에 "수레에 올라 고삐를 잡고서는 천하를 정화할 뜻을 개연히 품었다."라고 하였다. 지방관으로 부임하면서 천하의 백성을 안정시키겠다는 의지를 표현하는 말이다. 《後漢書 黨錮列傳 范滂》 여기서는 인물의 능력이 이에 비견되어야 한다는 말이다.

새로 제수받은 안찰(按察)의 명을 체차하여 관찰사의 자리가 가벼워지지 않도록 하고 신의 분수가 편안할 수 있도록 하여 주소서. 그리해 주시면 천만다행이겠습니다. 신은 숨죽여 간절히 바라는 마음을 이기지 못합니다.

답하기를,

"상소를 살펴보고 잘 알았다. 아, 나라를 위해 고심하여 경을 총재(冢宰)에 의망(擬望)하도록 하였으니 그 뜻은 비록 깊지만, 다만 의망만을 허락하고 낙점을 아꼈는데 그 뜻은 실로 경을 위하여 호조판서의 직임을 벗어나게 해 준 것이니 마음에 항상 섭섭하였다. 관서(關西)에 제수하는 이 명령은 나의 입장에서 보자면 알맞은 사람을 제대로 임명한 것이지만 전의 감사는 외직에 보임하는 경우와 같이 된 것이니 하물며 경이야 말할 것이 있겠는가. 또한 함경도와 평안도에 대해 먼저 함경도 관찰사가 되었다가 나중에 평안도 관찰사가 되어서 두 지역을 모두 안찰하게 되었으니 이것이 어찌 우연이겠는가. 아, 비록 그렇지만 나는 매일같이 노쇠해지고 경은 마땅히 서쪽으로 향해야 하니 내 마음이 서글프다. 최근에 여러 망단자(望單子)에 모두 부표(付標)하여 특별히 낙점한 것은 나의 서글픈 뜻을 드러낸 것이다. 경은 지나치게 사양하지 말고 조속히 내려가서 공경히 직임을 수행하라."

하고, 이어 전교하기를,

"평안도 관찰사가 올린 상소의 비답을 내리니 즉시 와서 사은하도록 하라."

하였다.

이택의 일로 인하여 평안 감사를 해면해 주기를 청하는 상소[58] 을미년(1775, 영조51)

因李宅事乞解平安監司疏 乙未

삼가 아뢰니다. 저 하늘과 조종(祖宗)께서 우리 성상의 옥체를 돌보시어 약원(藥院)의 숙직을 거두는 날이 바로 내일이니 온 세상 백성들이 모두 박수 치며 기뻐하고 있습니다. 하물며 지난 몇 년간 성상의 약을 돌보던 신이야 말할 것이 있겠습니까. 갑자기 궁궐을 떠나서 처음에는 초조하였으나 끝내는 춤을 추게 되었으니 여느 사람보다 기쁨이 백배

58 이택(李宅)의……상소 : 1775년 5월 19일에 올린 것이다. 이에 앞서 이정(李定)의 처가 신문고를 쳐서 원정(原情)하는 일이 발생하였는데, 그 대략의 내용은 다음과 같다. 이정이 대동강에서 뱃놀이를 할 때 조덕근(趙德謹)이 함께 타고 있었는데, 그때 조덕근이 평안 감사 채제공은 예전에 서얼(庶孽)을 허통할 때 혼자 막으려고 하였으니 뱃속에 흉한 마음을 품은 자라고 비난을 하였는데, 번암이 이정을 잡아다가 별장(別杖)으로 죽지 않을 만큼 엄히 치고 이어 경흥부(慶興府)에 정배하였다는 것이다. 이 내용을 보고받은 영조는 평안 감사 채제공이 사감(私感)을 갚으려고 했다면 조덕근이 주(主)이고 이정이 종(從)인데 도리어 주를 버리고 종에게 갚았다고 하는 것은 실로 수상하며, 또 경흥 땅에 정배했다면 관계되는 바가 적지 않다고 하면서 이정의 처가 원정한 사실을 의심하였다.《承政院日記 英祖 51年 5月 11日》 조덕근은 당시 승지와 대사헌을 거친 조덕성(趙德成)의 아우이므로 영조는 조덕성을 소환하여 경위를 물었다. 당시 조덕성은 동지 사은 부사로 북경에 갔다 왔는데, 자신이 의주(義州)에서 평양에 도착하였을 때 이미 이정이 평안 감사를 참혹하게 모욕했다는 소식을 들었다며, 동생은 마침 병에 걸려 일행에서 떨어져 서장관과 함께 돌아왔다고 하면서, 이정과 함께 뱃놀이를 하면서 평안 감사를 모욕했다는 것은 맹랑한 이야기라고 하였다.《承政院日記 英祖 51年 5月 13日》

나 더합니다.

이어 생각해 보니 신은 얕은 재주와 적은 능력으로 외람되이 커다란 번병(藩屛)을 차지하여 아무 일도 없는 듯 한 해를 보냈습니다. 분수에 넘치는 은총으로 두렵고, 돌아가 성상의 청광(淸光)을 뵙기 원하여, 사직하는 상소를 깨끗이 써 놓은 지가 며칠이 되었습니다. 단지 민채(民債)[59] 한 가지 일은 이미 장계 가운데 사실대로 말씀드렸습니다만, 일이 거의 두서가 잡혔으나 아직 번잡한 점이 있어 우선 주상께 말씀드리지 않았으며 불원간 말씀드릴 예정입니다.

이런 즈음에 이정(李定)의 처가 신문고를 울려서 하늘 같은 성상께 하소연한 일로 열 줄의 윤음이 조보(朝報)에 나왔습니다. 무함하고 비방한 정상이야 이미 모두 굽어살펴 마침내 또 끝없이 신을 덮어 주고 위로해 주셨습니다. 비록 신으로 하여금 스스로 밝히게 하여도 마땅히 이 외에 더 할 말이 없을 것입니다. 해와 달이 빠짐없이 천하를 비추듯, 자애로운 어미가 어린 자식을 보호하듯 하여 주시니 이에 무엇을 더하겠습니까. 삼가 받들어 읽고는 피눈물이 옷깃을 적시어 더욱 어디에서 죽어야 할지를 몰랐습니다.

신이 비록 용렬하지만 어찌 차마 저들과 말을 다투어 마치 잘잘못을 가리듯이 하겠습니까. 다만 그 끌어들인 말이 종이 가득 없는 것을 날조하여 천청(天聽)을 속이려고 하는 한편 신을 몰아내어 사적인 감정을 풀려는 것이었으니, 신이 어찌 아프게 그 본말을 진술하여 간악한 속마음을 깨트려 버리지 않을 수가 있겠습니까.

대개 이 이정이란 자는, 이정이라고 하기도 하고 이택(李宅)이라고

59 민채(民債) : 관아에서 백성에게 각양의 방식으로 대부하는 돈을 말한다.

하기도 하여 순간순간 이름을 바꾸는 등 종적이 수상하여 남들의 지목을 받은 지가 오래되었습니다. 신은 한 번도 대면한 적이 없었는데, 문득 금년 봄에 관아에 와서 만나기를 요청하였습니다. 소인(小人)을 대할 때는 미워하지는 말고 위엄 있게 하라는 성인의 교훈이 있기에 신은 내키지 않았지만 불러서 보았으며 한두 마디 하고는 그만이었습니다. 그 후로 두세 번 왔지만 또한 만나서 대화를 나눈 적이 없었습니다. 신은 본래 그가 이 때문에 사감을 품었을지 염려는 하였지만, 또한 연전에 신이 연석에서 아뢴 말[60]에 특별히 뼛골에 사무치는 분한을 가졌으리라고 어찌 생각이나 했겠습니까. 신이 봄 순행 때, 이정이 여러 사람이 앉아 있는 대동강의 배 안에서 신을 욕보인 것 때문에 헌신(憲臣)[61]이 부름을 받았고 이정을 잡아서 옥중에 가두라고 명하셨다고 들었습니다.

그래서 신이 크게 놀라 사람을 시켜서 염문하게 하였더니, 이정이 신이 연전에 아뢴 말을 듣고는 반드시 복수하겠다고 하여 애초에 신이 말하지도 않은 것을 가지고 조작하여 말을 만들었는데, 그 의미가 극히 음험하고 악독하였으며, 끝내 무수히 신을 무참하게 모욕하여, 함께 배를 타고 있던 사람들이 모두 주먹을 불끈 쥐고 비분강개하였다고 하였습니다. 아, 신이 비록 불초하지만 곧 조정의 중신(重臣)입니다. 중신이 된 이는 마음에 품은 말을 숨김없이 연석에서 아뢰는데, 사람들

60 연전에……말 : 영남 서얼 유생 김성천(金聖天) 등 3000여 명이 상소하여 향안(鄕案)에 들어가도록 허락해 달라고 요청하자 영조가 허락하려 하니 번암이 반대하여 언급한 말을 가리킨다.《英祖實錄 48年 12月 28日》

61 헌신(憲臣) : 조덕근의 형인 조덕성을 가리킨다. 조덕성이 승지를 거쳐 대사헌을 지냈기 때문에 이렇게 이른 것이다.

이 그 말이 자신에게 해가 된다고 하여 반드시 원수를 갚으려는 계교를 쓰니 옛날에 어찌 이런 일이 있었겠습니까.

이런 방법을 따른다면 앞으로는 묘당(廟堂)과 대각(臺閣)에서 무릇 남을 논척하는 이는 마땅히 논척을 당한 이로부터 모욕을 당하는 화를 면하지 못할 것입니다. 나라에 한 푼이라도 기강이 있다면 저자가 보잘 것없는 천한 자격으로 어찌 감히 연석에서 아뢴 말에 독을 뿜어서 복수를 하려고 하겠습니까. 더구나 신이 연전에 연석에서 아뢴 말씀은 영남의 향전(鄕戰)이 날로 극심해지는 것을 걱정한 데 불과하며, 우러러 성상께서 상황에 따라서 살펴보시기를 바랐을 뿐 애초에 특별히 다른 뜻으로 말한 것이 아니었으니, 이는 성명께서도 기억하고 계실 것입니다. 이것에 대하여 이정이 무슨 성낼 만한 단서가 있습니까. 더욱이 연석에서 말을 아뢰는 것은 그 엄중함이 더할 나위 없는데 감히 신이 아뢰지 않은 말을 날조하여 몇 년이 지난 뒤에 사람들을 선동하려고 하였습니다. 형률 조문의 '요언(妖言)' 두 글자는 실로 이정을 위하여 준비되어 있다고 할 것입니다.

헌신에게 이미 잡아 가두라고 명령한 까닭에 신이 순행하는 곳으로 잡아다가 타이르기를 "나라가 나라의 모양새를 갖추는 것은 기강과 명분일 뿐이다. 네가 서울에 있을 때 중신을 몹시 모욕하였으니 형조에서 마땅히 너를 처벌할 것이고, 헌부가 마땅히 너를 처벌할 것이다. 하물며 여러 사람이 가득 모여 있는 감영(監營)에서 감사를 모욕한다면 기강과 명분에 어떠하겠는가. 연석에서 아뢴 말씀을 보태고 고친 것이 생각하지도 못한 내용이니 이것이 또한 요언이 아니라면 무엇이냐."라고 하였습니다. 이정 자신도 이에 스스로 그 죄를 알고 오직 형벌 받기를 원했습니다. 그래서 신이 다만 장(杖) 30대를 쳤습니다. 그리고 요언으로 조율(照律)하여 경흥(慶興) 땅에 정배하였으니 그 일의 본말이 이와 같을 뿐입니다.

그런데 이제 돌연히 그 처가 감히 금문(禁門)으로 들어와서 마치 진실로 원통한 일이 있는 듯이 하니, 그 말의 내용이 먼저 조덕근(趙德謹)을 끌어들여 책임을 떠밀어서 끝내 사감 등의 말로써 신을 얽어매려 꾸몄습니다. 조덕근이 당시 평양에 미처 도착하지 않은 것은 사방의 사람들이 모두 알고 있고, 전교가 따라 내려오니 신은 더 이상 중복해서 말씀드릴 필요가 없으며, 사감으로 말하자면 더욱 한 번의 웃음거리도 되지 못합니다.

신이 외람되이 지방 관찰사의 자리에 있으면서 수립하려고 한 것은 기강이며 부지하려고 한 것은 명분이니, 어찌 일찍이 아무것도 아닌 한낱 이정에게 한 터럭만큼이라도 사적인 노여움이 있어서 법 밖의 형벌을 주었겠습니까. 아아, 아녀자가 어떻게 부추길 줄을 알아서 이런 일을 만들어 성총을 속이려 하였겠습니까. 그 또한 절통할 뿐입니다. 비록 그렇지만 신은 숭품(崇品)의 도신(道臣)으로서 이름이 형조에서 들이는 공초 가운데 들어갔으니 맑은 조정에 부끄러움을 끼친 것이 극에 달했습니다. 어떻게 얼굴을 들고 다시 40개 고을의 백성을 대하겠습니까.

더욱이 신이 관서에 온 지 1년이 되었는데 이곳의 풍토에 익숙하지 않아서 팔다리는 점점 마비되어 가고 정신은 혼미해지는 때가 많아, 공문(公文)과 백성들의 소원(訴願)이 넘치지만 처리하지 못하고 있습니다. 만약 서울로 돌아가 편의에 따라 병을 조리하지 않는다면 앞으로의 걱정을 이루 말할 수 없을 것입니다. 통증이 극에 달하매 감히 울면서 호소합니다. 삼가 바라건대 자애로운 성상께서는 굽어살펴 시종일관 은혜를 베푸시어 직임을 삭탈하라는 명령을 조속히 내려 공사 모두를 다행하게 하고 낳아 주고 길러 주는 은택을 완성해 주소서. 그리해 주신다면 천만다행이겠습니다. 신은 이루 다할 수 없는 마음으로 간절히 기원합니다.[62]

62 기원합니다 : 《승정원일기》에는 아래와 같은 비답이 수록되어 있다. "상소를 살펴보고 잘 알았다. 이정의 처가 신문고를 울렸으니 이 일은 묻지 않아도 알 만한 까닭에, 우선 하교하여 조덕성에게 물어보니 그 또한 맹랑하다고 하였다. 이후에 다시 생각해 보니 이는 필시 그가 스스로 그 글을 지어서 처를 시켜서 이처럼 하도록 한 것이니 묻지 않고도 알 수 있었다. 그러니 무엇 때문에 이처럼 경의 상소를 기다리겠는가. 이제 경의 상소를 보니 그 또한 명료하지만 경에게야 거론하잘 것도 없는 일이다. 이뿐 아니라 이 때문에 경을 해직한다면 나라의 체모로 볼 때 어떠하겠는가. 경은 사양하지 말고 직임을 살피도록 하라." 《承政院日記 英祖 51年 5月 19日》

평안 감사로 재직 중에 거듭하여 체직을 청하는 상소[63]

平安監司時申乞遞職疏

삼가 아룁니다. 성상의 체후가 날로 강건해지시고 성대한 의례가 거듭하여 거행되니 종사의 무궁한 경사에 신은 실로 우러러 축원합니다. 이어 생각하니 신은 지금의 직책에 대해 마땅히 체차되어야 하는 이유가 세 가지 있습니다. 다만 전후의 사직하는 상소에 성상의 비답이 융숭하니 은혜를 갚으려는 소망에 자신을 돌보지 않았으며 백성의 일이 물에 빠진 사람과 같이 급하여, 드디어 순행(巡行)을 시작하여 이곳저곳을 두루 둘러보았으며, 이제 분등(分等)[64]이 이미 완료되어 신의 책무는 거칠게나마 완수하였습니다. 이에 세 가지 마땅히 체직되어야 하는 의리를 모두 말씀드려 성명(聖明)께서 긍휼히 여겨 살펴 주시기를 바랍니다.

관서(關西)는 나라의 커다란 진관(鎭關)입니다. 전후로 이 직임을 맡은 인물은 인망과 재주, 그리고 능력이 신보다 백배나 나은데도 지난 수십 년 이래 3년 동안 맡은 자가 하나도 없었습니다. 대개 기름진

63 평안……상소 : 1775년(영조51) 윤10월 18일에 올린 것이다. 영조가 1776년 3월에 붕어하므로 상소를 올린 시기는 대략 국장(國葬)이 나기 5개월 전쯤이다. 영조는 이 상소를 어떻게 처리할지 도제조 김상복(金相福), 판부사 이은(李溵), 좌의정 홍인한(洪麟漢)에게 물었는데, 홍인한을 제외하고는 모두 번암의 체직에 대하여 긍정적으로 답변하자, 체직을 허락하였다.

64 분등(分等) : 연분 등제(年分等第)의 준말로, 그해 농사의 풍흉을 보아서 등급을 정하는 일이다.

자리는 오래되면 염치를 손상하고 관문이 되는 요충지의 직임을 독점하면 어진 이가 나오는 것을 방해하니 1년이 되면 마치 오이가 익은 것을 보는 듯이 하는 것[65]은 근래의 일이 그러했기 때문입니다.[66] 그런데 신은 어떤 사람이기에 자신에게 걸맞지도 않은 자리를 외람되이 차지하고서 1년이 지났으며, 아무 일도 없는 것처럼 네다섯 달을 보내면 또 3년에 이르게 됩니다. 신이 비록 불초하지만 거칠게나마 사단(四端)의 본성을 갖추었으니 염치를 손상한다는 비판과 어진 이를 방해한다는 두려움에 몽매간에도 마음이 떨리지 않겠습니까. 이것이 마땅히 체직되어야 하는 첫 번째 이유입니다.

신은 본래 백면서생으로 모든 세상일에 대하여 제대로 이해하지 못하니 비록 백성과 나라에 근심이 없던 시절에도 관방(關防)의 무거운 임무는 실로 감당할 수 없다는 근심이 있었습니다. 더구나 지금 평안도 전체가 흉년이 들어 백성들의 근심이 보이는 곳마다 가득하니 반드시 조정이 두텁게 신임하는, 재주 있고 어진 사람을 뽑아 맡겨서 성과를 기대해야만 합니다. 그렇게 하면 위로는 우러러 성상의 근심과 노고를 풀 만하고 아래로는 속읍(屬邑)을 진압할 만할 것입니다. 신 같은 사람

65 오이가……것 : 임기가 만료되어 돌아갈 때가 되었다고 여긴다는 뜻이다. 《춘추좌씨전(春秋左氏傳)》 장공(莊公) 8년에 "제후(齊侯)가 연칭(連稱)과 관지보(管至父)로 하여금 규구(葵丘)를 지키게 했는데, 마침 오이가 나오는 때에 부임하게 되자 제후가 이르기를 '내년 오이가 나올 때 교체해 주겠다.'라고 하였다."라고 한 데서 유래하였다.

66 근래의……때문입니다 : 관찰사의 임기는 《경국대전》에는 360일로 규정되어 있으며, 임명일로부터 계산하도록 되어 있다. 그런데 1746년 《속대전》을 편찬하면서 임기를 만 2년으로 개정하였다. 번암이 근래의 일이라고 한 것은 임기가 360일이었다는 점을 언급한 것이다.

은 진실로 이른바 힘을 다하여 반열에 나가서 하지 못하면 그만두어야 하니 이것이 체직되어야 하는 두 번째 이유입니다.

남의 신하가 되어 사직하는 경우에 반드시 병을 끌어들여 말을 만드는 것은 예나 지금이나 같으니 말이 사실보다 과장된 경우가 어찌 없겠습니까. 그러나 만약 그 사실 여부를 물어보지 않고 일률적으로 으레 꾸미고 과장한 말이라고 의심하면 또한 성조(聖朝)의 핵실(覈實)하는 정사가 아닐 것입니다. 신이 병을 앓아 억지로 하기 어려운 실상은 이전에 이미 두 번에 걸친 상소에서 모두 드러내었습니다. 그러나 성상께서는 더욱 들어주지 않아 은혜로운 체직의 명을 끝내 아끼시니 이 신하의 말도 끝내 가식으로 돌아가 버리고 말았습니다. 신이 어찌 기가 막히고 가슴이 답답하여 죽고 싶어도 죽지 못하는 상황이 아니겠습니까. 신의 오른팔이 마비되는 증상은 풍토에 익숙하지 않아서 생긴 것입니다. 가을 순행에 필사적으로 나아가 북쪽 변방의 차가운 비바람 속에서 순행을 하느라 증세가 더욱 심해지고 날이 갈수록 더해지니, 전에는 팔 하나가 마비되었으나 지금은 반신불수가 되었습니다. 이는 감영(監營)이나 부(府)에 있는 아전과 하례(下隷) 들이 아는 것이며, 열읍의 수령들이 본 것이니 신이 어찌 감히 터럭만큼이라도 과장된 말을 하여 우리 성명을 속이겠습니까. 설령 신이 오늘 즉시 조정으로 돌아간다 하더라도 폐질이 걸린 육신은 이와 같을 것이니 조정의 반열에 출입하며 힘써 공손히 할 수 없을 것이 분명합니다. 살아서 집을 나와 죽어서 돌아가는 것은 옛사람이 경계한 바이니 버들처럼 유약한 체질에 아마도 가서는 돌아오지 못할 것입니다. 만물을 낳아 육성해 주시는 천지 같은 성상의 인(仁)에 누를 끼치게 될 것이니 이것이 마땅히 체직되어야 하는 세 번째 이유입니다.

신이 의당 체직되어야 하는 이 세 가지 이유가 있는데도 두려워 떨면서 입 속에서 우물거리며 끝내 낮은 곳의 소리까지도 다 들어 주시는 하늘 같은 성상께 모두 말씀드리지 않는다면, 전하께서는 신에 대해서 시종일관 덮어 주시는 은혜를 베풀었으나 신은 그 은혜를 스스로 막아버리는 결과를 면치 못할 것입니다. 이것이 어찌 신하로서 마음에 숨김이 없어야 하는 의리이겠습니까.

아아, 신이 전하를 섬긴 지 30여 년이 되었으며, 직임을 받아 지방에 있은 지도 3, 4년이 됩니다. 그러나 천안(天顔)을 떠난 것이 지금처럼 오래된 적이 없었으니 전하께서 계신 궁궐이 항상 꿈속에 나타나곤 합니다. 하물며 지금 성상의 기후가 비록 평상으로 회복되었으나 약원(藥院)은 여전히 윤번으로 숙직을 하니, 신이 몇 년 동안 시탕(侍湯)을 하던 몸으로 북쪽의 대궐을 바라보매 일편단심으로 그리는 심정이 또한 마땅히 어떠하겠습니까. 만약 이런 때에 부절을 바치고 조정으로 돌아가서 한번 성상을 뵙고 물러나 구덩이에 묻힌다면 어떠한 여한도 없을 것입니다. 가슴속 깊이 맺힌 바를 이토록 번거롭게 아뢰니 삼가 바라건대, 자애로운 성상께서는 긍휼한 마음으로 굽어살펴 신이 띠고 있는 번병(藩屛)의 임무를 조속히 체직하여 백성의 일을 다행하게 하고 잔약한 목숨을 잇게 하여 주소서. 그리해 주신다면 더 이상 다행이 없겠습니다. 신은 숨죽여 간절한 마음으로 기원합니다.

답하기를,

"상소를 살펴보고 잘 알았다. 경이 이 번병의 직임을 맡은 이후로 관서에서 마음과 힘을 다하니 내가 항상 베개를 높이 베고 누워 있었다. 지난번에도 이처럼 상소하고 지금 또 간절한 마음을 말하니 필부의 뜻도 꺾기 어려운데 하물며 번병을 맡은 신하야 말할 것이 있겠는가. 세 정승이 입시했을 때 이미 물어보았다. 정신이 아득한 것이 지금 내가 특히 심하지만 경재(卿宰) 중에서 외방의 직임을 맡은 자는 내가 항상 생각하고 있다. 아아, 경은 《자성편》의 편차인(編次人)으로서 내가 물으면 경이 대답하였다. 최근에 심기가 불편하여 경을 생각한 지가 오래되었다. 경이 이와 같이 하니 내가 만약 거절한다면 군신 간에 어찌 지우(知遇)라 하겠는가. 청한 바를 특별히 허락한다. 내가 보고자 하니 경은 모름지기 이런 뜻을 깊이 헤아리도록 하라."

하였다.

보국으로 자급이 오른 것을 사양하는 상소[67] 병신년(1776, 정조 즉위년)

辭輔國陞資疏 丙申

삼가 아룁니다. 예월(禮月)은 정해진 기한이 있으니 현궁(玄宮)이 영원히 닫혔습니다. 선왕께서 남겨 두고 간 백성들이 울부짖는 소리가 온 세상을 진동하니 삼가 성상께서는 사모하는 마음을 세상이 다하도록 어떻게 견디며 어떻게 누르시겠습니까. 신 같은 자야 한갓 상여줄을 잡는 반열에 끼었을 뿐 마음껏 통곡하려는 소원도 이루지 못하였습니다. 안타깝게도 산릉(山陵)에서 하직하고 살아서 도성으로 돌아왔으니 어리석고 또 미욱함이 심하기도 합니다.

이어 생각해 보니, 신은 몇 달 동안 의금부 판사를 지낸 것이 두

67 보국(輔國)으로……상소 : 1776년 8월경에 올린 것으로 보인다. 번암은 이해 3월 26일 형조 판서에 제수되었고, 5월 11일에 체직되었다. 이어 5월 14일에는 판의금부사에 제수되었다. 그리고 5월 29일에는 영조의 어제를 편차한 공로로 숭록대부(崇祿大夫)에 가자되었다. 6월 22일에는 병조 판서에 제수되었는데, 6월 24일 이후 홍술해(洪述海) 등을 친국하는 데 판의금부사로서 참여하였으나, 6월 27일에 파직되었고, 7월 7일에 다시 판의금부사에 제수되었다. 번암은 7월 8일 판의금부사를 사직하는 상소를 올리는데 이 상소에 의하면 안옥(按獄)이 소루하다는 이유로 정조로부터 견책을 받았다고 되어 있으며, 체직이 허락되지 않았다. 이후 번암은 7월 22일 정조가 심상운(沈翔雲)을 친국하는 데 참여하였으며, 이튿날에는 이 옥사의 결안(結案)이 잘못되었다는 이유로 번암을 포함하여 옥사에 참여한 당상들은 모두 파직되었고, 그 일로 삼정승이 스스로를 인책하는 상소까지 올리게 된다. 그리고 7월 28일에는 국장(國葬)을 감독한 공로로 보국숭록대부(輔國崇祿大夫)로 가자되었다. 따라서 딱 두 달 만에 종1품에서 정1품으로 오른 것이다.

번이니,[68] 그 책임은 공정하게 심판하는 것이고 그 의리는 깨끗하게 씻어 내는 것입니다. 구구한 신이 권한을 잡아 어찌 이런 점을 열심히 살피지 않았겠습니까만, 어떤 때는 마땅히 엄정하게 해야 하는데 엄정하게 하지 못하였고 어떤 때는 마땅히 다투어야 하는데 다투지 못했습니다. 그러나 견책의 법도는 그때마다 가벼운 쪽을 따랐으니 이는 실로 모든 것을 포용하는 태산과 같은 우리 성상의 도량에 기인한 것이지만, 직임을 제대로 수행하지 못하여 자리나 지키는 죄는 가려지기 어렵습니다. 제3조(條)가 분변하기 어렵다는 것[69]이 비록 위로 성총(聖聰)에 미쳤다고 하지만 양사가 논핵하매 신의 마음에 어떻게 부끄럽지 않겠

68 의금부……번이니 : 1776년 5월 14일 판의금부사에 제수되었다가 안옥이 허술하다는 이유로 의금부 당상들과 함께 6월 27일에 파직되었고, 곧이어 7월 7일 다시 판의금부사에 제수되었다.

69 제3조(條)가……것 : 제3조란 정조가 직접 기록한 심상운의 죄상 다섯 조목 가운데 세 번째 조목을 말한다. 다섯 조목은 《일성록》 정조 즉위년 7월 23일 기사에 따르면, 첫째는 상서(上書) 중의 '궁중의 비밀스러운 일'에 관한 것이요, 둘째는 차라리 저군(儲君)에게 죄를 얻을지언정 감히 지시하는 사람을 거역하지 않은 것은 오로지 요행을 바라는 마음에서 나왔다는 것이요, 셋째는 먼저 글을 올리고 그 뒤에 번복하는 계교를 꾸몄다는 것이요, 넷째는 역적의 무리들과 부화뇌동하여 기기괴괴한 말들을 만들어 내었다는 것이요, 다섯째는 설사 궁관(宮官)이 말을 전해서 중신(重臣)이 소를 올렸다고 하더라도, 이것을 장주(章奏)에다 써넣어 궁관을 해치고 세손(世孫)을 위태롭게 할 바탕으로 삼았다는 것이다. 여기서는 세 번째 조목에 대한 분명한 반역 사실이 결안(結案)에 누락된 것을 말한다. 즉 우승지 이의익(李義翊)과 우부승지 김종수(金鍾秀)가 상소한 것을 보면, 상서한 다음 번복한다는 것은 바로 대역(大逆)의 증거로서 친국 당시에도 명백하게 승복하였고, 추안(推案)의 문서에도 이미 분명하게 기록하였으며, 국문에 참여한 여러 신하도 함께 듣지 않은 사람이 없었는데, 결안은 단지 '범상 주신(犯上誅身)'으로 하여 역적으로 분명하게 규정하지 않았으니 이는 크게 잘못이라는 것이다. 《正祖實錄 卽位年 7月 23日》

습니까. 황공하고 두려워 스스로 용납할 곳이 없었는데 한나절도 되지 않아 도리어 은혜로운 서용의 명령이 내려왔습니다.[70]

삼재(三宰)에 특별히 내린 하교와 패초하여 면려하라는 가르침, 그리고 선조(先朝)께서 권우(眷遇)해 주셨던 뜻으로 가르치고 산릉의 공역을 감독하는 의리가 무거운 것으로 거듭 말씀하셨습니다. 신이 삼가 받들어 읽은 뒤 이루 말할 수 없는 감격으로 목이 메어서 감히 더 이상 사적인 의리는 제기하지 못하고 즉시 달려 나가 사은하였습니다. 그런데 이번에 또 무엇 때문에 자급을 올리는 명령이 신에게 미친단 말입니까. 아아, 신의 털끝 하나 마시는 물 한 모금도 모두 선왕께서 사랑하고 돌보아 주신 것 아닌 것이 없으니, 그 은덕을 갚으려면 가없는 하늘보다 더 크다고 한 시인(詩人)의 말이 지금 신의 마음을 정말 잘 표현한 것입니다.

설사 신이 끝까지 일을 살펴서 성실히 하였다는 점에서 참으로 힘을 다했다고 하더라도 진실로 먼지같이 작은 것으로, 은덕의 만분의 일도 되지 못할 것입니다. 더구나 세 도감(都監)이 설치되던 초기에 신은 어제(御製)를 교정하는 일에 분주하였으며, 그 일이 거의 끝날 무렵에는 국장(國葬)에 소용되는 기구들이 이미 모두 갖추어졌으니 신이 하루도 국장에 종사하지 않은 것은 당상과 낭청 들이 모두 알고 있습니다. 이제 교정한 일로 자급을 올려 주고 국장의 일로 자급을 올려 주니 포상은 넘치고 규례는 어그러진 것입니다. 어떻게 사방의 기롱을 받지 않을 수가 있겠습니까.

70 한나절도……내려왔습니다 : 심상운의 결안 문제로 판의금부사에서 파직당했는데, 당일로 참찬에 제수된 것을 말한다. 《日省錄 正祖 卽位年 7月 24日》

하물며 보국(輔國)은 숭반(崇班)이니 삼공(三公)과 더불어 그 예법이 대등합니다. 신은 본래 한미한 출신으로 이렇게 높은 자리에 이르지 않기를 원했으니 이 자리를 편안하게 여기는 것은 실로 신이 감히 엄두를 내지 못할 일입니다. 그 일로 보자면 위에서 말씀드린 바와 같고, 그 사람으로 보자면 천에 하나도 비슷한 점이 없으니, 등극하신 초기의 청명한 치세를 당하여 만약 종핵(綜核)하는 정사에 힘쓰고자 하신다면, 임금이 신하에 대해서 한 번 웃고 한 번 찡그리는 것조차도 아끼는 일을 마땅히 신으로부터 시작하여야 할 것입니다.

신이 한 장의 상소에 속마음을 드러내었지만, 연이어 재계하는 날을 만나 우러러 어람(御覽)에 올릴 수가 없었는데 한성부 판윤에 새로 제수된 것이 또 이즈음에 있었으니[71] 신의 황공한 마음이 더욱 어떠했겠습니까. 다만 우제(虞祭)와 졸곡(卒哭)이 연이어 거행되어[72] 정리와 예법이 매우 급박하여 다른 것은 돌아볼 겨를도 없이 달려가 배곡(倍哭)하였습니다. 염치를 지키는 조정의 기풍과 거취를 분명히 하는 사대부의 절조가 신으로 인해 비로 쓴 듯 깨끗이 사라졌으니 더 이상 무슨 말을 하겠습니까. 지금 비로소 미처 올리지 못했던 글을 다시 아뢰어 천지 부모와 같은 성상께 호소합니다. 삼가 바라건대 자애로운 성상께서는 숭반의 자급을 가벼이 주어서는 안 된다는 것을 유념하고 신의 말이 으레 하는 사양에서 나온 것이 아님을 살피시어, 내린 명령

71 한성부……있었으니 : 1776년 8월 5일 한성부 판윤에 제수되었다. 《日省錄 正祖 卽位年 8月 5日》

72 우제(虞祭)와……거행되어 : 1776년 8월 7일 칠우제를 지냈고, 8월 9일 졸곡제를 지냈다. 《日省錄 正祖 卽位年 8月 7日》

을 조속히 거두어 공기(公器)를 무겁게 하고 사분(私分)을 편안히 해 주소서. 그리해 주신다면 더 이상 다행이 없겠습니다.

답하기를,

"상소를 살펴보고 잘 알았다. 지금 경의 자급을 올린 것은 바로 이전의 규례를 따른 것이니 경은 사양하지 말고 공무를 수행하도록 하라."

하였다.

병조 판서로 재직 중에 한림 임석철·김면주의 연명소에 대응해 올린 상소[73] 정유년(1777, 정조1)

兵判時對翰林林錫喆金勉柱聯名疏 丁酉

삼가 아룁니다. 신이 확실히 노쇠하여 정신이 흐릿하고 어두워졌습니다. 더없이 신중한 것이 연석에서 아뢰는 일이건만 신은 신중히 할 줄 알지 못하고, 더없이 엄정한 것이 사초(史草)이건만 신은 그 엄정함을 알지 못하였습니다. 그 때문에 두 한림(翰林)이 연명소를 올려서 말해서는 안 될 것을 말했다고 비판하고 배척하였으니, 진실로 그 말과 같다면 신은 받아들여 죄로 삼아야 할 것입니다. 설사 한두 마디의 어휘와 맥락이 신이 한 말과 같지 않은 점이 있더라도, 그들의 기본

73 병조……상소 : 1777년 5월 28일에 올린 것이다. 이날 연석에서 《영조실록》 편찬 문제에 관하여 논의하는 과정에서, 실록의 주된 자료가 무엇이냐는 질문에, 좌의정 김상철(金尙喆)은 시정기(時政記)를 위주로 하고 《정원일기》를 더한다고 답변하였고, 번암은 자신이 포쇄할 때 대략 시정기를 살펴보았는데 그 내용이 보잘것없으며 도리어 《정원일기》만 못하다고 대답하였다. 그러자 정조는, 그러면 실록을 편찬할 때 어떤 기록을 신뢰하느냐고 물었다. 이에 대해 번암이 "전적으로 《정원일기》를 주로 합니다. 신이 또 숙묘(肅廟)의 실록을 보았는데 한 사람에 대한 논단(論斷)이 각각 달라서 장마다 같지 않았으니 시비가 공정하지 않은 것이 이미 극도에 달했습니다. 백세토록 전해질 신사(信史)가 되기에 부족합니다."라고 하자, 당시 사관(史官)으로 있던 임석철과 김면주가 연명 상소를 올려서 번암을 비판하였다. 비판의 내용은 첫째 사관이 작성하는 시정기를 근거 없이 폄훼하였다는 것이며, 둘째 실록의 기사는 아무리 어전이라 해도 함부로 발설해서는 안 되는데 이를 어겼다는 것이다. 이 연명소가 올라가자 번암은 즉시 상소를 올려 그 비판의 일부를 받아들여 잘못을 사과하는 한편 자신의 의도를 해명하였다. 《承政院日記 正祖 1年 5月 28日》

의도는 춘추관을 높이고 실록의 기밀을 지키는 것입니다. 이 때문에 신은 성조(聖朝)를 위하여 연소한 사관들이 자신의 직책을 너끈히 수행하는 것에 대하여 한창 경하하고 있으니, 어찌 감히 잘잘못을 따지겠습니까.

비록 그렇지만 사각(史閣)의 일은 신과는 전혀 관련이 없는데, 제혀를 막지 못하여 남들의 비방이 따라 이르렀으니, 어리석은 잘못이 이에 이르러 극에 달했습니다. 이처럼 어리석으면서도 뻔뻔하게 부끄러운 줄 모르고 하는 일 없이 나라의 중신(重臣) 자리를 차지하고 있으니 사방에서 비웃고 지적하는 것이 필시 지금 받는 기롱과 배척보다 백배나 더할 것입니다. 신 자신이야 가여워할 가치조차 없지만 조정에 수치를 끼치는 것이 어떠하겠습니까.

신이 막 글을 지어 올리려는 때에 금군 별장(禁軍別將)을 의망해 들이라는 명령이 내려왔습니다. 그런데 자신의 견책을 청하기에 급급한 상황에서 정사(政事)를 거행하여 사람을 의망하는 것이 옳겠습니까. 사리로 볼 때 더욱더 마땅히 급히 변통하여야 합니다. 삼가 바라건대 자애로운 성상께서는 신의 본직과 여러 겸직을 아울러 체차하여 나라의 법을 엄정히 하고 사관의 말에 대답하소서. 그리하신다면 천만다행이겠습니다.[74]

74 천만다행이겠습니다 : 《정조실록》 1년 5월 28일 기사에는 "병조 판서가 아니라도 조정에는 아직 노신(老臣)이 많이 있는데 한림의 상소 내용이 매우 오만하다."라는 비답이 있으며, 이어 번암에게 상소는 돌려주고 엄히 추고하는 법전을 시행하라고 명하였다고 하였다. 이는 번암의 발언에 잘못이 있었음을 정조가 인정한 것이다.

후사를 세우기를 청하는 상소[75] 무술년(1778, 정조2)

乞立後疏 戊戌

형조 판서를 겸직하고 있을 때 올린 것이다.

삼가 아룁니다. 신의 행실이 신명을 저버려 재앙이 몸에 쌓여서 나이 육십에 가까운데 쓸쓸하게도 아들 하나 없습니다. 생각해 보니 신의 아비와 조부는 한결같은 마음으로 덕을 쌓았으니 후사가 끊기는 데 이르지 않는 것이 마땅합니다. 그러나 신은 위로는 성상의 밝은 총명을 오도하여 명예와 지위가 극히 높아졌으니 한미한 가문에 죄과를 불러들이고 지나친 복은 재앙의 징검다리가 되어서 마침내 수천 년 전해 내려온 성씨가 신의 몸에 이르러 완전히 끊어져서 능히 대를 이을 자가 없습니다. 맹자가 "불효에는 세 가지가 있는데 대를 잇지 못하는 것이 가장 크다."라고 하였습니다. 신이야 불효한 죄를 스스로 속죄할 도리가 없으니 비록 굶어 죽어 귀신이 되더라도 아까울 것이 없지만, 신의 불효로 인하여 부모의 제사를 의지할 곳이 없게 만들었으니 죽더라도

75 후사를……상소 : 1778년 1월 18일에 올린 것이다. 번암은 오광운(吳光運)의 조카딸인 동복 오씨(同福吳氏)와 혼인하였는데, 오씨는 딸만 둘을 두고 번암이 32세 되던 해에 죽었다. 오광운은 뒤에 영조가 되는 연잉군(延礽君)의 서연관(書筵官)이었고, 이후 승지, 수찬, 교리 등을 역임하였으며, 청남(淸南)의 정치적 지도자로서 영조의 탕평 정치를 도왔다. 번암이 영조의 특별한 대우를 받은 것도 오광운과 무관하지 않다. 이후 권상원(權尙元)의 딸인 안동 권씨(安東權氏)와 혼인했으나 자식은 없었으며, 다만 측실에게서 두 아들을 두었다. 따라서 59세가 되던 해에 육촌 동생 채민공의 아들인 채홍원을 양자로 들인 것이다.

눈을 감지 못하는 귀신이 될 것입니다.

신이 이 때문에 근심스럽고 두려워 편히 있지 못하고 신의 육촌 동생 순강원(順康園)[76] 수봉관(守奉官) 채민공(蔡敏恭)과 상의하여 그의 17세 된 아들 홍원(弘遠)을 신의 아들로 삼기로 하였습니다. 끊어진 대를 이어 주는 것은 왕도 정치에서 중요하게 여기는 바입니다. 이에 감히 곁에 계신 부모와 같은 성상께 눈물로 호소합니다. 삼가 바라건대 자애로운 성상께서는 매우 비통한 신의 사정을 살피고 지극히 중요한 인륜을 생각하여 특별히 예조에 명을 내려서 예법에 근거하여 시행하도록 해 주소서. 그리해 주신다면 온 문중이 크게 감격하여 축원하리니 결초보은이 아니면 무엇으로 이 은혜를 갚겠습니까. 너무도 절박한 심정에 감히 신의 사적인 일로 우러러 성상의 귀를 더럽히니 죽을죄를 짓습니다. 신은 이루 다할 수 없는 눈물로 간절히 기원합니다.

76 순강원(順康園) : 선조(宣祖)의 후궁이며 원종(元宗)의 생모인 인빈(仁嬪) 김씨(金氏)의 능원(陵園)이다. 경기도 남양주시 진접읍 내각동에 있다.

지은이 **채제공(蔡濟恭)**

1720년(숙종46)~1799년(정조23). 조선 후기의 문신으로, 본관은 평강(平康), 자는 백규(伯規), 호는 번암(樊巖)·번옹(樊翁)이며, 시호는 문숙(文肅)이다. 1743년 정시 문과에 병과로 급제하여 승문원 권지부정자에 임명되면서 관직 생활을 시작하였다. 1748년 11월 영조의 특명으로 시행한 한림 소시(翰林召試)에서 수석을 차지하여 예문관 검열과 대교가 되었고, 이후 대사간, 한성부 판윤, 병조 판서, 예조 판서, 호조 판서 등을 역임하였다. 1780년 역적 홍국영과의 친분, 사도세자에 대한 신원 주장으로 공격을 받자 사직하고, 명덕산(明德山)과 노량(鷺梁) 등지에서 은거하였다. 1788년 우의정이 되었으며 2년 후 좌의정으로 승진하면서 3년간 혼자 정승을 맡아 국정을 운영하였다. 영조가 사도세자의 죽음을 후회하여 기록한 〈금등(金縢)〉을 정조와 함께 보관할 유일한 신하로 채택될 만큼 두 국왕의 깊은 신임을 받았으며, 정조의 탕평책을 추진한 핵심적인 인물이었다. 사후인 1801년 황사영 백서 사건(黃嗣永帛書事件)으로 관작이 추탈되었다가 1823년 영남만인소로 신원되었다. 문장은 소차(疏箚)에 능했고, 시풍은 위로는 이민구(李敏求)·허목(許穆), 아래로는 정약용(丁若鏞)으로 이어진다고 한다.

옮긴이

이상현(李相鉉)

초명은 거출(巨出), 호는 무원(武源)이다. 종말론에 빠져들어 종교학과에 들어갔으며, 불교대학원에 들어가 한국 불교의 대중화를 꾀하며 삼계교를 연구 발표하였다. 기자 생활 중에 신흥 종교 현장을 취재 발굴하고, 역사 유적을 탐방하며 기행문을 연재하였다. 해직된 뒤에 한문 고전의 세계에 뛰어들어 강의와 번역에 종사하였다. 조선왕조실록 번역에 동참하였으며, 《가정집》, 《도은집》, 《고운집》, 《계원필경집》, 《녹문집》 등의 한국 문집과 《원감국사집》, 《대각국사집》, 《사명당대사집》 등의 불교서를 번역하였다.

서정문(徐廷文)

국민대학교 대학원에서 〈조선중기의 문집편간과 문파형성〉으로 박사 학위를 받았다. 현재 고전번역교육원 교수이다. 한국고전번역원 및 고전번역대학원 설립 방안에 대한 정책 연구에 참여하였고 국역조선왕조실록 현대화 계획수립 기초조사 연구를 수행하였으며, 《한국문집총간》 및 《해제》, 《색인》의 편찬을 기획하였다. 논문으로 〈《고전번역사업》의 종합적 목표 설정을 위한 시론〉 등이 있고, 《광해군일기》, 《인조실록》, 《명재유고》, 《성호전집》 등의 번역에 참여하였다.

번암집 6
채제공 지음 | 이상현 서정문 옮김

2021년 12월 31일 초판 1쇄 발행

발행인 신승운 | 발행처 한국고전번역원
등록 2008. 3. 12. 제25100-2018-000049호
주소 (03310) 서울시 은평구 진관1로 85
전화 02-350-4800 | 팩스 02-350-4994 | 홈페이지 www.itkc.or.kr

번역 이상현(제18권~제19권) 서정문(제20권~제21권)
연구총괄 양기정 | 연구기획 김지민 | 자문 정선용

책임편집 하현주 | 편집진행 김태훈 신진호 김지수
편집교정 박성희 박현진 송숙희 유정님 | 조판 김지현 이순미 | 제작 김형석
디자인 씨디자인 | 인쇄 ㈜대유기획인쇄

값 20,000원
ISBN 978-89-284-0860-3 94810
978-89-284-0427-8 (세트)